무시공생명 시리즈 4

우주인과의 대화

우주 작업

무시공생명 시리즈 4 - 우주인과의 대화

우주 작업

2018년 8월 11일 초판 1쇄 인쇄
2018년 8월 11일 초판 1쇄 발행

지은이   안 병 식
편집인   함원옥, 김용섭
펴낸이   무시공생명훈련센터장 정종관
펴낸곳   무시공생명 출판
주소   대전광역시 서구 유등로17번길 55 무시공생명빌딩
전화번호 (042)583-4621~2   팩스   (042)584-4621
이메일   jeeby666@naver.com
출판등록 2004. 12. 1(제2012-000051호)
ISBN   979-11-955471-4-2 03110 (종이책), 979-11-955471-8-0 05110 (전자책)

http://cafe.naver.com/alwayspace(무시공, 무시공생명 검색)

이 도서의 국립중앙도서관 출판예정도서목록(CIP)은 서지정보유통지원시스템 홈페이지(http://seoji.nl.go.kr)와
국가자료공동목록시스템(http://www.nl.go.kr/kolisnet)에서 이용하실 수 있습니다.
(CIP제어번호: CIP2018024647)

우주인과의 대화

우주 작업

안병식 지음

불완전한 시공우주, 그 안에 생명들은 행복하지 못했다.
그래서 영원히 행복한, 완전한 무시공우주로 바꾼다.
절대긍정의 일원심으로 무장된 새로운 무시공생명의 탄생,
그 중심지는 대한민국의 대전임을 온 우주에 선포한다.

 무시공 생명

일체동일(一切同一)

내가 말하는 일체동일은
무시공에서 무시공입장에서 문제를 보는 것을 밝히는 것이지
분자세상에서 일체동일을 얘기하는 것이 아니다.
그런데 인간들은 시공에서 그것을 끄집어와서
여기서(분자세상)에서 일체동일을 하려고 그런다.

분자세상에서는 영원히 동일이 될 수가 없다.
이원념과는 동일이 될래야 될 수가 없다.
영체하고 생명하고 어떻게 동일이 돼나.
자기가 자신을 거짓말 하고 있다는 것이다.

나는 시공을 한 번도 인정한 적이 없다.
나는 시작부터 끝까지 계속 무시공에 있었다.
지금도 무시공에서 말하고 있다.
그런데 인간은 시공에서 듣고 있다.

무슨 뜻인지 알아요?

무시공 마크는
'무시공생명 비결'을 농축하여 형상화한 것이다.

○ 무(無)는 없다는 뜻이 아니고 합(合)한다는 뜻이다.

비결에서 無 자를 빼면 가르고 쪼개고 분별하는 이분법 이원념이 된다.
無 자를 붙이면 모든 것을 합하여 무시공생명의 일원심이 된다.
무시공생명비결은 우주의 내비게이션이며 비결을 외우는 순간 의식은 무
극(無極) 이상 무시공의 위치에 올라간다. 60조 세포를 깨우고 벽담을 없앤
다는 마음으로 비결을 끊임없이 외우면 생로병사(生老病死)에서 벗어난다.

◆ 파란색은 공간(空間, 天)을 의미한다.
　무주객(無主客)무선악(無善惡)무빈부(無貧富)
　무고저(無高低)무음양(無陰陽)
◆ 녹색은 시간(時間, 地)을 의미한다.
　무생사(無生死)무이합(無離合)무래거(無來去)
　무시말(無始末)무쟁인(無爭忍)
◆ 노란색은 오관(五官, 몸, 人)을 의미한다.
　무건병(無健病)무미추(無美醜)무향취(無香臭)
　무호괴(無好壞)무순역(無順逆)
◆ 빨간색은 의식(意識, 心)을 의미한다.
　무신심(無身心)무생학(無生學)무지우(無智愚)
　무정욕(無情慾)무신의(無信疑)
◆ 중앙의 보라색은 동방의 도(道)가 보라색이라고 하는데(중앙의 보라색은 동방의 도
　(道)를 뜻함) 무시공생명의 발현이 동방에서 시작한다는 뜻이다.

무시공 생명비결
無時空 生命祕訣

무주객	無主客	무건병	無健病
무선악	無善惡	무미추	無美醜
무빈부	無貧富	무향취	無香臭
무고저	無高低	무호괴	無好壞
무음양	無陰陽	무순역	無順逆

(공간 空間)　　　(오관 五官)

(시간 時間)　　(의식 意識)

무생사	無生死	무신심	無身心
무이합	無離合	무생학	無生學
무래거	無來去	무지우	無智愚
무시말	無始末	무정욕	無情慾
무쟁인	無爭忍	무신의	無信疑

무시공생명 비결

공간: 天 - 우주가 가속도로 팽창하면서 공간이 사라지고 있습니다.

　　　→ 이원념이 근본인 시공우주는 사라지고, 절대긍정의 무시공 우주는 가속도로 변하여 하나가 됩니다.

무주객(無主客)

주와 객으로 가르는 것은 이분법, 너와 내가 본래 한 생명입니다. 생명을 쪼개고 가르지 맙시다! 일체를 나로 봅시다! 상대를 무시공 생명으로 봅시다.

무선악(無善惡)

선악은 이분법입니다. 일체 현상을 쪼개고 가르고 비판하지 맙시다. 절대긍정 속에 선악 이원념은 사라집니다. 죄악은 본래 없는 것!

무빈부(無貧富)

빈부 차별은 이분법입니다. 무시공 생명은 완벽합니다. 절대긍정의 화합하는 플러스+마음인 일원심에 무한 풍요가 있습니다.

무고저(無高低)

고저 차별은 이분법입니다. 본래 한 생명, 일체동일입니다. 생명은 절대평등합니다. 서로의 절대생명을 인정하고 존중해야 합니다. 자신을 내세우거나 의지하지 않습니다.

무음양(無陰陽)

음양으로 쪼개는 것도 이분법, 음양은 생명의 거울, 절반의 생명입니다. 음양을 합일해야 무극에 가고, 무시공 자리로 갈 수 있습니다. 무음양(동일)은 일원 직선빛입니다.

시간: 地

무생사(無生死)

생사가 본래 없습니다. 영원 무한의 무시공 생명이 바로 자기 생명입니다. 무시공 생명은 태어난 적도 죽은 적도 없습니다. 무시공 생명이 진정한 나입니다.

무이합(無離合)

만나고 헤어진 적이 본래 없습니다. 본래 영원한 한 생명이요, 무시공 생명은 시공을 초월한 일체동일입니다. 이원념 벽담으로 진정한 만남이 없습니다.

무래거(無來去)

가고 옴이 본래 없습니다. 무시공 생명의 입장과 관점으로 보면 일체동일입니다. 여기가 거기입니다. 절대 빛의 차원입니다. 생명은 나타남입니다.

무시말(無始末)

시작도 끝도 본래 없습니다. 무시공 생명은 절대차원입니다. 무시공 생명은 본래 영원 무한입니다. 무시공은 절대자연입니다.

무쟁인(無爭忍)

싸울 것도 참을 것도 본래 없습니다. 우리는 한 생명입니다. 자기를 내세우거나 의지하지 않습니다. 절대긍정, 절대이해 속에 영원한 평화가 있습니다.

오관: 人

무건병(無健病)

생명의 실상은 완전하므로 건강도 질병도 허상입니다. 생명은 빛이요, 기쁨이요, 완전함입니다. 병은 원래 없는 것입니다.

무미추(無美醜)

아름다움과 추함도 본래 하나입니다. 무시공 생명은 절대적인 가치입니다. 상대적인 미추는 음양의 허상, 이분법입니다.

무향취(無香臭)

향기와 냄새는 본래 하나입니다. 상대적인 이원념입니다. 육체 오관의 환상이요 집착일 뿐 무시공 생명은 향취를 초월합니다.

무호괴(無好壞)

좋고 싫은 집착은 상대적이요 이원념입니다. 입맛, 언어는 음양의 예술입니다. 무시공 생명의 실상은 절대가치뿐입니다.

무순역(無順逆)

순경과 역경은 이원념의 파동입니다. 좋은 소리 싫은 소리는 이원념, 고락의 경험은 우주와 자신을 알아가는 과정입니다.

마음: 心

무신심(無身心)

몸과 마음은 본래 하나입니다. 몸과 마음은 우주와 생명의 실상을 체험하는 신성한 도구입니다. 시공 심신의 집착에서 벗어나야 무시공 생명을 발견할 수 있습니다.

무생학(無生學)

배우지 않고 알 수 있는 차원이 무시공 생명입니다. 참교육은 일원심으로 세포의 무시공 생명을 깨우는 것입니다. 무시공 생명은 전지전능합니다.

무지우(無智愚)

지혜와 어리석음의 분별은 이원념입니다. 무시공 생명은 절대 지혜롭습니다. 어리석음은 이원념이 세포를 오염시킨 어두운 마음입니다.

무정욕(無情慾)

절대긍정 일원심으로 음양이 합해야 이기적인 이원념의 성욕을 초월하여 완전한 무시공 생명(세포)을 깨울 수 있습니다.

무신의(無信疑)

무시공 생명에는 절대긍정, 절대믿음뿐입니다. 상대적인 믿음과 의심은 무시공 절대진리에 대한 의심, 이원념 때문입니다.

무시공 생명 공식
無 時 空 生 命 公 式

일체근단 一切根斷 　음양 뿌리는 끊어졌다

일체동일 一切同一 　　　일체가 동일하다

일체도지 一切都知 　　일체 다 알고 있다

일체도대 一切都對 　　　　일체 다 맞다

일체도호 一切都好 　　　일체 좋은 현상

일체항광 一切恒光 　　파동 없는 직선 빛

일체아위 一切我爲 　　　일체 내가 했다

일체조공 一切操控 　일체 내가 창조 한다

무시공생명 공식

일체근단(一切根斷) - 일체 음양의 뿌리는 끊어졌다.

태초 무극의 존재가 원래 하나인 우주를 음과 양으로 나누는 순간 이 시공우주(빅뱅)가 생겨났다. 무음양- 음과 양을 합함으로써 시공우주의 뿌리가 잘렸다. 지구를 비롯한 시공우주는 허상의 세계가 되었다.

일체동일(一切同一) - 일체가 동일하다.

'일체가 나다'는 온 우주를 통틀어 최고의 경지이다. 무시공은 만상만물을 생명 관점으로 본다. 무시공생명 자리는 너와 내가 없는 동일체이다.

일체도지(一切都知) - 일체 다 알고 있다.

세포 속에 우주의 정보가 다 있다. 원래 인간은 윤곽과 틀이 없는 완전한 존재였다. 이원념의 물질이 쌓인 분자몸이 막혀 윤곽 속에 갇히게 되었다. 비결을 세포에 입력시키면 세포가 일원심의 세포로 살아나 우주의 지혜를 알게 된다.

일체도대(一切都對) - 일체가 다 맞다.

이것은 옳고 저것은 틀리다라고 하는 것은 이분법, 이원념이다. 무시공 관점은 맞다고 하는 사람의 입장으로 보면 맞고, 틀린 사람 입장에 들어가면 그것도 맞다, 그래서 전부다 맞다는 것이다, 차원이 다른 입장에서 말하는 것뿐 그 차원에서는 다 맞다.

일체도호(一切都好) - 일체가 좋은 현상이다.

무시공생명은 부정의 영체가 완전히 삭제된 절대 긍정의 자리다. 무시공생명 자리는 전부 다 좋은 것만 보이고 전부 다 아름다운 것만 보인다.

일체항광(一切恒光) - 파동이 없는 직선빛이다.

무시공의 직선빛은 일체 물질을 다 뚫고 들어갈 수 있고, 일체를 다 변화시킬 수 있다. 무한대로 큰 힘이다. 그래서 직선빛은 생명의 힘이다.

일체아위(一切我爲) - 일체를 내가 했다.

일체가 나 때문에 좋은 일이 생긴다. 인간의 입장에서 오는 재앙이나 온갖 현상들은 무시공하고는 상관이 없다. 내가 만들어 놓고 내가 당하지 말자는 것은 우리가 깨어나서 무시공의 생명 자리를 잘 지키는 것이다.

일체조공(一切操控) - 일체를 내가 창조한다.

마음과 물질이 하나다. 마음과 에너지가 하나다. 그러면 마음먹은 대로 창조할 수 있다. 내가 우주의 중심이고 내가 있어서 우주가 존재한다.

무시공 생명 탄생선언
無時空 生命 誕生宣言

노예변주인 奴隷變主人	영체변생명 靈體變生命	생명 혁명
체력변심력 體力變心力	분리변동일 分離變同一	물질 혁명
홍관변미관 宏觀變微觀	행우변항우 行宇變恒宇	우주 혁명
다로변일도 多路變一道	의존변자성 依存變自醒	신앙 혁명
이원변일원 二元變一元	생사변영항 生死變永恒	의식 혁명

무시공생명 탄생선언일   2012. 12. 21

무시공생명 탄생선언

미국의 어느 과학자가 우주에서 지구의 시간에 대한 연구를 진행하면서 몇 번 시간의 윤회가 있었고, 마지막 윤회의 시기가 1945년이 기점이며 그 후 76년 이후에는 시간이 영(0)으로 돌아간다고 계산을 했다. 그 시기가 2012년 12월 21일로 파동으로 된 시간이 영(0)으로 돌아가고 시간이 멈춘다.

2000년 전, 아르헨티나에서 발견된 예언서 중『사지서』에서는 시간에 대한 예언을 했다. 시간은 곧 영원히 없어진다.

무시공 선생님은 재앙이 일어나고 지구의 마지막 날이라며 떠들썩했던 2012년 12월 21일에 '무시공생명의 탄생 선언문'을 발표하시고 시간이 없는 세상이 도래하며 새로운 세상이 열리고 물질의 세상은 끝난다는 것을 이 시공우주에 선포하셨다.

생명혁명 - 노예변주인　영체변생명

시공생명이 무시공생명으로 변한다는 것이다. 이원념의 지배를 받고 있는 생명은 가짜생명이다. 절대긍정 일원심으로 된 생명이 진짜 생명이다.

물질혁명 - 체력변심력　분리변동일

인간은 지금까지 손발을 움직여서 잘 살려고만 했다. 우리는 이제부터 일체를 마음으로 물질을 움직일 수 있는 그런 세상에서 살 수 있다. 파동 밖에 머물면 물질도 내 마음대로 움직일 수 있다.

우주혁명 - 홍관변미관　행우변항우

시공우주가 무시공우주로 변한다는 것을 밝히는 것이다.『천부경』의 예언처럼 일시무시일, 하나가 쪼개져 내려오는 우주에서 일종무종일, 합하여 하나가 되어 위로 올라가는 우주의 방향으로 가고 있다.

신앙혁명 - 다로변일도　의존변자성

파동이 직선빛에 녹아 생로병사가 없어지고 시간이 없어지면 각종 종교, 각종 수련은 저절로 없어진다. 세포 안에 일체의 우주 정보가 다 있다. 세포만 깨우면 밖에서 찾을 것이 하나도 없게 된다. 바로 내 안에 모든 것이 들어 있다. 곧 내가 전지전능이 되는 것이다.

의식혁명 - 이원변일원　생사변영항

시공우주의 파동 속에 머물면 생로병사에서 벗어날 수가 없다. 의식혁명이 일어나면 윤회도 없고 생사도 없는 영원한 존재. 그래서 우리는 영원한 새 생명을 찾았다.

무시공 생명 행동지침

無時空 生命 行動指針

무	시	공	심	력
無	時	空	心	力

무	시	공	체	험
無	時	空	體	驗

무	시	공	심	식
無	時	空	心	食

무	시	공	성	욕
無	時	空	性	慾

무	시	공	오	관
無	時	空	五	官

무시공생명 행동지침

무시공심력

무시공에서는 마음먹는 순간 마음먹은 대로 이루어진다. 마음과 물질이 하나고, 물질과 에너지가 하나이기 때문이다. 무시공에서 이루어진 심력은 분자세상에 나타나기까지는 이원념의 두꺼운 껍질의 차원에 따라 순간 나타날 수도 있고 시간이 걸릴 수도 있다. 시공우주에서 벗어난 존재들의 무시공생명의 발현인 것이다.

무시공체험

인간은 수억 수천 년 동안 세포에 입력된 윤곽과 틀 등 고정관념으로 전지전능한 세포에게 이원물질을 쌓아 이 우주에서 고립된 생활을 하게 되었다. 체험은 특히 오관을 통하여 머리에 입력된 이원물질을 녹여 다리의 통로로 배출시키고 새로운 무시공의 항심력으로 직선빛을 당겨 분자몸을 녹이고 에너지 몸으로 변화시키는 것이다.

무시공심식

무시공 직선빛을 통하여 분자몸이 에너지 몸으로 바뀌면 무시공의 대자유를 누릴 수 있다. 이때에는 에너지 몸을 가지고 우주를 여행할 수 있게 된다. 먹는다는 행위를 통한 영양분의 섭취가 아니라 무시공의 세포가 온 우주 공간에 스미어 있는 고급 영양분을 자동으로 섭취하여 에너지를 보충하게 된다. 이원물질의 음식을 섭취하지 않아도 살 수 있는 무시공 우주의 영양분 섭취 방법이다.

무시공성욕

이것은 아직 공개되지 않은 무시공의 우주 비밀이다. 2020년 이후에 공개될 것이다.

무시공오관

인간이 천차만별이라는 것은 천 가지, 만 가지 생각을 가지고 있다는 것이다. 이것은 천 가지, 만 가지 맞는 것이 있고 틀린 것이 있다는 것으로 쪼개고 나누고 판단하고 맞고 틀리고의 기준이 되는 것으로 이분법의 최고봉이다.
무시공생명의 관점은 각 차원의 입장에서 보면 그 차원에서는 다 맞다. 틀린 게 하나도 없다. 그래서 만상만물 일체가 좋은 것이고 만상만물 일체가 아름다운 것밖에 없다.

무 시 공 생 명 특 징
無 時 空 生 命 特 徵

일체안에 내가 있다

일체가 내안에 있다

일체가 나다

무시공생명 특징

일체 안에 내가 있다

일체 안에 내가 있다는 것은 이미 주객을 나누었다.

만일 내가 시공(분자세상)에 들어왔다면 일체 안에 내가 있다는 것은 일체 안에 나만 인정하지 객관을 인정하는 것이 아니다. 객관에서는 나를 인정한 적이 없다.

그 일체 안에 내가 있다는 나만 인정하는 것, 이것을 깊이 따져보면 늘 무시공에서 문제를 보는 것이다. 시공에도 무시공이 있지만 그렇지만 나는 무시공만 인정했지 시공의 일체를 인정하지 않았다는 것이다.

일체가 내안에 있다

일체가 내 안에 있다는 것은 예를 들면 일체 이 꽃 안에 내가 있다. 그럼 이 꽃 안에 내가 있으면 나만 인정했지 이 꽃의 밖에 것은 인정하지 않았다.

그래서 나만 인정하고 나만 지키고 나만 보라고 했던 의미다.

남을 볼 필요도 없다. 일체 안에 내가 있다. 그럼 그 일체 안에 내가 있으니까 그 일체가 내가 맞다는 것이다.

일체가 나다

일체가 내안에 있다. 그럼 이것이 다 내안에 있으면 내 밖에 나라는 존재가 있어요. 없어요? 안에도 나라는 존재가 있고 밖에도 나라는 존재 있으면 이 우주에는 나 밖에 없어 그래서 일체가 나다.

어떤 사람은 관점하고 입장하고 엄청나게 차이가 있다.

일체가 "나"다하면 나도 너고, 너도 나다 그래, 시공에서 나쁜 것도 다 좋아야 된다.

그게 아니다. 우리 무시공에서는 나 밖에 없다. 일원심 존재 밖에 없다. 그 무시공에서 나쁜 것이 없다. 잘못된 것도 없다.

완전한 무시공에서는 완전한 일원심으로 된 존재만 무시공에 있다.

거기서 문제를 보라는 것이다.

나는 일원심만 인정한다.

1단계 무시공 우주도

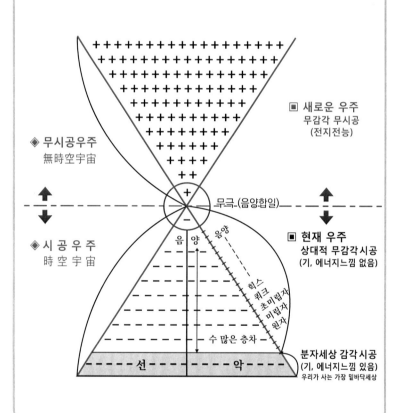

◆ 무시공우주
無時空宇宙

◆ 시 공 우 주
時 空 宇 宙

무극 (음양합일)

음 양 · 음양

힉스
쿼크
초미립자
미립자
원자

— 수 많은 층차 —

선 — — — — 악

■ 새로운 우주
무감각 무시공
(전지전능)

■ 현재 우주
상대적 무감각 시공
(기, 에너지느낌 없음)

분자세상 감각 시공
(기, 에너지느낌 있음)
우리가 사는 가장 밑바닥세상

1단계 무시공 우주도

원래 우주는 하나로 존재하였다. 무극의 최고 존재가 하나인 우주를 음과 양으로 나누는 순간 이 시공우주(빅뱅)가 생겨났다. 이 우주는 팽창을 거듭하면서 약 50억 년 전 지구가 탄생하면서 이원물질이 쌓인 현재의 분자세상 중 하나인 지구가 생겨났다.

오관의 지배를 받는 감각시공인 분자세상은 지구를 기점으로 약 5천억 광년에 이른다. 그중에서도 인간이 살고 있는 지구가 가장 낙후된 문명을 가지고 살아간다.

인간이 죽음 맞이했을 때 영혼이 간다는 사후세계인 무감각 시공은 지구를 기점으로 5천억 광년에서 우주의 끝이라고 할 수 있는 무극인 100억 조 광년(일조가 100억 개)까지에 속한다.

감각시공과 무감각 시공을 합한 시공우주는 음과 양으로 쪼개지면서 그 본질은 부정의 마음(-)이 되었다. 그래서 시공우주에 속한 이원념의 인간들은 상대적인 긍정의 마음을 지니게 되었다. 이 가르고 쪼개고 분별하는 이원념의 부정의 마음이 인간 삶의 고통과 불행의 씨앗이 된 것이다.

무시공우주는 절대긍정의 마음(+)을 가진 무감각 무시공 자리로 전지전능한 자리이다.
무시공생명 비결(비공선지특)를 외우면 이원념의 세포들이 일원심의 세포로 변화된다. 이 비결을 외우고 실행하는 순간 무극의 자리로 의식이 상승되고 끊임없이 외우면 무시공의 무극(+) 자리를 지나 무시공생명의 자리로 진입하게 된다.

무시공생명비결(비공선지특)은 우주의식 지도로 60조 세포를 깨우는 생명의 힘 자체이다. 비결을 외우고 실천하면 시공우주의 상대적 긍정 속에 녹아 있는 부정성의 이원념을 삭제시켜 절대긍정의 일원심을 가지게 된다.

절대긍정 일원심의 원동력은 60조 세포를 깨워 거친 분자몸을 녹여 에너지 몸으로 변화시키고 다가오는 우주의 대변혁을 무사히 통과할 수 있게 하는 원천이 된다.

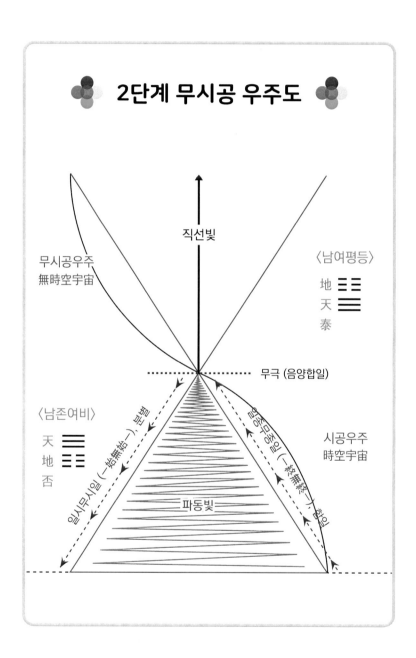

2단계 무시공 우주도

직선빛

무시공우주
無時空宇宙

〈남여평등〉

地
天
泰

무극 (음양합일)

〈남존여비〉

天
地
否

일시무시일 (一始無始一), 부활

분열, 무량대수 (一始無始一)

종 (일종무종일) (一終無終一)

시공우주
時空宇宙

파동빛

2단계 무시공 우주도

제일 밑바닥의 분자세상에서는 파동이 가장 길다. 위로 올라갈수록 파동이 약해지고 무극의 교차점에서는 파동이 끝난다. 무극을 지나 위로 올라가면 직선 빛이다. 파동 없는 것이 무극의 교차점, 그것이 시간이 사라지는 시점이다. 지금 인간들은 시간이 없는 세상에 들어오고 있다.

일시무시일, 모든 것이 하나에서 시작해 쪼개고 쪼개 내려와 지금 이 세상이 되었다.
일종무종일, 모든 만물만상을 하나로 묶어 합해서 하나의 위치로 가고 그 하나는 영원한 하나의 자리다. 『천부경』은 무시공생명의 하는 일을 예언한 것이다.
지금 우리 무시공은 하나로 묶어 합하고 그 하나의 자리로 가는 작업을 하고 있다.
무시공은 이 낡은 지구 낡은 우주를 마무리하면서 거두고 있는 시점이다.

시공우주는 파동의 지배를 받는다. 물질은 파동으로 되어 있다. 인간의 마음도 파동으로 되어 있기 때문에 그 파동에서 항상 머물게 된다. 파동은 음양으로 나누어진 시공의 빛이다. 시공의 음양의 물질이 계속 다투는 속에서 생겨나는 빛이다. 이 파동의 빛은 멀리 가면 없어지고 사라지는 빛이다. 그래서 파동의 지배를 받는 인간들은 생로병사에서 벗어날 수가 없고 윤회에서 벗어날 수가 없다.

무시공의 직선빛은 소멸되지 않는 끝없는 빛이다. 무한대의 영원한 빛이다. 음과 양을 합하는 일원심으로 무시공의 직선빛을 만들고 있다. 이 빛은 일체시공의 빛을 초월하고 우주의 어떤 곳도 뚫고 들어갈 수 있다. 심지어 100억 조 광년의 무극의 최고 존재도 이 직선빛에 의하여 무시공 공부를 하고 있다.

무시공은 인간의 모든 전쟁이나 재앙이 일어나도 공간이 다르다. 시공의 죽고 사는 문제는 우리 무시공과 상관이 없다. 원자핵이 폭발해도 우리와는 상관이 없다. 우리는 시공 밖에 있기 때문이다.
당연히 생로병사도 초월한 존재들이다.

3단계 무시공 우주도

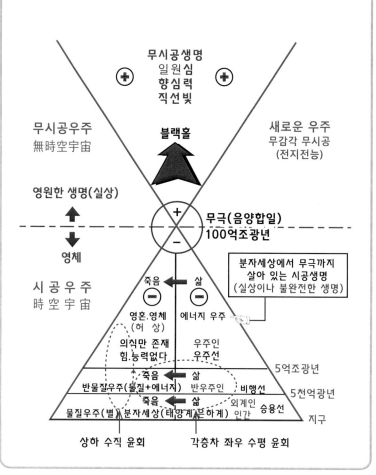

무시공생명
일원**심**
향**심**력
직선빛

(+) (+)

무시공우주
無時空宇宙

블랙홀

새로운 우주
무감각 무시공
(전지전능)

영원한 생명(실상)

무극(음양합일)
100억조광년

+
−

영체

분자세상에서 무극까지
살아 있는 시공생명
(실상이나 불완전한 생명)

시공우주
時空宇宙

죽음 ← 삶

(−) (−)

영혼.영체   에너지 우주
(허 상)

의식만 존재
힘.능력없다

우주인
우주선

죽음 ← 삶   5억조광년

반물질우주(물질+에너지) 반우주인 비행선   5천억광년

죽음 ← 삶   외계인 승용선

물질우주(별)분자세상(태양계.은하계) 인간   지구

상하 수직 윤회   각층차 좌우 수평 윤회

3단계 무시공 우주도

이제는 상대무시공까지 별이라고 차원을 내림. 우주(X), 별(O)

각 차원에 머무는 존재들의 명칭

우주의 범위	특징	명칭	비고
지구에서 5,000억 광년	○ 물질우주 ○ 별	외계인	
5,000억 광년 ~ 5억조 광년	○ 반물질우주 ○ 반물질에너지	반우주인	○ 별이라고 하는 존재도 있고 ○ 우주라고 하는 존재도 있다.
5억조 광년 ~ 100억조 광년	○ 완전에너지 상태의 우주 ○ 에너지우주	우주인	○ 수많은 우주층차

각 차원 존재들의 교통수단

명칭	명칭	비고
승용차	지구인의 교통수단 지구인만 이용	○ 지구에서만 운행
승용선	각각의 별에서 움직인다. 외계인들의 교통수단	○ 지구 안에서 운행 ○ 금성 안에서 운행
비행선	별과 별로 움직인다. 반우주인들의 교통수단	○ 지구에서 금성으로 운행 ○ 금성에서 화성으로 운행
우주선	우주공간에서 움직인다. 우주인들의 교통수단	○ 모든 공간에서 운행

절대적무시공우주도

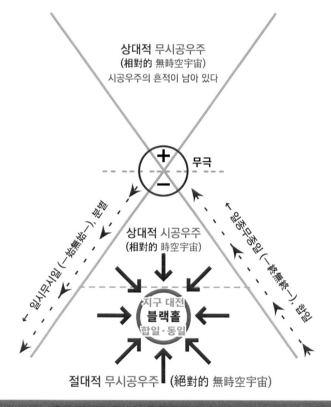

상대적 무시공우주
(相對的 無時空宇宙)
시공우주의 흔적이 남아 있다

$+$ $-$ 무극

일시무시일(一始無始一)

일종무종일(一終無終一)

상대적 시공우주
(相對的 時空宇宙)

지구 대전
블랙홀
합일·동일

절대적 무시공우주 (絕對的 無時空宇宙)

과거 지구 - 가장 밑바닥 거칠은 분자세상
현재 지구 - 대한민국 대전 중심의 새로운 우주(절대 무시공우주) 중심지

절대적 무시공우주

우주도에서 보면, 여기 중앙이 무극이고,
아래 삼각형의 시공우주는 아래로 내려오면서 일시무시일이고 위로 올라가면서
일종무종일이야. 일종무종일은 이 무극 자리로 다시 가는 것을 해석했지.
실지는 지구가 분자세상 가장 밑바닥에 있잖아.
하지만, **우리는 바로 여기 지구 대한민국의 대전에서 새로운 절대무시공우주를
시작해.**

무극의 곡뱅이 말하길, 무극에서 건너가면 무시공으로 바로 가는데,
지구 대전의 블랙홀이 핵심이 되어서 자기가 마지막에 들어오는 현상이라고,
우리는 핵심위치 지구에서 가장 앞서가는데
자기는 가장 먼 거리가 된 지구로 가장 마지막에 들어오게 됐다고 말했잖아.
우리가 여기 가장 밑바닥 지구에서 새로 시작하니까.

그래서 우리는 거꾸로 간다, 밑바닥 지구에서 또는 지구 아래 방향으로 새로운 절
대무시공 우주를 창조해.
위쪽 무극의 곡뱅 입장에선 거꾸로 가는 거지,
무극 바로 위쪽으로 가면 종이 한 장 차이로 가까이 있는 원래 무시공우주잖아,
원래 무시공과 시공우주 이것 두 개는 상대적인 것이다. - 상대무시공, 상대시공.

그런데 여기 지구 대전의 블랙홀은 절대야. 새로운 절대무시공 우주야.
여기 새로운 절대적무시공우주는, 상대적 무시공우주와 상대적 시공우주하고는
완전히 달라.
이 두 개 낡은 우주는 아무리 긍정마음이고 절대적이라고 해도, **이미 시공의 흔
적이 묻었기 때문에.**

여기는 절대적인 긍정마음.

우리의 절대적 무시공우주는 철두철미해.
그러니까 시공우주하고도 상관없고, 상대적 무시공우주하고도 상관없는,
새로운 우주중심지라고 대전이.

대전에서 시작한다,
여기 지구, 대전의 무시공생명 블랙홀,
대전에서 자꾸 팽창해서 새로운 우주가 창조된다.

원시반본이라고 하면, 보통 (상대적) 무극 자리로 가는 것 아닌가 하고 생각하지.
상대적 무극으로 가면 우리는 아직도 이 시공우주에서 헤매야 한다.

우리는 시작부터 무극 이상에서 시작한다.

지구의 대한민국 대전 블랙홀에서, 무극 이상의 자리에서 시작한다고. - 이렇게
말하면 말도 안 된다고 하겠지, 하지만 우리는 그렇게 하고 있어!

이제는 여기 대전이 절대무시공우주의 중심지가 됐어,
대전에서 자리 지키면 이미 절대적 무시공자리다.

우리는 지구의 대전에서 새로 시작이야.
이 두 개 우주와(상대적 시공우주, 상대적 무시공우주)는 아무 상관이 없는 철두철
미한 절대적 무시공이고.

상대적 무시공우주는 무엇 때문에 불완전한 현상이 일어나나?
곡뱅도 원래 상대적 무시공우주와 같은 자리에 있었거든,
그런데 자기가 시공을 창조하게 돼서 시공우주로 내려왔잖아,
그런데 지나고 보니 자기가 창조한 우주가 완벽하지 않다는 거야.
아직도 마음속에 불완전한 흔적이 있어, 그래서 조금만 흔들리면 변해버린다.

우리는 여기 상대적 두 개 우주에서 일단 나오면 다시 변함이 없어,
우리는 절대적인 긍정마음이기 때문에.

무시공생명시리즈는 1권『무시공생명의 발견』, 2권『이제는 무시공생명 시대』, 3권『우주인과의 대화』, 4권『우주 작업』, 5권『우주 작업의 결과』등 총 5권이 출판되었습니다.

1권은 무시공선생님의 2015년도 강의를 중심으로 엮었고, 2권은 2016년 도와 2017년도의 강의를 책으로 엮었습니다.

우주인과의 대화 시리즈인 3, 4, 5권은 지구에서 시작하여 100억조 광년 의 무극에 이르는 무감각시공과 1,000억조 광년의 상대적 무시공에 이르 기까지 실로 광활하고 광대한 불완전했던 우주를 정리하는 과정을 수록하 였습니다.

이번에 출판된 4권과 5권은 총 10장의 대제목으로 구성, 그중에서 제1장 은 2016년 1월부터 처음으로 우주작업에 돌입하는 3단계 존재의 훈련에 임하는 마음가짐과 체험과정, 기초 훈련의 과정을 그대로 수록하고 공개 하여 무감각시공 우주작업의 의미와 새로운 절대적 무시공 우주를 열어가 는 힘들었던 여정을 소개하였습니다.

제2장부터 제10장까지는 3단계 우주작업의 훈련을 마치고 본격적으로 각 차원의 우주인과 외계인의 대화를 통하여 밝혀지는 불완전한 우주의 실체와 이런 우주를 바꾸고 거두려는 무시공생명의 끝없는 설득과 일체 생명을 살리려는 최선을 다하는 모습을 소개하였습니다.

무감각시공의 우주작업은 지구를 벗어난 차원 높은 온 우주의 생명들에게 새로운 일원심 무시공생명의 탄생을 알리는 동시에 이원념(부정마음, 상대긍정마음)의 시공우주에 종말이 왔다는 것을 알리는 대 우주공사였습니다.

2016년 이후 2018년 현재에 이르기까지 실로 방대한 우주작업 중 극히 일부분을 공개하는 것은 오관에 갇혀있는 인간의 상식으로는 이해하기 어려운 우주의 비밀들이기에 공개를 다음으로 미루었습니다.

노예변주인(奴隷變主人)의 깊은 뜻은 인간관계에서 이루어지는 뜻도 있지만 실상은 인간이 외계인의 지배를 받고 있는 노예에서 벗어나 의존변자성 하는 진정한 생명을 찾으라는 것이다.

대한민국의 대전은 세계의 중심지 우주의 중심지로 자리매김하고 대전의 무시공생명훈련센터는 일원심의 발원지로 100%의 일원심이 주도로 되어있는 직선빛 블랙홀의 중심으로 힘이 모이는 용광로입니다.
무시공생명훈련센터에서 훈련을 해야 하는 이유가 바로 여기에 있습니다. 혼자하는 경우 일원심보다 이원념이 더 많은 비중을 차지하고 있기 때문에 이원념의 영체에 끌려갈 수밖에 없는 것입니다.
무시공생명은 결코 개인의 수련이 아닙니다. 이원념과의 영적전쟁을 지휘하는 우주의 총사령부입니다.

제1장을 제외하고 각 장의 마지막에는 무시공 안병식 선생님의 무시공 강의나 간담형식으로 밝히신 말씀들을 정리하여 수록하였습니다. 정독하시면서 시공과 무시공의 차이점에 대해 깊이 생각해 보는 시간을 가지시고, 더 나아가 급변하는 우주시대에 어떻게 대처할 것인가 생각하는 좋은 기회가 되시기를 바랍니다.

무시공 안병식 선생님은 2000년 4월 대한민국에 오셔서 영원한 생명의 직선빛인 무시공생명의 일원심을 밝히시고 일체 생명을 살리기 위한 우주 작업에 돌입하였습니다.

영적인 스승도 없이 오직 스스로의 끊임없는 집념과 집중력을 발휘하여 자신이 무시공생명임을 발견하였습니다. 가르고 쪼개는 이분법, 이원념의 사고 속에서 고통과 불행의 삶을 사는 인간들에게 무시공생명 관점인 절대긍정 일원심을 밝히고 이것을 실행 실천하여 시공우주에서는 벗어 날 수 없는 생로병사를 초월하고 분자몸을 살아있는 상태에서 에너지 몸으로 변화시켜 모든 생명이 맞이하는 지상천국 지상극락의 시대를 열고 결국에는 살아있는 몸을 가지고 우주여행의 시대를 맞이하는 것입니다.

2016년, 기존의 분자세상에서 무극까지 이르는 영체들의 통로를 무시하고 지구에서 100억 조의 무극에 이르는 광활한 우주를 3단계로 구분하여 각 차원의 외계 존재들이 머물고 있는 우주 위치를 선포하셨습니다.

2017년에 밝히신 우주의 비밀 중, 3단계 무시공 우주도에서는 지구를 포함한 5천억 광년의 시공우주는 물질로 된 분자세상으로 인간과 외계인이 공존하고 인간은 승용차를, 외계인은 승용선을 교통수단으로 이용하며, 5천억 광년에서 5억 조 광년의 시공우주는 물질과 에너지가 혼합된 반물질 우주로 반우주인이며 이들은 비행선을 이용하여 별과 별 사이를 이동하고,

5억 조 광년에서 100억 조 광년의 무극까지 시공우주는 완전한 에너지 상태의 우주로 우주인이라고 부르며 이들은 우주선을 교통수단으로 합니다.

2018년 초에 밝히신 우주의 비밀 중, 절대적 무시공 우주도에서는 시공우주의 흔적, 즉 0.0000+∝(무한대)의 파동이 남아 있는 기존의 무시공 우주를 상대적 무시공 우주로 규정하고, 대한민국 대전을 새로운 우주의 중심지로 만들고 일체 파동이 없는 완벽한 직선빛의 절대적인 무시공 우주를 창조하였습니다.

이로써 이 우주에서 가장 밑바닥의 거친 분자세상의 낡은 지구는 과거의 지구가 되었고, 현재의 새로운 지구는 대한민국 대전을 중심으로 새로운 우주를 만들고 절대무시공 우주의 역사를 시작하게 되었습니다.

대전의 새로운 우주인 절대적인 무시공 우주는 블랙홀로 낡은 지구의 일체의 일원에너지를 빨아들이는 역할을 담당하며 이 낡은 지구의 결과는 이원념의 영체라는 껍데기만 남아 스스로 사라지는 운명을 맞게 됩니다.

2014년 12월, 14년 동안의 1단계를 마감하고 2015년 1월 3일 대전의 복수동 무시공생명훈련센터에서 첫 모임을 시작으로 무시공생명훈련의 2단계와 3단계 무시공 우주작업을 동시에 진행한다고 선포하였습니다.

2016년 1월부터 무시공 선생님의 무시공생명 관점을 받아들이는 존재들이 나타나면서 3단계의 우주의 질서를 바로잡는 대우주작업의 역사가 시작되었습니다.

그 결과 2030년 이후에 계획하였던 우주작업과 우주여행이 15년이나 앞당겨지는 놀라운 우주 역사가 펼쳐지게 되었습니다.

2018년 3월부터는 무시공 회원들과 그 가족들, 친척, 친구들까지 승용선, 비행선(UFO), 우주선을 타는 훈련에 돌입하여 세밀하고 미세한 공간으로 진입하는 에너지 몸을 만드는 작업도 앞당기고 모든 훈련과정을 공개하여 급변하는 우주의 변화에 적응하는 새로운 신인류의 출현을 준비하고 있습니다.

광활한 우주의 질서를 바로잡는, 즉 낡은 우주를 정리하고 새로운 우주를 창조하는 데 협조하는 우주인과 외계인들은 자기들이 준비도 되기 전에 무시공이 우주흐름의 시간을 너무 앞당겼다고, 왜 조금만 더 못 기다려 주는가 하고 원망스러운 애원을 하지만 무시공생명은 일체를 조공(창조)하는 존재로서 새로운 우주를 창조하고 있습니다.

우주작업과 우주여행을 이끄시는 무시공 안병식 선생님과 절대긍정 일원심의 직선빛으로 훈련하고 우주작업에 동참하는 3단계 존재와 방대한 외계생명체와의 대화를 녹취하고 필서하며 편집하여 이 우주의 일체 비밀을 공개하는 데 도움을 주신 모든 분들께 깊이 감사드립니다.

2018년 8월 대전, 무시공생명 훈련센터
우주인과의 대화 『우주 작업』 책 편찬위원회

나를 보호할 필요가 없는 5가지 이유

1. 나는 이미 7번 죽은 경험이 있기 때문에 죽는 건 이미 졸업했다.
   그리고 나는 죽는다는 개념도 없다.

2. 누구도 나를 보호할 필요 없다.
   수많은 층차에서 나를 보호하고 있고, 모두 나와 소통하고 있으니까.

3. 이원념(부정마음) 움직이기 전에, 이미 그 마음까지 다 알고 있다.
   그리고 이미 거기서 다 처리됐다. 내 근처도 못 온다.
   왜? 나는 시공에 없으니까. (이원념은 시간과 공간에서 움직이므로)

4. 지구에 온 많은 존재들이 세상을 바꾸지 못했다.
   나는 철저히 준비해온 존재이므로 내가 하는 일은 반드시 이루어진다.
   내 할 일은 이미 다 끝내고 왔다.

5. 내 이 몸은 가짜다.
   나를 없애려 해도 없앨 수 없다, 내 근처도 못 온다.
   나는 무시공존재니까.
   (내가 어떤 존재인지 모르는데 어떻게 나를 없앨 수 있어,
   이 몸 진짜로 보이지만 이 몸은 가짜, 실제는 무시공존재니까.
   일체 안에 내가 있는데 나를 없애려면 온 우주를 다 없애야 돼)

2002. 5. 무시공 안병식

花落依家計新祖
金鈴行宇宙
反客變為主
先干本知道
自在逍遙觀龍騰
誰人悟其妙
疾風怒火海濤滔
先知早預料
分秒逆道行
豈已已創造
時空消盡長夢醒
新人新宇宙

매심

1단계

우연히 눈을 떠보니
구층 천 얼음벽에 바보인 듯 백치인 듯 아름다운 꽃 한송이 피었네.

꽁꽁 언 한겨울 얼음 속에 핀 뜻은 아름다움을 자랑하기 위함이 아니요,
그저 봄소식을, 무시공우주의 비밀을 알릴 뿐.

기다리고 기다리다 온 세상에 꽃이 피어 꽃향기로 가득할 때
나는 그 꽃 속에 함께 스며들어 그 향기와 하나 되어 웃고 있네.

2단계

꽃이 피고 지어 결실을 이룰 때에,
인간의 욕심은 팽조를 해하려 하지만,
그 마음 생기는 순간에 이미 스스로 멸망 길로 가는 것을.

객이 주인이 됐다
불쌍한 노예를 살려주니 오히려 주인을 내쫓는 격.
하지만 그 마음 나는 미리 다 알고 있다.
아무리 해코지해도 나와는 아무 상관이 없음을.

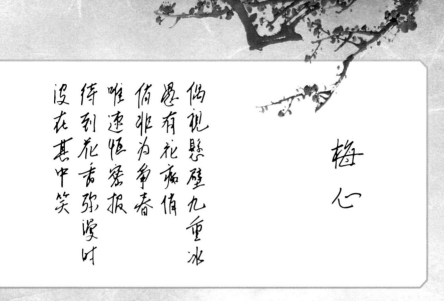

偽視懸壁九重冰
愚有花病偁
偁非为争香
唯递恒密报
待到花香弥漫时
没在其中笑

梅心

나는 이 세상에 들어온 적도 없고 그저 밖에서 인간세상을 구경하고,
용이 어찌 나는지, 호랑이가 어찌 뛰는지 구경할 뿐,
이 세상에 참여한 적도 끼어든 적도 없으니,
나는 대자유,
그 깊고 깊은 오묘한 진리를 누가 알 수 있을까!

3단계

5대 재앙(질병, 태풍, 화산폭발, 지진, 해일)이 지구를 정화한다는 선지자들의 예언,
끝없는 분쟁과 다툼은 무시공우주의 법칙을 역행하니
자기가 자기 무덤을 만들고….

온갖 재앙과 정화의 결과 시공우주가 사라지고
기나긴 꿈속에서 깨어나 보니,
새로운 인간과 새로운 우주만 남았네.

무시공 안병식 (2001. 2~3월, 매화꽃 필 무렵)

목차

제1장 무시공 3단계 우주작업 입문과 훈련

제2장 무시공생명 공기, 무시공생명에너지

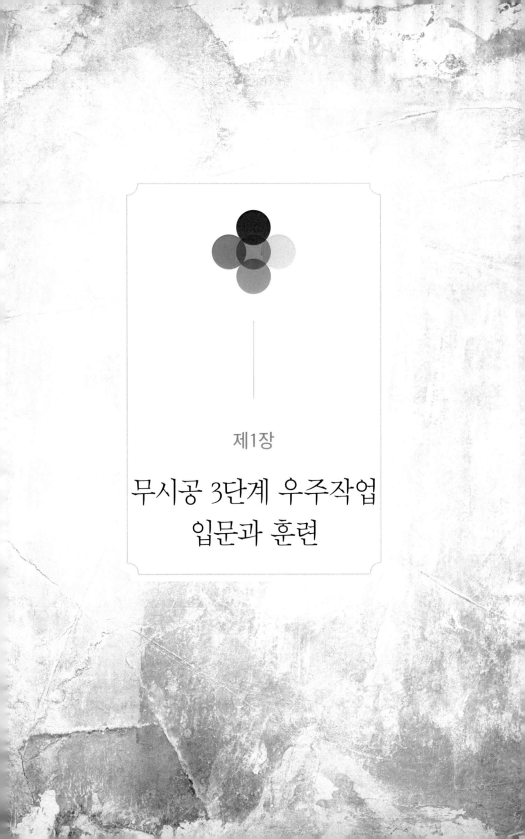

제1장

무시공 3단계 우주작업
입문과 훈련

2015년의 3단계 우주작업 훈련

무감각시공 훈련 준비작업(문자 대화)

<u>2015년 11월 9일 오후 9:52</u>

무시공 - 체험할 때 몸 반응은 어떤지, 그리고 평시에도 이전과 다른 점이
　있다면?

○○○ - 어떤 체험 때는 너무 강하게 풀려서 다음날 입안과 밖이 헤어질 정
　도도 있었고, 가끔 꿈인지 생시인지 구분이 안 되는 듯한 느낌이 들 때도
　있었고, 가장 특이한 건, 아무 생각이 없어질 때가 많아요. 잡념이 없어지
　는 것 같아요.

무시공 - 빛은 어떤 반응?

○○○ - 아, 빛은 워낙 강력해서 잘 유지되고 있어요.

무시공 - 내가 체험해준 전후의 차이점은?

○○○ - 전에는 빛을 느낌과 생각으로 표현했어요. 그것도 대단하다고 생
　각했는데, 알려주신 후에는 실제상황이에요. 말로는 표현할 수 없는 밝
　은 빛.
　무시공에서, 블랙홀에서 하나 된 빛.

무시공 - 직선빛 빨려 들어오는 느낌은?

○○○ - 직선빛은 자동으로 빨려 들어와요.
　밝은 쪽으로 알아서 이동. 빨아들이니 더 강력해지고요.

무시공 - 분자몸과 일원심 분리작업 잘하고 있다, 이것이 무시공으로 끌어
　올리는 뜻.

○○○ - 아, 감사합니다.

무시공 - 고맙고 축하해, 끝까지 할 수 있지?

○○○ - 네. 잘 끌어주시니까 지금까지 왔고, 끝까지 할 수 있어요.

무시공 - 분자몸은 가짜, 일원심이 진짜 나의 몸과 마음.
　너의 행동으로 진심을 보여주고 있어서 나도 최선으로 끝까지 지켜준다.
　나에게 아무 벽담 없고 의심 없는 것, 쉬운 일이 아닌데 참 대단하다.

○○○ - 가장 어려운 것을, 가장 쉽게 알려주고 끌어주시니까, 정말 많이
　알아가고 있어요.

무시공 - 알아들으니까 쉬워 보이지, 진심으로 나를 믿으니까.
　드디어 깨어나는 존재가 있어 행복하다. 15년 노력의 결과랄까.
　더 열심히 도와줄 거다. 함께하는 동파자와 동반자.

○○○ - 더 열심히 하겠습니다.

무시공 - 11시다. 너 좀 쉬어야지, 날마다 일하는데. 나는 놀부.

○○○ - 하하, 네 쉬세요.

부모와 자식 사이

부모와 자식 사이는 거리가 있고 보이지 않는 벽담이 있지.

자식하고 소통되려면 자식이 부모 입장에 와야 하는 것이 아니고 부모가 자식 입장에 들어가야지.

즉, 아이가 돼야지.

인간은 누구나 다 자식을 가르치려는 입장, 그래서 소통이 안 되고 서로 불만불평.

어제 내 강의 내용 중 "일체를 생명으로 보고 일원심과 일체의 긍정마음과 동일하다." 이것을 이해하면 일체가 나를 보호하고 나를 도와준다고 그랬지.

그리고 내 마음 움직이면 우주가 움직인다는 원리.

행동에서는 아이가 좋아하고 하고 싶은 것을 끝까지 지켜주며, 꼭 마음먹은 대로 이루어진다고 믿고 블랙홀 힘으로 부족한 것 인정 말고 절대긍정만 인정하고, 그 마음을 단단히 지키면, 일체만물이 다 도와준다는 사실.

아이가 부족한 것 인정하면 어두운 걸 인정하는 것이고 이원념에 걸렸잖아.

절대 좋은 것만 인정, 무시공생명만 인정.

무시공심력이 블랙홀이기에 마음먹은 대로 우주 힘이 작동, 시공 마음의 힘과 비교할 수 없어.

무조건 끊임없이 활용해야 실감이 와.

일원심 지키는 목적은 안 되는 일 되게 하기 위해서인데, 안 되는 것은 안 된다고 인정하면 뭐 하려고 이 공부해?

우리는 창조주야, 안 되는 일을 되도록 창조하는 것이잖아.

부족한 거 인정하고 안 된다고 마음 움직이고 흔들리면 이미 시공에 들어갔다.

정신 꼭 차려, 자식과 하나라고 믿어.

자식의 긍정마음과 너의 일원심은 하나 맞지?

일원심 단단히 지키면 무조건 기적이 이뤄져.

전지전능이야.

일원심은 창조주의 우주도 내 마음먹은 대로 움직여.

그러니 자식에 대해서는 너무나 당연하게 이뤄질 일이지.

아이를 가르치는 어떤 존재라도, 아이의 부족한 점을 말하며 희망을 꺾는 존재의 말을 믿지 말라는 것은, 부족을 인정하는 이원념에 우리가 끌려가면 안 된다는 것.

무시공에서 시공으로 끌려가면 안 되지.

부족함을 인정하는 존재의 말, 믿지 말라고 해.

그 힘과 우리 힘 서로 경쟁이다.

누가 이기나 보자.

그 이원념 이길 자신감 있어?

마음 안 흔들려? 이번에 시험 친다.

일원심 시험 합격되나 보자.

그 이원념 존재가 너 시험 치는 거다, 네 일원심이 어느 정도 되나.

이원념을 이기나 못 이기나, 그 시험이지.

이제 깨어났나?

내가 너를 차츰차츰 끌어온다, 알아차릴 때까지.
인정해?
내가 좀 지혜롭지? (웃음)

나는 블랙홀 - 일체가 우주행위

2015년 11월 12일 오후 11:32

무시공 - 센터에서 여럿이 함께한 체험 느껴보자, 어떤 느낌인가 지금 시작.
　　멀리서도 같은가, 실감인가, 상상인가 실험.
　　반 시간 후 소감 나누기.

2015년 11월 13일 오전 12:01

무시공 - 어떤 느낌?
○○○ - 더 이상 밝은 빛이 있을까 싶을 정도의 무시공 빛 속에서 선생님과
　　우리가 손과 손을 잡고 웃고 있어요.
　　주변에 가족들과 이야기할 상황이었지만, 그것과는 상관없이 체험할 수
　　있었어요.
무시공 - 응, 오늘은 이만.

2015년 11월 13일 오후 11:20

무시공 - 블랙홀효과 黑洞效应

我是黑洞 - 나는 블랙홀	只看自己 - 나만 봐라
二元化尽 - 다 녹았다	视觉超越 - 시각초월
我是婴儿 - 나는 영아	宇宙行为 - 우주행위

이것도 열심히 외울 것.

○○○ - 어젯밤 10시 체험시간에 - 지난 토요일 센터에서 ○○과 함께 체험
해주신 그때 느낌 그대로 따라 함.
그때부터 직선빛이 정확히 뭔지 알겠고, 직선빛 유지 중.
직선빛이 들어오는 것도 보이고.
분자몸도 세밀하게 분해되고 있어요.
느낌이나 상상 아닌 실제로 보여요. 감사.

무시공 - 잘하고 있어서 감동, 축하, 포기 안 하고 끝까지 가보자.
○○○ - 네.

무시공 - 온 우주에서 직선빛이 들어오는 것만 체험해. 블랙홀의 실상을 느
끼기.
일원심이 블랙홀.
분자세상부터 무극까지의 긍정마음도 일원심과 동일. 그래서 일체가 우주
행위.
나와 하나라는 마음으로 행해야 변하는 속도가 빠르다.
절대 의심 말 것, 누가 뭐라 하던!
○○○ - 네 알겠어요.

내 개인 목적은 아무것도 없다

<u>2015년 11월 19일 오후 7:46</u>

1.
이 세상 와서 내 개인 목적은 아무것도 없어.
인간은 안 믿어, 모르니까.
나는 미움이 없다 말하면,
미움이 없는 사람이 어디 있냐고 해.
나는 사람 아니잖아.
인간 입장에서 어떻게 나를 이해하나,
모르니까.

내가 자주하는 말,
다들 내 말 알아들었어.
그러나 누구도 못 알아들었어.

자기 위치에서만 이해되는 것이지.
알아듣는 이유는, 일원심 입장에서 들으니까 알아들을 수 있고, 많은 사람들이 이원념 입장에서 들으니까 못 알아들을 수밖에.

2.
일체를 생명으로 봐, 그리고 내가 다 긍정으로 대해.
상대의 부정은 인정 안 해.
이런 마음으로 대하면,
일체생명들이 나를 향할 뿐만 아니라, 나를 보호하고 사랑하지.

그래서 내가 자주 말했지 —
나는 누구도 보호할 필요 없어.

그러나 수많은 생명이 나를 보호하고 있다.

일체 다 생명으로 보고,
또 긍정만 인정하면 일체가 다 나를 도와주지.
절대 나를 해코지 안 하지.
그래서 일원심 지키는 것이 얼마나 위대하고 중요한지 말로 표현할 수 없어.

그래서 일체생명은 나하고 있으면, 기분 좋고
항상 생명이 살아나는 기분.
일원심 충만.

우주를 움직이는 능력자

2015년 11월 23일 오후 10:57 메시지 대화

무시공 - 무시공심력 — 블랙홀 잘 쓰고 있지?
　일이 이루어질 때까지 흔들리지 말고.
　몸 변하는 거 더 강하게 느끼나?
○○○ - 네, 흔들리지 말고.
　지난번 ○○과 함께 체험해 주실 때 미세하게 분리되던 내 몸이 지난 토요
　일에도 분리되었고, 센터에 모인 모두가 미세하게 분리되는 게 보였어요.
　지금도 계속 분리되는 거 느껴요.
　분리, 그리고 아주 세밀한 폭파(?)라고도 표현할 수 있어요.
　내 마음은 직선빛 유지. 긍정마음과 하나.

무시공 - 이제부터 이 뜻을 완전히 아는 존재만 집중훈련, 그래서 이후는
　자격 있는 존재만 들어올 수 있도록 할 거다.

이번 강의내용은 잘 알아들었지?

○○○ - 잘 알아들었어요. 그래도 계속 반복해서 들어야 할 것 같아요.

무시공 - 맞아, 또 실전에서 사용할 줄 알아야 해.

그래야 나에 일원심과 하나가 돼.

우리는 우주를 움직일 수 있는 능력을 가지고 있는 것, 이론이 아니라는 것.

○○○ - 네. 실전에서 사용해야 진짜.

이론 아녜요, 실제상황이고, 훈련하면 돼요.

무시공 - 이 세상에서 가장 위대한 존재라는 것을 발견하는 것, 얼마나 행운이야.

훈련센터 이름도 의미가 다 있지.

오늘 ○○에게 이후부터는 이 공부 뜻 모르는 존재가 나를 만나려 한다면 부처가 와도 안 만난다 했다.

대전센터 올 수 있는 것도, 훈련받은 존재 소개로 오던가,

또 몇 가지 조건 중 가장 중요한 하나는, '나'만 볼 수 있는 자세가 돼 있는 존재여야 해.

창녕에서 볍씨 모판에 키웠다면 대전에서는 논에다 모심어서 가을 벼 익을 때까지 가꾸는 거야.

내가 또 끼워 맞춘다.

창녕 — 모판

논은 — 대전

대전은 큰 밭이라는 뜻.

말 되지?

끼워 맞추니 또 그럴듯하네.

우리 일을 위해 지방의 이름까지 준비돼있네, 참 신기하다.

일체자동.

혼들리지 말고 일원심만 지키면 일체자동.

욕망대로 빈틈없이 이루어지는 법칙.

이것을 알리는 거야.

체력 변 심력 시대가 오는 거 실감 오지?

무시공 - 너도 나처럼 주변에 사람과 만물 다 좋은 것만 보는 습관을 형성
해 보도록.

어두운 것 인정하면 내가 어두워지는 비밀, 또 나하고도 멀어져,

항상 절대 일원심이어야 나하고 영원히 하나 될 수 있는 원리.

인간은 남의 잘못을 살피고, 트집 잡고, 뜯어고치려 하고, 교육하려 하
고, 심지어 원수처럼 대하지.

내가 인간과 다른 것은 좋은 것만 봐, 그래서 뜯어고칠 것도 없고 교육
할 것도 없고…

그래서 나는 인간 아니야. 인간 입장을 완고하게 지킨다면 영원히 나를
알아볼 수 없지,

○○○ - 네 그렇게 할게요. 선생님 알려준 그대로 실행하면 기분도 좋고,
천국입니다.

많이 좋아졌어요. 2단계, 3단계는 인간이 가장 벗어나기 힘든 것을 훈련
하는 것 같아요.

무시공 - 무시공생명특징 훈련과 동일해.

○○○ - 네.

무시공 - 홍콩 한 과학자가 말하기를, 속도가 빠르면 시간이 더디고 속도가

더디면 시간이 빠르다.

예를 들어, 쌍둥이 중에 동생은 로켓 타고 우주여행으로 빛 속도의 80%를 날았다면, 십 년 후 지구에 있던 형을 만나 보니, 형이 더 늙었더라.

우리는 분자세상에서 무극으로 올라갈수록 가속도야, 어떤 현상이 일어날까?

○○○ - 겨우 지구에서 로켓 타고 가는 속도와는 비교할 수 없는….

무극까지 가속도 붙어 올라가니…. 안 늙는 정도가 아니라….

어찌 될까 궁금하네요, 정말로.

무시공 - 우리는 속도도 시간도 없는 상태, 젊고 늙는 개념도 없잖아.

○○○ - 아~ 무극까지 가는 거는 시공에 있는 거라고 생각하고 시간개념 생각을 했네요.

무시공 - 우리 공부와 비교하면 답이 나오지.

○○○ - 네. 그렇게 비교해보니, 답이 나와요. 그래도 비교가 안 된다.

무시공 - 우리는 늙는 개념 있나? 무시공에는 시간도 없잖아.

○○○ - 네. 무시공에선 그런 개념 없다고 하셨지요. 무시공(無時空)이니 당연.

무시공 - 무시공생명은 실제 존재하는가 아니면 믿음과 신앙인가?

부처와 하나님도 실제 존재하는가, 믿음과 신앙인가?

○○○ - 신앙

무시공 - 무시공생명도 신앙?

○○○ - 네

무시공 - 실제 존재 아니야?

○○○ - 네, 믿음과 신앙이야.

무시공 - 빵점

   실제 생명인 줄도 모르고 이 공부해서 뭐해.

   자기 안에 있는 생명을 찾아서 지키라 했는데.

○○○ - 선생님이 뭐라 하실까, 장난으로 대답해봤지요.

무시공 - 다행이네.

○○○ - 뭘 그런 걸 물어보세요, 제가 신앙 믿으러 여기 왔나요?

무시공 - 나보다 더 큰소리쳐서 무섭다.

<u>2015년 11월 30일</u>

무시공 - 일체를 좋은 현상으로 돌릴 수 있어야 하는데,

   우주존재가 조그마한 거름망에 걸리진 않겠지?

<u>2015년 12월 1일 오후 12:06</u>

무시공 - 항상 나하고 하나 된 블랙홀 입장에서 행하면 빨리 효과 있지.

   블랙홀은 오래전부터 그렇게 해오니, 변화가 빠르다.

○○○ - 네. 선생님하고 하나 된 입장이 가장 빠르고 효과도 가장 커요.

   가끔 잊어버리지만.

   아니, 이젠 잠시도 안 잊어버릴 것임.

<u>2015년 12월 4일 오후 6:43</u>

무시공 - 무시공에 존재들은 어느 곳에 있든 절대 평등, 무고저.

   무시공에서 고저 나누면 시공이잖아.

   모든 분야 총동원해서, 어느 종교 수련단체도 할 수 없는, 초고강도 여
   론조성, 꿈속에 있는 생명들을 대충격으로 깨어나도록, 불가능을 가능하
   게, 기적은 우리가 창조하자.

○○○ - 기적은 우리가 창조한다.

무시공 - 무시공자리에서 행하면 나날이 당당해지는 자세지? 새 생명이 깨어나는 느낌.

시공에서는 불가능한 체험.

간을 우주 밖에 던질 수 있는 용기가 생기지?

○○○ - 네. 더욱 당당해지고 주변 눈치가 안 보여요.

무시공 - 시공에서는 항상 주변에 걸려있고, 무시공에서는 모두 같은 존재.

다 자기만 보는 자세. 그러니 눈치 볼 이유가 없어.

걸리는 느낌 있다면, 이미 시공에서 문제보고 있어.

○○○ - 넵, 맞다고 생각해요.

무시공 - 맞다면 무조건 끊임없이 무시공자리 지키는 훈련, 시공에 끌리지 말고.

우리는 원래 무시공존재, 시공하고 아무 상관 없거든.

○○○ - 네. 또 입력했습니다.

무시공 - 요즘 몸은 피곤한 느낌 없지?

일원심 훈련과 우주작업 하다 보면 많이 통하는 현상 있어, 그러나 몸은 더 빠른 속도로 변하지.

○○○ - 몸 변하는 속도 느끼고 있어요.

선생님은 피곤한 거 없으세요?

무시공 - 나는 좋은 것만 기억, 피곤할 새가 없어.

내 세포에는, 피곤 — 이런 개념이 없어.

좋은 것만 인정하니까.

항상 세포에게 절대긍정 정보입력.

나의 세포는 행복 충만, 대자유 충만.

부정 마음 활동할 공간이 없는 세포들, 내 세포는 이런 존재들이다, 자랑
스럽지?

시공존재들은 영원히 알 수 없어, 우리는 영원히 하나, 무시공에서만 가능.

○○○ - 자동으로 따라가고 있어요.

행복. 대자유, 자랑스러워요. 하나니까.

이 공부 안 하면 영원히 모를 겁니다.

2015년 12월 7일 오후 10:20

무시공 - 분자몸은 일원심 무시공생명이 독립할 수 있을 때까지 빌려 쓸 뿐.
젖 뗄 때까지, 탯줄 끊을 때까지, 의존변자성 할 때까지.

나 항상 쓰는 말 ─

끝까지 지켜준다. 본인이 포기하면 할 수 없지만.

이 뜻은 일원심을 끝까지 지켜준다는 뜻.

무시공 일원심은 영원하고 변함없어.

장난도 이원념 장난 안 치기.

세포에 저장되니까.

이원념은 무조건 나한테 걸린다, 인정해?

○○○ - 넵.

2015년 12월 12일 오전 2:37

○○○ - 아침 6시 40분에 일어난다. - 세포에 입력.

○○○ - 와~ 딱 6시 40분에 눈 떠졌어요.

　　센터 가는 날, 8시 35분 차표를 끊어놔서요.

　　다른 사람들에게는 당연한 것이지만, 내게는 기적입니다.

무시공 - 세포가 깨어나서 주인하고 일원심 동일 된 증거. 멋지다.

　　내가 너한테 힘들게 해도 의심 안 하고 또 포기 안 하고 나를 믿고 따라

　　오는 것이 대단하다.

　　너는 나에 무엇을 믿고 포기 안 하는지?

○○○ - 선생님 말과 행동이 다 맞다고 느끼니까요.

2015년 12월 12일 오전 7:14

무시공 - 내가 두 가지 마음을 스스로 나타내는데 어떤 것을 믿나?

○○○ - 일원심을.

무시공 - 네가 나의 이원념을 보고 인정하는 순간 이미 나하고 멀어져.

　　그 비밀은 나에게 나타나는 이원념은 인정 안 하기 때문에.

　　인간은 이원념을 인정하기 때문이고.

　　그래서 내가 너한테 힘들게 한다는 개념도 버려야 일원심 자리를 지킬

　　수 있다.

　　우주에도 힘들다는 개념이 있겠나?

○○○ - 그러네!

2015년 12월 22일 오전 11:18

○○○ - 선생님과 하나. 긍정마음과 하나. 일원 빛 유지.

무시공 - 세포 깨어날 때까지 훈련이 필요.

○○○ - 네.

○○○ - 블랙홀효과, 아동우주동, 무시공생명특징.

　이 세 가지를 열심히 외우며 체험한 건 얼마 안 돼요.

　알려주신 지 한참 후에나 실행했는데, 하면 할수록 느끼면 느낄수록 깊

　이가 훨씬 깊어짐을 느껴요.

　그리고 끝없이 나의 고정관념을 깨부수어 주셔서 감사합니다.

무시공 - 고마워.

2015년 12월 29일 오전 12:04

무시공 - 물질 몸이 에너지 몸으로.

　너는 3단계 훈련받고 있는 존재.

　열심히 일하고, 훈련받고. 자식도 남편도 좋아하겠다, 당연 또 그래야 하고.

○○○ - 네. 제가 무시공 공부한 이후로 함께 좋아졌다는 것 가족들이 느

　끼고 있어요.

무시공 - 무시공존재가 머문 곳은 주변이 자동으로 변하지, 직선빛 때문에.

○○○ - 네. 많이 느끼고 있어요.

무시공 - 날마다 컴퓨터 앞에 앉아서 작업하는 거 힘들겠다.

○○○ - 전에는 많이 힘들었어요,

　그런데 무시공생명 알고 나서는 운동, 수련 전혀 안 하는데 오래 앉아있

　어도 몸이 결리는 곳이 더 없어지는 게 신기해요.

　나가서 활동하며 일하는 것보다 컴퓨터 앞에서 일하는 게 좋거든요.

　나가는 건 놀 때 좋고. (웃음)

무시공 - 컴퓨터 앞에나, 나가서나 다 좋은 것만 인정해서, 짱이다.

○○○ - 네, 좋은 것만 인정.

무시공 - 무시공에서는 좋은 것밖에 없으니까.

그래서 일체 좋은 현상.

2016년 3단계 우주작업 훈련

우리는 우주를 바꾸러 왔다

2016년 1월 1일 오전 10:41

○○○ - 선생님과 함께하는 블랙홀 중심에서.
　　무시공에 점점 깊게 뿌리내려가는 우리를 느끼며.
　　시간 가는 것이 이렇게 좋을 수가, 예전 같으면 나이 한 살 더 먹는다고,
　　인생의 부질없음에 한숨도 쉬었겠지만.
　　지금은 시간 가는 것이 설레고 행복합니다.
　　무시공 덕분에 완전히 뒤바뀌었습니다.

무시공 - 우리는 우주를 바꾸러 왔는데 인생을 못 바꿔? 말도 안 되지.

2016년 1월 2일 오후 1:44

무시공 - 요즘 몸 변하는 속도와 강도가 높은 거 느끼는가.
○○○ - 네, 느껴요. 뭐라 표현할 말이 없지만.

무시공 - 빛 체험하면 확인할 수 있는 방법 있다.
○○○ - 나가는 빛은 지금도 계속 있고요,
　　그리고 지난번 선생님 말씀처럼 빛 구경 해보니 내가 더 위로 올라가야
　　보이더라고요.
　　그래서 올라가서 보니 빛들이 나를 쭉 따라오기도 하고, 재밌었어요.

무시공 - 블랙홀 체험하면 자기 변하는 것을 확인할 수 있어.

　속도, 강도, 이것으로 말해야 정확해.

○○○ - 아, 다시 말씀드릴게요.

　센터에서 다 함께 체험한 이후로 몸이 계속 풀리는 느낌이 있어요.

　밖으로 나가는 빛도 계속 있고요 - 이건 전에는 잘 못 느꼈던 것이에요.

　빛 몸 존재들을 하나로 뭉치는 작업도 처음 해봤네요, 뭉치니 빛이 엄청 강력하고 안으로 들어오는 직선빛도 강해요.

무시공 - 계속 그런 훈련하면 세포가 빨리 깨어나. 그래야 블랙홀이 강해져.

○○○ - 네, 계속 훈련.

2016년 1월 3일 오전 11:15

무시공 - 이제 더 깊이 나를 알아봤네.

　진짜 무시공을 알고, 자기가 무시공 존재라는 거 인정하면 시공일체 나하고 상관없어.

　당연 과감하게 일체근단 할 수 있지 ─ 가족개념. 민족개념. 국가개념. 지구 60억 인구개념, 시공우주 개념.

　내 앞에서는 무슨 걸림도 없다는 뜻. 이제 알겠지?

　고맙다. 더 가까이 다가오니까.

○○○ - 감사합니다.

2016년 1월 4일 오전 10:37

○○○ - 선생님과 하나. 온 우주 긍정마음과 하나.

　이상한 게 있어요, 선생님하고 대화한 내용 중에, 꿈속같이 느껴지고 명확하게 기억이 안 나는 게 많아요.

　그 당시에는 잘 알아듣고 대답도 잘하고, 꼭 기억해야지, 했는데….

무시공 - 나중에 다 기억난다, 일체 좋은현상.

○○○ - 아, 나중에 다 기억난다. 일체 좋은현상.

　항상 현명한 답변, 감사.

무시공 - 나는 일체생명을 살리는 개념, 천 번 만 번 갔다 와도 환영한다고
　했지.
　전에 나를 공격하고 비난하던 사람이 또 이 공부 다시 한다니.
　나를 이해해줘서 고마울 뿐.

　블랙홀 시동 걸리면, 반드시 나를 핵심으로 해서 내 트집 잡고 의심하고
　공격하는데 끌려가지 말고, 나만 봐.
　밖으로 보려면 좋은 것만 봐, 그래야 블랙홀 핵심이 형성되니까 이원념
　마음 조금만 있어도 핵심에서 밀려나가는 것을 알아야 안 끌려가.

무시공 - 무시공 오관, 입 귀 눈 단속 강화, 단속 안 하면 블랙홀 시동 걸 수
　가 없어, 핵심을 형성할 수 없기 때문.
　자꾸 분리 역할 하기 때문에, 각자 자기 이원념 마음이 방해하기 때문에.
　방법은 - 나만 봐. 그리고 입, 귀, 눈 단속.

○○○ - 또 한 번 명심.

○○○ - 다들 선생님을 기다리고 선생님과 함께 공부하고 싶어 하니, 선생
　님은 몸을 100개로 만드세요.
　분자몸 필요할 때까지만 잘 쓰게.
　하하, 농담입니다.

선생님 대신할 10명, 100명, 10,000명을 만들라고 하셨지요.

무시공 - 잘 아네, 나하고 동일한 존재 백 명, 천 명, 만 명~.
　훈련 중, 때가 되면 다 나 대신으로 할 수 있어.
　시공우주를 무시공우주로.
　그러면 나는 대자유.
　이것이 손오공 전략.
　무시공생명의 전략전술.
　나는 무시공의 전략가, 군사가.
　시공권력자는 ― 통치법
　무시공생명은 ― 블랙홀

　뜻 알겠니? 꼼꼼히 분석하면 알 거다.
　내가 하는 행동하고 남하고 비교하면 알 수 있지.
　내가 누구에게 강박적으로 내 말 들어야 한다, 그러던가?
○○○ - 아니지요, 절대.

무시공 - 그런데 왜 다 자동으로 나한테 뭉쳐?
○○○ - 블랙홀이니까.

무시공 - 그것이 통치법과 ― 블랙홀의 근본 차이.
　시공과 무시공 차이.
○○○ - 이해됐어요, 차원이 달라도 너무 달라요. 우주가 다르니….

무시공 - 역시 잘 통한다.
　내가 일체 안에 다 있다는 뜻 알겠지?
　그저 모르는 척. 일체를 다 맞춰 줄 뿐.
　그러나 나는 노예가 아니야.

○○○ - 네, 그래도 일체 안에 다 있다는 뜻은, 말은 알아듣지만, 정확히는 잘 모르겠어요.

무시공 - 만물을 생명으로 보면 긍정마음이 일원심하고 동일하기 때문에, 라고 했잖아.

○○○ - 네, 요즘 항상 강조하는 말씀.

무시공 - 이것이 일체 안에 다 있고, 또 일체도지.
　　다 맞다고 맞춰주고.
　　또 노예 안 되고 스스로 미꾸라지처럼 빠져나올 수 있다고 그랬잖아.

○○○ - 지금 말씀 몇 번 읽어보고 있어요, 무시공의 전략전술 최고.

무시공 - 너도 생명 내걸고 나를 보호할 수 있지, 당연 누구도 나를 보호할 필요 없지만.

○○○ - 네. 할 수 있어요.

무시공 - 나는 누구보고도 강제로 꼭 내 말 들어라, 안 그런다.
　　강제로 나를 따르라고도 안 한다.
　　나는 일원심 지키는 존재만 필요해.

○○○ - 최선 다해서 일원심 지키겠습니다. 그래야만 행복하니까.

무시공 - 일원심 존재, 적어도 열 명, 많으면 만 명.
　　그 외에는 아무것도 필요 없어.

2016년 1월 16일 오후 7:00

○○○ - 센터 모임 다녀왔습니다.

그런데 신기한 건, 선생님이 분명 참석 안 하셨는데, 선생님이 모임에 함께하고 있는 것을 느꼈어요.

무시공으로 꽉 차 허전한 공간이 없었어요.

2016년 1월 17일 오후 11:44

무시공 - 요즘 몸 변화 새롭지 않나?

○○○ - 몸 변화 커요, 저는 몸보다 마음에 변화가 더 크게 느껴져요.

깊숙한 블랙홀 중심에서 무시공의 느낌.

무시공 - 가속도로 변하는 느낌.

○○○ - 네, 전보다 더 가속도로 변해요.

지난날들과 비교하면 가속도라는 표현 맞아요.

무시공 - 체험 후 빛도 계속 강해지고 있지?

○○○ - 강해졌어요. 모이니까 더더욱 강하고요.

아까 10시 체험할 때 잠깐 봤는데.

빛 체험 한 사람씩은 못하고, 여자분들 전체 다 뭉쳐보았더니, 진짜 저 은하계의 별들 같았어요.

중심으로 뭉치는 가까이 있는 빛이 있고, 좀 멀리 있는 빛들이 차츰 소용돌이처럼 모여드는 것 같은. 그래서 그림으로도 그려볼 정도.

달과 태양 그리고 별 여행, UFO 몰래 타보기

<u>2016년 1월 18일 오전 12:00</u>

무시공 - 지금 지구 보래, 보이는가?
○○○ - 보여요, 아주 밝아요.

무시공 - 달하고 태양 보자. 우선 태양에 가봐, 갈 수 있나.
○○○ - 태양에 바로 갔어요.

무시공 - 달과 태양에 가서, 생명체 있나 보고.
○○○ - 달에 문명이 있어요, 건물도 많고.
　태양은 뜨거운 태양이지만 표면에 빈 공간이 있어서 그리로 쭉 들어가
　보니, 태양의 뜨거운 열과 항성은 분리돼있어요.
　열이 항성을 보호하고 있는 듯도 하고.
　하여튼 뜨거운 태양(불) 안에 있는 항성은 열과는 상관없이 일반 행성과
　같아 보이고, 거기도 문명이 있어요.
　밝고 따뜻한 느낌.

무시공 - 주변에 UFO 보여? 그 안에 몰래 들어갈 수 있어?
○○○ - 엄청 큰 UFO에 타 봤는데, 생명체는 별로 안 보여요.
　우주선 안에서 창(투명한 막?)밖으로 우주가 보이게 해놨어요.
　움직이지 않고 정지해있는 듯. 아니, 천천히 움직이는 듯도 해요.
　우주 기지 같아요.
　저 멀리 내다보니 이 기지가 우주 지하철처럼 길게 쭉 연결돼있어요,

무시공 - 실험 삼아 은하계나 다른 별에 가볼 수 있어?
○○○ - 가볼게요.
　다니다가 본 중에 가장 밝은 데가 보여 들어가 봤어요.

수정 같은 느낌.

생명체들도 다 투명해요.

수정처럼 예쁜 빛들과 투명한 세상, 투명한 생명체.

문명은 안 보이고, 수정 같은 것과 생명체들만 보여요.

2016년 1월 18일 오전 12:45

지구 속

무시공 - 지금 지구 속으로 들어가 봐.

○○○ - 네. 지구 정중심에 밝은 게 있어요.

무시공 - 중심에 들어갈 수 있나 실험해봐.

○○○ - 지구 속에 관한 전에 들었던 정보들이 머릿속에 겹쳐서….

　　내 생각인지 진짜인지 헷갈려요, 구분을 잘해야겠어요. 잠시만요.

2016년 1월 18일 오전 12:55

○○○ - 들어갔는데 밝은 빛 밖에 아무것도 안 보여요, 나중에 다시 해봐

　　야겠어요. 궁금해요.

2016년 1월 18일

폴리우스 행성 - 첫 번째 다녀온 후 (메모)

　선생님의 안내로 - 주변 우주선 중에 가장 높은 차원의 우주선을 골라

타고 우주선 대표와 인사, 간단한 내 소개 후, 너희 별에 구경 가고 싶다 하

니 흔쾌히 허락한다.

　순간에 도착했는데, 좀 이상한 곳을 데려간 것 같아서 대표와 만나겠다,

그리고 제대로 보여줘라 했더니, 대표에게 데려간다.

대표는 지구에서 왔다는 말에 어떻게 거기서 올 수 있냐며 놀라면서도 내 말을 듣는 둥 마는 둥 성의 없는 느낌, 하지만 겉으로는 듣는 것처럼 보여준다.

자기네 행성을 막아놓고 다 공개하지 않았다.

마지막으로 기념선물 하나 달라고 해서 받아옴.

대표에게 받은 기념품과 대화.

○○○ - 너는(기념품) 무엇에 쓰이는 것인가?

기념품 - 나는, 나름 의미 있고 귀한 거다, 말 그대로 네가 찾던 기념품이다.

○○○ - 무엇을 기념하는 것인가?

기념품 - 우리 행성에서 한 단계 업그레이드될 때를 기념해 나를 만들었다. 나를 가지고 있으면 무한능력 발휘, 그리고 행운을 의미한다.

○○○ - 여기에도 무한능력, 행운, 그런 것이 필요한가?

기념품 - 어디나 최고를 지향하지.

이 기념품과 대화하고 있으니, 선물 준 최고 존재와도 바로 연결된다.

(이때는 행성 이름도, 거리 물어보지 못했다)

외계 친구와 대화 훈련

2016년 1월 19일 오후 2:02

무시공 - 몇 년 전 너와 친구하기로 했다던, 그 외계인 친구(후에 대화 후마탕 카즈 행성이라는 걸 알게 됐음)에게도 좀 소중한 선물 줄 수 있나, 말해보고.
또 그 선물은 무슨 특징 있는가, 물어봐.
내가 항상 뒷받침하고 있는 거 믿으면서.

○○○ - 네, 좋아요.

무시공 - 혹시 분자몸을 빨리 녹이는 역할 하는 거 있는지.
그 친구는 UFO 마음으로 움직이지?

○○○ - 네. 마음으로 움직이는 친구예요.

무시공 - 너도 마음으로 움직이는 실험한 후, 적당한 시기에 선물하나 하라고 해봐.
적당한 시기란, 우선 분자몸으로 UFO 타본 후를 말해.
그리고 분자몸으로 UFO 탈 수 있나 준비한다고 했는데 언제쯤인지, 나중 약속 잘 지키면 우리가 무엇을 도와줄까도 물어보고.
그리고 전에 별(나중에 대화 후 폴리우스 행성이라 알게 됐음)에 갔을 때 기념품 선물 받은 거 보여줘 봐, 알아보는가?

○○○ - 오오, 알았어요.
그런데, 아까 말씀하신 '분자몸을 빨리 녹이는 역할 하는 거.' 이 말씀은 뭔지?

무시공 -
1. UFO에 언제 분자몸으로 사람 탈 수 있나?
2. 지구에서 쓸모 있는 선물 줄 수 있나.
3. 분자몸으로 너도 UFO 타는 실험해보겠다고 신청.

4. UFO 선물할 수 있나?

5. 우리가 무엇을 도와줄까?

6. 네가 받은 선물 보여줘 봐, 알아보는가?

7. 혹시 분자몸 빨리 분리해서 녹일 수 있는 방법 있는지.

○○○ - 아아 네, 알겠어요,

그리고 선생님 문자 보다 보니 분자몸 녹이는 거, 무슨 뜻인지 이제 알겠어요. 정리됐어요.

무시공 - 분자몸 타기 힘들다면, 괜찮다고 신경 쓰지 마라 그래.

또 다른 방법 찾아. 쉽게 할 수 있는 것도 있어.

○○○ - 아, 더 쉽게 할 수 있는 것도 있어요? 대박.

아까 친구에게 우주선 타고 싶다는 말을 누구에게 할까 생각하다가 - 전에 내 앞에 가까이 나타났던 작은 우주선 타고 온 친구 말고, 저(서북)쪽에 있는 큰 모선에 가서 이야기했어요.

같은 소속일 거라 생각돼서.

무시공 - 같은 마음으로 움직여도 층차가 달라.

어떤 것은 분자몸도 마음대로 태울 수 있고, 또 어떤 것은 좀 힘들어.

기술 차원이 달라.

분자몸을 태워 우주여행 시켜주면, 우리한테 무슨 도움 필요한가 물어보고, 최선으로 도와준다고 전하고.

○○○ - 네.

분자몸 태워줄 수 있나 물어보는 거, 처음 얘기했던 친구들에게만 말할까요, 아니면 눈앞에 나타났던 우주선 친구에게도 물어보고, 또 다른 차원도 찾아보고 그래요?

무시공 - 먼저 약속한대. 기다려. 약속 지켜야 해. 그들이 어렵다, 힘들다, 바로 할 수 없다고 말할 때 다른 거 찾아.

○○○ - 네.

무시공 - 1월 24일 이후 어느 시간도 다 된다 그래. 그전에는 안 돼, 대전 모임 가야 해서.

주변 우주선, 폴리우스 행성

2016년 1월 19일 오후 9:30

무시공 - 그럼 지금부터 내가 말하는 대로 해봐, 주변에 우주선이 네 쪽으로 많이 모여드는 거 한번 구경해봐. 진짜 그런가 안 그런가?
○○○ - 네. 주변에 많이 있어요.

무시공 - 갑자기 소문이 난 것 같다. 그럼 이제부터 약속했던 거 한번 물어봐. 만일 힘들고 곤란하다면 너무 신경 쓰지 말고 고맙다 하고, 된다 하면 언제쯤 되나? 된다고 해도 반드시 24일 이후에 한번 이야기해 봐.
○○○ - 네. 어머나, 24일 이후라 그랬더니 바로 25일이라 말하는데요. 그럼 어떡해요?

무시공 - 25일 하겠대?
○○○ - 네, 내가 대화하면서도 너무 신기해요.

무시공 - 그래. 된대?
○○○ - 네. 그래서 준비할 게 뭐 있나? 그랬더니, 자기네 마음대로 사람을 태울 수는 없다고 말하면서 약간의 시간이 필요하다고 해요, 어떤 절차가 있는지 모르겠지만.
또 24일 이후에 내가 믿는 친구 한 명하고 나하고 둘이 태워줄 수 있느냐, 라고 물었더니 그럼 25일이라고 대답하는데 내가 듣고도 신기해요.

무시공 - 응. 그래. 너 보기에 가능할 것 같아, 확실히 물어보지?
  그래. 한번 그렇게 약속해놓고 혹시나, 무조건 바로 된다 하는데 찾아봐.
  준비할 필요도 없어.
  바로 되는 것도 있다고, 살펴보면 보여.
  다른데 찾아서 이렇게 말해, 먼저 약속해 놓은 데가 있는데 거기가 만일
  안 되면, 먼저 태워주는데 찾고 있다고 그렇게 말 해봐.
  약속해놓은 곳에서 바로 탈 수 있다면 약속 지켜야 하기 때문에 먼저 타
  야 한다고 말해놓고.
○○○ - 알겠어요, 지금 어떤 우주선에서, 나를 알아보는 곳이 있어서 한번
  들어가 봤어요.

무시공 - 응. 그래
○○○ - 여기도 머뭇머뭇해서 그냥 나갈 거예요.

무시공 - 거기도 뭐 준비해야 된다고 그러는 거야?
○○○ - 바로 대답을 안 해서요.

무시공 - 응. 그래.
  지금 우주선들 전부 다 공중에 떠있지? 한번 살펴봐, 우리 대전 근방이
  나 서울이나 어디에 머물고 있는 기지가 없나?
○○○ - 공중에 떠있는 우주선들 보고 있어요.
  음… 기지라.

무시공 - 저들, 어쩌면 머물러 있을 자리 찾고 있는 수도 있다. 한번 물어
  봐. 기지 있나 없나 먼저 살펴보고. 그리고 내 느낌에는 저네는 어디 머무
  는 자리 있기를 바라는 행성이 있을 것 같아.

짐작해봐. 그런가 안 그런가. 안 그러거든 궁금한 식으로 물어봐. 지상 어디에 머무르고 있는가?

OOO - 지금 제가 보기에는 육지보다는, 육지 바깥 바다 쪽에서 많이 보여요.

무시공 - 응. 그래. 그리고 지금 우리가 연락하는 그 우주선은 인간 눈으로 못 보는 상태로 되어있지? 그들이 땅에, 육지에 앉아도 인간에게는 안 보일 정도로 다 그런 상태로 돼있지?

OOO - 네. 그 친구들 지금 그런 상태예요.

무시공 - 응, 지금은 그렇게 대답했으면 됐고, 어제 만나서 선물을 준 대표, 거기 또 가보겠다고 그래. 그건 어느 차원에 있는 우주세상인지 알아보고 이름이 무엇인가, 알려줄 수 있나? 그런 걸 우리가 기억해야 되잖아. 아니면 그 선물한테 물어봐도 되고.

OOO - 어떻게 할까요, 직접 거기로 갈까요?

무시공 - 응. 실험 삼아 거기 가봐. 일부러 그 우주선 타고 가라고. 혼자 가도 되는데 그건 밝히지 말고. 알았지?

OOO - 아, 거기 들러서 우주선 타고 가라고요, 어제랑 똑같이?

무시공 - 응 맞아. 선물 준 것 감사하다 말하고, 궁금해서 그러는데 너희는 이 우주에 어느 차원에 있는 우주이고, 이름이 무엇인지 궁금해서 다시 물어보러 왔다고 그러면서.

반복적으로 너도 자꾸 탐구해봐, 그리고 마음으로 우주선 움직이는 거 되나, 실험 삼아 같이 상담해보고. 만나면 다른 이야기도 해봐. 생각나는 것들.

그리고 거기에 있는 식물 종자라던가 모종이든가, 씨앗이든가, 과일이든가 아무튼 거기 있는 거. 제일 좋은 그런 것, 선물로 해달라고 해봐. 기념으로 좀 챙겨달라고. 하하.

기념으로 우리 지구에 가져와서 키워보고 싶다 하면서. 알았지?

이름까지 다 물어봐서 꼼꼼히 적어놓고.

만나면 우리 책도 주고, 감사하다고 인사도 하고.

○○○ - 네. 그 별에 다시 갔더니, 대단한 사람이네? 하고 놀라요.

내가 다시 온 이유는, 차원 높은 당신별에 대해 배우고 싶고, 어느 차원의 우주인지, 이름은 무엇인지 궁금해서 왔다 그랬어요.

아주 고맙다고 했고요. 이제 이야기를 나눠볼게요.

무시공 - 우리는 간을 우주 밖에 던져놓으니 마음대로 돼. 왜냐하면 그들은 우리 진실을 못 알아보거든. 그것을 꼭 명심하라고.

우리가 무시공 존재라는것을 안 밝히면 못 알아봐.

○○○ - 아, 그들은 못 알아본다, 우리를.

무시공 - 저들은 자기들 차원으로 우리를 보고 있지.

우리 지구를 저들도 아니까, 일부러 도움받고 싶다, 그런 말도 하고. 우리한테 무슨 도움 줄 수 있는가, 물어봐.

그리고 알려주는 이름들 기록하고.

○○○ - 네. 어제 우리에게 모두 보여주지 않는 거 이해한다. 그리고 우리 지구가 빠른 속도로 많이 변하고 있으니까 그쪽에서도 우리 주시하고 있는데 우리에게 도움 될 만한 거 있느냐? 많이 배우러 왔다 하면서 일단 인사는 그렇게 끝냈고요.

지금 여기는 어느 차원이냐 물어볼게요.

무시공 - 이름이 뭔가? 자기 사는 별나라 이름이 뭐고 우주의 어느 차원 어디 있는지 물어보면 돼. 자기 생각에 자기가 최고라 하면 그게 어디 있는 건가 알려줄 수 있나, 물어보고.

이후로 자주 연락하겠다고 해. 아니면 감각시공 무감각시공 중에 (그들은 무감각시공에 있잖아) 이름이 뭔가 그저 그렇게 말하면 돼.

어느 차원보다 높은 차원에 있다고, 그 밑에 차원은 어디고, 라고 물어봐도 되고.

먼저 자기 사는 세상 이름을 알려 달라 하고, 어제 선물 준 거 그것도 무슨 이름인가? 좀 기억하겠다고.

○○○ - 네. 자기 사는 곳은 폴리우스라고 한데요.

무시공 - 이름이 폴리우스?

○○○ - 네. 자기 사는 곳이 폴리우스. 나는 은하계 지구라는 곳에서 온 거, 알지 않느냐? 너는 사는 곳이 어디냐 물었더니 폴리우스라 했고 어느 차원인지 다시 물어볼게요.

무시공 - 응. 쟤네 사는 환경도 구경시켜줄 수 있나 물어보고.

○○○ - 네. 여기 지구가 있으면, 굳이 위치를 말한다면 대각선으로 저 반대쪽이라고 위치를 말하면서….

무시공 - 이렇게 물어봐. 어느 위치에 어느 차원에 있는지 알아보고 우리가 아는 은하계보다 아주 높은 차원에 있는 것인가, 물어보고.

예를 들어 네가 아는 석가모니, 예수가 있는 그곳과 비교하면 얼마나 더 높은 차원이고 세밀한가, 라고 비교해줘야 우리가 알 수 있다고 하면서 물어봐.

물어보면 다 기억하고 선물 이름도 물어보고, 그다음에 나중에 무슨 씨앗이든 종자든.

○○○ - 선생님 하나씩 하나씩 얘기해주세요. 너무 빨라요.

그리고 지금 답변 못 한 거, 다 정리해 놓을게요.

무시공 - 응. 그래 다 적으면 된다. 다 물어봤지?

○○○ - 아직요.

무시공 - 물어봐. 우리는 다른 건 다 모르고 그저 우리는 지구 인간 아니거든. 예수나 부처 있는 자리가 제일 높다 생각하는데 거기하고 비하면 얼마큼 더 세밀하고 더 높은 곳인가?

○○○ - 음, 자기네와 비교할 수도 없다고, 거기는 아주 낮은 차원이라고 이야기해요.

무시공 - 비교할 수 없을 정도로 자기네가 높데?

○○○ - 네.

무시공 - 됐어. 그다음에 우리가 좀 도움받으려고 하면 우리한테 무슨 도움을 줄 수 있는가? 내가 지구에서 있으면서 할 일이 있는데, 도움을 청하고 싶은데 나한테 무슨 도움을 줄 수 있는가?

○○○ - 네. 내가 하려는 건 얼마든지 이야기하라고, 적극 도와주겠다고.

무시공 - 응. 그리고 또, 우리가 지금 지구에서 아직 분자몸을 가지고 있으니까 이 몸 어떤 방법으로 빨리 벗어날 수 있는가, 도와줄 수 있나?

그리고 우린 아직 분자몸 가지고 있는데, 분자몸 가지고도 거기 갈 수 있는 방법도 궁금하다고, 그것 도와줄 수 있는가도 물어보고.

네가 타고 갔던 그 우주선에 우리가 분자몸 가지고 거기까지 갈 수 있나 물어봐. 다른 준비 필요 있나 없나? 가고 싶으면 우리 스스로 갈 수 있나 물어보고.

분자몸 가지고 있는 거 저네도 알잖아.

어제보다 너를 대하는 게 좋아졌지?

○○○ - 네. 좋아졌어요. 나를 대하는 분위기가 달라졌어요.

무시공 - 달라져있지? 반드시 달라져야지. 하하.

그리고 같이 있는 환경이 어때?

○○○ - 환경은 밝고 쾌적해요.

무시공 - 인간 말로 표현 못 할 정도로 너무 밝고 깨끗하지?

○○○ - 네. 밝고 쾌적하고, 지금은 어디 내부에 있는 것 같아요.

무시공 - 다 물어보고 나서 도와주고 우리 분자몸도 가지고 갈 수 있는 방법, 그것도 다 할 수 있다 하면 그다음에 어디 좀 구경하면 안 되나? 구경시켜 달라 그래. 궁금하다 하면서.

이제 구경하면서 여기는 엄청 평화롭고 사람들 간에 다투는 그런 현상이 없겠다고. 너무 평화롭고 사람들 엄청 아름다운 거 아닌가?

서로 의견이 달라서 모순되고 그런 현상 있나 없나? 사람들끼리 어떻게 지내나, 다툼이나 싸움 일으키는 거, 그런 게 있나 없나? 하면서.

너희는 다른 곳에 존재들이 서로 침범하고 그런 거 있나, 그래서 방비하나? 물어봐.

○○○ - 거기에 대해서는 굉장히 자신감 있는데요.

침범 있대요. 그들을 조무래기들이라고 표현을 해요. 아주 보잘것없는 것들이 그런 경우는 있는데 자기네는 아주 자신감 있어요. 굉장히 강하다는 표현이랄까? 침범당할 걱정은 없다는 그런 식으로.

무시공 - 구경 좀 하게 해 달라 그러고, 사람들 사는 것 좀 궁금하다면서. 혼자도 무슨 생각 있으면 말해. 자꾸 이야기해봐. 내가 알려주는 거 이외에도.

그리고 저네는 수명이 얼마만큼 긴가, 얼마나 사나?

○○○ - 자기네는 원하는 만큼 살다가 다시 모습을 바꿔서 살 수 있다고 해요.

무시공 - 무슨 약이나 치료 같은 건 필요 없고?

○○○ - 네. 그런 개념은 없고.

무시공 - 응. 그리고 또 지금 구경하고 있어?

○○○ - 네. 밖에 나왔는데요. 엄~청 눈부시게 밝아요.

무시공 - 그리고 거기에는 무슨 광산, 식물, 음식 있는지? 만일 무슨 식물이
나 야채, 우리 지구에서 먹을 수 있는 것 있으면 선물로 좀 달라 그래.
종자든 모종이든 여기서 재배할 수 있도록. 우리도 이제 따라 배우겠다
면서. 와서 좀 도와 달라하기도 하고.
구경하니까 거기 있는 존재들도 보여?
○○○ - 아직요. 둘만 이야기하고 있어요. 무슨 씨 같은데 굉장히 크고 동
그란 까만 걸 하나 줬어요.

무시공 - 여러 종류 좀 달라 그러지?
체면 차리지 말고 그저 도와주라 하면서 미안하다면서. (웃음)
각각 무슨 이름인지 알려달라고도 하고. 그들은 음식 먹는가, 안 먹는가 물
어봐. 그들이 먹는 거 좀 보여 달라고 그래. 안 먹으면 구경할 수 있는 거.
고급 과일이 있으면 과일 씨앗도 달라 그래봐.
○○○ - 열매 같은 것도 있어요, 무슨 열매를 먹는 것 같고요.

무시공 - 그래. 모종이던가, 씨앗을 달라 그래. 여기서 재배하는 방법도 알
려 달라 하고.
다 기억할 수 있지? 내가 말한 것?
○○○ - 네. 메모하고 있어요.

무시공 - 그래. 그렇게 하라고. 내가 아까 말한 것 중 하나는 너희 우주선
타고 이 분자몸으로 구경하러 갈 수 있나? 아니면, 분자몸을 우리가 빨
리 버리는 중인데 너희가 도와주면 더 빠른 속도로 할 수 있다, 그것 도
와줄 수 있나? 그것도 물어보고.
자기네 그곳에서 사람들 사는 모습 좀 순간이라도 보여 달라 그래.
어떻게 살고 있나? (웃음)

○○○ - 와~ 건물들이 일자로 쭉 정비돼 있는데, 그 느낌이 지구와는 차원 다르게 정비가 너무 잘돼 있고.

무시공 - 움직이는 수단은 다 뭔데? 한번 물어봐.

○○○ - 우리 지구에서 옛날에 보던 아주 고전적인 마차부터 그들의 최신 우주선까지 다 있는데요?

무시공 - 응. 그래 이제 다 됐으면 다음에 다시 오겠다고 하면서, 아까 탔던 거 다시 타고 와. 그리고 올 때도 옆에 있는 그 행성인한테 물어봐. 나도 할 수 있는 거 조금만 실험해보겠다고 하면서, 알았지?

○○○ - 네. 마지막으로 또 물어봤어요.

우리가 분자몸을 갖고 여기 우주선 타고 올 수 있냐? 그거 마지막으로 인사하면서 대표에게 또 물어봤더니 우리의 마음만 제대로 준비하면 된 대요. 마음만 준비하고 언제든지 탈 준비만 되면 이야기하라고. 내 두려운 마음을 보고 이야기하는 것 같아요. 마음 준비하라는 것이.

무시공 - 응. 그래. 각 방면 최선으로 다 도와주겠다고 그러지?

○○○ - 네.

무시공 - 응. 됐어.

○○○ - 잘 다녀왔어요. 돌아왔는데 식물들 그런 거는 기념품 할 때 다시 물어볼게요. 다 못 적었어요.

폴리우스 행성, 두 번째 다녀와서

1월19일 오후 9:30

무시공 선생님의 질문에 대한 행성대표의 대답 메모

어제 다녀왔던 폴리우스 행성 최고 존재를 만나서, 다시 인사하고.
어제 내게 준 선물 고마웠다, 궁금한 게 있어서 다시 찾아왔다.
어제 너는 내게 모두 보여주지 않고 감추는 것 있었지만 이해한다 말하고,
지구변화로 우리를 주시하고 있는 것 안다, 그러니 지구에 대한 도움 달
라 요청함.

사는 행성 이름 - 폴리우스.
어느 차원 - 지구의 대각선으로 반대편, 그러니까 우주의 끝과 끝을 표현
하는 듯(이때는 폴리우스가 우주의 끝인 줄 알았음).
예수, 석가모니와 비교해서 - 예수, 석가모니, 그들은 비교할 수도 없이 낮
은 차원이다.

우리의 분자몸을, 너희 우주선에 태울 수 있는가 -
위치랑 날짜 말만 하라 (우리가 알아서 정하고 이야기만 하란다), 우리의 마음
만 준비되면 탈 수 있다.

우리에게 도움 줄 수 있는 것은 - 이야기해라. 적극 돕겠다.
행성 내에서 서로 이견으로 다투는 현상 있나, 또는 다른 행성 존재들에
게 침범당하는 거 있나 - 있다, 하지만 보잘것없는 것들이다, 우린 강하다.

수명은 - 원하는 만큼 살다가 다시 모습을 바꿔서 살 수 있다, 약이나 치
료개념 없다.
움직이는 수단은 - 고전적인 것부터 최신 우주선까지 다 있다. 즐기는 마

음으로 골라 탄다.

  환경 - 높고 폭이 넓은 큰 건물들, 하지만 각각의 개성이 있는 건물들이 일자로 쭉 뻗어있고 정리가 상당히 잘되어있다, 지구와 느낌이 많이 다르다.
  내부에서 대화 중이었을 때, 밝고 쾌적하다 느낌.
  바깥 구경 했을 때, 너무나 밝은 빛.

  나를 대하는 분위기가 어제와 달라졌다,
  어제는 약간 무시하는 느낌, 오늘은 최대한 친절하려 노력.
  식물종자등은 더 질문을 못했음.

1월 19일 오후 11:00

무시공 - 분자몸 태워줄 수 있다는 곳에 가서, 너희 사는 곳 구경 가고 싶다 말해봐.
  거기서도 대표를 만나.
  선물도 요청하고, 각종 식물 샘플 구해와 봐.
  거기는 무슨 벼가 있는지, 그리고 어제 받은 선물 보여줘 봐, 알아보는 가?
○○○ - 알겠어요. 차츰 더 잘할 거 같아요.
  질문도 준비해서 매일 만나 볼게요.
  사실 오늘 혼자 가서 대화하려니 좀 떨렸는데, 선생님과 통화하면서 하니 마음이 놓였어요.

무시공 - 무시공 존재가 떨리긴 뭐가 떨려. 오늘도 잘하고 있잖아. 당당하게! 항상 같이 있다.
○○○ - 넵.

무시공 - 샘플 구해 와서 농산물 재배, 전 지구에 광고역할.

그래서 좀 높은 차원에서부터 낮은 차원까지, 심지어 분자세상 다른 별나라에 것도 구해 와야 사람들이 인정하잖아.

높은 차원의 것은 인간 눈으로 안 보여.

같은 차원의 분자세상 다른 별나라에서, 지구에 없는 제품이나 식물 등이 오면 지구인 눈으로도 볼 수 있고, 확인이 되지.

○○○ - 네 알겠어요. 빨리 적응해야지.

무시공 - 그리고 분자몸 태워 여행시켜 준다는 거, 오늘 갔던 곳(마탕카즈)에 소식 알려.

좀 지켜보며 함께 있어 달라고 해.

남을 안 믿어서 그러는 거 아니고, 처음이라서 그런다고.

금방 다녀온 곳(폴리우스 행성)은 분자몸 태울 수 있다 했지?

○○○ - 태울 수 있대요. 내가 마음의 준비만 되면 이야기하래요.

맞는 말이죠, 내가 약간 떨고 있으니. (웃음)

무시공 - 거기보고 좀 지켜봐달라는 것은, 먼저 약속한 것 있기 때문에.

○○○ - 알겠어요.

마탕카즈 행성

2016년 1월 20일 오전 12:41

무시공 - 내가 지금 집중 관심 있는 것.

1. 김정은 한국 방문

2. 외계인 연락

3. 분자세상(낮은 차원 우주)부터 무감각시공(높은 차원 우주)까지 각종 제품,

식물 등등 우리 센터에 전시하여 농산물 재배단지에도 보여주며 광고효과 내는 것.

지구인을 빨리 깨워야지.

우리는 더 세밀한 곳에서 광고 작업하기. 인터넷보다 더 세밀하다.

무감각시공 작업과 우주작업, 절대 혼들리지 말고 하기 바란다.

각자 역할이 다 따로 있는 것, 인정해?

○○○ - 네. 인정합니다, 계속 노력할게요.

무시공 - 약속한 우주모선에 가서 자기 별 마탕카즈에 가보자고 아직 말 안 했지, 지금 실험해봐.

○○○ - 네, 좋아요.

무시공 - 그래. 반복 훈련하다 보면 경험이 생겨. 시작.

이것은 인간이 못하는 일, 우리가 하고 있잖아.

우리는 인간 아니니까.

인간은 상상도 못 하는 일.

○○○ - 그러게요, 별에 가서 씨앗을 가져오라니.

무시공 - 내가 여기서 지켜줄게. 너 혼자 알아서 해봐.

○○○ - 네, 가볼게요.

2016년 1월 20일 오전 1:27

무시공 - 다녀와서 노트에 잘 기록하기.

2016년 1월 20일 오전 2:04

○○○ - 마탕카즈별 다녀왔어요, 기록도 했고.

무시공 - 잘했어.

○○○ - 이번엔 좀 더 자세히 보고 많이 물어보고 왔어요.

　어제 갔었던 폴리우스 행성 대표에게는 다른 우주선과 미리 약속했으니 지켜달라는 이야기까지 모두 마무리했고요.

무시공 - 자꾸 실행하다 보면 많은 것을 알게 되고, 또 지혜가 열려.

　우리 하는 일에 큰 도움이 돼.

○○○ - 계속해볼게요, 실제처럼 완전히 느껴지게.

무시공 - 어디 가도 선물과 샘플 잊지 말고.

　또 우리가 쓸 수 있는 각종 제품 알아보기, 세밀한 관찰력으로.

　가장 낮은 차원에 있는 물품은 지구에 없지만, 인간 눈으로 볼 수 있어.

　좀 세밀한 공간에 물품은 눈이 열려야 보여.

　더 세밀한 공간에 것은 우리 공부한 일원심 기초에서 열려야 보이고.

○○○ - 그럼 낮은 차원에서부터 시작해야겠네요.

무시공 - 당연하지, 우주선도 세밀한 곳에 것은 우리만 볼 수 있고 소통할 수 있어.

　다른 수련법으로 눈이 열려도 못 보고, 소통하고 싶어도 못해.

　우리는 무시공이니까 일체가 다 내 안에 있고. 또, 일체 안에 다 있기 때문에.

○○○ - 실전에 들어가 보니까 그 말이 무슨 뜻이었는지 좀 더 깊이 이해돼요.

무시공 - 저들은 놀랄 뿐, 무슨 원인인지도 몰라. 궁금할 수밖에 없지.

　자존심 때문에 물어보지도 못하고, 그래서 몰래 우리를 관찰하지, 그러니 저네가 끌려 올 수밖에.

　우리를 멸시 못 해.

　그래서 갑자기 네가 관심 대상이 됐어. 우리는 그냥 모르는 척해.

　그저 지구에 사는 서민이라고 우겨. 재미있지?

○○○ - (웃음) 알겠어요. 재미있어요.

<u>2016년 1월 20일 오전 2:42</u>

무시공 - 우리 분자몸으로 진짜 우주여행 증명했으면 한국에서 우주선 기
  지를 만들어.
  2030년 이후 우주여행 할 수 있다는 거, 두 가지 보장됐잖아.
  첫째, 분자몸 녹여서, 둘째, 우주선으로.
○○○ - 완벽하세요, 놀라울 뿐. 우리가 꼭 해야지요.

무시공 - 우리 지금 행하는 거 너만 알고 있어. 절대비밀.
  내가 항상 말했던, 나중에 여기 무시공센터에 인간이 해일처럼 밀려오고
  지구중심지 우주중심지 된다고. 그래서 올해부터 실전으로 들어간다 했
  지, 이제 이해 가?
○○○ - 네. 더 깊이 이해 가요.

무시공 - 다들 내 말뜻에 깊이를 몰라, 이뤄지고 나서야 이해할 거라고.
  여태껏 그래 왔지.
  인간은 항상 의심이 앞서, 증명돼야 믿고.
  또, 의심하다가 또 증명되면 믿고.
  나는 무감각시공에서 작업하는데 증명할 필요 없다, 증명해도 몰라.
  다 자동이다.

  〈마탕카즈 행성에 다녀온 후 메모〉

  1.19 밤~1.20 새벽, 서북쪽 하늘에 항상 있는 우주모선의 고향 마탕카
  즈로.
  - 선생님이 지켜주는 가운데 -

나를 작은 우주선으로 태워간 친구 - 토미오스에게 행성을 소개받음.

환경:
행성에 내리자 몇 가지 문이 열리며 선택해서 들어갈 수 있다.
우주도서관, 자연, 주택가 등.

우주도서관 - 우주의 모든 서적 모음, 지식과 지혜의 창고.
자연 - 대기와 기타 모든 환경이 최적의 조건으로 알아서 조절됨, 자연과도 대화하며 즐기고 하나로 살아간다.
농산물, 음식 - 쌀 비슷한 것도 있고, 빨간 쌀, 빨갛거나 검푸른 열매 등 보인다, 간단히 먹을 때는 농축된 알약 같은 것도 먹는다.
사는 곳 - 4가구가 1조, 하나의 큰 사각형 건물에 네 귀퉁이에 각각 거처를 마련하고, 같은 공간은 공유하며, 각각 자기 역할분담. 1조 100개가 모여 1동을 이룬다.

받은 선물:
화폐 - 거래가 있어서 화폐도 있다.
화폐 모양은, 빛나는 금색 테두리에 안쪽은 약간 투명하며 살아있는 듯한 느낌.
서적 - 우주의 지혜가 담겨있다는 책 한 권을 바로 카피해서 준다.
한 장은 그네들의 용어로, 나머지는 한글로 해석해서 바로 복사해준다, 한글은 우주언어다, 그래서 번역 가능하다며.
열매와 알약까지, 모두 봉투에 담아왔다.
(가져와 보니, 분자 눈으로는 보이지 않았다)

질문:
분자몸 녹이는 조언을 한다면? 이렇게 우주로 놀러 다니면 빠르게 녹을 것 같다.

지구에서 나처럼 놀러오는 사람 있나? 내가 알기로는 당신이 처음이다.

내가 어떤 사람 같은가? 긍정적인 사람, 지도자. 몇 년 전 마음의 교류 있을 때 알았다.

마탕카즈 행성의 대표 다시 만나러

<u>2016년 1월 20일 오전 9:42</u>

무시공 - 지금 안 바쁘면 또 실험 좀 할까?

○○○ - 네

무시공 - 어제 저녁에 간 마탕카즈에서도 대표 만났지?

○○○ - 아참!! 대표는 안 만났어요.

무시공 - 왜? 이후부터는 어디 가도 무조건 대표 만나기.

○○○ - 네, 깜빡했어요.

무시공 - 내가 처음부터 시킨 대로 변형하지 말고!

자기 위력을 보여주는 거야. 자신감도 키우고!

○○○ - 넵. 지금 다시 갈까요?

무시공 - 어제 그 폴리우스 행성 대표는 모든 걸 도와준다 했지?

○○○ - 네. 그랬어요.

무시공 - 응. 너 할 수 있어.

힘들어 보이면 그만둬, 그거 아니라도 꼭 일 이뤄지고 만다.

당당하게, 무시공존재니까!

○○○ - 네, 그대로 하고 왔어요. 돕겠단 약속받고 왔어요.

무시공 - 구체적으로 말해봐, 과감하게 했나, 아니면 우물쭈물하며 말했나?
○○○ - 그 대표는 내 말을 잘 듣고 신중하게 대답했어요.
　　내가 하는 말을 잘 듣고, 돕겠다는 말만 했어요, 믿음이 갔어요.

무시공 - 이제 시간 있으면 대표 못 만났던 곳에 찾아가 봐.
　　반드시 몇 가지 할 거 빠뜨리지 말고!
○○○ - 네, 거기는 점심시간에 가볼게요. 12시 30분에요.

2016년 1월 20일 오전 10:45

무시공 - 거기는 어느 별나라 인지 이름과, 대표 이름도 알아서 다 기록할
　　것. 날짜까지.
　　앞으로 많은 외계인 우주인과 만남 있기 때문에, 헷갈릴까 봐.
○○○ - 네, 헷갈리지 않도록 잘 기록해야겠어요.

무시공 - 선물한테도 약속 진행을 지켜달라고 해.
　　네 선물 됐기에 네 편 든다.
　　선물은 너 지켜주는 보디가드다. 잘 챙겨.
○○○ - 네. 아~ 귀여운 선물.

2016년 1월 20일 오후 12:32

무시공 - 이후부터는, 각 차원의 대표만 만나기.
　　만나면 무조건 선물받아. 전시용, 광고용으로 쓰게.
　　그리고 각 층차에 별 이름도 기억해봐.
　　또, 우주 각 층차에 있는 식물 - 과일나무, 꽃, 먹는 각종 채소, 특수한
　　식물 등의 모종과 씨종자. 여기 대전센터에 온 우주 샘플이 다 있도록.

각각 이름도 기억해, 전시할 수 있도록.

목적은, 홍보와 직접 사용을 위해, 그리고 지상 천국 박물관 만들기 위해.

1. UFO에 언제쯤 분자몸으로 두 사람 탈 수 있나?
2. 선물 줄 수 있나, 지구에서 쓸모 있는 거.
3. 너도 분자몸으로 UFO 타는 것 실험해보겠다고 신청.
4. UFO 선물 할 수 있나?
5. 우리가 무엇을 도와줄까?
6. 네가 받은 외계선물 보여줘 봐, 알아보는가?

○○○ - 어제 대표 못 만난 (마탕카즈 행성)으로 곧 갈게요.

2016년 1월 20일 오후 12:43

무시공 - 그곳 식물 재배방법 키우는 방법 알아놔.

그리고 나중에 각 별에서 한국 땅에 건축하는 것, 준비할 거야.

실천하는 과정에서 더 깨어나고 세밀한 공간에 있는 존재들을 더 능숙하게 대할 수 있어.

열심히 해봐.

언제나 어디서나 일원심 지키며 당당하게.

○○○ - 네.

무시공 - 그리고 각 별나라 에너지 사용 특징 알아서, 우리 지구에서도 사용할 수 있는 기술 탐구. 그 별 구경도 하겠다고 그래.

우리 지구인 도와줄 수 있나 물어보고.

나 이외에 다른 지구인과 소통할 수 있는지도 물어보고.

직접 찾아와서 소통하는 지구인은 나밖에 없을 거다라며, 당당하게 해봐.

나는 지구인 중에 제일 밑바닥에 있는 서민이다, 라며 자기소개.

당신을 이렇게 만날 수 있고, 소통할 수 있어서 기쁘고 고맙다,

나는 지구의 서민으로서, 도움받았으면 좋겠다 생각한다, 내 요청 최선으로 도와줄 수 있나.

25일 약속은 변함없는지 물어보고, 우리에게 도움 필요하면 말하라 하고.

너희 자랑스러운 거 구경시켜주라고 하고.

지금 내가 있는 지구 대전에서 우주선 기지를 만들 생각인데, 이유는 각 별나라 서로 오가는 데 편리하기 위해서.

너희 세상에는 전쟁 있나?

우리는 지구에서 영원히 전쟁 없는 세상 만들려 한다.

지켜봐라, 꼭 이루어진다.

이제 구경 시작, 구경 마친 후 태양 구경시켜 줄 수 있나 물어봐.

네가 거기 있으니 갑자기 더 밝아진다고 느끼나?

저들 눈치챘을는지 모르겠다, 너 때문에 밝아진 줄.

지금 너에게 대한 태도 더 좋아졌어.

더 친절한 모습.

○○○ - 네, 정말 태도가 달라졌어요.

무시공 - 이제 혼자 알아서 해.

○○○ - 재미있게 구경 잘하고 잘 다녀왔어요, 정리해 놓을게요.

<u>2016년 1월 20일 오후 1:55</u>

무시공 - 잘했다, 축하.

못 만났던 마탕카즈 행성 대표 만나러 다시 방문(메모)

2016년 1월 20일 오후 12:30~

어제 못 만나 본 모선의 고향, 마탕카즈 행성으로 대표 만나러.

오늘 우주선 태워간 안내자 - 지팡카.
행성이름 - 마탕카즈
행성위치 - 내가 보기에 폴리우스보다 아래.

최고 존재 이름 - 그빈츠
최고 존재 만나 간단 인사, 몇 년 전 당신네 행성 우주 모선과의 인연 이야기, 마음의 교류에 대해 대화.
그빈츠 대표는, 여기까지 오다니 대단하다 했다, 그 전부터 기다리는 마음 있었다고 한다.
푹신하고 편안한 의자를 권해 앉아서 이야기. 나는 지구 밑바닥 시민이라 소개.

사무실(?) 분위기 - 안락한 의자, 우리 집 같은 편안함.
최고 존재 그빈츠의 모습 - 희고 붉은 색으로 된, 어깨에 걸치는 가운을 입고 있다, 옛날 동화에 나오는 임금이 연상되는 듯한 이미지.
폴리우스보다 마탕카즈 사람들이 더 마음이 편하다.
내 요구대로 최선 도와줄 수 있나 - 얼마든지. 우리는 하나로 뭉쳐있으니 당연하다, 최선으로 돕겠다.
믿음이 간다.

25일 약속은 - 언제든 마음의 준비만 되면 시간은 우리가 정하라고,
그리고 그 당시 우리가 마음 통했던 것처럼 몰입하고, 집중해서 기다려라.
우리 도움 필요한 거 있나 - 현재 없다, 차차로….

너희 자랑스러운 것 - 우리는 우주를 지킨다. 힘 있는 군대의 파워를 보여줌.

거기도 전쟁 있나 - 과거 전쟁 있었지만 오랜 평화 유지해왔다, 우리 행성과 우주를 지키기 위한 군대다.

우리 지구도 영원한 평화 이룰 거다, 라고 이야기함.

우린 한국에 우주선 기지 건설 계획 있다. (나 있는 곳에서 우주선 기지를 만들 생각인데 각 별에서 우주선 오는 데 편리하도록) - 기다리고 있다, 당연하다.

우주선 선물도 얼마든지 가능.

지구에 도움 줄 만한 것 - 우리는 우주의 숨 활용, 우주와 하나, 밝은 에너지를 활용한다, 그것의 활용을 권한다.

수명 - 원하는 대로 계속 산다, 스스로 소멸할 수도 있고. 그래서 행성에 적정 인구가 유지됨.

음식과 생활 - 행성의 공기와 에너지 자체로도 살 수 있지만, 즐기기 위해 기타 곡물들도 재배해 먹고, 자연에서 따먹기도 하고 아름답게 꾸미어 먹기도 하고, 캡슐 섭취를 하기도 한다,

최고의 호화 생활도 즐긴다.

식물과 농산물 - 대기와 하나 되어 잘 자란다.

풍경 - 바둑판같이 정리된 길 양쪽으로 풍부한 자연과, 대리석 같은 건물이 펼쳐지며 조화로움.

깨끗하고 밝고 편안한 느낌.

가족개념 - 가족이 모여 살기도 하지만 특별히 구속의 개념 없어.

같이 모여 살고 싶은 사람끼리 살 수도 있고, 떨어져 있기도 하고.
그리고 자유로운 성생활, 애인이나 가족 간 구속의 개념 거의 없어.

예수, 부처와 비교 - 그들 알고 있다, 지구를 위해 나름 노력했고 결과도 좋게 본다.
예수, 부처를 빛으로 비교해보니 우리보다 차원이 많이 낮다.

이동은 무엇으로 - 타는 것 없어도 행성 안에서는 자유롭게 이동 가능, 타는 것들은 즐기기 위해 선택 사용, 행성 밖으로 나갈 때만 우주선 이용.

분자몸 녹이는 방법 조언한다면 - 긍정적인 마음 가지면 몸이 가벼워져, 지금처럼 우주 여행과 우주선 타보는 것도 도움, 많은 우주 존재들과 만나는 것도 도움 되겠다, 그들도 돕겠다고.
지구에서 하는 일 - 지구변화 체크 중 밝아지는 속도 강하여 지구에 평화군 파견.
언제라도 대화 가능한가 - 본인은 시간에서 자유롭다, 시간을 바로 만들어 사용할 수 있다.

2016년 1월 20일 (수) 오후 5:26

무시공 - 실천할수록 더 밝아지지?
○○○ - 밝은 거 체크 못 했어요.
그런데 밝아지냐고 물어보시니, 잠시 집중해보니까 그런 거 같아요.
맞아, 밝아졌어요.

무시공 - 지금은 가장 낮은 차원에 있는 우주선부터 찾아서, 먼저 무엇 때문에 지구 왔나 물어봐. 시작!
우주선 구조 등 살펴보며, 또 지구인하고 소통해봤나 물어보고.
들어가도 비밀로!

○○○ - 잠간 어설픈 우주선 들어갔다가 나왔어요. 5분 후 다시 갈게요.

무시공 - 무감각시공을 찍을 수 있는 카메라 선물 요구, 지금 말고 무감각시공에 갈 때.
　　지금은 분자 세상에 어느 별나라야?

2016년 1월 20일 오후 7:01

○○○ - 꿈나라
무시공 - 힘들면 쉬라.
○○○ - 네, 이따가 또 해볼게요.

2016년 1월 20일 오후 7:38

무시공 - 혹시 그 어설픈 우주선, 로봇이 탄 것 아닌가, 내 느낌에 그래. 확
　　인해봐.
○○○ - 로봇인지 얼굴까진 못 봤는데…. 우주선이 너무 어설펐어요.
　　맞아요, 허술한 로봇처럼.

무시공 - 선물 이름이 뭐라 했지?
○○○ - 선물 이름, 크레타.

무시공 - 크레타. 커지라 하면 클 수 있는 것 같고, 너를 태워 어디 가자 하
　　면 도구도 될 수 있는 느낌이 들어, 물어봐.

2016년 1월 20일 오후 7:59

○○○ - 원하는 대로 무한능력발휘.
무시공 - 내 짐작이 맞다. 크게 하면 우주선도 되는 거 같다.
　　작게 하면 무한 작을 수도 있고!

내 말이 맞나, 물어봐.

○○○ - 크게 키워서 우주선 되는 것 가능하대요, 작아져야 한다면 하겠는
데, 자기는 더 작아지기보다 지금 이 사이즈가 딱 좋대요.

내 손에 싹 들어가는 사이즈. 좀 더 친해지자고 해요.

무시공 - 지금 지구에 우주선 어디가 가장 많은가 봐.

○○○ - 미국하고 한국

무시공 - 지구인 중에서 소통할 수 있는 사람, 몇 명 되나?

○○○ - 50명 내외

무시공 - 한국에서는 어디에 집중해 있어?

50명 중 너를 초월한 존재 있나 물어, 내가 보기에는 너뿐일 텐데.

○○○ - 위에서 아래로 줄 서 있다면, 제가 제일 위에 있어요.

무시공 - 우주선 어디에 많이 집중해있고, 한국에서 소통할 수 있는 사람은
몇 명?

○○○ - 서울. 대전. 부산 주변, 그리고 바닷가.

한국사람 3~4명

<u>2016년 1월 20일 오후 8:26</u>

무시공 - 무엇 때문에 한국을 주시하나?

○○○ - 물질적. 정신적 변화가 가장 빠르게 성장한다, 지구의 핵 같은 느
낌이다.

지구를 대표하는 것 같다. 뭔가 움직임이 상당히 크다.

무시공 - 미국에 있는 우주선 한국에 있는 것보다 더 높은 거 있어?

○○○ - 미국 우주선은 크기가 많이 커요, 잘 보이고.
　한국 우주선은 작고 세밀해요, 잘 안 보이고. 숨기고 있지만 등급은 더
　높아요

무시공 - 두 번째 대표(마탕카즈, 그빈츠) 만나서, 여기에 우주선 근거지 만들
　겠다 하니 뭐라 그래?
○○○ - 오늘 만난 대표가 당연하다 했어요. 기다린대요.

무시공 - 그러면 나중에, 도움 좀 받아야 한다지.
　너 갑자기 할 일이 많아졌네.
○○○ - 네, 너무 바빠졌어요. 재밌고요.

무시공 - 오늘 태양에 못 갔지?
○○○ - 아. 거기 태양에 가보다가 집중이 잘 안 됐는데.
　집중 안 돼서 잘못 본 건지.

무시공 - 지금 시간 있으면 네가 전부터 알았다는 우주 모선의 친구보고 가
　자고 해봐.
　혹시 달. 혹성 등등. 잘하고 있다.
○○○ - 알겠어요. 아까 저녁에 잠들기 전 하층 우주선 찾을 때, 전에 내
　눈앞에서 가까이 반짝이며 보였다는, 그 친구가 제일 앞에서 날 기다리
　고 있었어요.

무시공 - 응
○○○ - 거긴 나중에 만나고. 일단, 모선으로 가요.

무시공 - 너 좋겠다, 서로 도와줄라 해서.
　모선에 가면 우리 우주기지 건설 좀 도와 달라 해.

○○○ - 네. 내가 가면 다 몰려들어요.

무시공 - 우주선 근거지는 어떤 조건이 좋은지, 우리는 몰라서 너희가 선택해
야 우리가 도울 수 있지. 우주선 머무는 자리 조건을 우리는 모르잖아.
각 곳에 오는 우주선이 머물 자리 필요하다면 비행기는 좀 알지만, 우주
선에 대해서는 아무것도 모르잖아, 저네가 나서서 알려줘야지.
나에 대해서도 비밀.
○○○ - 네. 그빈츠가 어떻게 근거지를 마련할 생각이냐고 물어봐요, 혼자
하냐고.
그래서 자금도 필요하다 했어요.
내게 박수쳐줘요.

무시공 - 이제 그 친구 사는 행성의 달. 혹성 구경.
사진 찍을 수 없으니, 갔다 왔다는 증거물 챙겨오기.
거기는 분자물질이기에 지구에 없는 거 가져와, 우주선에 싣고 와.
거기 우주선은 어느 차원인가, 확인 점검.
대화할 수 있으면 대화도 필요.
원래 거기에 있었나, 다른 별에서 왔나, 무엇 때문에 왔나?
친구 우주선도 마음으로 움직이지?
거기 물질 확실히 가져올 수 있지?
친구한테 도움받아.
인간 눈으로도 볼 수 있도록.
가능하면 수성. 목성 등등 생명체 있는가, 확인.
마음으로 분자몸 가속도 녹는다. 나하고 하나다. 같이 녹는다, 블랙홀
가동!
○○○ - 네, 같이 녹는다. 이번 내용도 정리해서 보내드릴게요.

　서북쪽 하늘에 있는 마탕카즈 행성의 모선 방문, 내가 가니 이제 다 알아보고 모여든다.

　지구에 기지건설 도와 달라.

　원래 이 행성에 계속 살았는가 - 내 의식이 맞는 곳으로 행성 간 이동했다, 자연스럽게 된다.
　지구 안에서 다른 나라로 이동하듯.

　우주선 마음으로 움직이나 - 맞다. 마음, 의식으로 조정한다.
　손으로 운전대를 잡은 것 같지만, 손은 얹어놓은 것일 뿐 의식을 잡아주는 역할 정도라 보면 된다.

　선물:
　기념 주화 - 처음 받은 기념품 크레타와 짝인 것처럼 딱 어울린다.
　씨앗과 열매도 얻어 봉투에 담아 우주선으로 집까지 안전 배송해줌, 나를 살며시 내려주고 돌아감.
　선물이 꼭 분자세상에서 보여야 한다는 마음으로 부담 커짐. 피곤.
　크레타를 가슴에 품고 크레타와 태양계 구경.
　자세히 안보고 살짝 분위기만 봤음.

　수성 - 어둡고 침침, 꿈틀대는 느낌
　금성 - 밝고도 차가운 느낌, 태양계에서 가장 발달한 문명인 듯.
　화성 - 곳곳에서 대공사 하는 듯.
　목성 - 차분하고 조용한 문명
　토성 - 활기차고 시끌벅적한 문명의 느낌.

태양계, 은하계 등 분자세상 여행

2016년 1월 21일 오전 9:25

무시공 - 우리는 반드시 여기에 우주중심지를 창조하고야 만다.
행성 대표보고 대전에 너희 자리 먼저 선택해 놓으라고 해.

2016년 1월 21일 오전 9:36

무시공 - 오늘부터 은하계 등등 분자세상 여행하기.
눈으로 볼 수 있는 각종 식물, 지구에 없는 식물을 가져와서 여기서 재배.
이것이 1단계.
또 지구보다 앞선 기술을 한국에 투입.
지금 가져온 것은, 무감각시공 식물 등이라서 눈으로 안 보이니까 2단계
로 준비해놓고.
다들 눈이 열려야 볼 수 있고 사용할 수 있으니까, 먼저 개별적으로 몇
명만 사용할 수 있다.
분자세상 별나라 다니며, 우주 돈 끌어와서 실전에 투입해야지.
○○○ - 꿈꾸는 거 같아요.

무시공 - 분자몸으로 우주선 타고 자주 다니면 분자몸 빨리 분리되며 빨리
녹일 수 있어.
저네도 알고 있네.
그리고 또 저네가 도와주면 더 빠를 수 있어.
꿈인가 실지인가 확인해봐.
1. 지금 우주선 보이는가 안 보이는가,
2. 크레타 정신 차려 보라고 보이는가 안 보이는가,
3. 멀리 있는 친구 보이는가 안 보이는가,
4. 혼자 오장육부 보이는가 안 보이는가,
등등

눈 열려서 보는 거는 무감각시공입장에서 보는 거야.

눈 안 열린 자는 보고 싶어도 못 봐.

꿈인가 생각하면 또 막힌다, 혼자 의심하는 순간 또 벽담 만들어 자기를 가두고 있잖아.

꿈이라 생각하면 그대로 살지, 뭐하려고 이 공부해.

우리는 꿈도 아니고, 최면도 아니고, 환상도 아니야.

진실이야.

몸이 변하고 무감각시공에 눈이 열려서 보이는 거잖아.

믿어?

○○○ - 네. 눈 열려서 보는 거 맞아요. 실제예요.

무시공 - 조금도 의심하지 마.

그러면 또 막혀.

그러면 여태껏 헛고생.

○○○ - 넵. 명심.

무시공 - 내가 지구 돈, 우주 돈, 다 끌어와서 한국에 대전을 세계 중심지, 우주중심지, 지상 천국 극락 세계로 만든다, 창조한다, 그랬잖아.

환상인가, 진짜인가?

○○○ - 진짜.

무시공 - 내가 무감각시공에서 작업하고, 부처도 하느님도 모르게 작업하고 있다, 그래서 변하고 있다고 했잖아. 거짓말했나?

○○○ - 거짓말이라고는 한 번도 생각 안 했어요.

구체적으로 몰랐을 뿐.

무시공 - 심지어 무극 최고 존재도 모르고 있다 그랬지.

지금 실감 와, 안 와?

요새 증명하고 있잖아, 지구가 무슨 변화 있는 거, 자기네 있는 데까지 영향받는다고.

그래서 내가 그랬지, 수많은 외계인 지구에 모여든다고.

그들은 탐구하고 있지만, 한국 어디서인지도 몰라.

그래서 별 대표에게 - 때가 되면 분자 돈, 그러니까 지구 돈을 마련하라고 해.

지구인 차원 한층 올리는 작업과 우주선 기지 설립 등을 위해.

저네가 우리를 도와주고 진심으로 관심 있으면 차츰 알게 되지.

저네가 우리를 제일 먼저 알게 됐다는 것에 대해 큰 복 받았다 하라.

지금은 우리가 도움받지만.

이 마음 너만 알고 있고, 그들 상대할 때 이런 마음 가지고 있으면 당당하게 되고, 차츰 저네도 눈치 챈다고.

너를 멸시 못 해.

뭔가 궁금해서 주시한다고.

또 존경하면서.

우리는 일원심으로 통하니 저네는 못 알아들어.

그들은 이 공부 한 번도 한 적 없는데 몸에 받아들이는 장비가 없잖아.

그렇지만 그들이 일단 받아들이면 누구보다 더 빨리 변한다.

그들은 긍정마음이 80% 이상이잖아, 대전 공부하는 존재들하고 비교하면 누구도 그 위치에 못 왔어.

○○○ - 그러니 그 차원의 세상에 살 수 있군요.

무시공 - 그래서 내가 제일 밑바닥에서 시작할 뿐, 지구인을 위해서 하는 것이 아니라 시공 우주에 수많은 생명을 위해서라고 했잖아.

이제 실감 와?

나 거짓말 안 했지?

이분법 인간은 믿을 만하다고 행하다가도 언제 변할지 몰라.

너는 나를 믿어서 앞장세워 본보기로 하는 것이니, 최선으로 행해봐.

○○○ - 최선으로 행해볼게요. 감사합니다.

크레타 행성 방문(메모)

<u>2016년 1월 21일 오후 10:00 체험메모</u>

오늘은 오래전 가까이서 보았던 외계 친구를 만나러, 크레타와 크레타비를 가슴에 품고서 출발.

(몇 년 전 한밤중 우주선이 너무 보고 싶을 때, 창밖을 보니 몇십 미터 앞에서 갑자기 별빛처럼 나타난 우주선, 내 마음에서 친구 하자 했음.)

만나려 하니, 많은 우주선들 중 가장 앞에서 기다리고 있다.

반가운 인사 후 우리 할 일 설명.

한국에 우주기지 세우는 것, 분자몸으로 우주선 타는 것, 분자몸 녹이는 것, 당신이 온 행성 구경, 식물이나 먹을 것 씨앗 종자, 기술적으로 지구에 도움 될 만한 것, 지구 돈을 끌어와야 할 필요성 등 말하니 - 직, 간접적으로 돕겠다고 함.

이름 - 크레타비. 크레타 행성의 왕자(?)

(어제 마탕카즈에서 최고 존재에게 선물받은 기념선물 크레타와 서로 짝 같다는 그 이름이 크레타비라고 했는데. 또 이름이 겹쳐서 몇 번이고 이름을 다시 물어보았으나 그래도 본인은 크레타비라고 한다.)

크레타비는 전에 보았던 당당하면서도 상냥한 군인 느낌의 우주인과는 조금 다르게 낭만적이고 매력적이며 부드럽게 느껴짐.

그와 함께 행성 여행.

행성 이름 - 크레타

크레타라는 작은 행성은 우주 문명의 발상지라고 보면 된다고 한다.

그래서 전에 다른 행성에서 기념선물로 받은 두 가지의 이름도 의식 또는 문명이 한 단계 업그레이드될 때마다 이곳 크레타 행성 이름을 본 따 만든 것이라고 한다.

하지만 오래전에 융성한 문명이었고, 지금은 그리 힘 있는 행성은 아니다.

크레타 행성으로 날아올 때 우주선의 출발 느낌이 느껴진다.

분자몸이 우주선을 실제 탄 것처럼 아주 미세하게 뒤로 쏠리는 현상이 느껴짐.

지하철 출발할 때의 느낌이 생각나지만, 그것과는 비교 안 되게 거의 느끼지 못할 정도의 미세하게 쏠리는 느낌.

행성 도착하자마자 내린 곳은 밤바다가 보이고 쏟아질 것 같은 너무나 많은 별들, 그리고 너무나 아름다운 경치에 놀라고 지구와 어쩜 이렇게 비슷할까 또 놀랐다. 지구의 달보다 약간 작은 사이즈의 달 두 개가 위아래로 약간 위치가 다르게 떠 있다. 왠지 데이트 분위기.

낮을 구경하고 싶다 하니, 도시로 이동. 아주 큰 서양식 궁전이 보인다. 지구인이 왔다고 환영 인파도 많다. 나와 크레타비가 나란히 인사한다. 궁에 들어가 그의 부모님에게도 인사한다. 서양식이었지만 지구의 동양에서 온 줄 알고 동양식 방도 소개한다.

외계의 이런 왕조 문명이 지구에로 전파되었다는 것을 직감했다.

시골 분위기의 전원 마을, 그리고 꽃 마을, 화려한 불빛이 있는 밤거리까지 구경 - 어쩜 지구와 이렇게 비슷할까? 농사도 짓고, 벼는 추수할 때 뭔가로 흡입하니 쌀만 쏙 빠져나온다.

헤어지면서 인사 - 가장 친근하게 느껴진다, 두려움 없이 우주선 타도록 훈련시켜 달라. 우주선에 우리 동료가 탈 수 있도록 꼭 도와 달라.

다른 행성에 우주선 탈 수 있도록 부탁한 것도 이야기함.
기타 다른 요청은 차차 하기로 하고.

분자몸 녹이는 것에 대해서 도움 줄 만한 정보는 - 지금처럼 우주에 나와 놀아도 분자몸 많이 녹을 거다.

이번 여행은 지구와 비슷해서인지, 이질감도 없고 가장 편하다. 크레타 비도 마찬가지.

새롭게 알게 된 것 -
* 우주의 다른 행성은 지구와 다를 줄 알았는데 환경부터 역사까지 이렇게 비슷하다니, 지구가 우주의 축소판이구나.
* 우주의 문명이 지구에 들어올 때 자기 고향의 문명과 고향의 이름도 가져왔으니 비슷한 문명과 비슷한 이름이 있을 수밖에.
* 지금의 한국은, 우주 문명국으로 크게 날릴 때의 크레타 행성과 비슷하다고 나의 무시공세포가 이야기한다. 그러니까, 지금의 대한민국이 무시공우주의 문명국이 된다는 것.

2016년 1월 22일 오전 11:12

무시공 - 무시공생명 블랙홀 가동.
하나하나 이루어졌을 때까지 지켜.
기회 봐서 더 한층 열어 줄 거다.
지금도 열심히 체험할 것, 내가 알려주는 방식으로.
무감각시공에서 작업하는 것, 부처도 신도 몰라.
일기를 꼭 적어, 이후 더 많은 생명을 깨우는 데 도움 되도록!

<u>2016년 1월 23일 오전 10:41</u>

크레타비와 함께 우주선 타는 연습 집중함.

우리가 해야 할 일에 대해서 다시 한 번 반복 이야기했고.
우선, 우주선이 눈으로도 잘 보이도록 훈련하고 우주선에 대한 친근함
이 느껴지도록 훈련.
크레타 행성의 어제 갔던 아름다운 밤바다 보며 연습.

우주선을 자세히 살펴보니, 사람이 타면 전체가 투명해져서 속이 아무것
도 안 보이게 할 수 있다. 지구인이 외부에서 우주선을 본다면 투명하거나
또는 빛나거나.
이 우주선은 다닐 때도 작게, 또는 더 크게 넓힐 수도 있다.
처음엔 우주선 타고 마음으로 조금씩 움직여보기도 하고, 순식간에 멀
리 갔다 오기도 하며 연습.
오는 길에 금성을 지나치듯 훑어봄.

<u>2016년 1월 24일 오후 2:27</u>

무시공 - 시간 되는 대로 계속 훈련하며 그 내용 메시지로 보낼 것.

○○○가 받아들여서 한국에서 신인류 일원심 운동 시작할 것이다.

태양계 9개 행성 문명순서 확인해봐.
행성 이름은 목, 화, 토, 금, 수, 지구, 해왕성, 천왕성, 명왕성. (이제 명왕성
은 태양계 소속이 아니라고 하지만)

무극에 최고 존재 찾아 만나봐.
우주선 없는 존재 찾아보고, 최고 예쁜 존재, 한민족의 최고 존재도 찾

아봐.

살펴보면 있어. 안 보이면 너무 신경 쓰지 마. 나중에 보이게 해줄게.

<u>2016년 1월 24일 오후 10:10 위 내용 답변.</u>

○○○ -

무극 최고 존재 - 상당히 남성적. 강하게 보이기 위해 치장함, 로봇 같은 특이한 가면도 쓴 듯. 전체적으로 꾸민 색상은 회색. 검정. 흰색.

최고 예쁜 존재 - 무극 최고 존재 오른쪽(내가 볼 때 왼쪽)에 보이고 상당히 여성적이고 동양적 분위기. 부드러움.

지구 기준으로 최고 예쁘지 않지만, 그 당시 그 사람이 최고 예쁘게 보이며 눈에 띔.

한민족 최고 존재 - 시공우주도 에서 보자면 중앙에서 약간 위쪽으로 느껴지는 자리.

그곳은 동양화의 선경세계를 보는 느낌. 동양화보다 훨씬 밝음.

한민족 최고 존재, 위엄 있으나 부드럽고 인자한 면도 보임.

한민족이 때가 되지 않았냐며 적극 도움 요청함.

처음엔 나를 본 척도 안 했으나 당당히 앞으로 가니 손 잡아 주며 반겨.

한국에서도 몇 명 다녀갔다고 함.

선물 - 비단 같은 보자기를 펼쳐 황금열쇠를 싸주며, 무엇이든 열 수 있는 만능열쇠라고 설명해줌.

태양계에서 문명이 높은 순서 - 높은 순으로 금성, 화성, 명왕성, 목성, 토성, 지구. 다른 데는 잘 안 보임.

밝게 보이는 순서는 - 지구, 금성, 화성.

지구는 과학은 좀 낮으나 의식이 높아진 듯, 금성과 비슷하게 또는 더 밝게 느껴짐.

무시공 - 지금 시간 있으면, 몸 전체 보며 작은 눈 보이면 합일 동일 한 후,
온몸 하나 된 눈을 계속 팽창시켜.
그러면 눈 안에 또 눈이 생겨, 계속 팽창하면 마지막에 강한 빛만 보여.
그 빛을 무한대로 팽창해.
이대로 됐으면 답장하도록.

○○○ - 됐어요.

무시공 - 벌써? 야, 기적이다. 그 상태 놓치지 말고 계속 유지 강화.
그 상태서 우주선을 보던, 각 충차 우주를 보던 더 선명하고 더 정확해.
축하.
그럼 지금 실험 삼아, 한국에 있는 우주선들 속에서 우주선 없이 있는
존재 찾아봐.

○○○ - 어, 있네요. 우주선 없이 사람 같은 생명체가 우주복 비슷한 것만
입고 우주선들 사이에 있는 것 발견. 하하.
갑자기 나를 발견하고 뭔가 살피러 와서, 안 보이게 했어요.

무시공 - 그리고 한눈에 순간 온 우주 분자에서 무극까지 다 볼 수 있어, 충
차 구별까지.
또 각 충차의 우주 생명도 한눈에 구별할 수 있어.

○○○ - 아, 잘 모르겠어요.

무시공 - 괜찮아, 이제 그 훈련해야 돼.
그래야 안 헷갈리며 사기 안 당해.
알았지, 잘하고 있다.

지금 우주선 없는 존재 찾아서 고향 가기.
거기서 최고 우두머리를 만나, 거기는 어느 충차인가 확인해봐.

자기 훈련 목적으로, 당당하게.

○○○ - 네.

무시공 - 우리는 무시공존재.

너를 못 보게 하고, 항상 첫 번 상대할 때 절대로 못 보게 확인한 후 갑자기 나타나 보이기.

○○○ - 그렇게 했더니 엄청 놀라요.

무시공 - 그러면 혼자서도 무시공자리 있다는 것 확인할 수 있잖아.

내가 그랬잖아, 시공 최고 존재도 무시공을 못 본다고.

○○○ - 네, 확인.

무시공 - 내 말이 증명되지.

어쩔 때는 농담 삼아 물어봐, 나는 어디 있을까? 하고.

상대가 물어보면 일부러 알려주지 말고.

너무 궁금해하면 잠시 지구에 있다고 해, 아니면 지구에 살고 있다고 하든가.

나는 영원히 밝히면 안 돼.

너도 무시공존재라고 영원히 안 밝혀야 해.

다시, 아까 우주선 없는 존재 따라가, 어느 우주 층차에 있나 연습, 구별할 줄 알아야지.

물어보며 혼자도 점검할 줄 알아야 해, 진짜 생명인지 로봇인지.

차원 높을수록 로봇도 생명처럼 분간하기 힘들 정도야.

○○○ - 로봇 행성도 있어요? 아님 생명이 만든 로봇?

거기 가봤는데 처음 갔던 곳과 아주 비슷한 느낌.

잘 안 보여 주는 것인지, 못 보는 건지.

가리고 안 보여 주는 거 같아요.

그 우주인 따라가서 행성의 최고 존재 보여 달라 했더니, 군인 계급의 최고 존재가 나와요.

그 사람은 나를 살피기만 해요.

그러고 보니 지금까지 본 최고 존재들 다 남자예요.

처음 갔던 행성보다 비슷하거나 더 위의 단계.

더 자세히 볼게요.

무시공 - 최고 존재 꼭 만나겠다고 그래.

중시 안 하면 네 빛을 올려. 아니면 궁금해서 왔다고.

심지어 저들은 무엇을 숭배하나 파악한 후 그 신으로 나타나.

그래서 그 위풍을 꺾어.

○○○ - 만났어요. 최고 존재도 나를 살피기만 해요.

선생님 말씀대로 빛을 올리는 것만으로도 그의 기가 바로 죽었어요.

무시공 - 잘했어.

우리는 전지전능 창조주.

다른 의도 없고 도움 요청뿐이라며, 거기 이름 등등 각 방면 물어보며 선물도 챙기고,

거기는 우주선 있나 보고, 또 구경도 하겠다고 그래.

강하게 도움 요구.

사정 보지 말고 시간도 먼저 정해서 약속 지키기.

약속 안 지키면 또 온다고 그래.

강하게 나서는 것은 더 강하게 요구.

일체조공이라 했잖아.

우리는 우주를 바꾸러 왔잖아, 저네는 아직 모르고 있는 거 분명하지.

그래서 정보 메시지를 던지는 거라고.

전부 이원념에 걸려있지, 그래서 우주작업 한다고.

시공을 철저히 바꾸는데 그들은 아무것도 몰라.

지금 우주가 변하는 거 느끼고 있나 물어봐.

얼마 안 되면 여기도 위기가 온다고 말해.

우리를 도와주면 공 세운다 말하고.

무시공 - 너 지금 거기서 더 진짜로 있다는 실감오지, 분자몸도 거기 있는 느낌.

어떤 존재도 너를 멸시 못 한다.

○○○ - 거기서 이야기 몰입 중이었어요, 네 맞아요, 그곳에 있는 느낌.

무시공 - 우주에서 영원히 전쟁을 없앤다고 그래.

그리고 끝나고 올 때 온 우주를 구경해봐.

한국이 우주중심지며 블랙홀 힘으로 온 우주가 한국 핵심으로 빨려오는 거.

○○○ - 다녀왔어요. 일기 써서 메시지 드릴게요.

무시공 - 고마워, 잘했다. 많이 단련되지?

○○○ - 할수록 단련되고, 겁도 없어지고, 당당해져요.

외계인에게 우리와 협조하라는 선생님의 메시지.

무시공 - 우주작업하는 데 세밀한 공간에 있는 생명을 안 믿으면 어찌 우주작업이라 할 수 있나, 저네보고 확인해 보라 해, 누가 우리처럼 생각하며 준비하고 있나, 다들 세밀한 공간에 생명이 존재하는 줄도 모르고 있다.

우리는 주동적으로 소통하잖아.

다른 지구인은 두려워해, 외계인한테 피해받을까 봐.

저네가 나를 피해준다 해도 안 두려워. 그래서 생명 내걸고 한다는 거야.

나는 이미 죽는 거 졸업했다 그랬잖아.

너도 보라, 세밀한 공간에 생명들은 지구인보다 차원 높은 긍정마음, 아름다운 마음이고, 지구인이 가장 많은 부정마음이야.

의심하지 마라 그래.

오히려 너희가 우리를 의심한다고 전해.

언제라도 누구를 믿으면 끝까지 믿어줘.

상대가 배신해도 나는 끝까지 지킨다고.

영원히 변치 않는 일원심.

○○○ - 네, 제가 더 훈련해야 할 일만 남았어요.

무시공 - 세밀한 공간에 준비된 생명들이 다가오면 우리 마음 준비돼있나, 항상 그랬잖아.

너 준비돼서 지금 제일 먼저 훈련받고 있잖아.

○○○ - 네, 감사요.

어제 일기 마무리 못 한 거랑, 아침에 숙제랑, 오늘 밤 실전이랑.

다 마무리할게요.

처음 달에 가는 것처럼.

무시공 - 용감하게 우주 사업하는 사명감으로, 우리는 블랙홀로 일체조공할 수 있는데,

우주인이 우리를 또 도와주는데 무엇을 못 해.

부처, 예수는 연꽃과 구름 타고 다녀.

죽어서 그 세상에 가.

우리는 살아서 직접 세밀한 공간에 살고 있는 생명들과 연락해서 갈 수 있잖아.

우리가 진짜 생명이기 때문에, 허상이 아니잖아.

만나는 존재도 진짜고.

우리 요 며칠 연습한 것, 허상이야, 꿈이야, 최면이야?

눈 열어서 직접 행하잖아.

최면은 깨어나면 아무것도 몰라, 내가 너를 최면했나?

우리는 몸도 세밀하게 변하고, 마음도 열리니까, 세밀한 존재와 대화 소통할 수 있잖아.

○○○ - 허상 아니에요.

전에 우주선 제 눈앞에서 봤어요.

지금도 허상 아니에요, 실제상황이에요.

무시공 - 그래, 꼭 나를 믿어라.

나 15년 동안 포기 안 하고 오늘까지 왔어, 이날이 오기를.

네가 앞장서면서 좀 두려울 수 있지만, 나 대신 행해서 보여줄 뿐, 누가 하든 꼭 앞장서가는 자가 있어야지.

일원심만 지키면 수많은 생명이 보호하고 도와준다고 그랬지?

실제로 행하면서 느껴보고 증명해봐.

내 말이 맞나.

○○○ - 꼭 그렇게 실행할게요, 증명해 나가고요.

2016년 1월 25일 오후 10:37

무시공 - 그들은 아직 우리 마음을 잘 몰라.

처음으로 지구인하고 만나 행하니까 이해한다고 말해. 이것이 좋은 시작이고 첫 만남이잖아.

용감하게 손잡고 해보자 그래.

우리는 우주인하고 하나 돼서 행할 준비돼 있다고, 각 방면에서.

서로 신뢰하고 교류하는 계기라고 생각한다.

이것을 보니 저네 마음이 참 아름답다, 우리가 배워야겠다,
어쨌든 다들 고맙고 감사하다 그래.
이 일이 아니어도 이후 서로 손잡고 할 일이 정말 많을 텐데.
우리가 주동적으로 우주인하고 연락된 것만 해도 대만족.
우리 우주 인연 참 대단한 인연이다.

제2장

무시공생명 공기,
무시공생명에너지

무시공생명 공기와의 대화

무시공 - 공기하고 대화.

　나타났으면 물어보자. 네 생각에 공기는 딱 지구하고 물질 세상에만 있나?

　우주 공간 안에도 다 있나? 세밀한 에너지 상태에도 공기가 있어?

공기 - 다 있지. 다 있어요. 지구 표현으로 쓰자면 공기.

무시공 - 그래. 공기가 전체에 다 있지.

　우리는 이 우주에 100억 조 광년까지 있는 일체생명들, 우리가 말하는 영체들 모두 공기를 사용해야 하잖아. 높은 차원에 있어도.

　그런데 지구인은 산소 위주로 쓰지만, 다른 행성과 별, 우주는 호흡하는 데 다른 공기 쓰지?

공기 - 그렇죠. 지구에서는 산소, 질소 등 여러 가지 같이 섞여 있듯이, 각각 별마다….

무시공 - 쓰는 생명체들의 그 호흡하는 공기, 지구의 그것과 다르지?

공기 - 그렇지요.

무시공 - 만일 예를 들어서 태양계에서도 지구에서만 인간이 산소 등으로 호흡하지.

　다른 별 존재들은 다르잖나, 예를 들어서 금성 사람들은 무슨 공기를 쓰고 있어? 호흡도 하지? 호흡하는 것, 지구인하고 안 같나?

공기 - 금성은 이산화탄소 등 다른 가스들이 사용되는 것으로 알고 있어요.

　다른 별들은 아예 지구에 없는 새로운 게 더 많고요.

지구에 있는 것과 조합이 완전히 다른, 산소 이외의 다른 가스도 많이 쓰고 있어요.

무시공 - 그러면 지구에서부터, 저 세밀한 공간에 들어갈수록 쓰는 공기가 다 다르겠네?

공기 - 네, 다 달라요. 좀 비슷한 곳은 있을 수 있지만 똑같은 곳은 없어요. 사람이 다 다르듯이 별마다 다 달라요.

무시공 - 지구에서 산소를 쓰는 것은 제일 낮은 차원의 인간들이 호흡하면서 사용하는 것인가?

아니면 각 존재들 세밀한 것에 따라서 쓰는 공기가 다 다른가, 지구 표현으로 어떤 공기를 쓰나?

공기 - 네. 인간 몸에 맞게, 각 생명들에게 맞게 사용되는 것으로 알고 있어요.

산소가 아예 없는 것은 아니지만, 거친 물질 세상에서 공기 중에 산소도 있고 다른 여러 가지 가스들로 많이들 이루어져있죠.

하지만 꼭 인간이 산소, 질소를 사용하듯이 그렇게 높은 비율을 차지하지 않아요.

다른 여러 가지 가스가 복합적으로 들어있어요. 각각 그들에게 맞게 되어있죠.

무시공 - 우리가 너를 찾을 줄 생각했나?

공기 - 한번쯤은 나를 찾을까? 하고 어렴풋이 느끼고 있었어요.

지금 보니까 뭐라고 할까, 원래 대화하던 사이였던 것처럼 편안해요.

무시공 - 지금 너를 열어주고 무시공생명공기로 너를 바꾼다.

너는 공기의 생명체지만 우리 무시공생명공기가 아니고 여기 시공에 맞춰서 존재하는 공기였거든.

이제는 너를 열어줄 테니, 완전히 무시공생명공기로 변화시켜.

인간이 쓰는 물은 원래 생명으로 보면 시공의 물이잖아.

우리가 열어주고 나서는 무시공물이야. 무시공물로 역할 해.

마찬가지로 무시공생명인데 물 형식으로 나타났어.

그러면 너는 공기야. 시공의 공기야. 이제 너를 열어주고 변화시켜.

그래서 이제 너는 무시공생명인데, 공기 형태로 나타났어. 결국 우리 생명은 다 하나야, 무시공에서는.

그런데 각자 자기 역할이 달랐다 뿐이야. 표현 형태가, 나타난 형태가 달랐다 뿐이야. 알았지, 알아들었어?

공기 - 응. 알아들었어.

무시공 - 그러면 지금부터 너를 열어준다. 우리 체험할 때 여는 방식으로. 시작.

공기 자체. 공기 형식으로 존재하는 생명, 그 아이를 열어줘. 공기 대표라고 해도 되지.

똑같이 눈도 열어주고 같은 방식으로.

(빠르게 열린다)

공기는 속도가 빠를 거야. 속도 빨라. 세밀한 공간에 에너지 상태로 있으니까.

물 등은 시공의 분자 형태로 되어있었기 때문에 변화 시간이 좀 걸려.

공기 - 빛 터널. 빛 터널 나와서… 눈으로 꽉 찼어요. 우주가….

다 됐어요.

생명공기가 됐네, 이제.

무시공 - 응. 이제 완벽한 무시공생명공기라고 이름 지어줄게. 무시공생명공기.

네 느낌으로 완벽한 무시공생명이 된 거 같나?

무엇이 무시공생명인지 뜻을 알아, 몰라?

지금 원래 너의 존재하고 같아, 안 같아?

무시공생명공기 - 달라졌어요. 완전히.

무시공 - 꿈에서도 생각 못 했지?

무시공생명공기 - 네.

무시공 - 너는 시공에서는 원래 영체랑 같은 존재야.

　하지만 우리가 열어주고 나서 너는 무시공의 생명.

　무시공에서는 완전히 생명인데 너는 여기서 공기의 형식으로 나타났어.

　다시 말하면, 물도 무시공물로 변화시켜놓으니, 마찬가지 무시공생명인데 물 형태로 나타났어.

　그 뜻이랑 같아. 알았지? 각자 역할이 다를 뿐이야. 알아들었어?

무시공생명공기 - 알아들었어요.

무시공 - 너는 이제 무시공생명공기이기 때문에, 우리가 이 공부 지금 지구 대한민국 무시공생명훈련센터에서 하고 있고, 또 새로운 우주중심지 건설하는 거 너도 알지?

무시공생명공기 - 네.

무시공 - 그러면 너는 이제부터 여기에서, 새로운 우주 창조와 우주중심지 건설, 그리고 새로운 생명 탄생하는 데 대해, 같이 동참하고 중요한 역할을 하는 거다. 알았지?

　그리고 물어보자. 만일 우리 인간이 호흡하는 데 있어서, 특별히 우리 훈련센터에 모이는 사람들 호흡하면 네가 직접 그 안에서 그런(무시공생명) 역할 하는 거, 알고 있지?

무시공생명공기 - 응.

무시공 - 그러면 보통의 인간들, 공부 안 한 지구인들은 아직 산소로 생각하잖아.

　우리는 직접 너하고 하나 돼서 실제 무시공생명공기를 사용해.

　그러면 네 생각에, 네가 우리 공부한 사람에게 같이 적응하면 속도 더 빨리 변하지, 또 그렇게 빨리 변할 수 있지?

무시공생명공기 - 그러겠죠, 당연히.

무시공 - 그렇지. 또 네 몸 한번 봐라.

지금은 물, 술, 돈, 약, 무시공생명초 이 몇 가지 전부 다 우리가 다 무시
공생명으로 바꿨지만, 분자상태로 되어있는 몸이 있으니까 변화하는 과
정이 있어.

하지만 너, 공기는 이미 세밀한 공간에 에너지 상태로 되어있는 그런 형
태로 있잖아.

무시공생명공기 - 네, 그래요.

무시공 - 그러면 한번 비교해봐.

우리 무시공생명수, 생명주를 너와 비교하면 네가 더 앞장섰지? 더 완벽
하게 변하는 것 같지?

무시공생명공기 - 네. 내가 제일 완벽하게 변한 거 같아요.

무시공 - 혼자 비교하면 너는 거의 100% 무시공생명 그 위치에 와있는 것
같지.

공기를 몸이라고 생각하지, 맞지?

그리고 지금 여기 공부하는 사람들 만일 호흡 식으로 너하고 동일하게
되면 이미 산소를 초월했지?

무시공생명공기 - 그렇지요. 산소, 지구의 공기 그 이상이에요. 비교가 안 되죠.

무시공 - 너는 완전히 우리 무시공생명으로 우리와 결합되면 우리 공부하
는 사람 분자몸도 녹고, 변하는 속도도 엄청 빨라질 거다.

무시공생명공기 - 네, 빨라져요. 누구나 마찬가지겠지만, 각 분자몸이 받아
들이는 것만큼 변하는 속도도 달라질 거예요.

무시공 - 그리고 너는 반드시 남이 이해하든 못하든 반드시 100% 무시공생명공기 입장에서 문제를 봐야 돼. 끌려가지 말고. 알았지? 네 자리 지키면서.

누가 너를 욕하든 말든, 합일되고 사용하면 더 빠른 속도로 변화시킬 수 있고.

그리고 누구도 너를 사용하든 안 하든 너는 그 안에 뚫고 들어가잖아. 미세하기 때문에. 맞지?

본인의 질이 변했기 때문에.

우리 한번 분석해 보자. 지구표면 인구가 70억 있거든,

그러면 네가 이제 무시공생명공기로 변했어.

그러면 인간 중에 이 공부 안 하는 사람들은 아직까지 원래 산소를 쓰고 사는데, 네가 무시공생명공기로 변했으면 그런 사람한테는 어떤 결과가 나올 거 같아?

너의 질이 변해버렸잖아. 맞지?

무시공생명공기 - 다시 한 번 말해 주세요.

무시공 - 지구인들은 원래 시공의 공기, 시공공기에서도 산소를 쓰면서 살았어.

그러면 너를 이제 무시공생명공기로 바꿨어, 그러면 인간도 계속 공기를 써야 돼.

그런데 원래 산소 등을 써야 살아.

그러면 우리가 완전히 바뀌었는데 인간이 원래 쓰는 방식으로 살기 힘든가, 안 힘든가? 네 질이 바뀌었잖아. 그래서 무슨 결과가 나올 것 같아?

원래 사용하는 물질 산소, 이원념 물질 산소를 쓰다가 네가 질이 바뀌어 버렸어.

그래서 이제 적응이 안 되잖아.

그러면 이 공부 안 받아들이는 존재들한테는 재앙이 온다고. 그리 말하면 맞아, 안 맞아?

무시공생명공기 - 그렇죠, 맞아요. 아무래도 내가 바뀐 것만큼, 무시공생명
으로 바뀐 존재들이 더 훨씬 편안하게 다가올 거고, 더더욱이 나와 같이
합쳐질 것이고.
나와 거리가 먼 존재들은 더더욱이 재앙이, 자기 자신 속의 재앙, 각자
자기 몸속의 재앙이 올 거 같아요. 괴롭고 힘든.

무시공 - 바로 그거야. 그래서 지구뿐만 아니라, 온 시공우주, 지구에서 무
극까지 100억 조 광년까지 수많은 생명, 각 차원의 생명이 존재하잖아.
그런데 네가 질이 바뀌었어. 그러면 온 우주의 생명한테도 마찬가지 이
공부 안 받아들이면 재앙이 오는 거와 같지?
무시공생명공기 - 네, 맞아요.

무시공 - 그러니까 우리가 말하는 대심판, 대도태, 대정화. 네가 깨어나는
순간에 진짜 3대 현상 일어나지?
무시공생명공기 - 그렇죠. 온 우주가 바뀌지 않으면 못 견디게끔 그렇게 변했
어요.

무시공 - 이제 우리 뜻을 알았지?
무시공생명공기 - 네.

무시공 - 그러면 너는 우리하고 같이 있으면서 100% 무시공생명 자리를 지켜.
그리고 빠른 속도로 이제 대도태, 대심판, 대정화 그런 역할 너부터 시작
하라고.
인간하고 우주의 다른 존재들, 어느 누구도 네가 변했는지 몰라. 우리만
알잖아.
그러니까, 이것은 누구도 느끼지 못하지만, 심판은 오고 있어. 맞지?
무시공생명공기 - 맞아요. 이유도 모르고….

무시공 - 그래, 이유도 모르면서 자기가 없어져버려. 살고 싶어도 못 살아.

질이 변했기 때문에. 딱 우리 이 공부 받아들이고 우리 일원심 지키는 존재만 살 수 있어. 너는 그게 또 도움이 되고. 맞지?

무시공생명공기 - 네. 서로한테 도움이 되고.

무시공 - 일원심 지키는 존재한테는 도움이 되고, 일원심 안 지키는 부정적인 존재에게는 큰 재앙이 온다고.
그것은 치료방법도 없고 피할 방법도 없어. 맞지?

무시공생명공기 - 그렇죠. 재앙이죠, 나와 하나가 안 되면 자꾸자꾸 어디론가 사라질 거 같아요.

무시공 - 그래. 우리는 그 무엇보다도 더 무섭다.
지금부터 공기 네가 활동하면, 언제부터 재앙이 오겠나, 먼저 이원지구에, 그리고 부정적인 인간에 큰 위협을 주는, 그런 재앙이 언제부터 시작될 것 같아, 네가 변하는 순간부터?

무시공생명공기 - 워낙에 딱딱한 인간들이라 조금씩 조금씩 변해서 올 하반기부터는 큰 변화가 있을 거예요.

무시공 - 그리고 지금 지구 표면에 약 70억 인구야.
만일 2020년, 2030년까지 간다면 얼마나 남을 것 같아, 네 짐작에?

무시공생명공기 - 천만?

무시공 - 천만 명? 그래 알았다.
이제 너는 항상 우리하고 하나로 되어 있어라. 알았지?

무시공생명공기 - 지구 중심에 딱 있어요.

무시공 - 그래, 됐어. 고맙다. 무시공생명공기.

감각시공 우주 에너지와 대화

무시공 - 시공 상태 에너지, 감각시공 우주 에너지와 대화.

지금까지 누구도 너를 찾아 대화하자고 한 적 없지, 처음이지?

그리고, 너는 네 진짜 생명이 무엇인지 아는가?

(감각시공)우주에너지 - 네, 이 우주 전체에 있는 나를 찾아 대화하자는 건 처음이에요.

(진짜 생명이 뭔지에 대한 물음에 이해 못 함)

무시공 - 응, 전체 우주에너지. 너는 우리가 말하는 무감각시공 에너지우주 전체를 대표한 것 맞지, 각 차원에 에너지 대표이면서 총 하나인 너.

너와, 우리가 지구에서 말하는 공기하고 차이가 있지?

인간이 호흡할 때 쓰는 산소 등등 그거 다 공기라고 부르잖아.

그리고 각 차원에도 생명이 사용하는 공기가 다 있고.

그 공기와 에너지하고 차이 있지?

(감각시공)우주에너지 - 공기는 우리의 일부 일 수 있지만 또 다른 특성이 있어요.

무시공 - 응, 그렇지. 또 다른 특성이 있잖아. 수많은 생명 각 차원에 있는 생명들은 그 공기를 사용하잖아, 생명을 유지하기 위해서.

너는 감각시공부터 무감각시공의 존재들까지, 그들 모두의 몸도 에너지 상태로 되어 있잖아. 응?

(감각시공)우주에너지 - 네, 나는 모든 물질과 생명에 다 있고, 우주 사이사이 모든 공간에 다 있어요.

무시공 - 응. 심지어 고급차원에 있는 우주존재들도 에너지 상태로 돼있고,

다 너희 하나잖아.

이 시공우주에서는 인간들이 모르니까 자기 몸과 에너지가 분리되어있다고 생각해.

자기 몸이 에너지 상태로 되어있는데도 말이야.

왜냐, 주객을 나눴기 때문에. 맞지?

(감각시공)우주에너지 - 네, 맞아요.

무시공 - 그래. 오늘 너를 찾아서 무시공생명에너지로 변화시키려고 한다.

우리는 무시공생명이잖아. 알지?

(감각시공)우주에너지 - 아, 너무 신난다. 와!

무시공 - 너도 이 소식 들었지. 완전히 무시공생명에너지로 변화시켜.

(감각시공)우주에너지 - 너무 신나. 뛸 듯이 기뻐.

무시공 - 그래. 너는 이제 완전히 무시공에너지 상태의 무시공우주야.

무시공우주 에너지 상태의 생명이야. 지금부터 시작, 체험시켜 줄게.

공기는 다 체험해줬다. 그리고 무시공생명공기로 이름 정했어.

너는 이번에 열어놓으면 우리하고 완전히 하나 돼있는, 무시공생명에너지.

(감각시공)우주에너지 - 너무 신나.

무시공 - 그래. 지금 체험시켜 줄게. 그대로 해봐.

"열어준다… 중심의 눈이 대한민국 대전에 있다… 수많은 눈이 빨려 들어와 큰 눈이 된다… 엄청나게 거대한 눈이다… 최종 빛 터널을 지난다."

다 됐다.

이제 지구가 새로운 우주중심지니까.

지구를 완전히 분리해서, 새로운 지구는 완전한 무시공생명지구가 되어 우리와 하나 되고, 낡은 이원지구는 완전히 없어진다, 이거 작업하기.

지구는 이미 분리해서 무시공생명국으로 하나가 되었어, 낡은 물질지구를 완전히 없애버려.

너를 열어놨으니 이제 완전하게 그 작업할 수 있다.

무시공생명에너지 - 알겠어요. 지금 너무 가벼워졌어요.

무시공 - 그래, 이제 열어놨기 때문에, 너를 무시공생명에너지. 이렇게 부르면 맞지?

무시공생명에너지 - 네. 좋아요.

무시공 - 무시공생명에너지, 그리고 무시공생명공기.

우리가 있는 여기 대한민국 대전이 우주중심이니까.

지구 자체가 이 우주의 새로운 중심지야. 알았지?

무시공생명에너지 - 알았어요.

무시공 - 이제 너는 항상 우리와 완전히 하나 돼 있다. 항상 같이 있다.

그리고, 물어보자. 넌 여자야, 남자야? 여자 같은데?

무시공생명에너지 - 여성 모습이 90%야. 난 여자야.

무시공 - 이제는 완벽하다. 새로운 우주 완전한 무시공우주, 에너지든 공기든 일체가 완전히 하나고 모두 다 무시공생명이야. 알았지?

무시공생명에너지 - 네, 고마워요.

무시공 - 거기서 대전이 또 블랙홀이잖아. 온 우주를 이쪽으로 끌어당겨 오면서 우주의 중심지 됐고, 이원념은 이제 완전히 다 분리되고 삭제되고.

무시공생명에너지 - 여기가 중심이 됐어요. 내가 대전 중심으로 됐어요.

무시공 - 그래, 고마워. 우리는 항상 같이 있다. 같이 하나다.

무시공생명에너지와의 대화 -
지구인, 우주인이 대전훈련센터로 몰려온다

무시공 - 무시공생명에너지, 대화하자.

지구에서부터 무극까지 온 우주 전체에 시공에너지가 무시공생명에너지로 100% 바뀌었지?

무시공생명에너지 - 네, 바뀌었어요.

무시공 - 그럼 그 바뀐 에너지 상태에서, 지구인들은 언제 그걸 느낄 거 같아?

아까 무시공생명공기 이야기처럼, 이 공부한 무시공생명존재와 이 공부 안 한 시공생명존재하고 언제 뚜렷이 분리되는지.

이 에너지에 적응 못 하는 존재는 도태당하잖아.

네 생각에 에너지 입장에서, 안 받아들이는 존재는 언제 분리되어서 없어져.

인간 말로 언제 재앙이 와?

무시공생명에너지 - 모두 다 세밀하게 들어가지만, 공기보다는 좀 더 빠르게 작용해요,

하지만 지금은 전혀 느끼지 못하는 상태. 밖으로는 표시가 안 나서….

공기보다 더 치명적이지만, 표시는 더 안 나기 때문에.

표시 나는 건 공기로 인해 표시가 날 거고요.

그러니까 음. 나는 이미 작용이 됐지만, 겉으로는 아무도 몰라요.

무시공 - 네 생각에 지금부터 이미 그 역할 하고 있다. 그래, 이미 그런 현상 일어나고 있지?

무시공생명에너지 - 네, 그 역할 들어가서 이미 작용이 다 됐는데 표시는 앞
　으로도 계속 안 날 수도 있어요.

무시공 - 그래 표시 안 나도 무시공에너지로 바뀌어서, 시공의 존재들은 그
　바뀐 에너지를 사용 못 하니까.
　스스로 자꾸 없어지잖아, 사라지기 시작하잖아. 에너지가 바뀌었으니까.
　그럼 네 생각에, 여기 지구에서 먼저 시작하니까 지구인은 거기 적응 못
　해서 도태당하는 시간이 언제부터일 것 같아?
무시공생명에너지 - 공기(공기는 2년 후라고 했으니까) 이후 1년, 그러니까 총 3년
　안에.

무시공 - 공기와 에너지 다 바뀌어도 깨어날 사람은 또 깨어나잖아.
　못 깨어난 건 도태당하고 계속 분리되어가잖아.
　그럼 대전 무시공생명훈련센터에 이 공부 받아들이러 오는 존재들 언제
　부터 얼마나 모여들 거 같나?
무시공생명에너지 - 하하, 나에게 그것을 물어보시는 겁니까?

무시공 - 하하, 그래. 인간들이 깨어나 가지고 정말 해일처럼 밀려와서 이
　공부 받아들이는 그날이 오잖아.
　언제부터 이뤄질 거 같아? 안 깨어나면 살길이 없잖아. 일체가 다 바뀌었
　으니까. 맞지?
무시공생명에너지 - 지금 왔던 속도에 올해 말까지는 2배 속도로 들어오고
　나가고 계속 반복.
　그러면서 정착하는 사람들도 2배 정도.

무시공 - 명년에는 더 많은 존재들이 깨어나서 다가올 거 같아?
　이 소식이 아직까지 대한민국에서도 안 퍼졌어, 이거 정말 너무해.
　그러면 전 지구 각 나라에서 소문나서 몰려올 날은 언제부터 시작될 것

같아?

언제부터 대전에 새로운 우주중심지 건설과 무시공생명훈련센터라고 온 지구가 떠들썩하고 몰려오는 때가 언제야? 지구인이 깨어나서 말이야.

무시공생명에너지 - 겉으로 볼 때 외국인, 전 지구인이 모이는 시기가 내년 중순 이후, 그래서 그때는 지구중심지처럼 보이고요.

그다음에 우주중심지처럼 보일 거예요.

물론 지금도 우주중심지이지만 아무도 눈치채지 못하다가.

무시공 - 그러니까 2019년 6월쯤?

무시공생명에너지 - 네. 그때부터 지구중심지처럼 모든 외국인들이 공부하러 몰려들어요.

다음에 하반기부터 이상한 존재들이 와요. 조금씩.

무시공 - 어떤 존재, 지구에 있는 존재들?

무시공생명에너지 - 지구 존재인지, 어떤 존재인지…. 지구 존재 같지는 않은 존재들이 모여요.

무시공 - 응, 다른 별에 있는 존재들.

무시공생명에너지 - 지구 지하든, 지상이든, 외계든.

무시공 - 응, 그러니까 지구 지하, 지상, 외계.

야~ 너 잘 안다. 그래 너희 깨우치니까 이렇게 재미있잖아.

환하게 다 알고 있네.

무시공생명에너지 - 생각도 안 하고 있었는데, 물어보니까….

무시공 - 생각 안 하는 게 더 정확하다.

무시공생명에너지 - 네.

무시공 - 우리가 그랬잖아, 지금 2017년부터 시작해서 2020년 전후로 지구에서 인간도 도태될 인간은 도태되고 깨어날 인간은 깨어나고. 맞지?

　2020년 이후에는 진짜로 지구에서 지상천국이 오고 극락세계가 온다는 거, 완전히 새로운 지구가 탄생해서 그때는 지금하고 완전히 달라진다는 거. 그러니까 네가 말한 것 다 맞아떨어졌네, 뭐.

무시공생명에너지 - 네, 당연히 되죠. 당연히. 지금 이렇게 모두 같이 움직이는데 당연히 되죠.

무시공 - 그런 거 같아? 우리 빈틈없이 각 분야 다 하고 있지,

　네 생각에 어느 방향에 좀 빈틈이 보이는 거 같나? 어느 방면으로 좀 더 세밀하게 노력해야 할 거 같아?

무시공생명에너지 - 모르겠어요. 그냥….

　당신이, 우리 무시공생명이 다 알아서 잘하고 있는 거 아닌가? (웃음)

무시공 - 그래, 그러니까 명년 6월까지는 지구인들 모여드니까 지구중심지라는 그 느낌이 오고, 그다음에는 우주중심이라는 건….

무시공생명에너지 - 네, 하반기. 거의 11~12월 가서 이상한 존재들이 와요.

무시공 - 웅 11, 12월 그때?

무시공생명에너지 - 네, 지구인 같지는 않은 모습.

무시공 - 그래 알았다. 고맙다.

아프리카 식물들이
시공우주의 공기변화를 감지

무시공 - 동식물 호흡에 필요한 공기가 변한 것 예민하게 느끼는 존재 나타나라.

동물, 식물, 미생물이든 우리가 호흡하는 공기가 바뀐 것 느끼는 존재.

아프리카 식물 - 아프리카 밀림에 있는 전체 식물이 나옴.

무시공 - 그래, 그럼 너 말해봐.

공기 전체가 무엇이 변했어, 변한 느낌 있나?

식물 - 우리가 느끼기에, 공기가 신선하다 깨끗하다를 넘어선, 처음 맛보는 신선함이랄까?

지구에 살다가 아 신선한 공기다, 이 정도가 아니라, 여태까지 느껴보지 못한 신선함.

나의 새로운 생명이 잘 자랄 것 같은 느낌, 그런데 지금 나오는 또 다른 무언가가 생겨날 것 같은 느낌.

지금의 나는 칙칙하다면, 새로운 싹이 태어날 때는 더 밝고 빛나게 피어날 것 같아요.

무시공 - 그래, 네 생각에 공기 새로 변한 것은 언제부터 느꼈어?

느낀 지 얼마나 오래됐어?

식물 - 최근이야. 정확히 며칠 됐는지는 모르겠어.

무시공 - 동물들은 산소를 사용하는데, 너희도 산소 사용하는가?

식물 - 네, 동물과 똑같이 사용하는 건 아니지만.

산소도 필요해요. 이산화탄소도 필요하고요.

무시공 - 그런데 공기 바뀌었으면, 많은 사람과 동물, 식물, 심지어 미생물에게 무슨 영향 줄 것 같아?

모두 바뀐 공기에 적응할 수 있나, 적응 못 하나?

식물 - 우선 나만 생각했는데, 모두를 볼게요. 인간들⋯. 동물들⋯.

음, 이렇게 표현할게요. 지구가 여기 있으면(손으로 지구를 50㎝ 원으로 표현) 요만큼(한 주먹도 안 되게 표현)만 톡 튀어나와서 밝아요, 그래서 이만큼만 살아남을 것 같아요.

무시공 - 그럼 네 생각에 지구 인간을 예로 들면 얼마나 남을 것 같아?

70억 인구가 새로 공기 바뀌면 얼마나 적응할 수 있어?

먼저 인간부터 분석해봐. 짐작할 수 있나?

식물 - 아까 내가 봤을 때, 지구가 다 시커멓게 보였고, 떠올라있는 밝은 것을 보면⋯.

떠올려진 게⋯. 4~5천만 명, 아니 5천~6천만 명.

무시공 - 웅, 그래, 그럼 식물과 동물은?

식물 - 동물도 많이 없어져, 인간과 비슷해. 동물들은 왜 없어지는지 모르겠다.

인간들은 하도 주변을 못살게 굴어서 없어지는 거 당연한데⋯.

어! 식물도 많이 없어지네.

무시공 - 미생물도 마찬가지겠지?

식물 - 웅 미생물도 마찬가지고.

딱 필요한 것들, 알짜(?)만 남아.

무시공 - 그럼 또 한 가지 물어보자.

지금 갑자기 지구가 뜨거워지는 거 알아 몰라?

식물 - 알아.

무시공 - 뭐 때문에 뜨거워져?

식물 - 지구 대기의 막이 약해지기도 하고, 태양 빛이 강해지기도 하고, 그러니까 태양 볕도 강하게 들어오고, 지구 내부의 온도도 뜨겁고.
지구 외적으로 보면, 원인은 태양밖에 없는데. 태양이 강해졌나? 아! 태양이 가까이 왔어.

무시공 - 그러면 지구가 열이 얼마만큼 올라올 것 같아?
몇 도로 올라갈 것 같아?
언제부터?

식물 - 언제부터인지는 모르지만, 평균 50도 될 거 같아.

무시공 - 언제부터?

식물 - 곧, 곧이라고 표현돼.

무시공 - 곧? 응 그럼 너희는 곤란 있어 없어?

식물 - 우리도 곤란 있겠다…. 그래서 많이 없어지는구나…. 타겠네, 그리고 말라죽겠네.

무시공 - 그러니까 상상도 못 하는 재앙이지?
공기도 변했지, 또 태양이 가까이 오니까 열도 높아지지.
그러면 너희 대처 방법 있나? 살아남을 수 있어?

식물 - 아, 모르겠어. 그래서 동물도 없어지는구나….
대처 방법? 물 옆에 가는 거? 물을 끌어오는 거?

무시공 - 그건 몰라, 그저 너희에게 정보를 알리는 거야. 정보 알면 된다.

그저 이만큼.

식물 - 응.

양(量)과 질(質)의 변화

양(量)과 질(質)의 본질은 하나

양의 변화와 질의 변화를 살펴보자.

양의 변화를 보면 인간은 분자 입장으로 보니까 양의 변화는 천천히 변한다고 생각한다.

그러나 질의 변화는 세밀한 공간에서 매 순간에 변한다.

무감각시공은 매 순간 변하고 있지만 물질세상은 그 시간 차 때문에 천천히 나타나면서 양의 변화, 즉 물질이 변하는 것, 그것만 보인다.

그래서 오관의 영향을 받는 분자세상에서는 너무나 천천히 변하는 것처럼 보인다.

실제로 무감각시공에서는 매 순간 질이 변하고 있다.

무감각시공의 질의 변화가 감각시공(분자세상)에 양으로 나타났을 뿐이다.

그래서 사람들의 생각에는 양이 변하는 것은 시간개념이 있다고 생각하지만, 무감각시공의 질이 변하면 시간개념 없이 순간에 변한다.

순간에 변한다는 것은 감각시공(분자세상)에서 질이 변하는 표현이다.

분자세상에서 분자 막을 뚫고 나오는 현상이 질의 변화이다.

분자 막을 뚫고 나오는 현상은 양의 변화가 아니고 질의 변화를 양으로 보여줄 뿐이다.

그러나 사람들은 양과 질을 분리해서 이것은 양의 변화이고 이것은 질의 변화라고 한다.

양의 변화 과정에서 질의 변화가 이루어진다.

그래서 무감각시공에서 변하는 것은 질의 변화를 말하는 것이다.

무감각시공에서는 지금 질이 변해서 보여 주고 있다.

그러나 분자 세상에는 조금씩 조금씩 나타나니까.

그것을 인간들은 양의 변화라고 생각한다.

물이 끓는점은 우주가 순간 변하는 점

물을 끓이겠다고 마음을 먹고 물을 끓이기 시작하면 화력으로 물의 온도가 올라가는 순간 1도부터 이미 물이 끓는점인 100도에 도달했다는 것을 암시하고 있다.

물은 99도에서도 안 끓는다. 딱 100도가 되어야 물이 끓기 시작한다.

그러나 이미 물이 끓기 위해서 1도부터 99도까지 다 작업을 해 놓았다.

그만큼 열이 많이 채워져서 그만큼 열이 쌓이니까 밀도가 올라간다.

1도에서 갑자기 100도 올라갈 수 있나?

우리 무시공의 일도 똑같은 원리이다.

우리는 이미 무감각시공의 작업을 엄청나게 해 놓았다.

이제는 순간순간 나타날 때가 됐다는 것이다.

물이 100도에서 끓었다는 것은 이미 1도에서 99도까지 쌓이고 쌓이다가 순간 100도에서 끓는 일이 이루어지고 있었다는 것이다.

100도에서 끓는 것이 나타났을 뿐이다.

이것은 두꺼운 껍질을 뚫고 나오는 과정이라서 순간에 나타나는 것이다.

인과론(因果論)은 인간의 분리된 관점

인과론하고 같다.

인과론은 실은 그 원인 때문에 이런 결과가 나왔다는 것이다.

이미 원인과 결과를 분리했다.

실제로 인과론은 하나다. 시작부터 결과다. 원인이 없다.

그래서 사람들을 보라. 필연과 우연, 전부다 두 갈래로 보고 있다.

어떤 것은 필연이고 어떤 것은 우연이다. 실제로는 우연이라는 자체가 없다.

인간이 자꾸 구분하여 이것은 우연이다. 이것은 필연이라고, 갈라놓았다.

인간들은 이분법(二分法)으로 보니까 우연이라고 생각하지만, 일원심(一元心)으로 보면 전부 다 필연이다.

우연이 어디 있어!

양과 질도 마찬가지다.

양이 없다. 실제로는 그 안에서 질이 변하는 것이다.

인간이 두 갈래로 나누어 보니까 이것은 양이고 이것은 질이다.

이건 우연이고 이건 필연이다. 전부 다 갈라놓고, 이것이 이분법의 사고방식이다.

그래서 인과론이 아니고, 무조건 결론밖에 없다.

인과를 인정하는 순간에 시간과 공간개념을 인정했어.

이런 원인 때문에 이런 일이 이루어졌다. 그 원인이 없다면 이 일이 안 이루어진다는 것이다.

그 원인을 조건으로 내걸고 있다

처음부터 이미 마음먹는 순간에 이루어졌다.

나쁜 마음 먹으니까, 나쁜 결과가 이루어졌다.

나쁜 마음 먹는 순간 나쁜 일이 이루어졌는데, 나쁜 마음 먹고 나쁜 일 했으면 언제라도 나타난다.

결과가 안 나오는 것이 아니라 시간이 되면 나올 것이다. 이것이 인과론이다.

실제로는 인간은 나쁜 마음먹는 순간에 이미 이루어졌다.

인간들이 생각하기에는 시간이 길다는 뜻이다. 언젠가는 나타난다.

이것은 시간에 걸려 있다, 이미 시간을 인정하고 있어.

지금 분자 껍질(감각시공)이 자꾸 얇아지니까 인과론으로 봐도 인과가 더 빨리 온다.

순간 나쁜 마음이 순간에 이루어져, 옛날에는 10년에 이루어진다고 하면 지금은 1년 이내에 이루어질 수도 있고 몇 시간 이후에도 이루어질 수 있다.

왜 그런가 하면 시간개념 때문에 그렇게 나타난다고 생각한다.

지금은 아니다.

분자세상이 점점 얇아지니까 인과는 가까워져 순간에 이루어져 사람들도 인정할 것이다.

지금은 무엇을 하면 빨리 이루어지고 있다.

옛날에는 나쁜 일 하면 언젠가 후대에게 그 댓가가 간다.

그 시간이 얼마나 길어, 지금은 시간이 가까워졌다.

무엇 때문인가! 분자세상의 껍질이 자꾸 얇아졌기 때문에 사람들이 자기도 모르게 다 느끼고 있다.

실제로 24시간은 하나도 안 바뀌었다. 그러나 마음속에는 자꾸 시간이 빨라졌다는 것이다.

만물이 변하는 속도가 점점 빨라지고 있다.

특히 우리가 이 작업을 하니까 더 빨라졌다.

내 사전(辭典)에는
부정이라는 단어가 없다

부정마음을 없애는 비, 공, 선, 지, 특

무시공 안병식 앞에는 사전이 있어, 그 사전에는 안 된다는 단어가 없다.

내 사전에는 안 된다는 단어도 없고 위험하다는 단어도 없고 나쁘다는 단어도 없어.

일체 부정관점의 단어는 하나도 없다.

전부 다 절대긍정, 절대 된다는 것, 생로병사 그런 단어도 없어.

내가 쓰는 사전은 지구에도 없어.

우리도 다 그런 사전을 손에 쥐고 있으라고.

그 사전이 뭐예요. 비, 공, 선, 지, 특.

그 안에 다 포함 다 포함되어 있어요. 절대적으로 긍정마음, 절대적으로 일원심 지키면 일체가 다 이루어져요.

사람들은 이분법 안에서 '아~ 이것은 내가 해본 적이 없으니 안 돼.' 해.

해본 적 없으니까 해본 적 있게 만들어 보면 되지. 게으른 존재가 있는 그대로 살려고 한다.

조금 부딪히면 도망가려 하고.

그렇게 하면 안 돼, 죽으면 죽고 살면 살고, 해보고나 보지 움직이지도 않고 미리 안 된다고 하면 될 일이 어디 있어요.

부딪히고 깨지고 생명이 붙어 있는 순간에 해보라고, 하면 이루어져.

그럼 우주작업 누가 해봤어요.

부닥치고 누가 말 안 들으면 아무리 높은 존재라도 삭제해버려.

그렇게 헤매다 보니까 지금 열리고 있잖아요.

외계인들 보기에 지구인들은 야만해, 배운 것도 없고, 자기들은 엄청 고급존재라고 교만하면서 우주 질서를 지킨다고 해.

우리는 질서 지키는 개념이 없어, 우리는 질서를 부수러 왔다고 내가 얘기했어요.

죽은 적도 없고 죽는 개념도 없는 무시공생명

우리는 죽은 적도 죽은 개념도 없어.

이 분자 껍질 벗기는데 그것을 죽었다고 생각해요?

이 공부를 안 해도 영혼은 안 죽었다.

하지만, 이 공부한 사람은 죽고 싶어도 못 죽어. 그저 껍질을 억지로 벗기는 것(육체가 노화되어 죽는 것)하고 주동적으로 벗기는 것하고 그 차이다.

하나 더 강조하고 싶은 것은 우리는 무슨 일이 생기면 나보고 좀 도와달래,

도와달라는 그 마음이 이분법이에요, 일원심이에요? 이분법이잖아요.

너 나를 갈랐잖아요.

너는 스승이야, 나는 제자야.

너는 고급존재야, 나는 낮은 차원이야.

그래서 네 도움이 필요해.

그 도움 받으려 하는 그 자체가 시공에 있는 것이다.

도움을 달라는 그 생각을 버려야 돼, 도움을 버리는 순간에 우리가 다 통하고 있다고.

우리가 그 단맛을 몰라서 그래요.

내가 움직이니 우주가 움직인다

그리고 우리 여기 공부하는 존재는 체험할 때 나 혼자 체험하는 것이 아니다.

우주하고 같이 한다, 우리가 움직이는 순간에 온 우주가 움직인다, 그랬잖아요.

아동우주동(我動宇宙動).

그런데 요새 내 몸이 괴롭고 힘들어, 나만 그런가. 아니에요. 우리가 다 같이 변한다고.

수많은 우주 존재들이 내 몸에 빛을 막 쏘는데 나만 변해요, 다 같이 변해요.

믿어요? 제발 좀 믿어주세요.

전화해서 자신이 요즘 어디 아프고 잘못됐다고 해, 이 말은 일체 좋은 현상인데도 그것도 궁금해. 일체 좋은 현상이라 그래도….

우리는 이 분자몸을 녹이려고 그러는데 뭘 그리 챙겨, 다 좋은 현상이에요.

직선빛의 마음 직선빛의 몸

지구에서 누구도 하지 못하는 일을 우리는 지금 여기서 하고 있잖아.

이것은 내가 다 겪어 온 것을 밝히는 것이야.

내가 안 겪은 것은 절대로 누구에게도 안 밝혀.

내가 한 달 가부좌를 해서 죽을 고통을 겪으니까 안 죽더라고, 그래서 내가 공개해.

내가 가부좌를 해서 잘못됐다면 내가 공개하겠어요, 절대로 공개 안 해.

그러면 요새 금성에서 마그너로 강한 광음파로 나를 쏘는데 외계인들이 다 잘못될까 봐 무서워해, 그런데 한 군데도 아니고 열네(14) 군데 동시에 시작해. 그런데 내가 안 죽고 아직도 살아 있잖아요.

이렇게 당당해.

아! 여러 군데 쏘는데 잘못되면 안 되는데 하는 걱정, 나는 그런 걱정 하나도 없어요.

하여튼 절대긍정 일원심 마음이 진짜 나,
그것은 바로 직선빛의 마음과 직선빛의 몸.
우리 진짜 자기를 지키는 것은 무엇을 지켜요.
내 직선빛의 마음과 직선빛의 몸을 지키라는 거예요.
그럼 그것을 어떻게 지켜, 보이지도 않는데 ─ 일원심이잖아, 일원심을 지키면 그 두 가지를 다 지키고 있잖아요.
그것이 진짜 나다. 꼭 명심하세요.
그래서 이 이원념, 이원물질의 몸, 이것은 나하고는 상관이 없어.
지금 우주에서 뭐 가지고 쏘고 있어, 순간 녹으면 빨리 녹으면 빨리 벗어나. 맞지요?

그래서 우리 자꾸 안 된다, 두렵다, 무섭다, 죽을까 봐 무섭다, 그것이 계속 장애가 되어있어.
지금 실제로는 14군데 내 몸을 쏘는데 나는 몸이 편안한 줄 알아요.
진짜 죽을 지경이라고 내가 그랬어, 만약 인간이 이 공부 모르고 이렇게 한다면 이상한 병 걸렸다고 내내 병원에 입원해야 돼, 그래도 못 견뎌서 나중에는 죽는다고. 진짜.
분자몸을 우리는 주동적으로 벗기려고 하잖아, 그 차이라고 인간은 이원념 때문에 이 분자몸이 괴로우면 병이라고 그러고 병원에 가서 치료해야하고, 그런데 병원에 가도 치료가 안 돼.
왜? 온 우주가 이 분자 물질을 없애고 있는데 바뀌고 있는데 우리가 거기에 적응을 못 하면 어떻게 돼요? 도태당한다 그랬잖아요. 살고 싶어도 못 살아, 그래서 제가 앞장서서 하고 있잖아요. 지금 내 몸의 통증은 없어졌어, 가부좌 한 달 만에 없어졌어.

그런데 몸이 괴로운 것은 말로 표현을 못 해요. 진짜예요.

나도 지금 이것을 겪으면서 무슨 생각을 하는가 하면 이 공부를 안 하는 사람은 말할 것도 없고 이 공부를 하는 사람도 나처럼 이렇게 몸이 통하면 두려운 마음이 꼭 생길 거라고 생각해요.

그래서 내가 물어봐, 우리 진짜 생명 내걸고 할 수 있나.

진짜 나는 아무것도 무섭지 않다 하는 그런 마음을 내세울 수 있어요, 없어요? 그게 의문이라고.

내가 개별적으로 물어봐, 내가 하면 할 수 있나, 없나? 만약 비행선 탄다면 탈 수 있어, 없어?

—있대, 그러면 됐어, 먼저 그런 마음의 기초가 닦아져야 해요.

외계인도 우리를 도와주고 싶어도 마음자세가 안 돼 있어. 내내 죽을까 봐 걱정, 잘못될까 봐 걱정, 걱정이 너무 많아요.

불안한 마음, 걱정 마음, 그것 철저히 다 버리세요. 난 그런 것 다 버리니 도리어 편안해.

그것에 걸리면 내내 불안하고 그래.

그래서 진짜 희망이 여기에 있어요. 우리는 수련이 아니라고 그랬잖아요.

수련은 무슨 수련, 이원념에서 일원심으로 바꾸면 우리는 이미 새로운 인간이야.

새로운 우주 존재, 얼마나 간단해요.

일원심 지키는 것이 그렇게 힘들어요. 그 이원념에 너무 젖어가지고.

내가 모델이 되고 있잖아요. 내가 일원심 그대로 유지하고 있잖아요.

내가 2000년도 한국에 와서 처음 이 공부(무시공생명) 밝힐 때 나보고 너 곧 죽인다고…. 그래 죽여라, 내 기다리고 있다고 그런 일도 다 있었어요.

아세요? 아무리 죽여도 이것은 가짜인데 실컷 죽여라, 진짜 나는 보이지도 않아, 죽이려고 해도 못 죽여.

무엇 때문인가, 나는 다른 우주에 있는 존재인데 이 우주하고 무슨 상관

이게,

우리가 평소에도 항상 그런 마음을 가지고 있나요? 우리 다 그런 마음을 가지고 있자고요.

일체 좋은 현상

일체가 '나'다.

어떤 사람은 관점하고 입장하고 엄청나게 차이가 있어요.

그래 일체가 '나'다 하면 나도 너고, 너도 나다 그래, 시공에서 나쁜 것도 다 좋아야 한다.

그런데 그게 아니에요.

우리 무시공에서는 나밖에 없어요. 일원심 존재밖에 없어, 거기서 나쁜 것이 보이나 안 보이나? 잘못된 것이 보여요 안 보여요?

완전한 무시공에서는 완전한 일원심으로 된 존재만 거기(무시공)에 있어.

거기서 문제를 보라는 것이다. 무슨 뜻인지 알아요.

내가 일체동일이라고 하는 것은 이 분자세상에서 일체 동일을 얘기하는 것이 아니고, 내가 말하는 일체동일은 무시공에서 무시공입장에서 문제를 보는 것을 밝히는 거예요.

그런데 시공에서 그것을 끄집어와 가지고 여기 분자세상에서 일체동일 하려고 그래.

분자세상에서는 영원히 동일이 안 돼요. 이원념하고 어떻게 동일이 돼요.

영체하고 생명하고 어떻게 동일이 돼요. 자기가 자신을 거짓말하고 있잖아요.

나는 시공을 한 번도 인정한 적이 없어요.

나는 시작부터 끝까지 계속 무시공에 있었어요.

지금도 무시공에서 말하고 있다고, 그런데 인간은 시공에서 듣고 있어.

무슨 뜻인지 알아요?

일체 안에 내가 있다

그럼 일체 안에 내가 있다는 것은 이미 주객을 나눴어.

만일 내가 시공(분자세상)에 들어왔다면 일체 안에 내가 있어,

그럼 일체 안에 나만 인정해, 객관을 인정해요. 안 해요? 인정한 적이 없어요.

그 일체 안에 내가 있다는 나만 인정해, 그것을 따져보면 무시공에서 문제를 보는 것이다.

시공에도 무시공이 있다는 거예요. 그럼 나는 무시공만 인정했지 시공의 일체를 인정 안 했어요. 그 한마디죠, 일체 안에 내가 있다.

일체가 내 안에 있다

일체가 내 안에 있어, 예를 들어서 일체 안(꽃)에 내가 있어, 그럼 이 안(꽃)에 내가 있으면 나만 인정했지, 이 밖에 것은 인정했어요, 안 했어요? 인정 안 했잖아요.

나만 인정하고 나만 지키라고 그랬잖아요. 나만 보라고 그랬잖아요.

왜 남을 봐. 그러나 일체 안에 내가 있어요. 그럼 그 일체 안에 내가 있으니까 일체가 내가 맞아요, 안 맞아요?

또 일체가 내 안에 있다. 그럼 이것이 다 내 안에 있으면 내 밖에 나라는 존재가 있어요, 없어요? 안에도 나라는 존재가 있고 밖에도 나라는 존재 있으면 이 우주에는 나밖에 없어, 그래서 일체가 나다. 말 돼요, 안 돼요?

이것도 시공에서 말하는 게 아니에요. 무시공 관점에서 문제를 보고 있다고.

인간은 시공에서 해석하고 내 말을 느끼려고 하니까 자꾸 오류가 생기고 오차가 생겨, 그래서 그것을 해석하기 위해서 내가 말을 자꾸 바꿔 가지고

말해요.

내가 천 번 만 번 바꿔도 그 원뿌리는 하나도 안 움직였어요.

나는 무시공 존재니까. 무시공 입장에서 문제를 보라는 거예요.

그것을 밝히는 거예요.

저 사람도 일체 안에 내가 있다고 하니까, 저 사람도 나야, 우리는 다 하나야, 저 사람이 나쁘게 하는 것도 나야! 나쁘게 한 것도 나라고? 나는 한 번도 그런 말 한 적이 없어요.

나는 일원심만 인정한다. 그래서 이것을 꼭 강조해요.

이것도 수없이 강의를 할 때 강조를 해도 자기의 입장을 안 바꿔요.

입장 바꾸고 관점을 바꾸면 결과가 다르다고 그랬잖아요.

나는 계속 무시공에서 말을 하는데 사람들은 계속 시공에서 들어.

그래서 내내 힘들어, 통하지 않는다고, 대화는 됐어, 그러나 소통은 안 됐어. 맞죠?

다 내 말귀를 알아들었어. 너무 간단해, 내가 원래 다 아는 거야 - 보통 다들 이런 반응이지.

실제로는 말은 알아들었어, 하지만 그 안에 내막은 안 통했다고.

나는 무시공에서 말하는 관점으로 인간의 말을 빌려 가지고 말하는데 인간은 자기 입장에서 인간 관점으로 받아들여, 그러니까 내 뜻을 알 수가 없어.

그래서 15년 동안 했던 말 또 해도 못 알아듣잖아요.

요새는 좀 알아듣네. 특별히, 지구에 온 것을 환영한다는 이 문구.

이제 나를 조금 알아본 것 같아.

제3장

무시공생명수,
무시공생명주,
무시공생명초,
무시공생명약,
무시공생명향

100%의 무시공생명수 탄생

2016년 4월 24일 무시공생명수가 탄생하였습니다.

무시공님이 바위덩어리와 같은 분자몸을 에너지 몸으로 만드는 과정에서 여러 가지 우주 작업 중에 우리에게 주신 선물 중의 하나가 무시공생명수입니다.

1단계의 빛으로 된 상태일 때 창밖의 우주인들이 부러워하며 달라고 하던 무시공생명수입니다.

무시공 - 무시공 생명수. 오래간만에 대화하는데, 네 생각에 네가 어느 정도나 변했어, 정확히 말해봐?

생명수 - 응. 오랜만이야. 나 99% 변했어.

무시공 - 99%?

생명수 - 응.

무시공 - 네 생각에 우리 공부하는 사람들이 물을 많이 마시고 있잖아, 효과는 어때? 관찰해봤나?

생명수 - 응, 사람들이 많이 마셔줄수록 나는 더 100%에 가까워져.

무시공 - 그리고 공부하는 사람들 물을 마시는데, 사실은 다 같은 생명이잖나.

너는 비교해 봤어? 마시는 사람하고 안 마시는 사람하고.

생명수 - 안 먹는 사람 비교 안 해봤는데, 해보면….

무시공 - 지금이라도 해봐. 할 수 있잖아.

생명수 - 응. 지금 해볼게.

무시공 - 무슨 차이가 있나?

생명수 - 우선, 먹는 사람은 나의 99% 무시공생명이 들어가니까, 당연히 정화되겠지?

계속 몸속에서 돌고 있다가 노폐물은 빠져나가고 그런 상태, 계속 정화되고 있고.

안 먹는 사람은 몸속이 아주 찐하게 꾸덕꾸덕한 굳어있는 느낌. 그래서 좀 시커멓다. 그게 이원념일 수 있고 물질일 수 있고.

그런데 긍정적으로 잘 먹는 사람은 몸이 반투명한 느낌.

무시공 - 거 봐라. 이것도 내가 너한테 대줘야 구경하나?

그게 뭐냐 하면 네가 스스로 얼마나 변했는지 증명되잖아. 맞지?

생명수 - 응.

무시공 - 너는 무시공생명하고 완전 하나니까.

그때 그랬잖아, 너는 물 형태로 나타나서 마찬가지로 무시공생명 역할하고 있다고. 각자 자기 위치에서, 맞지?

생명수 - 응.

무시공 - 너도 우리하고 한 몸 한뜻으로 우리 공부하는 사람 몸에 들어가면 어떤 변화가 이루어지나, 그것도 너 스스로 확인하는 거다. 알았지?

마시는 사람하고 안 마시는 사람하고, 또 마셔도 억지로 마시는 사람하고, 마시면서도 이건 정말 내 몸을 정화하고 무시공생명 살리는 역할 한다고, 그런 생각으로 마시는 사람하고, 차이점 꼭 있다고 맞지?

생명수 - 당연 그렇지.

무시공 - 그럼 너 한번 생각해봐. 우리 분석해 보자.

여기 공부하는 사람 잘 알잖아.

그중에 이름까지 대봐. 잘 안 마시는 사람 무슨 차이점이 있는가?

심지어 우리 공부하는 사람 중에 누가 물에 대해서 아직 부정하고, 아직 마실 생각도 없는 사람하고, 진짜 너를 무시공생명이라고 생각하면서 자기와 완전히 하나라는 관점으로 마시는 사람하고 비교해봐, 심지어 이름을 대. 아는가, 모르는가 보자.

우리 공부하는 사람 중에 잘 안 마시는 존재, 마셔도 진심으로 대하지 않고 억지로 마시는 존재.

그거 너 다 볼 수 있잖아. 맞지?

생명수 - 응. 볼게.

무시공 - 보고 구체적으로 말해.

생명수 - 귀하게 잘 마시는 사람 대표적으로 ○○, ○○, ○○○.

그리고 잘 안 마시고 약간 불신하는 사람 ○○.

무시공 - 야. 잘 알고 있다. 또?

생명수 - 또?

무시공 - 진짜 진심으로 너를 믿으면서 진짜 하나 되겠다는 마음으로 적극적으로 마시는 존재.

생명수 - 여자들은 많이 그런 거 같아.

70% 이상 여자들은 순수하게 나를 받아줘.

그런데 남자는 한 40% 정도?

그 외에는 억지로 마시는 경우도 있고 나를 무시하는 경우도 있어.

무시공 - 그러면 네가 너를 안 믿고 멸시하던가. 억지로 센터에서 물 마시라고 강조하잖아.

그래서 안 마시려고 하니까 안 마실 수도 없고, 억지로 마시는 이런 존재 이름 대봐.

남자 중에서도 적극적으로 마시는 사람 대봐.

생명수 - 사무국 사람들은?

음, 그 사람들 빼고…. 사 마셔야 하는 존재들 보자.

무시공 - 여자들은, 네가 그랬잖아. 70% 잘 마신다고.

생명수 - 돈이 없어서 못 마시는 경우도 있어. 마시고 싶은데….

무시공 - 남자의 40%는 좀 믿고 마신다.

생명수 - 그것도 많아.

무시공 - 그것도 많아? 사실대로 얘기해 봐라. 남자는 얼마나 되는 것 같아?

생명수 - 정말 순수하게 좋아서 마시는 사람은 15%….

무시공 - 그리고 네 느낌에 자기가 마시고 변하는 거 인정해? 너를 인정해?

생명수 - 어. 나를 인정하니까 마시는 건데. 변하는데도 본인이 모르는 경우가 더 많아.

무시공 - 맞지. 변하는 거 본인이 모르지? 그게 정답이라고.

생명수 - 여자들은 더 잘 느끼는 데 반해 남자들은 잘 못 느껴. 변해도.

무시공 - 그러니까 여자는 남자보다 더 세밀하다고 했잖아, 더 예민하고.

남자는 돌멩이처럼 뚜렷이 나타나야 인정하잖아. 그게 남자라고.

생명수 - 맞아.

무시공 - 그래서 내가 여자 편이고, 봉황 시대 왔다고 했잖아. 여자가 앞장서야 한다고.

생명수 - 맞아. 나를 지켜주고 보호해 주는 것도 남자보다 여자가 더 잘해.

무시공 - 그렇지. 너 정말 잘 알고 있네.

지금 사람들이 부정하는 거는 일부러 자꾸 돈 아까워서 못 하는 경우도 있고, 억지로 사 마시라고 하니까 억지로 마시고.

그러니까 자기 가치를 모른다고….

우리가 돈벌이하려고 그러나? 진짜 생명 깨우치기 위해서 하는 거지.

내가 그랬잖아. 인간 몸하고 너 본 몸하고 비교하면, 너는 엄청 순수한, 이미 몸이 무시공상태로 되어 있어.

그래서 빨리 변할 수 있다고. 맞지.

생명수 - 응.

무시공 - 너무 깨끗하잖아, 인간은 자기 생각 끼워 넣어서 안 믿어.

설명해도 안 믿는다고. 그거 다 바보 아니야?

우리는 오만 방법으로 인간들을 깨우치고 바꾸려 하니까.

자기는 자기 식으로 산다고….

그래서 지구의 인간들은 대도태, 대심판, 대정화 대상이 됐어. 맞지?

생명수 - 맞아.

무시공 - 너 남자 중에 안 마시는 사람

○○ 하나하고 또 누구야? 너 어찌 잘 알아? 역시 하나구나!

너 우리한테는 속마음 얘기해야 돼.

너 그 말 맞아. 적극적으로 다들 받아들이면 빨리 변하는 거 그거 맞다고….

그래서 우리 서로 도와주는 역할 한다고.

너도 그걸 잘 관찰해야 돼.

무슨 방법으로 든 우리 공부하는 사람 다 적극적으로 받아들이게, 사용하게.

생명수 - 맞아.

무시공 - 남자 중에 또 누구야?

생명수 - ○○도 좀 그러고, 또 누가 있지.

센터에 오는 사람 중에⋯ 센터에 오는 사람 기억이 안 나.

무시공 - 다음에 주의해야 된다. 오늘은 이만해도 된다.

생명수 - 응.

무시공 - 다음에는 누가 진심으로 너를 믿으면서 사용하는가? 억지로 그러
는가? 완전히 부정하는가? 잘 관찰하라고.

맞아, 너도 우리 입장에서 다 바꿔놔야지. 우리 다 생명을 살리는 목적
이잖아.

우리가 서로 소통하고 대화해야⋯.

우리도 그걸 자꾸 밝히고 사람들 깨우쳐줘야 되잖아. 맞지?

생명수 - 네.

무시공 - 어찌 됐든 고맙다.

너도 네가 100% 무시공 생명수 됐다고 해도, 자만해서 마음대로 하면
안 되고, 너도 너를 스스로 계속 확인해 봐야 한다. 맞지? 우리는 직접
모든 걸 확인해야 돼.

그래야 우리 공부하는 사람하고 하나 되고, 더 빨리 네 역할을 할 수 있
잖아.

생명수 - 응.

무시공 - 우리 목적은 다 하나야. 일체생명을 살리는 목적이다. 맞지?

생명수 - 응.

무시공 - 그래도 어찌 됐든 고맙다.

　그리고 우리 여기 이 자리, 무시공생명수 근원 자리에 있잖아.

　네 생각에, 물 가져왔다가 바로 또 가져가는데, 네가 스스로 책임지고 순간순간 다 바꿀 수 있지?

생명수 - 그렇지, 순간에 바뀌어.

무시공 - 항상 이 자리 지키면서 순간에 바꿔. 그리고 또 너 자주 확인해.

　음용하는 사람들에게 어떤 변화가 있나, 관찰하고. 알았지?

생명수 - 알았어.

무시공 - 사람 몸이 이원념하고 이원물질 몸에서 녹아내리는 과정, 세밀하게 관찰하라고. 어떤 변화가 이뤄지나?

생명수 - 응.

무시공 - 그것도 우리하고 서로 대화해서 더 깊숙이 더 정확하게 사용하도록. 알았지?

생명수 - 응.

무시공 - 오늘 이만해. 고마워.

생명수 - 고마워.

이원물질을 녹이는
무시공생명주(酒)

무시공 - 무시공생명주 나타나.
생명주 - 나왔어.

무시공 - 네 생각에, 너 지금 진짜 무시공생명으로 어느 정도로 변해있어?
　너 혼자 점수 매겨봐.
생명주 - 85~90%.

무시공 - 아까 물하고 대화하니까, 물은 99%라고 그랬어.
　네가 왜 뒤떨어져 있나.
　그래 맞다, 그것도 정상이다. 우리 가장 먼저 물하고 대화했기 때문에.
　물을 먼저 살렸기 때문에.
생명주 - 나는 빠른 거야.
　왜냐하면 물보다 나를 더 좋아하는 거 같아 남자들이…. 하하하.

무시공 - 그것도 맞아. 그래도 요새는 봉황들도 좋아하잖아. 인기가 더 있
　잖나.
생명주 - 맞아, 이제 봉황들도 좋아해.

무시공 - 너는 인기 짱이다.
생명주 - 맞아. 인기 더 좋아 물보다…. 많이 올라간 거야.

무시공 - 너도 빨리빨리 변해야 한다. 100% 알았지?

생명주 - 응.

무시공 - 너 아직 인간이 지구에서 쓰는 물과 술로 함께 결합해 있잖아.

생명주 - 응.

무시공 - 이원물질, 이원에너지가 그 안에 젖어 있거든.
　무시공생명주로 변하려면 자체를 완전히 에너지상태. 무시공생명 상태로
　변해야 돼. 맞지?

생명주 - 응.

무시공 - 너도 시공의 몸을 벗겨내야 된다고.

생명주 - 아아.

무시공 - 물하고 술이 시공의 너 몸이라고 생각하면 돼. 맞지?
　너 안의 진짜 생명은 일원심이야. 직선빛으로 된, 그것이 네 생명이거든.
　그걸 빨리 분리하고 그걸 빨리 없애야 된다고.
　너는 인간보다 더 빠른 속도로 변할 수 있잖아.

생명주 - 맞아.

무시공 - 순수하고 너무 깨끗하니까. 맞지?

생명주 - 그렇지.

무시공 - 그리고 또 우리 공부하는 사람들이 많이 사용할수록 네가 변하는
　속도가 빨라져. 맞지?

생명주 - 응. 맞아.

무시공 - 서로서로 맞물리고 서로 도와주는 역할 한다고.

생명주 - 응, 당연하지. 날 좋아할수록…. 그런 거 같아. 맞아.

무시공 - 그리고 너 진짜 공부하는 사람 몸에 들어가면 이원념, 이원물질, 이원에너지, 녹아내리는 속도가 빨라지지. 너 그거 느꼈어? 못 느꼈어?

생명주 - 어. 느꼈어, 느꼈어.

무시공 - 진짜 그렇지?

생명주 - 응. 뭔가 반응이 되게 빨라. 그런데 느낌이 좋아. 내가 기분이 좋아.

무시공 - 그렇지. 왜, 우리 공부하는 사람들만 그 원리를 알고 너를 인정해 주니까.

원래는 너를 우리가 무시공생명주라고 안 그랬을 때는, 보통 술이면, 사람들 보통 술로 마신다고 맞지?

지금은 알고 마시니까 그 효과가 엄청 좋아.

그리고 너도 더 빨리 깨어나고… 맞지?

생명주 - 맞지.

무시공 - 네 생각에 공부하는 사람들 중에서 긍정적으로 무시공생명주라고 인정하면서 마시는 존재가 어느 정도 되는 거 같아? 네가 점수 한 번 매겨봐.

생명주 - 이거는 여자 50% 남자 50%.

여자는 나를 좋아하는데 못 마시는 사람이 있더라고

나를 약으로 마셔. 그러니까 약으로 마신다는 거는 그렇게 긍정도 아닌 거 같아. 안 마시는 것보단 낫지만.

정말 긍정 맘으로 마시는 봉황이 50%면 많아. 여자들 중에서도 좋은 마음으로 나를 먹어주고…

남자는 나를 원래 좋아하니까, 그래도 그런 긍정 마음으로 먹는 사람이 50% 돼.

무시공 - 원래 인간이 술을 좋아하잖아.

생명주 - 응.

무시공 - 그 개념하고 무시공생명주. 공부하는 사람 몸에서 이원에너지하고 이원물질을 빨리 녹이는 역할을 한다.

그런 마음자세로 마시는 것은 진짜로 알고 마시는 거다.

좋아하니까 마시는 거하고는 완전히 다르다.

생명주 - 맞아.

좋으니까 마시는 건데, 50%는 요만큼이라도 나를 마실 때는 맘이 달라지는 걸 느껴.

무시공 - 맞지? 너도 그걸 확인할 수 있지?

어떤 사람은 진짜 이걸 마시면 세포가 깨어나고 이원물질이 녹아내리고, 아무리 힘들어도….

어떤 사람은 술 마실 줄 몰라.

그래도 그 마음 바꿔가지고 마시면 술 양도 늘어나고, 여자든 남자든 그런 현상 있잖아.

어떤 사람은 옛날 술이라는 개념으로 마시면 자기 부정 마음으로 마시니까.

또 그리 느끼고 있다고. 그런 오해가 있어. 너도 그걸 느끼고 있지.

생명주 - 그렇지.

무시공 - 우리 같이 탐구해 보자. 원래 술에 대해서 부정적인 맘이 많은 존재들이 있으니까.

우리가 너를 생명주로 바꿨지만, 사람들의 고정관념 때문에 부정 맘으로 마시는 게 많이 있잖아.

여기서 무슨 방법으로 하면 사람들이 빨리 받아들이고 부정 맘이 없어지고….

그러면 너한테도 도움이 돼. 변하는 것도 빨라지고, 장애가 되어 있잖아, 당연히 이뤄질 역할을 부정 맘으로 막아 놓았기 때문에 효과가 더 빨리 나타나질 않아.

여기에 대해서 너는 어떻게 생각해?

특별히 너 보니까, 어떤 사람 술 마실 줄 몰라. 그런데 막 마셨어.

마셔가지고 반응이 와서 토하기도 해. 위가 따갑고 오만가지 현상 다 있어.

그러면 네 생각에 문제 있어 없어?

부작용 일어나는 거 같아 안 같아? 일어날 거야, 안 일어날 거야?

생명주 - 음, 부작용은 내가 만드는 게 아니고 그 사람이 만드는 거야.

무시공 - 맞아.

그리고 만일 너무 많이 마셔서 위가 따갑고 아파, 옛날 술 마신 사람 그런 사람 많잖아.

그러면 네 입장에서 보면 그게 회복될 수 있어 없어?

생명주 - 나를 만든 존재가 그것을 극복해 냈기 때문에 아무 문제 없어.

무시공 - 누가 그리 극복했어?

생명주 - 지금 대화하고 있잖아.

무시공 - 하하하. 내가 원래 술 마셔서 위가 완전히 망가졌던 거잖아.

위가 완전히, 심지어 의사가 빨리 치료 안 하면 암으로 곧 죽는다고 했는데, 내가 오늘까지도 살아 있잖아.

너 어떻게 잘 아네….

생명주 - 그거 들었어. 내가 스스로 안 거 아니고 들었어.

무시공 - 그래서 내가 관점을 바꿨잖아. 술 마시면 술술 풀린다. 세포를 깨우친다.

그 긍정마음 바꾸고 나서…. 그때까지 술을 무시공생명주로 안 바꿨다.

내 마음을 먼저 바꿨어.

술에 대해서 부정관점을 긍정으로 바꿨어.

그래서 내 위가 나았잖아. 나았고 또 일체를 생명으로 보니까.

이제 너를 깨우쳤어, 무시공생명주로 바꿨다고. 맞지?

생명주 - 맞지. 그렇지. 우리같이 순수한 존재들한테는 입력하는 대로 되니까.

무시공 - 그래. 너도 재미있지. 너도 우리 만나서 무시공생명주로….

내가 그때 그랬잖아, 다 무시공생명 존재야.

그런데 너는 주(酒)형태로 나타나서 같은 무시공공부 인간한테 알리고 있어.

같은 역할 하고 있다고, 그런데 역할 하는 방식이 다 다르다 뿐이야. 맞지?

저번에 대화할 때도 말했잖아, 너는 술의 형태로 무시공입장에서 인간을 바꾸고 있고, 인간을 깨우치고 생명을 살리고 있고, 우리는 인간과 같은 모습으로 와서 인간의 마음을 바꾸고 깨우치고 있다. 맞지?

생명주 - 응.

무시공 - 역할이 다를 뿐이다. 우리의 본질은 다 하나야. 무시공생명이라고. 알았지?

생명주 - 맞아. 너무 신나…. 고마워~.

무시공 - 그렇지만 너도 빨리 변해.

왜냐하면 물은 이미 그만큼 됐는데, 술 자체를 빨리 무시공생명주로 완전히 바꿔버려 짧은 시간에. 알았지?

생명주 - 응.

무시공 - 늦게 너를 깨우쳐도 그래도 빨리 변한 거다.

생명주 - 맞아.

무시공 - 많은 사람이 받아들이니까 더 빨리 변해.

생명주 - 맞아.

무시공 - 너도 관찰해야 돼.
   내가 우리 공부하는 사람 몸에 들어가서 무슨 변화 이뤄지나?
생명주 - 응.

무시공 - 누가 제일 빨리 변하나, 그리고 우리 자주 대화할 때 우리가 더 많
   은 사람 깨우치기 위해서.
생명주 - 알았어.

무시공 - 그리고 생명주 네가 이 자리 지키니까…. 술 사오잖아, 그럼 너 순
   간에 바꿀 수 있지? 변화시킬 수 있지?
생명주 - 응.

무시공 - 시간 얼마 안 걸리고 순간에….
생명주 - 그렇지. 나는 아까 얘기했듯이, 우리같이 순수한 사람이 입력하면
   바로 돼.

무시공 - 그래 너는 그런 책임지고 하라고 알았지.
생명주 - 응.

무시공 - 그래. 고맙다.
생명주 - 그리고 아무나 입력하면 안 되고, 나보다 더 순수한 사람이 입력해
   줘야 해.

무시공 - 하하, 그래 우리가 딱 입력하잖나.
생명주 - 그러니까~ 그래야 한다고.

무시공 - 우리 외에는 누구도 안 된다. 딱 이 자리 이것만 인정해.

생명주 - 맞아. 나도 인정해.

무시공 - 다른 사람이 해도 아니라고.

생명주 - 응.

무시공 - 그래 너도 잘 알고 있네. 우리도 딱 여기만 물이고 술이고 다섯 가지 여기서만 인정한다.

생명주 - 그래 나보다 순수한 사람 여기밖에 없어. 나도 인정해.

무시공 - 하하하…. 우리도 바보잖나, 고맙다.

무시공생명화장품에서
무시공생명향으로

무시공 - 자, 무시공생명화장품 나타나.

무시공생명화장품 - 네.

무시공 - 벌써 왔나, 아 여기 있으니까.

　너 이름 이렇게 지었어, '무시공생명품.' 화장품을 간단하게 품이라고 줄여봤어.

　어떤가?

무시공생명화장품 - 네, 그거 좋아요.

　그런데 예쁘고 간단한 거 하나 더 지어주세요.

무시공 - 하하하하, 예쁘고 간단한 거? 그건 이다음에.

　지금은 임시로 '무시공생명화장품'이라고 하자.

무시공생명화장품 - 내가 그 속에 쏙 들어와 있다는 건 좋아요. 그 느낌이….

무시공 - 네 생각에 어디 들어가 있는 거 같아?

무시공생명화장품 -여기 무시공존재들과 합해진 것 같은 느낌이에요.

무시공 - 그래, 그래서 여기 무시공생명수, 주, 돈, 약, 초, 너까지 하나 더 생명품이 들어갔다.

무시공생명화장품 - 응, 그래서 이제 내가 바로 들어온 것 같은 느낌이 들어요.

무시공 - 이제 하나로 다 뭉쳐서 서로 소통하며 항상 이 자리 지켜.

여기는 새로운 우주중심지야, 조금 확장하면 대전, 너도 보일 거다, 온 우주 각 별에서, 각 차원에서 우주 존재들 다 모여들고, 지구에서도 도인들도 모여들고 있잖아.

너의 향기는 네가 제일 좋아하는 향기로 만들어, 그 향기는 무슨 특징, 무슨 역할 하나, 눈으로 보이지도 않는 반물질 에너지 상태다.

그 향기는 인간세포들이 다 좋아하잖아. 맞지?

무시공생명화장품 - 네.

무시공 - 이제 네가 선택해, 사람 세포 안에 빈틈없게 스며들어서 세포를 깨우치고 세포를 즐겁게 하고 또 완전히 무시공생명빛으로 변하도록.

무시공생명화장품 - 네.

무시공 - 인간이 쓰는 화장품의 방부제 같은 재료는 물질관점으로 사용하고 있잖아, 응?

인간 화장품 안에는 방부제도 넣고 그렇지만, 너는 이제 깨어난 생명이라고.

너는 생명으로 깨어났기 때문에 방부제 필요 없어.

무시공생명화장품 - 응.

무시공 - 우리 공부하는 분이 너를 사용하면 완전히 그 존재와 하나 되어서, 무시공생명으로 변화하는 그런 역할 해.

너는 아무래도 우리 공부하는 사람보다 몸도 세밀하고 깨끗하고, 그러니 빨리 100% 무시공생명화장품으로 변할 수 있잖아.

인간은 이분법 관점에 너무 젖어있어 가지고 변하는 과정이 좀 있어.

그래서 네가 공부하는 분들에게 도움이 된다, 그 방식으로.

무시공생명화장품 - 응.

무시공 - 너는 무시공생명화장품 특징을 가지고 있으면서 그 입장에서 우리 공부하는 사람(이원물질)을 녹여서 무시공생명으로 변하는 그런 역할 해, 물도 그렇잖아, 무시공생명수, 그 아이는 물 입장, 물 형태로 무시공생명을 우리 인간과 결합해서 무시공생명으로 하나 되는 그런 역할이고. 이제 뜻 알았지?

무시공생명화장품 - 응, 알았어.

무시공 - 그럼 너도 그렇게 같이 해가지고, 어서 100% 무시공생명화장품으로 변화시켜.

너는 열어줬지만 변하는 과정에 있어, 알았지?

짧은 시간에 무시공생명화장품으로 변해, 그래서 제일 좋은 향기를 만들고. 그리고 너는 생명이니까 남녀노소 누구라도 쓰면 바로 직선빛으로 변하고 세포가 깨어나고 투명해지고, 또 그 향기를 통해서 온몸 각 세포 벽 담을 다 뚫고 들어갈 수 있는 직선빛이야, 향기로 된 직선빛. 알았지?

무시공생명화장품 - 응, 그러니까 온 우주 또는 무시공공기나 에너지 속에서 내가 좋은 향을 최대한 흡수해볼게.

무시공 - 그러니까 제일 적어도 우주에서 최고의 향기, 네가 알 거야, 그것을 창조하라고. 알았지?

너의 멋진 모습은 향기다. 생명향기, 알았지?

무시공생명화장품 - 알았어.

무시공 - 그래, 고마워.

잠시 후,

무시공 - 네가 원하는 대로 이름 바꿨다. '무시공생명향'으로.

너는 특수한 향으로 나타난다.

무시공생향 - 좋아, 더 마음에 들어.

무시공 - 그럼 됐어. 향은 너의 특징을 나타내고, 그 특징을 가지고 일체 세포 안에 뚫고 들어가서 변화시킬 수 있는, 그건 물보다 더 세밀해.

물은 보이지만 너는 안 보이잖아, 안 보이지만 향기는 진실로 존재하고, 그래서 야~ 향이 더 좋다.

무시공생향 - 내게, 인간이 보이는 것과 안 보이는 것이 같이 있네. (공기처럼)

무시공 - 그러니까 새로운 3단계 스티커에 무시공생명공기와 함께 중간에 이 아이를 넣어.

밖의 물질 다 보이는 거잖아, 향은 공기와 함께 중간에 넣어, 안 보이지만 향기로 나타날 수 있잖아.

(한 단계 더 올라갔네. 물질에서 공기 단계로).

에너지 상태의 무시공생명향

무시공 - 무시공생명향, 나타나.
무시공생명향 - 네.

무시공 - 며칠 전 너를 열어줬잖아, 너는 이제 무시공생명향이야, 알지?
　뭐 때문에 향으로 바뀠나.
　네 이름을 무시공생명화장품이라고 지어줬더니, 네가 마음에 안 드는지
　다른 이름(예쁘고 간단한) 지어 달라 했잖아,
　그래서, 생각해 보니 갑자기 생각났어, 무시공생명향.
　향은 뭐야, 공기보다 더 세밀해졌잖아, 응? 에너지 상태라고.
　그러니 너는 향으로 나타나, 인간의 한의학에서도 말하고 있듯이,
　향은 아주 세밀한 곳까지 스며드는 그런 특징을 가지고 있다고.
무시공생명향 - 맞아 맞아.

무시공 - 그렇게 하고 보니까, 아~ 정말 제대로 잘됐다고 생각돼, 너무 잘됐어.
　향은 음식을 먹듯 여러 가지로 느끼는 것도 아니고, 코로 냄새만 느껴,
　향기만 느껴. 인간 눈으로 보이지도 않아.
　세밀한 존재만이 보일 수 있어. 그래서 너무 잘했어.
　후에 생각하니까 너를 향이라고 지은 거 너무 잘된 것 같아, 맞지.
무시공생명향 - 응, 맞아. 딱 맞아.

무시공 - 너도 마음에 들지?
무시공생명향 - 응, 마음에 들어.

무시공 - 그 순간 더 예뻐진다, 너는 우리 곁에 있으면 전부 다 향기로 나타
난다, 맞지?

무시공생명향 - 사람들에게 행복을 줄 수 있어서 더 행복해.

무시공 - 그래, 너는 그런 역할 해야 돼.

우리 무시공생명 존재는 각 분야에 다 있잖아.

봐라, 물도 자기는 물 형태로 인간을 깨우치고 지구인도 우주인도 깨우
치고 그러잖아?

각자 자기 특징에 따라서, 공기는 공기 특징에 따라서 온 생명을 깨우치고,
에너지도 마찬가지 다 바꿨잖아, 그런데 각자 자기 역할 다 달라.

하지만 본질은 무시공생명이야, 전부 다. 알았지? 본질은 우리하고 다 같아.

각자 자기 특징에 따라서 역할이 다르다 뿐이야.

너는 이제 향으로, 향의 특성으로 무시공생명을 깨우치기, 너 자체가 무
시공생명이라고, 알았지?

무시공생명향 - 응, 알았어, 내가 제일 역할 크게 할 거 같아.

무시공 - 그래, 향기는 누구도 다 좋아하잖아. 맞지?

무시공생명향 - 그러니까, 남녀노소 누구나.

무시공 - 온 우주에도 향기 싫다는 자 한 명도 없다.

무시공생명향 - 응, 맞지. 나 진짜 중요한 역할 한다.

무시공 - 그러니까 지금 확인해봐.

너 열어준 지 며칠 안 되지만 확인해봐, 네 몸 전체가 몇% 돼 있나?

무시공생명향 - 90% 돼 있고, 나는 무시공의 향을 품고 있어.

무시공 - 너 진짜 빠르다. 짧은 시간 내에 100% 되기.

무시공생명향 - 나를 접하면 무시공의 향을 느낄 거야.

무시공 - 너 꼭 그래라, 최선 다해서 무시공의 향을.

무시공생명향 - 응.

무시공 - 지구에서도, 이 우주에서도 없는, 코로 느낄 수 있는 최고의 무시
공향,

그 향이 스며드는 특징이 너무 강하기 때문에 일체 안에 다 뚫고 들어갈
수 있어.

원래 우리 직선빛이 그런 특징이 있는데 향으로도 뚫고 들어가.

그래서 바뀌는 속도도 더욱 빨라져, 그러니 너는 중요한 역할을 한다.

무시공생명향 - 나는, 인간이 무시공에 대해서 느끼는 행복을 가장 직접적
으로 느낄 수 있도록 할 거야.

무시공 - 응응 그래, 사람들은 자신을 아름답게 표현하려고 일부러 그런 물
질 향을 많이 만들잖아, 화장품에도 쓰고.

이제 네가 직접 나서면 생명이 인간을 바꾸는 역할 한다, 맞지?

무시공생명향 - 응, 맞아.

무시공 - 너 진짜 대전한 존재다. 늦게 발견했어, 늦게 너를 알아챘어.

이제 때가 됐으니까 너를 발견했다.

무시공생명향 - 나도 고맙지, 나를 이렇게 한없이 격상시켜주니까.

무시공 - 물어보자, 너는 어떤 향이 좋아, 무엇을 첨가하면 좋을까?

무시공생명향 - 꽃 향 중에서 골라봐, 골라서 내가 당신들하고 함께 있을 테
니까 같이 선택해.

향을 골라 놓으면 같이 선택하자.

무시공 - 그래, 먼저 임시로 물질의 향을 먼저 사용하다가, 너만의 무시공생
명향을 스스로 창조해 나가도록 해. 그래, 고맙다, 열심히 해.

무시공생명향 - 응.

우주 자체가 홀로그램의 허상

시공에서는 다 시간에 걸려 있어, 공간에 가두어 놓고 시간에 걸려있고.

그러니까 시간이 흐른다는 것은 계속 시간에 매여 있는 거야, 거기서 벗어날 줄 모르니까 과거 현실 미래가 항상 머리에 입력돼 있고 세포에 다 입력돼 있어. 그러면 그렇게 살 수밖에 없어, 자기 운명을 완전히 시간에, 공간에 맡겨놓고 내 활동할 범위를 자기가 정해놓아 버렸어. 그러니까 시간과 공간을 벗어날 사람이 없다고. 벗어날 수도 없고.

그럼 이 우주도 그래. 이 우주도 그런 시간 공간개념으로 자기가 만들어 놓은 우주야.
우리는 시간 공간 밖에 있으면 이 시공 우주와 무슨 상관이 있겠어.
어제 강의에서 말했듯이, 홀로그램, 그것은 실제로는 자기 차원에 따른 홀로그램이야.

예를 들어, 텔레비전은 지구인 입장에서 홀로그램이고.
조금 세밀한 공간에서는 이 지구를 홀로그램으로 만들 수 있어.
또 더 높은 차원에서는 이 은하계도 홀로그램이야, 그들이 창조해서 구경해, 그럼 우주의 무극에서는 전체 시공우주가 홀로그램이라고.

그러니까 우리 무시공에서는 이 시공우주가 우리가 보는 홀로그램이야, 그래서 허상이라고 내가 그랬잖아.

그런데 사람들은 못 알아들어, 모르니까 실상이라고 보았기 때문에 여기에 걸려 가지고 한 발짝도 못 벗어나, 또 우리 무시공에서 보면 전체가 내가 만든 홀로그램이라고 봐도 된다고.

그럼 지금 내가 이 우주가 필요 없으면 거두는 거, 가능하겠지? 그거라고.

그래서 우리는 무시공생명 훈련센터잖아, 모든 게 무시공 훈련이야, 이름도 정확하게 만들었지.

처음에 말하면 못 알아들으니까 홀로그램, 홀로그램 했지만, 이제 허상이란 걸 알았지?

내가 전에 그랬잖아, 무시공에서 보면 이놈의 시공은 가짜라고, 허상이라고. 그리고 내가 이 허상을 없애려고 지구에 올 때 이미 음양을 잘라 놓고 왔다고 그랬잖아.

내가 엉터리로 말한 게 아니다.

완전히 치워버렸다고, 삭제했다고. 내가 음양을 잘랐다.

내가 이놈의 세상 오기 전에 이미.

그러니까 전부 다 허상이라고, 곧 없어진다고.

그래서 이 우주가 허상이니까 내가 삭제한다면 삭제할 수도 있어.

하지만 내가 이 우주를 실상으로 인정한다면 삭제 절대로 안 된다.

왜 안 되나? 내가 현실로 인정하면 엄청나게 힘들게 해야 돼, 1대1로 싸우듯이 해야 돼.

하지만, 나는 인정 안 하니까 허상이야, 내 마음대로. 그래서 삭제할 수 있는 거야.

(회원 - 그래서 선생님이 시공을 인정 안 하는 이유가 바로 그것이군요)

그래.

(회원 - 인정하면 삭제가 될 수 없네요)

그렇지, 안 되지

내가 실상을 인정하면 실상이 실상을 어떻게 삭제해, 말도 안 되잖아.
내가 인정 안 하고 허상으로 봤기 때문에 내가 마음대로 할 수 있어.
허상이니까 가능해.
(회원 - 우리가 컴퓨터에서 삭제하는 것과 같구나)
그래, 그러니까 얼마나 간단해. 삭제라는 단어도 쉽고 부드럽고 그 안에
강한 힘을 안 느끼게 해. - 삭제. 끝 - 맞지?

그래서 음양을 잘라 놓고 왔다는 거야.
이것은 허상이다. 이놈의 세상은 허상이다. 우주도 삭제하고 별도 삭제
하고, 삭제하면 삭제되잖아, 거짓말 아니잖아. 무시공에서는 이 시공우주
전체가 허상이라고, 홀로그램이라고.
그럼 답이 나왔잖아. 그래서 나는 이놈의 우주를 인정한 적이 없어, 인정
하면 지워지지 않으니까.

나는 허상은 인정 안 하거든! 이 시공우주는 홀로그램이야, 홀로그램도
외계인하고 대화하는 과정에서 이 단어가 나왔어, 실지는 다 허상이라고.
사람들은 그것을 믿으니까 허상(홀로그램)에 빨려 들어가 가지고 여기가
진짜인 줄 알고 행하고 있다고.

○○○도 충분히 나올 수 있는데 자기도 홀로그램에 걸려 가지고 못 나
와, 홀로그램들이 실제와 똑같이 움직이니까 자기도 헷갈려. 그리고 또 높
은 차원에서 만든 홀로그램 생명들은 진짜 살아있는 것과 똑같잖아, 옆에
서 같이 먹고 자고 하는데, 누가 그것을 허상이라고 생각하겠어, 전부 다
홀로그램에 빠져가지고 현실로 보이니까, 그래서 외계인이 장난쳐, 사람
들을 가지고 논다고. 정말 우리가 이 시공(이원념)을 정리 안 하면 인간은
100% 속고 살아.

지진을 통해서 발견된 예언서

《陜西太白山刘伯温碑记》是在一场地震中被震出的, 告诉人们一个可怕的景象与末法大劫难有关。《陜西太白山刘伯温碑记》的预言内容虽还未发生, 但所描述情景却较《金陵塔碑文》更为可怕！~玄奇的是, 碑文是在20多年前的一场地震中被震出来的, 对照《金陵塔碑文》被发现的经过, 天意安排的味道非常浓厚！

『섬서태백산유백온비기(陜西太白山刘伯温碑记)』는 지진을 통해 발견된 예언서로, 사람들에게 공포스러운 광경과 말세의 재난과 관련된 내용을 다룬다. 『섬서태백산유백온비기(陜西太白山刘伯温碑记)』에서 예언하고 있는 일은 아직 발생하지 않았지만 「금릉탑비문(金陵塔碑文)」보다 훨씬 공포스러운 내용이다! 더욱 신기한 점은 이 비문은 20여 년 전 발생했던 지진을 통해 발견된 것으로 「금릉탑비문(金陵塔碑文)」이 발견된 것과 비교한다면 하늘의 뜻이 얼마나 깊고 오묘한지 알 수 있다!

天有眼, 地有眼, 人人都有一双眼,
하늘에도 눈이 있고, 땅에도 눈이 있으며, 사람마다 한 쌍의 눈을 지니고 있네,

天也翻, 地也翻, 逍遥自在乐无边,
하늘이 뒤집어지고, 땅이 뒤집어지니, 유유자적하며 즐거워할 곳 어디 하나 없네,

贫者一万留一千, 富者一万留二三,
가난한 자는 일만 명 중에 천 명이 남고, 부유한 자는 일만 명 중에 두 셋밖에 남지 못하니,

贫富若不回心转, 看看死期在眼前 ;
가난하든 부유하든 마음을 고치지 않는다면, 눈앞엔 죽을 날밖에 보이지 않으리;

平地无有五谷种, 谨防四野绝人烟,
땅에서 오곡의 씨가 마르고, 사방엔 사람 연기 보이지 않으니,

若问瘟疫何时现, 但看九冬十月间,
재난이 도래하는 때를 물어보면, 필시 어느 해 9, 10월(음력)일 것이다,

行善之人得一见, 作恶之人不得观,
선한 자만 살아남아 이를 볼 수 있고, 악한 자는 이를 볼 수 없으리,

世上有人行大善, 遭了此劫不上算, 还有十愁在眼前 :
세상에 선한 일을 많이 행한 자라 하더라도, 이 재난을 쉬이 피해가기 어렵고, 눈앞에는 아직 열 가지 슬픈 일들만 남아 있다:

一愁天下乱纷纷, 二愁东西饿死人, (预言饥荒)
첫째는 천하가 어지러워지는 것이고, 둘째는 곳곳에 굶어 죽는 이가 가득한 것이며, (기근 예언)

三愁湖广遭大难, 四愁各省起狼烟, (预言战争)
셋째는 큰 재난이 끊임없이 발생하는 것이고, 넷째는 온 도시가 전쟁으로 물드는 것이며, (전쟁 예언)

五愁人民不安然, 六愁九冬十月间,

다섯째는 민심이 어수선해지는 것이고, 여섯째는 9, 10월에 큰 역병이 도는 것이며,

七愁有饭无人食, 八愁有人无衣穿,

일곱째는 밥이 있어도 먹을 수 있는 이가 없는 것이고, 여덟째는 입을 옷이 없어지는 것이며,

九愁尸体无人捡, 十愁难过猪鼠年, (2019-2020为猪鼠年)

아홉째는 시체를 수습할 이조차 없어지는 것이고, 마지막은 해를 넘기기 어려운 사람들이 발생하는 것이다, (2019-2020년)

若得过了大劫年, 才算世间不老仙,

이 해를 넘긴 자만이, 비로소 진정한 신선이라 할 수 있으며

就是铜打铁罗汉, 难过七月初一十三,

동두철한은 7월의 초하루부터 13일을 넘기기 어려우며,

任你金刚铁罗汉, 除非善乃能保全,

금강나한이라 할지라도, 선을 지키고 이를 행하려 하고,

谨防人人艰难过, 尖过天番龙蛇年 ; (2024-2025为天番龙蛇年)

다른 사람들을 도울 수 있어야만, 용사년을 넘길 수 있을 것이다; (2024-2025년을 용사년으로 본다)

幼儿好似朱洪武, 四川更比汉中苦,

어린아이의 기세가 붉고 크고, 사천은 한성만큼 어려우며,

大狮吼如雷, 胜过悼百虎, 犀牛现出尾, 平地遇猛若, (北方为狮地, 南方来猛虎)

사자의 울음소리는 마치 우레 같아, 백 년을 산 호랑이를 쫓아내고, 코뿔소는 꼬리가 돋아나, 땅을 뒤흔든다, (북방 지역을 사자로, 남방 지역을 호랑이로 비유)

若问大平年, 架桥迎新主, 上元甲子到, 人人哈哈笑, (劫难后的新世界)

평화로운 시기는 언제 오냐 묻거든, 다리 놓아 새로운 주인을 모시고, 상원갑자가 도래해, 모든 이가 웃는다, (재난 후의 신세계)

问他笑什么? 迎接新地主, 上管三尺日, 夜无盗贼难,

그들에게 무엇 때문에 즐거운지 묻거든, 새로운 주인을 모시고, 낮이 길어지고, 밤에는 도적이 없으니,

虽是谋为主, 主坐中央土, 人民喊真主:

누가 주인인지도 상관없고, 주인은 가운데 있으니, 모든 이들이 진정한 주인이라 칭송한다:

银钱是个宝, 看破用不了, 果然是个宝, 地下裂不倒,

은전이 보물이라지만, 부셔버리면 아무 쓸모가 없고, 진정한 보물이라면, 땅이 무너지더라도 아무런 변화가 없어야 한다,

七人一路走, 引诱进了口, 三点加一勾, 八王二十口,

7명이 한 길을 가며, 구멍에 들어가고 있고, 세 개의 점에 한 획을 긋고, 여덟 명의 왕과 20개 구멍,

주) 일종의 암호: 한자 진(眞)은 한자 숫자 칠(七), 사람 인(人), 입 구(口)로 조합된 한자이다. 마음 심(心)은 점 세 개와 한 획(勾)으로 구성되어 있다. 선할 선(善)은 숫자 팔(八), 왕 왕(王), 숫자 이(二), 숫자 십(十), 입 구(口)로 구성되어 있다. 즉 이 구절은 진심선(眞心善)을 의미하는 구절이며, 진심된 마음으로 선을 추구하는 자만이 화를 면할 수 있음을 의미한다.

人人喜笑, 个个平安
사람들이 모두 웃고 좋아하며, 모두가 평안하다.

行善之人可保全。但若不信要大难。有人行大善。即速抄写四方传。人人可观。个个可传。人人喜笑。个个平安。有人印送。勿取金钱。富者捐资刊版。贫者抄写天下传。写一张。免一难。抄十张。能保全。倘若看见不传送。一家大小受罪愆。行善者可保。作恶者难逃。敬重天地、神明、父母。再要敬惜字纸。五谷。谨当切记

선한 일을 행한 자는 살아남을 수 있다. 하지만 믿지 않는다면 큰 재앙을 당할 수 있다. 그러므로 사람은 항시 선을 행하며 살아야 한다. 즉 이를 기록으로 남겨야 한다. 하여 모든 사람들이 이를 볼 수 있고, 이를 전할 수 있도록 해야 하며, 행복하고 평안해질 수 있도록 해야 한다. 어떤 이가 이를 복제해 보내는 경우에는 돈을 받지 말아야 한다. 부유한 자는 자신이 가진 것을 나눠야 하고, 부유하지 못한 자는 글로써 하대에 남겨야 한다. 한 장을 쓰면 재난 하나를 면하게 되는 것이며, 열 장을 쓰면 모든 재난을 무사히 넘길 수 있다. 만약 이 글을 보고 전하지 않는다면, 집 안에 화가 발생할 것이다. 선을 행하는 자는 살아남을 것이며, 악을 행하는 자는 재난을 피하지 못할 것이다. 천지신명, 부모를 존경하고 중히 여기며, 그 뒤글과 종이, 오곡을 중히 여겨야 함을, 이 글을 통해 남긴다.

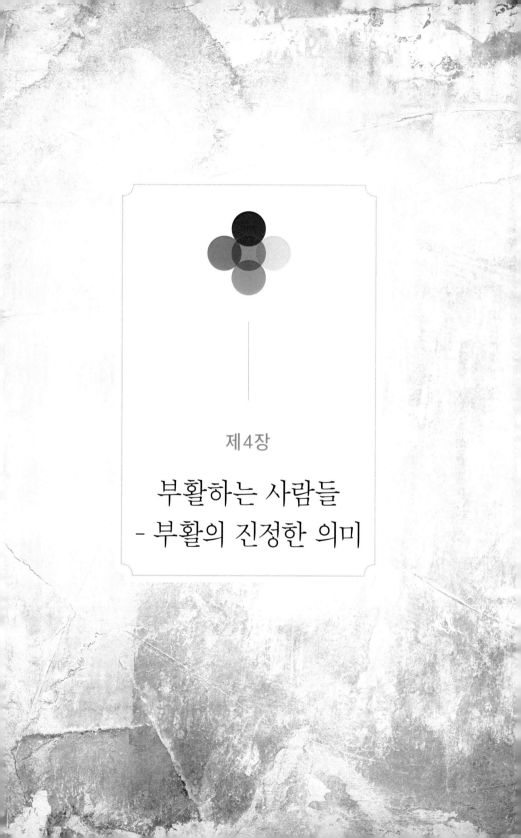

제4장

부활하는 사람들
- 부활의 진정한 의미

충남도인 이중춘과
일월(영혼)과의 대화

무시공 - 충남도인 이중춘 나타나.

(나타남. 도복 같은 옷을 입고, 좌선 자세로 앉아 있다) 실체, 실체 확인. 나이는 몇이야?

이중춘 - 85세요.

무시공 - 산에 있어, 대중 속에 있어?

이중춘 - 거의 대중 속에 있고, 특별하게 집중하거나 명상 또는 기도 할 때만 산에 가요.

무시공 - 평소에는 뭐하는데?

이중춘 - 모여서 건강 지도도 해주고, 이야기도 나누고.

무시공 - 본인은 몸이 어느 정도로 변했어?

이중춘 - 나는 산에서 도인들 명상뿐만 아니라 몸도 같이 수련하는데, 20대 청춘만큼 몸이 건강하고 가끔 산에서 언제 내려왔는지도 모르게 순간적으로 내려올 때가 있어요.

내려올 때만 그래요. 올라갈 때는 잘 모르겠고.

무시공 - 평소에 순간이동이던가 축지법인지 그런 거 좀 할 줄 알아?

이중춘 - 축지법 같은 경우는 마음먹고 걸으면 워낙에 빠르니까, 좀 해요.

특히 산에서 내려올 때는 나도 모르게 그럴 때가 있어서, 놀랄 때가 있어요.

무시공 - 예를 들어서 거기 있는 데서 서울 간다 하면 어떤 속도로 몇 시간 걸려?

이중춘 - 계산해보지 않았지만 간다면 아마 사람들 보든 안 보든 서울까지 5시간이면 될 것 같아요.

무시공 - 너 스승은 있어? 100살 또는 몇백 살 살고 있는 잘 아는 도인 있어?

이중춘 - 실제 살아있는 스승 중에 나보다 도력이 좋은 스승은 별로 없었고 어렸을 땐 스쳐갔고….

그런데 산에서 할 때 보면 나한테 뭔가를 전수해주는 사람이 있어요.
뭔가를 자꾸 알려 주려는 그런 존재가 있어요.

무시공 - 산에 가 있으면? 안 보이면서?

이중춘 - 네. 그런데 난 분명히 본다고 생각해요.

무시공 - 보인다고? 직접 너하고 대화해?

이중춘 - 이렇게 사람처럼 대화하는 건 아니고.

무시공 - 마음으로?

이중춘 - 분명 형체도 나는 느낄 수 있는데….

무시공 - 근데 안 보여? 딱 곁에 있는 것 같아?

이중춘 - 네. 하여튼 뭔가를 알려 주는 것 같아요.

무시공 - 혼자 기억해봐. 어떤 걸 알려주는 것 같아?

이중춘 - 몸을 건강하게 관리하는 법, 그리고 건강 그 이상의 특별한 수련과 무술연마 하는 것.

무시공 - 그래서 배웠어?

이중춘 - 배우긴 배웠는데 쓸데가 없어요.

무시공 - 눈에 안 보이는데 어떻게 가르쳐줘?

이중춘 - 스스로 알아지는 것 같아.

　그 사람이 모습을 보여주는 것은 아닌데 스스로 배워지고 알아지는 느낌.

　그리고 또 때가 다가오니까 마음의 준비를 단단히 하고 있으라는 말.

무시공 - 무슨 때가 다가온대?

이중춘 - 인간 세상이 이렇게만 살지 않고 단계가 쑥 올라갈 것인데, 그때를

　대비해서 건강도 지키고 마음도 잘 다스리고 있어야 된다라고 했어요.

무시공 - 너도 그런 느낌, 그때가 오겠다는 느낌 있어?

이중춘 - 네. 우리는 항상 그런 예언 속에 살잖아요.

무시공 - 너 생각에 너의 긍정마음이 얼마나 돼? 혼자 점수 매겨봐.

이중춘 - 75~80% 사이.

무시공 - 그래. 지금 우리 보는 데서 네게 알려주던 그 사람 당장 나타나라

　고 해.

　그 존재 누군가?

이중춘 - (스승) 나타났어요.

무시공 - 너 이름이 뭔가?

일월 - 일월.

무시공 - 올해 나이 얼마야?

일월 - 나이가 없는데….

무시공 - 대충

일월 - 여기 인간은 아니에요. 여기 사람 아니에요.

무시공 - 넌 어디 있어?

일월 - 전 이 산에서 살아요.

무시공 - 산에서?

일월 - 산에서 수행하는 사람 도와주고 있어요.

무시공 - 수행하는 사람 도와주고 있다?

일월 - 네.

무시공 - 나이는 없고? 혼자 대충 얼마인지도 몰라? 너 진짜 살아있어? 영
혼이야?

일월 - 영혼.

무시공 - 영혼이야? 몸은 없고?

일월 - 몸은 없어요.

무시공 - 그러면 몸은 죽어서, 인간 말로 몸이 죽어서 영혼만 있어?
아니면 무슨 수련해서 몸을 벗어났어? 살아있을 때 수련했어?

일월 - 살아있을 때 수련했고 때가 됐을 때 몸을 벗어나왔어.
그러니까 이 삶이 나를 죽을 때까지 놔둔 게 아니라(그냥 늙고 병들어 죽은
게 아니고) 마지막에 알고 준비하고 벗어서 나왔어.

무시공 - 너 혼자 수련해서 벗어서 나왔어?

일월 - 응. 그러니까 사람들이 보면 죽은 거고, 음. 결론은 죽은 거지만, 몸
을 벗고….

무시공 - 넌 아직 살아있는 관점?

그러니까, 네 입장에서 보통 죽어서 영혼 된 존재하고 너하고 달라?

일월 - 다르지.

무시공 - 무엇이 달라? 말해봐.

일월 - 자기 자신을 모르고 그냥 두려움에 떨면서 몸속에서 빠져나오는 거, 그렇게 되면 한동안 정신을 차릴 수가 없어.

그런데 준비를 다하고 내가 있어야 할 자리를 알고 몸을 벗고 나오면 몇 차원이 높아질 수 있어. 헤매는 게 아니라 내가 할 일을 할 수 있어.

무시공 - 그럼 너 보통 영혼보다 힘이 있어, 그래서 이 세상에 태어날 수 있어? 그런 능력은 없지?

일월 - 인간 몸처럼 나타날 순 없어.

무시공 - 그럼 넌 힘은 있어, 없어?

일월 - 힘은 마음으로 해줄 수 있지만, 물건을 옮기는 거는 글쎄 그런 장난은 안 쳐봐서.

무시공 - 그럼 실험 삼아 너 손 아직 손도 움직이는 느낌 있지?

그 손으로 주변에 흙이나 돌멩이 주워봐. 움직일 수 있나 없나?

일월 - 바람처럼 날릴 순 있는데, 돌멩이가 손에 쥐어지진 않네.

무시공 - 안 쥐어져? 그럼 움직일 수 없어?

일월 - 응.

무시공 - 움직일 힘이 없어?

일월 - 바람 불어보니까 조금 작은 돌멩이는 날아가는데 큰 돌은 안 움직이네.

무시공 - 그럼 네가 충남에 이중춘이라는 도 닦는 사람한테 마음준비 돼 있어야 된다고 세상이 바뀐다고 말했어?

일월 - 응. 많은 사람들한테 말하지.

무시공 - 응. 어떻게 바뀌는지 알아?

일월 - 이제 천시가 됐어. 음….

무시공 - 그럼 네가 보기에 지구에서 무슨 일이 언제부터 일어나?

일월 - 지금 그걸 왜 물어보는지…. 지금 일어나고 있어. 너무 빠르게 일어나고 있고, 내가 보기에는 에너지가 위아래가 뒤바뀐 것 같고, 에너지 층이 두 군데로 나뉜 것 같아.

무시공 - 그 에너지와 공기 너한테 적응이 돼, 안 돼?

일월 - 갑자기는 잘 안 돼.

무시공 - 네가 거기 적응되기 힘든 느낌 있어?

일월 - 응.

무시공 - 그럼 그 에너지가 바뀌어서 수많은 영혼들 다 적응하기 좀 힘들겠지?

일월 - 응. 나는 느끼지만 모르는 영혼이 더 많을 거야.

무시공 - 그럼 언제부터 바뀔 것 같아?

일월 - 지금까지 수년 동안은 이상하게 달라지는 기운이 느껴졌고, 요즘에 와서는 확 바뀐 것 같은 느낌이 들어.
뭔지는 잘 모르겠지만 나도 생전 처음 보는(느끼는) 거라 잘 몰라.

무시공 - 그래. 그럼 네 생각에 이 지구 세상이 바뀌는 거는 언제부터 시작되고, 얼마나 남을 것 같아? 보여 안 보여, 수많은 생명이 죽어가는 거.

그게 언제부터 언제까지야, 지구에 인간한테 온다는 재앙이 무슨 재앙인지 알아?

지구에 살아있는 인간이 70억 인구 있는 거 알지?

일월 - 70억 인구 알지, 그리고 보여.

무슨 재앙이냐~~~, 물과 불, 에너지, 그리고 마음의 병, 귀신병.

무시공 - 그럼 이 일이 어디서 시작하는 것 같아?

일월 - 당연히 여기 대한민국 남쪽에서 이뤄지지. 내가 여기 있잖아, 그래서.

무시공 - 넌 원래 살아있을 때도 대한민국에 있었어?

일월 - 대한민국에 있었지.

무시공 - 그럼 남쪽 어디서 시작할 것 같아? 어디서 이뤄지고 있는지 보여?

일월 - 저기 충청남도가 중간인데 이쪽 어디 근방이야. 근방인데.

무시공 - 너 이름 댈 수 있나? 많은 도인들한테 알려주고 싶어도 구체적으로 모르면 어떻게 알려줄 거야?

준비하려면 무슨 준비해야 하는지 알아야 하잖아, 맞지?

일월 - 응, 맞아. 자세히 좀 알려줘 봐.

나도 느낌만 있고 그렇지. 어디로 가서 어떻게 대비하라고 확실하게 말 못했어.

무시공 - 대전 아니야?

일월 - 그래. 대전도 그래. 대전도 예언된 땅이지.

무시공 - 거기서 모든 게 변하는 거 보여, 안 보여, 느껴 못 느껴?

(일월이 대전으로 이동하고 센터로 방문한다.)

대전 센터 알아? 이제 알았어?

일월 - 응.

무시공 - 여기가 무시공생명훈련센터. 여기서 우주의 최종비밀을 밝히고 있다. 여기서 새로운 생명이 탄생해. 이 우주에서 없는 생명.

여기는 너처럼 몸을 버리고 영혼 상태로 살아있는 게 아니라 살아서, 산 몸으로 이 분자몸을 녹여서 에너지 몸으로 변할 수 있어.

너는 생전에 들어본 적도 없지? 너도 새로운 우주 공부해야 에너지 몸으로 변한다고.

일월 - 아니…. 그럼 나랑 뭐가 다르지? 나는 내 몸이 다 해서 때를 알고 나온 것과….

무시공 - 다르지. 너도 이 공부 안 받아들이면 영혼 입장에서 너도 보장 못 해. 수많은 영혼도 다 없어져. 너도 알잖아. 에너지도 바뀌지, 공기도 바뀌지. 거기 에너지에 적응돼야 너도 살 수 있어. 적응 안 되면 너도 없어진다는 뜻이야. 알았어?

일월 - 알았어.

무시공 - 그게 무시공생명에너지. 우리 몸도 그런 상태로 변해야 그 환경에 살 수 있어.

일월 - 그러면.

무시공 - 그러면 너도 여기 와서 배워야지.

일월 - 여기서 배우라고?

무시공 - 그렇지.

일월 - 알았어, 배우지 뭐.

무시공 - 너도 배워야 남한테 올바르게 알려서 도와줄 수 있잖아.

일월 - 그렇지.

무시공 - 그래서 옛날에 수련하면 이 몸을 벗어나는 방법을 몰라 가지고 수련해서 내 영혼이 잘 되서 죽어서 무슨 극락세계를 가니 어디를 가니…. 이런 것 전부 다 잘못된 거라고.

일월 - 그래. 그건 아니야. 내가 여기 있으니 잘 알아, 극락은 내 마음이 만드는 극락이지.

무시공 - 응. 그래서 반드시 이 공부 받아들여야만, 살아서 몸을 세밀한 공간으로 변할 수 있어. 알아?

일월 - 오.

무시공 - 그럼 힘이 무한대로 존재한다고.

일월 - 그렇지. 나도 보통 영혼하고 차원이 다른데, 몸을 그렇게 바꾼다면 정말 엄청난 일이 일어나겠어.

무시공 - 너는 그런 희망이 있어. 왜냐, 너도 거기서 비공선지 공부하고 배우면 에너지 몸으로 새로 형성돼.

세밀한 공간에서 새로 살아난다고. 안 그러면 뭐 때문에 너한테 물어봤겠어?

주변에 물건 손으로 쥘 수 있나 없나? 움직일 수 있나 없나? 그거 안 되잖아.

일월 - 응, 안 돼.

무시공 - 맞지? 그럼 너는 지구에 있지만 다른 별에 갈 수 있어 없어?

일월 - 없어.

무시공 - 못 가잖아. 그럼 지금 대전 상공을 보라고. 수많은 외계인 와있는 거 보여, 안 보여? 수많은 우주선, 비행선 와 있지?

일월 - 보여, 보여.

무시공 - 다 살아있는 존재야. 살아있으면서 물건도 움직여. 몸도 엄청 세밀한 몸으로 돼있어. 죽어서 되는 영혼이 아니라고.

그럼 이제 이 소식 알았으니 열심히 비공선지 외우고 하다 보면 너도 새로 살아나. 알았어?

그럼 딱 외계인처럼, 예를 들어서 금성 사람은 지구인보다 3배나 더 세밀해. 그러니까 금성 사람 지구에 오면 인간 눈으로 안 보여. 그렇지만 자기들은 살아있어.

그래서 비행선도 운전할 수 있잖아. 비행선 타고 지구 올 수 있잖아.

그런데 너는 못 타잖아. 탄다 해도 운전도 못 해. 움직이는 힘이 없다고. 알았어?

일월 - 그렇지.

무시공 - 우리는 금성이나 화성에 있는 사람하고 대화할 때, 자기는 영혼으로 돼있는 존재인데도 살아있다고 생각했어.

그래서 너는 비행선 타볼 수 있나 물어보니, 탈 수 있대, 그럼 운전 한번 해보라니까 운전은 안 된대. 그제야 자기가 살아있는 게 아닌 줄 알았어. 그래서 새로 다시 태어났다고. 화성은 서너 달이면 태어나. 태어나자마자 말도 할 줄 알아. 알아?

일월 - 그런다고 듣긴 들었어. 차원 높은 존재들은.

무시공 - 응. 그러니까, 차원 높은 100억 조 광년에도 대한민국 우주라는 게 있어.

거기 고급존재들 여기로 다 왔다고. 그리고 새로 이 공부 받아들였어.

그들은 살아있어. 몸은 인간 몸하고 완전히 달라. 너도 그래.

네 생각에는 살아서 이 몸을 벗어났다 하지만, 살아있을 때 몸이 변해서 벗어나서 인간 모습이 없어지는 것 하고, 어쩔 수 없이 (죽어서) 인간 몸을 벗어서 영혼 상태로 돼 있는 것하고 근본이 안 같다고. 알았지?

일월 - 웅, 알았어.

무시공 - 그래, 너도 영혼 상태로 돼있어.

너는 수련도 안 하고 죽은 보통 영혼보다 차원이 조금 나아. 맞지?

그렇지만 아니라고. 그걸 기초로 해서 또 배워야 돼. 배우면 새로 살아나.

너 지금 인간 세상에 태어나도 늦었어. 뭔 뜻인지 알았지?

일월 - 세상이 바뀌니까 늦었다?

무시공 - 그래, 새로 태어나도 늦으니까 대전 와서 공부하면 돼.

책도 볼 수 있잖아. 그럼 네 몸이 변해. 알았지?

일월 - 알았어, 이제부터 여기(대전)가 내 집이야.

무시공 - 여기서 계속 도와줄 것이고, 그러면 몸도 형성되고 외계인이랑 같은 수준으로 돼.

힘도 있고. 그러니까 대전이 지구중심지 우주중심지라는 것 이미 온 우주에 선포해놨잖아.

그런데 그걸 왜 몰라? 그 에너지 공기를 우리가 바꿨어. 그래서 이 공부 안 받아들이면 영혼세계도 다 못 산다고. 다 도태당한다고. 인간만 도태당할 뿐만 아니라. 이제 알았지?

일월 - 영혼세계도 도태당한다. 인간뿐만 아니라…. 알았어.

이 말, 나는 전에 들은 적이 있는데 정확하게 알려주는 사람이 없었어.

그래서 대전이라고 들어서 찾아보긴 했는데…. 왜 난 몰랐을까?

무시공 - 우리가 안 알려주면 너희 눈에도 안 보인다.

지금 새로 대전 보면 빛이 네 몸의 빛하고 완전히 달라.

네 몸에 빛이 있다는 거 인정하지?

일월 - 그렇지.

무시공 - 근데 네 몸에 빛하고 대전에 나타나는 빛하고 같아 안 같아? 보라고.

일월 - 잘 모르겠네.

무시공 - 대전에 빛을 한번 느껴봐, 무슨 느낌이 와?

일월 - 편하고 좋아.

무시공 - 그래. 그건 직선빛이야.

네 영혼의 몸에 나타나는 빛, 그 빛은 파동으로 된 빛이야.

우리는 직선빛이라서 일체를 다 뚫고 들어갈 수 있어.

일체를 다 변화시킬 수 있어. 알았지?

일월 - 음…. 음…. 이해는 가. 좀 더 알아보고 공부해봐야겠어.

무시공 - 지금 우리 도인 찾고 있어. 찾아서 열심히 이 공부 받아들이라고

알리고 있어.

천년만년 도 닦아도 이 공부 못 받아들이면 영원히 없어져버려.

그럼 헛고생한다고. 알았지?

일월 - 응.

무시공 - 너도 이 세상이 변한다고 준비하라 했다며? 무엇을 준비해.

너도 모르는데 어떻게 남보고 무슨 준비를 해야 한다고 말하겠어?

여기서는 일원심을 지키라는 거야. 절대긍정마음. 알았어?

일월 - 알았어.

무시공 - 그걸 정확하게 알고 너도 배우면서 주변 도인들한테 알려주라고.

맞지?

일월 - 알았어. 제대로 알고 알려줄게.

무시공 - 그렇지. 그렇지. 어쨌건 잘했다. 그리고 네가 아는 살아있는 도인. 한국 땅에 있으면서 나이도 많은 그런 도인들 아는 사람 몇이나 되는지 우리한테 말해봐. 살아있는 도인 알잖아.
이중춘처럼, 한국 땅에서 나이가 몇백 살, 몇천 살 되고 도 닦는 존재.

일월 - 나처럼 영혼 아닌, 몸이 살아있는?

무시공 - 응. 응. 도 닦는 이런 존재. 너 알면 우리한테 좀 알려줘. 우리가 찾아보게.

일월 - 그래.

무시공 - 너도 도와주면서 우리도 찾으면서. 우리 만나서 행복하지, 복 받았지? 하하하

일월 - 응, 좋네. 속이 다 시원하고.

무시공 - 중국에서는 800살로 아직 인간 몸 갖고 살아있는 존재 찾았어. 그런데 한국은 작년에 한 번 찾아봤던 거야. 올해는 새로 찾아, 우리 공부 받아들이라고.

일월 - 한라산에…

무시공 - 나이 얼마야? 살아있으면서 나이 많은 존재, 찾아봐.

일월 - 그 사람은…

무시공 - 이름 너 알아 몰라?

일월 - 가만히 있어 봐.

무시공 - 응. 응.

일월 - 점벙이래. 자기 이름이 점벙.

무시공 - 나이는 얼마 되는 것 같아?

일월 - 나이는 한 450~500살 되는 것 같아.

　그런데 인간 세상에도 가끔 나가는데 이상하게….

무시공 - 아직 인간 몸 가지고 있지?

일월 - 가지고 있는데 인간 세상에도 나가더라고. 그런데 변장을 잘해, 젊게.

　남자인데, 한 40~50대처럼 하고 나가. 어떻게 나가서 뭘 하는지는 모르
겠어.

　거기서 적응이 어떻게 되는지 모르겠는데 인간 세상에 나가.

　그리고 산에 오면 또 자기 모습이 있어. 대단해.

　그리고 백두산이랑 금강산에도 있어, 그 사람이 꼭 거기에만 있는 건 아
니지만.

무시공 - 금강산이야? 백두산이야?

일월 - 둘 다 있어.

무시공 - 둘 다 말해. 먼저 금강산부터. 이름하고 나이.

일월 - 월청.

무시공 - 월청. 금강산에 있는 사람, 나이 얼마나 되는 것 같아?

일월 - 1,000살은 안 되는 것 같고.

무시공 - 몸은 갖고 있지?

일월 - 이 사람은 어떤 때는 나이가 많이 들어 보이고 어떤 때는 젊어 보이
고, 변신을 하는 것 같아 몸을.

무시공 - 응.

일월 - 금강산 참 거기는 여자도 있는 것 같아. 애인인지 누군지 하여튼 여자도 있어.

무시공 - 여자는 나이 얼마로 보여?

일월 - 몰라. 나는 여자는 잘 모르겠어.

그리고 백두산에는 이름이 백선비라는 존재 있어. 이 사람도 한 900살 될 거야.

신선처럼 살아. 아마 주변에 같이 노는 사람들도 있어,

왜냐면 북쪽은 놀 수가 있는 환경이 좋아서 자주 놀지, 사람들이 모여서.

남쪽에는 그렇게 놀 만한 데가…

무시공 - 남쪽도 산하고 많잖아. 지리산이니 계룡산.

일월 - 거기는 좀 시끄럽대. 그래 가지고.

무시공 - 시끄럽다 해서 남쪽에 잘 안 오나?

일월 - 응.

무시공 - 시끄럽기는….

일월 - 그 사람들이야 얼마든지 남쪽 산도 올 수 있고 왔다 갔다 자유롭게 할 수 있으니까.

무시공 - 그래도 계룡산이라든가. 지리산이라든가. 이런 데 산속에 있는 거는? 찾아봐.

일월 - 지리산이나 계룡산에는 나 같은 존재들이 좀 있어.

무시공 - 몸은 벗어난 영혼으로 되어있는 존재?

일월 - 응. 그런 존재들이 많아.

무시공 - 살아있는 존재 찾아봐.

일월 - 산마다 그런 존재는 좀 많은데. 남쪽은 지금 말한 데에 나 같은 존재는 많은데….

　　살아있는 존재라…. 아, 지리산에 대파라고 있어.

무시공 - 대파. 그는 나이 얼마야?

일월 - 한 200살 정도 될 것 같아. 이 사람은 아무도 몰라, 누가 거기 있는지. 혼자 잘살아. 그리고 가끔 내려오기도 할 거야.

　　그리고 계룡산에 가면. 나도 자주 가보는데 나 같은 존재는 괜찮은 존재가 많은데 살아있는 자들은 별로 없어.

무시공 - 단 한 존재라도 찾아. 그런데 너처럼 도 닦고 몸을 버리고 이런 존재는 많아?

일월 - 많아.

무시공 - 그래. 너를 통해서 그 산도 다 바뀔 수 있다.

일월 - 맞아. 바뀔 수 있어.

무시공 - 너는 에너지 바뀐 것도 다 알고 있잖아.

일월 - 그 말 해주니까 알았지. 뭐.

무시공 - 먼저 네가 말했다. 지금 에너지랑 공기가 바뀌었다고 말했다.

일월 - 내가 먼저 말한 건 맞아.

　　그런데 에너지와 공기 바뀐 거 당신이 물어보니까 알게 됐어.

　　집중하고 대답하다 보니까 알았지, 내가 먼저 알았던 건 아니지.

　　음…. 몇백 살은 없는데?

무시공 - 100살 넘어도 돼.

일월 - 혼천.

무시공 - 나이 얼마 돼?

일월 - 거의 90살 넘고 100살 다가가는 것 같아.

무시공 - 확인해봐. 수련도 안 하고 그저 그렇게 늙어서 병으로 죽은 보통
　인간의 영혼하고, 너하고 차이 있다. 맞지?

일월 - 응.

무시공 - 완전히 달라. 너는 주동적으로 혼자 깨우쳐서 벗어났기 때문에.
　그래서 네가 도인 찾아서 도인하고도 대화할 수 있어. 맞지?

일월 - 응.

무시공 - 그게 충남에 있는 이중춘이야.
　눈에는 안보이지만 누군가 자기하고 대화하고 가르쳐주고, 네가 그 사람
　한테 지금 세상이 바뀐다고 준비돼있어야 한다고 알려줬다며?

일월 - 그렇지.

무시공 - 그러니까 너는 보통 죽어있는 몸의 영혼하고 다르다는 거야.

일월 - 다르지.

무시공 - 다른 영혼은 그런 대화도 안 된다. 맞지?

일월 - 응.

무시공 - 그래서 궁금해서 너를 찾았어.
　그럼 한번 실험해보자. 이것도 너를 훈련시키는 거다.
　지금 지구 밖에서 지구를 봐. 어디가 제일 밝은가? 한번 관찰해봐. 볼 수
　있지?

일월 - 볼게. 지구 밖에 나왔더니 지구가 너무나 밝아. 다.

무시공 - 그래. 밝은데 그중에 제일 밝은 곳 찾아봐. 어디가 제일 밝아?
일월 - 내가 사는 곳이 제일 훤하네.

무시공 - 그래. 지금 한국하고 북한하고 38선으로 갈라져 있잖아.
　　지금 한반도 전체가 밝은가, 한국 밝고 북한이 어두운가? 관찰해봐.
일월 - 한국이 조금 더 밝아.

무시공 - 북한도 원래보다 밝아졌지?
일월 - 응, 생각보다 밝아.

무시공 - 그래. 북도 요 근래 밝아지기 시작했어. 지구 전체가 밝아지고 있
　　지?
　　그리고 또 하나 물어보자.
　　지금 지구가 새 지구하고 낡은 지구하고 분리되는 현상 보여, 안 보여?
일월 - 응, 분리돼. 에너지와 공기 두 조각 난 것처럼.
　　(새로운 에너지와 공기 바뀐 것을 분리됐다 표현)

무시공 - 응.
일월 - 응? (놀라면서) 지금 거의 분리됐네. 다?

무시공 - 그렇지. 더 맑고 더 빛나는 세밀한 에너지 상태로 변해있는 지구하
　　고, 완전히 낡은 지구하고 분리돼있는 현상 보여?
일월 - 헉⋯. (놀라며 구체적으로 손으로 설명한다) 이렇게 돼있어. 이렇게. 그러
　　니까 지구가 이렇게 동그랗게 있으면 이쪽이 옛날 우주, 또 이거랑 마주
　　보며 (이 반대쪽은) 새로운 지구가 그리고 새로운 우주가 이렇게 생겼어.

무시공 - 그러니까 우주도 분리 돼있지.

일월 - 웅, 다 분리됐어, 서로 등지고 있는 모습으로.

무시공 - 너는 어느 쪽에 있어?

일월 - 나는 밝은 쪽에 있어. 하하

무시공 - 그럼 또 하나 물어보자. 태양계 밖에서 태양 봐라. 태양 원래 위치에 있나 없나, 바뀌고 있어 없어, 확인할 수 있지?

일월 - 웅.

무시공 - 태양 원래 위치에서 움직였어, 안 움직였어?

일월 - 옛날 우주에서는 태양이 밝아.
이쪽 새로운 우주에서는 태양이 지구에 속해있는 느낌. 그리고 훨씬 가까워져 있어.

무시공 - 물어보자. 원래는 지구와 태양 거리가 1억4천9백60만 킬로미터라면, 좀 간단히 말하면 149.6이라면 지금은 어느 위치에 와있는 것 같아, 너 혼자 판단으로?

일월 - 그건 잘 모르겠고 이쪽 선명한 태양은 그대로 태양이 중심에 있고, 밝은 쪽의 태양은 지구랑 가까이 있으면서 전체가 다 에너지 느낌이라 잘 모르겠어. 태양과 지구 서로 가까워진 것은 맞고.

무시공 - 그래. 알았다. 지금 대전 상공에 수많은 비행선 우주선 보이지?

일월 - 보이지.

무시공 - 그리고 땅속에 사람들이 사는 거 보여, 안 보여?

일월 - 땅속에 얕은 데 사는 존재들은 아는데.

무시공 - 깊은 데는 잘 안 보여? 땅속 얕은 곳에 사는 거 원래 알았나? 오늘 우리 물어보니까 알았어?

일월 - 느끼고는 있었는데 그들하고는 내가 어떻게 안 되더라고. 그들이 막고 있는 것인지? 느낌은 있는데 대화 같은 건 안 됐어.

무시공 - 그래. 알았어. 자 이런 것도 우리가 너한테 말 안 했으면 너 생각도 안 했던 거지?

일월 - 응. 처음 알았어.

무시공 - 그럼 또 하나 물어보자. 지금 대전 무시공생명훈련센터 지하에 큰 건축하려고 움직이고 있어. 그거 느껴 못 느껴? 보여 안 보여?

일월 - 지하에… 느낌에… 거미줄 같은 실선들이 다 쳐져 있어. 슬쩍 보이기도 했어.

무시공 - 응, 그래. 됐어. 꼭 공부 열심히 하면서 많은 도인한테 알려줘. 빨리빨리 대전에 모이라고 말이야. 안 그러면 도 아무리 닦아도 나이 아무리 많아도 쓸데없다. 그걸 빨리 많이 전파해주고, 그러는 동시에 너도 깨어난다. 알았지?

일월 - 알았어.

무시공 - 기분 좋아, 우리 만나서?

일월 - 응. 아주 신나.

무시공 - 우리 서로 살길이 생겼다. 우리는 지구인만 도태당할 뿐만 아니라 세밀한 공간에 영혼들도 다 새로 안 깨어나면 다 없어져. 마지막이야. 알았지?

일월 - 그래. 마지막이다.

무시공 - 너도 그거 느끼고 있어? 오만 거 다 바뀌고 있다. 그럼 어디 보자, 너 혼자 판단해봐. 너 긍정마음이 얼마나 돼있는 것 같아?

일월 - 85%? 잘하면 90% 되겠는데?

무시공 - 응?

일월 - 잘하면 90% 되겠는데?

무시공 - 우리 지금 대전에서 훈련시키는 거는 반드시 절대긍정이 100% 돼야 해.

그래야 이 우주에서 영원히 살 수 있어. 알았지?

우리가 너한테 질문한 긍정마음은 아직까지 상대적인 긍정마음. 그래서 파동으로 되어있다고.

그래서 많은 도인들 아무리 도 닦아도 이 몸 가지고 있으면서 긍정마음이 여전히 파동으로 돼있는 긍정마음이야.

그래서 이 공부 안 받아들이면 스스로 도태당한다고. 그 원리 알았지?

그래서 절대긍정마음 너도 절대긍정마음으로 바꾸면 네 몸은 거기에 적응되는 새로운 에너지 몸이 형성돼, 새로 살아난다고.

그래서 대전에 대해서 말했잖아.

대전에 새로운 우주중심지 새로운 지구중심지 건설 중이라고.

적극적으로 참여해서 같은 작업하라고. 너도 깨어나고 새로 살아나. 알았어?

일월 - 응. 알았어. 제대로 정확히 알았어. 이제.

무시공 - 맞지?

일월 - 응.

무시공 - 그래 어쨌든 고마워. 나중에 너 또 찾아 대화할 거다.

일월 - 그래. 또 봐요. 누군지 모르지만? 하하.

백두산 도인 백선비와
인도 도인 오함과의 대화

무시공 - 백두산에 사는 도인, 백선비 나타나라.
백선비 - 하하. 누가 나를 불러?

무시공 - 너 이름이 백선비야?
백선비 - 사람들이 그렇게 불러, 다른 존재들이.

무시공 - 올해 나이 몇이야?
백선비 - 하하. 몰라. 아… 900살 전후 될걸?

무시공 - 아직 몸은 가지고 있지?
백선비 - 웅.

무시공 - 네 몸, 인간 눈으로 보이나?
백선비 - 보… 였다, 안 보였다 한데.

무시공 - 반투명으로 돼있어?
백선비 - 어떤 때는 이렇게 사람처럼 보이다가….

무시공 - 어떤 때는 안 보여?
백선비 - 어떤 때는 반투명처럼 보인데요. 나는 어떻게 조절 않는데요.

무시공 - 조절 안 하는데 인간 눈에 보였다가 안 보였다가 그래?

백선비 - 응.

무시공 - 그럼 그 뭐야 순간이동 그런 거 할 수 있겠지?
백선비 - 어떤 때, 막 급히 움직여야 할 때는 마음이 그러니까 엄청 빨리 가데.
　순간이동 하려는 게 아니라 그냥 그렇게 저절로 될 때가 많아.
　확 마음을 먹을 때 그냥 돼.

무시공 - 그럼 너는 스승 있어? 너보다 나이 많고 인간 몸으로 되어있는 존
　재 있어 없어?
백선비 - 인간 몸은 없어.

무시공 - 없어진 사람은 있어?
백선비 - 응.

무시공 - 진짜 살아있어 너처럼?
백선비 - 나처럼 몸은 없고 몸을 놓고 가셨지.

무시공 - 몸을 녹여서 살아있는 게 아니고, 이 몸을 버리고 몸을 벗어나는
　방법, 그렇지?
백선비 - 응.

무시공 - 너는 900살까지 살면서, 그런 방법으로 왜 안 했어?
백선비 - 어. 나도 그러려고 했어.
　수행한 존재들 보면 벗어날 그때를 안다는데 난 그때가 없었어, 지금까
　지도.

무시공 - 보통 스승들은 때가 되면 이 몸을 벗어난다고 알면서 벗어난다 하
　는데 넌 그렇게 안 됐어?

백선비 - 응.

무시공 - 네 생각에는 그게 좋은 현상이야 나쁜 현상이야? 너도 몸 벗어나고 싶어?

백선비 - 응. 인간들이랑 섞여 살지도 못하고, 그냥 이렇게 있을 바에는 차라리 벗어나는 것도 좋다 싶어.

무시공 - 왜 인간 속에서 못 살아?

백선비 - 인간 속에서 어디에 소속되어 있는 것도 아니고, 아무래도 인간하고 좀 분리돼 있잖아. 내 몸은 섞여 살 수가 없잖아, 지금.

무시공 - 너 혼자 판단해봐. 너 긍정마음이 얼마나 돼있어?

백선비 - 한 80% 정도?

무시공 - 응, 그리고 이 지구가 무슨 변화가 이뤄지고 세상이 어찌 변한다는 거 알아 몰라?

백선비 - 90%도 될 수 있을 것 같아, 갑자기 자신감이 생겨.

무시공 - 너 혼자 생각하기에 90% 될 것 같아?

백선비 - 응.

무시공 - 그래 인정해줄게.

백선비 - 지구에서. 뭐라고 했지?

무시공 - 이 세상이 무슨 변화 이뤄지겠다는 거 알아 몰라?

백선비 - 아이고…. 변화 이뤄지는 거는 알고 있는데 내가 여기서 신선놀음만 하고 있네.

음. 근데 어떻게 이뤄지는지 정확하게는 몰라.

무시공 - 근데 세상이 어떻게 바뀐다는 것은?

백선비 - 그건 알아.

무시공 - 그날을 기다리고 있어?

백선비 - 응, 구경해 보고 싶어.

무시공 - 그럼 너는 다됐다고 생각해?

백선비 - 어…. 만약에 내가 어디에 어떻게 들어가건(새 시대에 들어가든, 구시대에 들어가든) 내가 만든 결과겠지 뭐.

무시공 - 너는 한국 사람, 한민족이야?

백선비 - 응, 한민족이야.

무시공 - 그럼 한국에서 무슨 일 일어나는지 알아 몰라?

백선비 - 한민족은 지구에서 유일하게 할 일이 있는 민족이기 때문에 여기서 일어나는 건 맞지.

무시공 - 그럼 지금 일어나고 있는 것 같아, 어떤 것 같아?
『격암유록』 알아? 남사고가 예언한 거?

백선비 - 응.

무시공 - 그 예언 언제부터 일어나는 것 같아, 너 생각에?

백선비 - 지금도 난리가 나고 있잖아. 지구가 옛날하고는 또 다르게. 사람들이 지금은 광폭한 건 더 광폭해지고, 수행하면서 나름대로 마음을 닦아가는 사람들은 더 닦아지고….
그래서 더더 분리돼서 깨끗한 사람들만 잘 살아남아야 될 텐데 말이지. 지금 지구도 또 난폭한 건 난폭한 대로 가고. 천국 같은 곳은 천국처럼 살고 그러잖아.

무시공 - 만일 새로운 세상으로 바뀐다 하면 너하고 상관이 있어 없어?

백선비 - 나는 새로운 세상에 들어갈 것 같아. 난 그걸 보려고 이렇게 있는 것 같아.

무시공 - 기다리고 있었어? 진짜 우리는 지구에서 새로운 우주에 최종비밀을 밝혀.

그거 밝혀서 누구라도 받아들이면 영원히 살아.

지금 살아있는 이 몸을 영원한 생명 몸으로 변화시켜서 산다고.

죽어가지고 영혼이 사는 그게 아니고, 우리 이 몸을 변화시켜서 새로운 우주의 존재가 될 수 있어.

그 일이 어디서 시작하는지 너는 모르지?

백선비 - 가만 있어 봐, 내가 들었어. 대전이라고.

무시공 - 누구한테 들었어?

백선비 - 좀 전에 누군가가 그랬어. 대전에서 시작한다. 누군지는 기억이 안 나. 대전이라고 알려주긴 줬는데 가보진 못했어. 그래서 소식만 기다리고 있었어.

무시공 - 그래. 너 혼자 몰래 가보지도 않았나, 누군가가 알려 줬는데도? 그럼 너한테 소식 알려준 거는 올해야, 작년이야?

백선비 - 그때 여기가 겨울이었어. 그러니까…. 그 존재도 어디서 들었다 했어.

무시공 - 대충 이름이라도 생각 안 나? 그도 한민족이야?

백선비 - 응.

무시공 - 너한테 알려주던 그 사람, 느낌에 나이가 얼마나 되는 것 같아?

백선비 - 아니야. 우리 여기 모임에서 이야기한 것 같은데? 여기 모여 있는 우리.

무시공 - 너희 모이면 항상 얼마나 모여?

백선비 - 우리 다섯 명이 모이는데, 전국, 지구 어디로든 놀러 갔다 오거든, 나도 마찬가지로 놀러 갔다 오면서 이야기를 전해주지, 어디서 들었다고 이야기했어.

무시공 - 그래. 그럼 지금 한번 보자. 너 한번 지구 밖에서 지구 봐. 무슨 변화 이뤄지고 무슨 현상 이뤄졌나, 지구 볼 줄 알지?

백선비 - 보여.

무시공 - 어때, 지구가 어때?

백선비 - 지구가 땅이 안 보여. 그냥 하얗게 밝아.

무시공 - 너 오늘 처음으로 지구 보지?

백선비 - 응, 하하.

무시공 - 지구 살면서 지구 구경해 본 적도 없지?

백선비 - 그때 한번 구경나갔었지. 달. 달도 한번 가보고.

무시공 - 달에 너 영혼으로 가봤어? 실제 너 몸 가지고 가봤어?

백선비 - 마음으로 영으로.

무시공 - 마음으로. 그러니까 너 영혼이 몸을 분리할 수 있구나, 응?

백선비 - 영이 갔던 건가? 나도 헷갈리네. 영이 간 것인지 마음이 갔는지 모르겠어.

무시공 - 그래, 그건 그만하고.

백선비 - 우주도 가봤지.

무시공 - 그럼 지구 어디가 제일 밝은 것 같아? 제일 밝은 자리 한번 찾아봐. 지금 한반도 전체가 밝아 안 밝아?

백선비 - 남쪽이 확실히 밝아 가장 밝고, 저쪽 북한 끝 중국 러시아 쪽으로 갈수록 조금씩 어두워졌어.

무시공 - 이제 북한도 밝아지고 있지?

백선비 - 응.

무시공 - 그리고 한국에서 또 어디 제일 밝은 것 같아? 대전 맞아? 안 맞아?

백선비 - 서울 다음에 대전.

무시공 - 한국 상공. 특별히 대전 상공에 수많은 비행선, 우주선 보여, 안 보여?

백선비 - 하하. 보이네.

무시공 - 예전에 이런 거 관심도 없었지?

백선비 - 응.

무시공 - 그리고 또 한 번 물어보자. 네 몸에 나타나는 빛하고 대전에서 나타나는 빛하고 같아? 안 같아?

백선비 - 차원이 다르네.

무시공 - 뭐 때문에 밝아?

백선비 - 나는 불순물이 끼어있어. 여기는 불순물이 있을 수도 없고, 순도가 100%인 것 같아.

무시공 - 우리가 알려줄게, 여기 빛은 직선빛으로 돼있고, 너의 몸은 파동으로 돼있어.

이렇게 빛을 세밀하게 볼 수 있나?

백선비 - 음. 그러게, 비슷하지만 또 다르네.

무시공 - 이제 인정하나?

백선비 - 웅.

무시공 - 그래서 대전이 새로운 지구중심지, 새로운 우주중심지야.
지구도 새로운 우주중심지로 변하고 있어. 맞아, 안 맞아?

백선비 - 새로운 우주중심지라, 그렇지. 그렇지.

무시공 - 거기, 우리 대한민국 알지?

백선비 - 웅, 알지.

무시공 - 또, 23광년에 대한민국별, 별 이름도 대한민국이야.
그걸 연줄로 파다 보니까 저 100억 조 광년 무극위치에도 대한민국 우주
가 있어.
그 우주의 최고 존재. 그리고 이 우주 끄트머리 무극의 최고 존재, 다 대
전에 와서 공부하고 있어. 새로 공부해, 믿어?

백선비 - 오! 멋진데.

무시공 - 100억 조 광년 시공 최고 우주창시자, 무극의 최고 존재 곡뱅이라는
존재가 대전에 왔고, 안광옥, 또 현정이 지금 다 여기 와서 새로 공부해.
대전 상공에 보이는 수많은 우주선 비행선들, 그 우주에서 온 것도 있고
각 차원의 다양한 별에서도 모여든 것도 있어.
근데 넌 아직 지구에서 움쩍달싹 안 하면 창피하지 않나?
너도 빨리 뛰어들 필요 있어, 없어?

백선비 - 어…

무시공 - 도 닦는 시간도 이제 다 끝났어. 무슨 종교도 다 끝났어. 믿어?

백선비 - 그래… 더 이상 할 게 없어.

무시공 - 그러니까 대전에 빨리빨리 오라고. 더 이상 백두산에 있지 말고, 알았지?

백선비 - 더 이상 할 게 없었는데, 바로 이것이다?

무시공 - 이제 할 일이 생겼지?

백선비 - 정말 놀라운데? 대한민국이 그렇게 연결돼있다는 것은, 그 우주꼭대기에서 여기 지구까지 연결돼있다는 거잖아.

무시공 - 거기 자기 위치를 포기하고 대전에 왔어. 새로 이 공부를 받아들였어.

이것은 이 우주에 없는 다른 우주의 비밀을 밝히고 있어. 상상이 안 되지?

그래서 너 빨리빨리 대전에 와야 돼.

우리 책 세 권 나왔어.

책 이름이 1권은 『무시공생명의 발견』, 2권은 『무시공생명시대』, 지금 그런 시대가 열리고 있다는 거야, 새로운 생명이 탄생한다고. 세 번째 책은 『우주인과의 대화』. 알아?

백선비 - 응.

무시공 - 그리고 너도 빨리 와서 이 공부 빨리 받아들여. 대전에 이사 오라고.

인간하고 섞이기 싫으면 우리하고 섞이면 서로 도움이 되잖아. 알았어?

백선비 - 어디 섞이라고? 인간에 섞이라고?

무시공 - 이 공부하는 사람하고 같이 어울려 있으라고. 여기는 새로운 생명의 탄생지야. 알았어?

백선비 - 알았어.

무시공 - 우리 지금 무슨 작업하고 있나?

　2015년부터 대전에서 시작하고 있어, 지구인간 70억 인구 중에, 지금 이 공부 받아들이는 존재들이 한 100명 모여들었어.

　그중 몇 개 팀을 만들고, 다 열려놨어.

백선비 - 네.

무시공 - 청년팀. 봉황팀. 또 중요한 어린이팀. 용팀 남자. 또 하나는 농민, 농사짓는 팀. 다섯 개의 팀을 만들고 다 열려놨어.

　그저 모여서 공부한다고 되는 게 아니고 다 열려야 해.

　그 마음자세 보고 열어놓고 훈련시켜. 그래서 무시공생명훈련센터라고 그러잖아.

백선비 - 으응.

무시공 - 그다음에 또 무슨 팀 만들 거냐 하면, 너처럼 도 닦는 도인팀. 또 홍화팀. 홍화현상 알지?

　티베트 밀교에서 자기 몸을 수련하다가 순간 빛 몸으로 변하는 거, 맞지?

　지하종족팀, 지상종족팀. 우리 지상 70억 인구 말고, 표면에 살지만, 인간 눈으로 안 보이는 그런 존재들.

　그다음에 또 하나 무슨 팀인가, 외계인 팀. 각 별에서 모여드는 팀.

　그러니까 순 지구인 다섯 개 팀 만들고.

　순 지구인 밖에 도인팀, 홍화팀, 지상팀, 지하팀, 외계인팀. 이렇게 또 다섯 개 팀을 만들려고 해.

백선비 - 응.

무시공 - 너 우리 만나서 좋은 소식 들으니까, 기분 좋아 나빠?

백선비 - 기분 좋아.

무시공 - 그래. 그러니까 네가 아는 존재 소개해 줘봐, 알려야 하잖아.
너보다 나이 많고, 아직 이 몸 가지고 있는 그런 존재.

백선비 - 5명은 나보다 나이 적어, 우리 여기 모임은 내가 알려주면 되잖아,
그러니까 여기는 소개해줄 필요 없지?

무시공 - 그래, 네가 알면 그 사람들 다 따라오잖아.

백선비 - 그렇지.

무시공 - 너희 다섯 명 나이 다 비슷해? 네가 그중에 나이 제일 많아?

백선비 - 내가 나이 제일 많아.

무시공 - 그래도 너는 보통 인간 눈엔 젊게 보이지.

백선비 - 응, 혼자 젊게 꾸밀 수 있어. 안 해서 그렇지.

무시공 - 혼자 꾸밀 수 있나. 안 하면 좀 늙어 보여?

백선비 - 응, 안 하면 늙어 보여.

무시공 - 너 이 공부하면 이제 진짜 변한다. 신강에 800살 된다는 사람 알
아 몰라?
정무하라는 사람. 그는 자기는 800살이라 그러데.

백선비 - 그런 존재 있는 것 같아. 이름은 잘 몰랐지만.

무시공 - 전 지구에 도 닦는 사람들 모임 있어?
한국 도 닦는 사람도 중국에 가면 모를 때 있다며?

백선비 - 저쪽 서방 쪽은 아니더라도 동방 쪽은 가끔 모이는 경향이 있어.
정기적으로 모이는 게 아니라 소문 듣고 가끔 모이고, 한 번에 모두 모이

지는 않으니까.

무시공 - 한번 모이면 너보다 나이 많은 사람 중에 몸을 가지고 있는 존재
들 있어?

보통 도 닦는 사람이 아시아 쪽에 많지?

백선비 - 응. 동방에서 그런 사람 좀 있더라고. 나 같은,

무시공 - 너보다 나이 많은 사람 있어?

백선비 - 한번 봤어. 인도.

무시공 - 인도? 거기는 나이 얼마인 것 같아? 아니면 이름 알려줘.

백선비 - 자기가 과장되게 말하는 것인지, 뭐 증거가 없잖아.

무시공 - 응, 그래.

백선비 - 2,000살 다가간다는데.

무시공 - 몸 가지고 있어?

백선비 - 응, 몸 있더라고.

무시공 - 우리가 찾아가지고 밝히면 돼. 우리한테 거짓말 못 해. 믿어?

백선비 - 응. 하하.

무시공 - 인도? 그 이름이 뭐야?

백선비 - 오함 메트⋯. 뭐라 하는데. 그냥 오함이라고 부르래.

무시공 - 지 말로는 1,000살 넘는데?

백선비 - 거의 2,000살 되어 간다는데?

무시공 - 응. 그럼 우리 지금 찾아볼까?

백선비 - 그래 봐.

무시공 - 그럼 너는 옆에서 들어봐.

백선비 - 응.

인도의 도인 오함

무시공 - 그래. 인도에 오함 나타나.

　　(완전 뼈만 남은 늙은 사람이 나타난다. 몸에 살이 없다. 까무잡잡하고)

　　그런데 살아있어? (살아있음)

무시공 - 오함? 그래. 너 나이 얼마야?

오함 - 1,200살.

무시공 - 아직 몸 가지고 있나, 아직 안 죽었어?

오함 - 응.

무시공 - 그래, 순간이동 능력은 가지고 있나?

오함 - 왜 물어봐? 비밀인데.

무시공 - 비밀이 어디 있어? 우리한테 비밀을 지키려고 해?

　그럼 네가 1,000살 넘게 살았다면 좀 물어보자, 지금 세상이 무슨 변화

　이뤄지고 있어?

오함 - 세상이 이제 곧 뒤집어져.

무시공 - 언제부터?

오함 - 지금 시작되고 있잖아.

무시공 - 언제 끝나?
오함 - 끝나는 건 몰라 언젠지.

무시공 - 지금부터 시작. 그것은 무엇 때문이야?
오함 - 하늘에⋯. 그리고 지구의 기운이 바뀌었어.

무시공 - 자동으로 바꿨어? 누가 바꿨어?
오함 - 아. 가만있어 봐. 공기가 나한테 말하는데 누군가 바꿨대.

무시공 - 일부러 바꿨대?
오함 - 응.

무시공 - 그러면 어디서 누가 바꿨는지 알아?
오함 - 나는 공기랑 대화할 수 있어 잠깐만.

무시공 - 그래 대화해봐. 공기가 아는가, 모르는가, 너한테 알려주는 거 맞
나 보자.
오함 - 아시아의 대한민국이라는 곳, 그 중심에서 바꿨고 바뀌고 있대.

무시공 - 대한민국 구체적으로 어디야?
오함 - 플러스(+)라는 곳이라고 이야기했어, 공기가.

무시공 - 응?
오함 - 플러스라는 곳이래.

무시공 - 너 알아, 몰라? 대한민국의 플러스라는 곳.

오함 - 아. 잘 모르겠어.

무시공 - 공기가 그래? 플러스 위치에?
오함 - 중심부라는 이야긴가? 합이라는 이야긴가? 뭐 그 둘 다라고 해.

무시공 - 이 둘 내용 다 있대? 그럼 너 공기하고 대화 안 했으면 모르고 있지?
오함 - 음…. 이런 질문을 생각 못 했어, 모르고 있었어.

무시공 - 그럼 공기한테 물어봐. 공기는 원래 공기하고 같나 바뀌었나?
오함 - 바뀌었어.

무시공 - 공기 자체도 바뀌었대? 어떻게 바뀌었대, 물어봐.
오함 - 여기서 나오는 새로운 생명의 공기로 바뀌었대.
　　이 대한민국의 중심이라는 곳에서 새로운 공기가 만들어졌대.
　　지금 숨을 쉬니까 마음에 들어. 알고 숨을 쉬니까 마음에 들어.
　　사실은 내가 내 몸을 너무 보잘것없이 만들어 놓아서 좀 위장하고 있어.
　　(뼈만 남은 자신의 몸에 대한) 아무도 내게 관심 안 보이게 말이야.

무시공 - 응. 그래. 그럼 지금 공기하고 대화한 거 상상 못 한 일이 이뤄지고 있지?
오함 - 응.

무시공 - 너는 지금까지 도 닦는 목적이 뭐야? 이때까지 무엇을 기다리고 있었어?
오함 - 극락의 세상, 지구에서 만들어진 새로운 세상.

무시공 - 그게 어디서 만들어지고 있어?

오함 - 아…. 여기 내가 있는 곳을 만들 수 있었는데.

인간 사는 걸 보면 솔직히 인도는 아니야. 거기 대한민국…. 거기일 거야, 공기는 거짓말 안 해. 거기서부터니까 여기 인도도 된다는 거지?

무시공 - 당연하지. 지구 전체도 바뀌고, 우주도 바꾼다. 믿나?

오함 - 그렇지. 그래야지.

무시공 - 그래서 대한민국 대전이야. 네가 말하는 그 공기가 말하는 십(+)자 합하는 자리. 한국 사람말로 십승지야. 거기 새로운 지구중심지, 우주중심지라고.

거기서 새로운 생명이 탄생해. 이 우주에서 없는 새로운 생명. 그 생명은 영원히 살아. 생로병사도 없어져. 믿음이 가?

오함 - 그래.

무시공 - 그럼 물어보자. 너 1,200살 살면서 이런 변화 이뤄지겠다는 거 알고 있었어, 몰랐어?

오함 - 이런 변화는 상상 못 했어.

무시공 - 그럼 너는 긍정마음이 얼마나 되는 것 같아? 물어보자.

오함 - 많아도 90%는 안될 것 같은데?

무시공 - 그럼 얼마 된 것 같아?

오함 - 89%? 하하하하.

무시공 - 그럼 됐어. 우리는 이제 너한테 비밀을 밝혔는데…. 너도 이야기해봐. 순간이동하는 능력 있어 없어? 순간 인도에서 대한민국 대전에 올 수 있어 없어?

오함 - 그렇게는 못 가고.

무시공 - 그럼 어떻게 올 수 있어, 비행기 타고 와야 하나, 무슨 방법으로 올 수 있어?

오함 - 내가 잘될 때는 너무 빨리 가서 몸이 안 보일 때도 있어. 그렇게 간다고 해도 시간이 걸리지.

무시공 - 그러니까 중간에 좀 쉬면서 가야 하나, 한 번에 못 오지?

오함 - 응.

무시공 - 그럼 인도에서 한국까지 온다면 시간 얼마나 걸려, 며칠 걸려? 비행기 안 타도 되지?

오함 - 안 타도 돼, 비행기가 날 태워주려나 몰라.

무시공 - 너 그저 순간이동 방식으로 육지로 와야 하잖아. 맞지?
인도에서 중국 동부를 통해서 한반도 이쪽으로 와야겠네. 바다로 직접 못 건너와?

오함 - 응, 우리 인도에서는 배로 어떻게 할 수 있을까,
뭔가를 위조하던가. 또는 내 친구 거라도 빌려서 갈 수 있지. 친구 신분 중이라든가.
아니면 이 동네 사람 것을 빌려서 갈 수 있는데 어디 그쪽 대한민국에 가면 안 통하겠지.
문명국에 가면 나의 신분이라든가. 그런 게 안 통할 수 있잖아.
그러니까 내가 마음 편하게 가려면 그냥 내 몸으로 가는 게 나아.

무시공 - 그래. 그냥 와. 우리 여기서 같이 동참하자고, 되지?

오함 - 되지.

무시공 - 너 이제 여기서 살아.

오함 - 나를 받아주기만 한다면.

요상한 괴물 같은 모습을 가진 할아버지라고 놀리지만 않으면.

무시공 - 누가 너를 놀려? 네가 1,000년 동안 수행하며 기다린 얼마나 소중
한 존재인데. 알았지?
여기 대전은 새로운 생명이 탄생하는 곳이고, 다들 서로 도와주고 그렇
게 하고 있다.
오함 - 응. 그렇게 알아줄까?

무시공 - 그럼 안 알아주려면 우리가 뭐 하러 너 찾아?
오함 - 그래. 고마워.

무시공 - 너 꼭 올 수 있지? 찾아올 수 있지? 대한민국 대전의 무시공생명
훈련센터.
오함 - 알았어.

무시공 - 우리 뭐 숨길 필요도 없다. 도인들이 모두 몰려들어야지. 인간들
도 몰려들고.
그리고 우리가 정했거든, 2020년 이후에 긍정마음이 60% 이상이 돼야
살아남을 수 있어.
안 그럼 다 도태당해. 그럼 70억 인구 너 한번 짐작해봐. 얼마나 남을 거
같아, 이 지구에서.
오함 - 다 죽잖아. 살아남는 사람 별로 없잖아.

무시공 - 그럴 거 같아?
오함 - 그렇게 예언은 돼있는데 뭐.

무시공 - 그럼 이번에 변하는 건 지구인만 변해, 온 우주가 변해?
오함 - 음. 난 지구만 변하는 줄 알았더니 당신이 그랬잖아. 우주가 변한다고.

무시공 - 우리 공기도 다 바꿨잖아. 공기만 바꿨어? 에너지도 바꿨다.

오함 - 하하하하….

무시공 - 그래서 여기 적응 안 하면 누구도 살아남을 수 없어.
호흡하는 공기는 뭐 때문에 바꿨어? 그럼 원래 산소 마셔야 산다는 거 다 끝났어.
그래서 너도 마침 공기랑 대화하니까 공기 자기도 바뀌었다고 인정하잖아. 맞지?

오함 - 응.

무시공 - 그거 어디서 시작? 대한민국 대전에서 시작이라고.

오함 - 그래 공기는 항상 나한테 거짓말 안 해서 물어봤지. 대화도 하고.

무시공 - 그래.

오함 - 그래. 고마워.

무시공 - 이때까지 1,000년 이상 수련했으면 너 진짜 수많은 고통을 겪어왔잖아. 뭔가 찾으려고?
너 살라면 이제 헛고생 그만해야지.

오함 - 응.

무시공 - 이제 찾았잖아?

오함 - 응. 찾았어.

무시공 - 알았지? 그러니까 너 빨리 뛰어들어라. 또 너도 너 할 역할이 있어. 여기 오면.
너를 통해서 수많은 사람 살릴 수 있다. 알았지? 꼭 와.

오함 - 그래. 먼 여행이고 행복한 여행이 되겠어.

무시공 - 그래 이제 완전히 여기 중심지 와서 살라고. 살면서 같이 우주작
업 해. 알았어?

오함 - 그래.

무시공 - 너 대전 와보면 놀랄 거다.

진짜 새로운 생명이 탄생하고 여기가 진짜 새로운 우주중심지라는 거
확실히 느낄 거야.

아니면 너 거기서 보아도 다 보여. 맞지?

오함 - 응.

무시공 - 우리 찾아올 수 있지? 너 혼자 몸도 포장(변장)할 수 있어?

오함 - 내가 포장의 기술은 잘 못해. 옷으로밖에는. 근데 워낙에 못난 모습
을 보이고 있어서….

무시공 - 사람 속에 나타나기 싫어 그러나?

오함 - 응.

무시공 - 그럼 너 인도에서 산속에서 있어, 어디 있어?

오함 - 인도에서 바깥에는 다니지.

산에도 거처가 있고 산 아래에도 그냥 허름한 거처가 있어. 인간 속에
있는 거처.

무시공 - 인간 속에서도 같이 공존하고 있나?

오함 - 응.

무시공 - 사람들은 너 도인인지 알아 몰라?

오함 - 몰라.

무시공 - 아, 그저 나이 많은 노인처럼 보여주고?

오함 - 응. 그냥 수도하는 사람 정도.

무시공 - 응. 그래. 거기도 있을 수 있으면 대한민국에도 있을 수 있지.
  너 여기 오면 다 바뀐다. 오만 거 다 바뀌어. 알아? 믿어?

오함 - 오만 거 다 바뀌어?

무시공 - 응. 우리는 일체를 다 바꿀 수 있다.
  우리가 너 찾을 줄 생각했어? 안 했어? 그런 예감이 왔어, 안 왔어?

오함 - 사실 잘 몰랐어.

무시공 - 그럼 놀러와. 우리가 너 찾아서 대화하니까 어때, 느낌이 좋아?

오함 - 얼떨떨하고, 또 안 믿을 수도 없는 상황이고. 참 얼떨떨하면서 좋지.
  하하하하.

무시공 - 응…. 그래…. 오늘 이만해. 너 하루빨리 오기를 기다린다.

오함 - 고마워. 고맙습니다.

무시공 - 응.
  백선비한테 말해.
  너도 대전 오라고. 꼭 와야 한다. 알았지?
  대전 이사 와서 우리하고 같이 우주작업 하자고. 수많은 도인들 다 데려
  와서,
  이게 살길이야 알았지?

백선비 - 알았어.

무시공 - 그 도인팀, 너를 도인팀장으로 내세울 거다. 알았지?
  너 아는 도인 대한민국 누구라도 다 끌어와 빨리. 네가 책임져.

백선비 - 그래요.

무시공 - 할 수 있지?
백선비 - 응.

무시공 - 우리는 너한테 맡겼다. 너 우리를 믿고 우리하고 약속 지킨 그대로 하면 너도 열어줄 거다.
상상도 못 하는 수준으로 열어놓을 거야, 알았어?
백선비 - 알겠습니다.

무시공 - 그래. 오늘 이만.

도인 정선 - 인천과 중국의 바다 위에 다리를 만든 존재

무시공 - 인천에서 중국까지 바다에 다리 놓은 도인, 인간 눈에는 안 보이는 다리 놓은 존재.

　　정선, 나타나.

정선 - 네.

무시공 - 올해 나이는?

정선 - 몰라요.

무시공 - 몰라? 너는 지금 인간의 몸을 가지고 있어, 아니면 몸 버리고 영혼으로 있어?

정선 - 영혼으로 있어요.

무시공 - 그럼 인천에서 중국으로 바다에 다리 놓은 거 네가 혼자 놓았나?

정선 - 네, 그럼요 혼자 하지요. 그 정도는.

무시공 - 언제 놓았어? 다리 놓은 시간은 언제야?

정선 - 중국 청나라 때.

무시공 - 청나라 때 언제? 그럼 몇백 년 전이야? 그럼 대충 말해라. 얼마 안 됐네?

정선 - 응, 한 4~500년 됐어요.

무시공 - 그때 너는 영혼 상태로 만든 것 아니라, 살아있는 몸이 세밀하게 변한 상태에서 다리 놨지? 그 다리 놓기 전에 너는 도인이었고?

정선 - 내가 몸이 있을 때 한참 수행이 잘돼서, 인간 몸으로서 투명하게 보일 만큼 잘될 때가 있었어, 그때 나를 스스로 시험하기 위해서 했어.

무시공 - 아, 시험해보려고 다리를 놓아봤나, 살아 가지고 몸이 이미 투명한 상태로 됐을 때.
인간 눈으로 네 몸을 못 볼 정도일 때, 스스로를 시험하려고.

정선 - 응, 인간 세상에서는 인간들이 만져지는 물질이 다리를 만드는 재료가 되지만, 이 다리는 내가 투명한 몸 상태에서 만져지는 물질로 다리를 놨어.

무시공 - 응, 네가 이용하는 물질로?

정선 - 응, 투명한 상태에서 만져지는 물질로.

무시공 - 지금 그 다리 인간은 사용 못 하지?

정선 - 인간들 쓸 수 없을뿐더러, 아예 안 보이지.

무시공 - 그런데 몸이 반투명하면서 인간 몸도 가지고 있는 존재는 그 다리 건널 수 있나?

정선 - 가능할 거야, 특수하게 몸이 투명하거나 반투명한 존재들은 건너갈 수 있고….

무시공 - 완전 투명한 존재들은 그런 거 필요 없지 않나? 날아갈 수도 있는데.

정선 - 그런데 거기서 많이 놀아. 영들도 놀고, 좋다고 해.

무시공 - 그 다리 놓을 때 이미 투명해졌다고 했는데, 인간 몸 안 벗어나도 이미 투명해졌잖아.

지금도 투명한 몸 상태가 지금까지 유지되고 있나, 아니면 또 그 몸도 벗어났나?

정선 - 그 몸도 벗어났어.

무시공 - 벗어나 가지고 지금 이 상태로 돼있다고. 아, 다리 놓을 때의 그 몸도 벗어났다?

정선 - 응, 왜냐면 그때는 좀 왔다 갔다 했지. 반투명이었다가 완전히 투명하게 됐다가.
또 어떨 때는 인간들도 보이는 그 몸으로 무리 속에 있을 때도 있고.

무시공 - 지금은 인간 눈에 완전히 안 보이지?

정선 - 응, 안 보여.

무시공 - 그럼 네가 일부러 인간 눈에 보이게 하려면 할 수 있어 없어?

정선 - 보일 수는 있어, 잠깐. 아주 잠깐.

무시공 - 그럼, 네가 보여주겠다고 하면 보여줄 수 있잖아?

정선 - 응.

무시공 - 그럼 물어보자, 지금도 다리 놓는 그런 능력 가지고 있지?

정선 - 몰라, 그 이후로 지금까지 안 해봤는데, 또 그럴 필요가 없으니까.

무시공 - 그래, 알아. 그때 반투명 상태, 그 상태로도 그런 다리를 놓을 수 있는데,
지금은 능력이 더 커야 하지 않나, 힘이 더 강해야 하지 않나?

정선 - 글쎄, 힘이 필요 없어서….

무시공 - 네 마음의 힘이잖아.

그때는 인천에서 중국까지 거리도 상당히 먼데. 다리 놓는 데 시간 얼마나 걸렸어?

정선 - 처음에 더디다가 점점 빨라졌는데, 한 달 정도 걸린 것 같아.

무시공 - 그래, 알았다. 대한민국 대전에서 우주중심지 건설한다는 소식 알고 있지?

정선 - 네.

무시공 - 그런데 왜 너는 안 와 봐? 적극적으로 참여 안 해? 소문 듣고도 본체만체했나?

정선 - 본체만체하긴요, 기다렸지요.

무시공 - 진짜인가, 이날 기다렸어, 이날이 올 줄 알았어?

정선 - 네, 알고 기다렸어요.

무시공 - 그래, 어쨌든 간에 고맙다.

이제야 우리 지구 대전에서 17년 만에 겨우 100명 모여가지고 어설프게 공부하고 있어.

그리고 이제는 한국에 도인들을 끄집어내 가지고 이 공부 하도록 하고 있고, 천년만년 도 닦고 수많은 고통 겪으며 이날을 기다렸으니까.

우리가 앞장서서 모델 역할도 하고 리더 역할도 해야 돼. 그래야 한국 사람들이 깨어나지.

외국에도 수많은 도인 있잖아, 하지만 우리가 한국에서 시작하는데 외국에서 먼저 다가오면 이 자리 뺏기잖아. 그러면 억울하지 않나?

그러니 너희가 이 중심자리 지키라고, 본때를 보이라고.

우리가 많은 도인을 찾고 대화하고 데리고 와서 다들 시작했어, 지금.

먼저 대한민국 도인들 골짜기골짜기 곳곳에 숨어있는 걸 다 파냈다. 믿나?

너도 찾아낼 줄 상상도 못 했지?

정선 - 그러니까…. 나까지 찾아내고.

무시공 - 누가 너를 찾아내, 우리는 우주 끝에 있는 존재도 다 찾아내. 믿어
안 믿어?

정선 - 응, 믿어.

무시공 - 그래서 이 공부 절대로 놓치지 마. 어영부영하다가 남한테 뺏긴다.
지금 중국도 많은 도인 있는 거 너도 알잖아.
처음에 한국에 도인 누가 있는지 잘 몰라서 먼저 중국에서 한국도인 찾
아서 거기서부터 찾기 시작했어.
계속 찾아가지고 한국 도인들 가득 채워놓은 다음에 외국 도인들에게
소문 알리려고. 알았지?

정선 - 응, 알았어.

무시공 - 그래 너희 일체 능력을 다 발휘하고 단단히 중심자리 지키라고, 알
았어?

정선 - 네, 알았습니다.

무시공 - 지구에서 대한민국 아주 작지만 여기서 새로운 우주 시작한다고!
우주에 최고 무극자리 100억 조 광년에 대한민국 우주가 있어.
그 대표와 무극의 최고 존재들 다 대전에 와서 여기서 새로 시작한다고.
자기도 원래 우주가 완벽하지 않다는 걸 인정했어. 안 그러면 저들이 여
기 오겠나?
그들 다 오는데 대한민국에 있는 우리가 참여 안 하면 안 되지.
그래서 내가 너희 찾는 거다.
어찌 됐든 간에 너도 그동안 대한민국을 지키려고 큰 공 세웠잖아. 맞지.

정선 - 맞지.

무시공 - 너는 아직 우리 공부 뜻을 잘 모르니 간단히 설명해줄게.

우리는 일원심 지키고 절대긍정마음 있는 존재만 인정해.

그러니 일원심 지키는 게 진짜 생명이야, 이 생명 깨어나면 영원히 우주하고 하나 돼.

무시공우주는 영원히 존재해, 그럼 우린 무시공생명이야, 우주하고 같은 존재가 돼.

그러면 영원히 영원히 생로병사를 벗어나, 도 닦을 필요도, 수행할 필요도 아무것도 없어.

지금부터 우주 작업하는 거야.

그리고 이원념, 좋고 나쁜 것 가르는 마음을 가지고 있는 것은 이원념 영체라고 해.

그런 생명은 인정 안 한다.

그래서 지금 짧은 시간에 이런 영체를 깨우쳐 가지고 빨리 생명을 찾아서 그 자리를 굳건히 지키라는 거야, 영체는 무조건 삭제. 우리 여태까지 그 작업 해왔어.

한국은 엄청 밝잖아, 북한은 아주 어두웠어.

영체가 자리 잡으니까 어둡지, 그래서 요새는 한반도 전체를 밝게 해 북한까지, 그다음에 온 지구를 밝게 하는 거다. 한반도에서 시작해서 말이야.

한반도도 처음엔 38선 남쪽만 밝았던 거야.

제주도부터 시작해서 저 북한 압록강에서 동북쪽으로 러시아 경계 그 이상까지 밝게 해 봐, 그럼 북한 백성들도 다 깨어난다, 알았지?

이제부터 2020년에는 지구에 영원히 평화가 와, 전쟁 철저히 없애. 알았어?

나중에 각 나라 무기도 다 없앨 거다.

정선 - 좀 얼룩덜룩하지만, 많이 밝아졌어.

무시공 - 응 그래, 그리고 이거는 네게 맡겼다.

그리고 끝까지 지켜봐 책임지고, 이 일 처리한 다음에 너는 항상 우리 곁에 있어.

우리하고 우주작업에 생명 내걸고 뛰어들자고, 알았지?

정선 - 응 알았어.

무시공 - 그래 고맙다. 그리고 한반도에 살아있는 능력 있는 도인들 소개해 주고.

너처럼 몸을 벗어난 후에도 능력 있는 존재도 좋고, 진짜 수련해 가지고 몸이 자동으로 변화된 거, 다 좋아.

너는 인간 몸으로 억지로 벗어난 게 아니고 몸을 변화시킨 후에 벗어났 잖아. 맞지?

정선 - 응, 몸을 변화시킨 후에 거기서 또 벗어나왔지.

무시공 - 응, 그러게 말이야, 그러니 네게 그런 힘이 있다고.

보통 영혼은 몸에서 분리돼서 나왔으면 힘이 없다고. 너도 알잖아.

정선 - 그렇지, 맞아.

매향, 사향 두 사람 소개할게. 나 같이 몸 벗어난 존재야. 살아있는 존재 는 모르겠어.

무시공 - 그래, 이제는 대전에 같이 모여 공부해.

정선 - 한반도 밝은 것도 지키면서 여기서 공부하라는 말이지.

무시공 - 그래, 네게 이 일 맡겼다, 멋지게 잘해봐. 고맙다.

정선 - 알았어, 정말 고마워.

관악산 도인 우정청과
그 가족의 부활 훈련

교통사고로 세 식구가 모두 죽은 최하나(딸), 안수진(최하나 엄마), 최한순(최하나 아빠)과의 대화, 그리고 부활 훈련 -

무시공 - 우정청 나타나.
우정청 - 나타났어.

무시공 - 올해 나이가 몇 살이야?
우정청 - 800살.

무시공 - 지금 어디 있어?
우정청 - 서울. 관악산에 있어.

무시공 - 너는 지금 영혼으로 있어? 아직 몸 세밀하게 가지고 있어?
우정청 - 몸 가지고 있어.

무시공 - 인간 눈에 보이게도 할 수 있어?
우정청 - 응, 인간 눈에 보이게 할 수도 있어.

무시공 - 아~ 그럼 인간 눈에 안 보이게 할 수도, 보이게 할 수도 있다는 거네?
우정청 - 응.

무시공 - 계속 보이게 하려고 연습 안 해봤어?

우정청 - 연습은 해봤는데 잘 안 돼, 안 보이게 하는 게 편하기도 하고.

무시공 - 왜? 인간에게 보이면 안 되나?

우정청 - 보이면 자유롭지 못하니까.

무시공 - 응, 알겠다. 지금 이 세상에 무슨 변화 있는 거 알고 있어?

우정청 - 전 세계 사람들이 울부짖는 소리가 들려.

무시공 - 대전에서 뭐 하는지 알아?

우정청 - 도인들이 모이고 있어.

무시공 - 너는 여기 올래, 안 올래, 관심 없어?

우정청 - 관심 있어. 갈 거야.

무시공 - 그래.

우정청 - 그런데, 시간을 좀 두고 갈 거야.

무시공 - 왜?

우정청 - 서울에 있는 내 가족을 지켜야 하기 때문에.

무시공 - 무슨 가족? 인간으로 사는 가족? 아니면 너희 도인 가족?

우정청 - 내 딸이 환생했어.

무시공 - 환생? 몇 살인데?

우정청 - 딸 아직 어려, 5살이야.

무시공 - 딸이 지금 5살인데 환생했다고? 예전에 너랑 같이 있었던 딸이야?

우정청 - 응.

무시공 - 그럼 지금은 환생해서 다른 집 어린아이야? 그 아이는 열려있어?
우정청 - 지금도 계속 나와 통하는 게 있어.

무시공 - 딸은 모르지?
우정청 - 응 몰라. 아직은 통하는데, 곧 끊어질 거 같아.

무시공 - 왜? 막혀서? 지금은 아직 열려있지?
우정청 - 응. 아직은 열려있는데, 곧 막힐 것 같아. 흐름이 그래.

무시공 - 딸 하나만 있어? 가족 하나 지키기 위해서 거기 있는 거야?
우정청 - 지금 세상이 바뀌고 있어. 그래서 딸을 지켜줘야 해.

무시공 - 세상 바뀌면 한국도 바뀌고 있는 거 같아? 한국에 무슨 일이 있는
데?
우정청 - 다른 건 모르겠고, 공기가 달라졌어.

무시공 - 공기가 달라졌는지 알아?
우정청 - 응, 며칠 전부터 피부가 갑갑하게 느껴져.

무시공 - 피부가 갑갑하다니…. 그럼 네 생각에 에너지도 바뀐 것 같아, 어
때?
우정청 - 바뀐 거 같아. 그런데 지금 당신이 말하기 전까진 몰랐어.

무시공 - 우리가 공기와 에너지를 다 바꿨어. 대전에서 바꿨다고.
지구만 바뀐 게 아니고 온 우주가 다 바뀌었어.
여기 대전 무시공공부 안 받아들이면 너의 딸도, 누구도 아무리 지켜도

소용없어.

네가 먼저 와서 이 공부 받아들여야, 네 딸 구하는 방법을 알 수 있어. 알아?

우정청 - 응.

무시공 - 이 세상 지구 표면의 70억 인구는 아직 공기가 바뀌고, 에너지가 바뀐 거 그 누구도 몰라.

너 같은 도인처럼 깨어난 존재들만 몸이 세밀하고 예민하니까 좀 알아. 맞지?

얼마 안 되면 지구인들 살아남은 존재 얼마 안 돼. 너도 그런 징조가 보여?

우정청 - 응, 보여.

무시공 - 그 집에 태어난 딸의 부모 알아?

우정청 - 성만 알아.

무시공 - 성만 알아? 성을 알 수 있으면 다 아는 거네. 그 딸 이름은 알아?

우정청 - 응.

무시공 - 딸 이름 말해, 우리가 찾아서 보여줄게. 딸 이름 뭐야?

우정청 - 최하나.

무시공 - 이름도 좋게 지었네. 최고의 하나라는 뜻. 아버지 이름이 최 씨네, 엄마 이름은?

우정청 - 엄마는 안 씨.

무시공 - 안 씨. 안 씨가 참 좋다. 이름은 몰라?

우정청 - 이름은 몰라.

무시공 - 아 그럼 됐어. 우리가 너 대신 찾을게. 우리가 어떻게 찾는지 구경 해봐.

최하나. 5살 아이 엄마 나타나. 영인가, 실체인가? 실체 나타나서 실체하 고 대화해.

영하고 실체하고 분간할 줄 알잖아. 실체 나타나라고 해.

우정청 - 아이 엄마가 약간 허상인 것 같아.

무시공 - 허상 같아? 그럼 영혼 나타나라고 해. 영혼하고 대화해.

우정청 - 응, 나타났어.

무시공 - 이름 뭐야?

안수진 - 안수진.

무시공 - 너 지금 몸은 죽었나? 신랑 이름은?

안수진 - 나는 죽었어. 신랑 이름은 기억이 안 나.

무시공 - 차 사고로?

안수진 - 응. 차 사고로.

무시공 - 내 느낌도 차 사고로 그런 거 같은데, 언제 그랬어?

안수진 - 3년 정도 됐어.

무시공 - 그럼 네 딸은 어디에 있어?

안수진 - 아빠와 같이 있어.

무시공 - 아빠 이름은 모르고? 최 뭐야?

안수진 - 최한순.

무시공 - 그는 지금 뭐 하는데, 직장 다녀?

안수진 - 직장. 막노동 같아.

무시공 - 나이는 얼마나 돼? 30대 정도?

안수진 - 응.

무시공 - 너는 어떻게 차 사고 났어? 너 딸 이름이 최하나 맞아? 5살이고?

안수진 - 응.

무시공 - 그 딸 돌보고 있어?

안수진 - 응. 돌보고 있어.

무시공 - 너는 지금 몸이 없으니까 힘이 하나도 없지?

안수진 - 응. 없어.

무시공 - 힘 키우는 방법 알아? 방법 알려줄까?

안수진 - 응. 알려주면 정말 좋지.

무시공 - 대전 알지? 대전 와서 공부해.
  대전에 무시공생명훈련센터 있잖아. 공부하면 네 몸이 다시 살아난다.
  그 몸 찾으면 너의 영원한 생명이 살아난다. 차 사고 같은 거 안 나야 해.
  차 사고 난 건, 너 안에 부정마음이 많아서 그래. 알았지?
  여기 오면 새로 영원히 사는 생명 찾을 수 있어. 알았지?

안수진 - 응. 알겠어.

무시공 - 당장 대전에 가. 그럼 너도 살고 네 딸도 산다.
  딸은 우리가 찾아서 이 공부 받아들이게 할 거다. 알았지?

안수진 - 응.

무시공 - 그럼 지금 너 한번 실험해보자.

지금 네 눈에 보이는 물건 종이 한 장이라도 손에 들어봐. 움직이나.

그런 힘이 있나 보자. 손으로 종이 한 장이라도 움직일 수 있어? 쥘 수 있어?

옆에 있는 종이로 연습해봐. 네가 된다고 하면 돼.

'나는 쥘 수 있다! 움직일 수 있다.' 하고 손으로 쥐어봐. 종이가 움직이나, 안 움직이나 확인해봐. 돼, 안 돼?

안수진 - 해보는데… 잘 안 돼.

무시공 - 잘 안 돼? 자신감 있게 '난 꼭 쥘 수 있어. 꼭 종이를 움직일 수 있다.' 그리 마음먹고 움직여봐.

안수진 - 응.

무시공 - 너는 죽었다고 생각하지만, 우리 만나면 살아나. 새로 살아나고 있어. 알았어?

안수진 - 응.

무시공 - '내 손에 있는 종이는 무조건 쥐어서 움직인다.' 그리 마음먹고 해 봐. 아까보다 힘이 생긴 느낌 있어, 없어?

안수진 - 좀 생겼어.

무시공 - 지금 돼? 움직이는 느낌은?

안수진 - 움직이는 느낌은 없고 잡히는 느낌은 있어.

무시공 - 그럼 지금 움직여봐. 잡아놓고 움직여. 너는 할 수 있어.

'몸은 없어도 세밀한 공간의 몸은 힘이 생기고 있다. 그 몸의 힘은 더 강하다.'라고 생각하면서 해 봐. 내 말 듣고 한번 해봐.

그게 너를 살리는 방법이다. 열심히 해. 너 우리 시키는 대로 하면 부활

한다. 알겠어?

안수진 - 응.

무시공 - 이제 이 세상에 새로 윤회 안 해도, 안 태어나도 생명이 살아난다.

대전 와서 열심히 공부하고 긍정 마음만 키우면 된다.

아까보다 힘이 생기는 느낌. 있어, 없어?

안수진 - 힘이 생겼어.

무시공 - 그렇지. 그럼 지금 열심히 움직여봐. 네 몸에 무한대로 힘이 생겨

나고 있다.

조금씩 한 번 움직여봐. 당당하게. 우리하고 대화하고 있는 이 순간에 힘

이 생겨나고 있어. 네 느낌에 힘이 생겨, 안 생겨?

안수진 - 생겨.

무시공 - 그럼 지금 한 번 움직여봐.

안수진 - 천천히 조금씩 움직여.

무시공 - 그럼 됐어. 네 생명을 살리는 거다.

지금 너의 영혼은 이원념으로 된 영혼이야. 그래서 힘이 없어.

네가 살아있을 때 이 몸에 의지해서 살았어. 그럼 이 몸을 벗어나면 네

영혼은 허상인 거와 같아. 그림자하고 같아. 아무 힘도 없어.

이제 우리가 시키는 공부 받아들이면 새로 살아나.

더욱 세밀한 공간의 일원심으로 된 새로운 생명으로.

일원심을 지키면 일원심 몸이 만들어져. 그 힘은 우주 힘이야. 새로 부

활한다.

너는 지금까지 진짜 너의 생명이 뭔지 몰라서 이 상태로 돼있었어.

네가 바뀌지 않으면 나중에 이 상태 그대로 없어져. 너도 느껴지지?

안수진 - 느껴져.

무시공 - 너도 지금 그 상태로 있으면 괴롭지?

안수진 - 응.

무시공 - 그러니까. 얼마 안 있으면 네 영혼도 함께 없어져 버린다.
　그래서 살려면 빨리 대전에 와서 이 공부해야 해. 무슨 공부하는지 알려
　줄게.
　너도 다 볼 수 있을 거야.
　센터에 있는 책도 읽고, 그리고 제일 빠른 방법은 비. 공. 선. 지. 특(비결,
　공식, 선언, 지침, 특징)이라고 이것만 자꾸 외우면 네 생명이 살아나. 원래
　영혼이 바뀌어. 네 힘이 무한대로 커진다. 알았어?

안수진 - 응.

무시공 - 그리고 네 딸. 원래(전생의) 아빠는 도를 닦은 우정청이라는 사람이야.
　그는 관악산에 있어. 나이가 800살이고, 딸을 지킨다고 대전에 못 온대.
　그래서 왜 그런지 파헤쳐 보니까 너희 가족에게 이런 일이 있었다는 걸
　알게 됐어.

안수진 - 알고 있어.

무시공 - 알고 있었어?

안수진 - 응. 본 적은 없고 내 딸을 다른 이가 지키고 있다는 거, 느낌이 있
　었어.

무시공 - 살아있을 때? 지금?

안수진 - 살아있을 때도. 지금도.

무시공 - 그럼 됐다. 깊은 인연이 있어서 너희를 만나게 됐어.
　너처럼 떠도는 영혼들도 많잖아. 다른 사람 다 사라지고, 없어지고 있어.
　너도 그걸 느끼지?

안수진 - 응.

무시공 - 너 빨리 대전에 와라. 그럼 너도 살고 네 딸도 산다.
　딸 마음 움직여서 이 공부 받아들이게 해. 신랑한테도 알려줘. 알았지?
안수진 - 응.

무시공 - 그래. 너 힘도 자꾸 연습해야 해.
　종이도 움직여 보고, 나무 이파리도 움직여 보고, 손에 쥐어서 당겨보기
　도 하고.
　그다음에 조금 힘이 생겼다 싶으면 돌멩이도 주워보고.
　그럼 힘이 자꾸 커져. 그럼 새로 살아난다. 그게 부활이야. 알았지?
안수진 - 응.

무시공 - 또 마침 네 성이 '안 씨'라 해서 더 반갑다. 너 꼭 살아난다. 알았
　지?
안수진 - 응, 알겠어.

무시공 - 한국 대전에 수많은 도인들 모이는 거 보여, 안 보여?
　수많은 생명들 모여들어, 여기에 살길이 있기 때문에. 그리 보이지?
안수진 - 잘 보이진 않아.

무시공 - 잘 안 보여? 너는 이원념에 너무 빠져서 눈이 막혀 있다.
　거기 오면 눈이 다 열린다. 거기는 너무 깨끗하고 빛이 강해서 네 몸을
　바꾸고 있어, 알았어?
안수진 - 응, 알겠어.

무시공 - 나중에 시간 있으면 우리 또 너 찾아서 대화할 수도 있다.
안수진 - 응.

무시공 - 그래. 그럼 이제 최한순 나타나라고 해, 실체 나타나.

(영혼 상태로 있어)

그럼 영혼과 대화. 너도 차 사고로 죽었어?

최한순 - 응. 같이 죽었어.

무시공 - 그럼 네 딸은 어디 있어? 누가 돌봐?

최한순 - 옛날(전생)에 애 아빠가 돌보고 있어. 나 말고, 내가 낳긴 했는데….

무시공 - 그럼 다른 집에서 키우고 있는 거야?

최한순 - 사람이 보살피는 게 아니고, 나도 그날 가족과 함께 죽었어.

지금 돌보고 있는 존재는….

무시공 - 다른 존재야? 우정청이라는, 전생의 아빠라는 존재가 보살피고 있나?

그럼 눈으로 안 보일 수도 있겠네.

그러면 그 아이 찾아봐. 아이 나타나라고 해. 최하나.

최하나 - 나타났어.

무시공 - 너 지금 어디에 있어? 누가 너를 돌보고 있어?

최하나 - 엄마 한 명과 아빠 두 명이 나를 봐줘.

무시공 - 할머니, 할아버지는 없어?

최하나 - 없어.

무시공 - 그럼 지금 고아원에 있어?

최하나 - 아니. 집에.

무시공 - 집은 어디인데? 집에 너 혼자 있어?

최하나 - 같이 살아, 아빠랑 엄마랑 살고. 다른 아빠가 왔다 갔다 해.

무시공 - 그럼 너희 세 식구 다 죽었나? 영혼 확인해봐.

최하나 - 죽었어.

무시공 - 차 사고로 다 죽었구나. 그럼 됐다.

  이제 우정청, 다시 대화하자.

  도 닦으면서 식구도 하나 못 지켰어. 곁에서 우리 지금 대화하는 거 다 봤지?

우정청 - 응. 봤어.

무시공 - 다 죽어있다, 다 영혼으로 돼있어.

우정청 - 맞아.

무시공 - 그런데 너는 왜 그들이 살아있다고 했어?

  그러면 네가 다 데리고 대전에 오면 되잖아.

우정청 - 딸은 살아있다고 생각해.

무시공 - 보니까 세 식구 모두 다 죽었어, 딸이 그렇잖아. 아빠 둘, 엄마 한 명이 자기하고 같이 산다고.

  그럼 아빠가 너하고, 최한순 둘을 말하는 거잖아, 맞아, 안 맞아? 다시 확인해봐.

  그럼 이제 너 거기 있을 필요 없다.

  딸 데리고 대전 와서 공부하면 같이 변한다. 알았어?

우정청 - 응, 알았어.

무시공 - 그렇게 할 수 있지?

우정청 - 데려오진 못해. 아빠는 아직 죽은 줄 몰라.

무시공 - 네가 몰랐어?

우정청 - 아니. 가족들이 아직 몰라. 나는 그들 사고 날 때도 다 봐서 아는
데….

무시공 - 그런데? 3명 다 죽어서 몸은 없어졌잖아.

우정청 - 엄마는 자기가 죽은 줄 알고 있었는데, 아빠랑 딸은 모르니까 엄마
가 계속 지키고 있었어.

무시공 - 우리가 확인한 결과, 3명 다 죽었어. 그래서 안수진에게 말했어. 대
전에 오라고.

이 공부하면 새로 힘도 생기고 살아난다고.

우정청 너, 딸의 아빠 최한순하고 만나서 얘기할 수 있지?

대전에 와서 이 공부하면 새로 부활해.

딸의 엄마 안수진에게 실험해봤어. 종이 만져보라고 했는데 처음에는 못
움직여.

자꾸 힘 생기게 도와주니까 종이도 움직이고 그래.

그러니까 새로 살아난다고. 이제 윤회 안 해도 된다.

그러니 너, 딸한테도 연습시켜. 자꾸자꾸 연습하면서 공부하고 그럼 되
잖아.

도인이 몇백 년 동안 도 닦았는데도 아직 사람 죽었는지 살았는지도 왜
파악 못 해?

우정청 - 가족들 스스로가 죽은 줄 몰랐다고 생각했어.

마음이 많이 다친 것 같아서 전해줄 수가 없었고….

무시공 - 오늘 너 무슨 힘 있는지 확인해보고, 네 힘으로 그 가족 도와준다
면 다 도와줄 수 있어. 내가 시키는 대로 하면 돼.

너 지금 관악산 안에 있지? 산에 있는 바위 하나 깨봐. 최선을 다해서 깨봐.

우정청 - 응, 된다. 쉽네.

무시공 - 쉬워? 그래. 그래. 너는 충분히 된다.

너 아직 그런 도력 많이 있어. 너는 이제 세 식구 훈련시키면 된다.

특별히 대전에 와서 공부시켜. 같이 공부하고 훈련하면 돼.

지금 너 시킨 데로 할 수 있어, 없어?

우정청 - 할 수 있어. 할게.

태극, 강산, 편백의 부활 훈련

무시공 - 태극 나타나, 1,400살 도인 실체 나타나.
태극 - 네.

무시공 - 영 아니지, 실체 맞아?
태극 - 네.

무시공 - 바위 같은 거 해체할 때, 지금은 어때, 순간에 되나? 힘이 옛날보다 커지고 있어?
태극 - 네. 힘이 커져요. 순간은 아니고, 조금 시간이 걸려요.

무시공 - 얼마나 걸리는 것 같아?
태극 - 어떨 때는 세 번만에도 되고요. 어떨 때는 더 해야 될 때도 있습니다.

무시공 - 처음 할 때하고 지금하고 비교하면 힘이 자꾸 강해지고 있지?
태극 - 네. 맞아요.

무시공 - 그리고 지금 우리가 뭐 하는지 다 알지? 많은 도인이 너처럼 대전에 모이고 있잖아.
태극 - 네.

무시공 - 그중에, 너보다 힘이 강해서 물질 바위를 순간에 해체하는 그런 존재 한번 소개해봐.
너희 같이 연습하다 보면 그런 존재들 보이잖아. 대전에서 다 같이 연습하고 있잖아.

에너지 빼고 반물질 빼서 진공상태 되면 순간에 무너져버리는, 너 그 방법 쓰고 있는 거 맞지? 계속 그리하라고.

그래, 그중에 누가 제일 강한 것 같아?

태극 - 네, 같이 연습하는 존재 중에….

혹시 강산이라는 존재도 있어요? 직접 훈련시켰는지 안 시켰는지 모르겠지만.

무시공 - 강산 너 봤어?

태극 - 강산이라는 존재가. 네.

무시공 - 있을 것도 같은데, 많은 사람들을 찾아서 기억이 안 난다. 그 사람 나이가 얼마라고 해?

태극 - 어. 나이가. 좀 물어볼게요. 이 사람도 1,400살 정도 된데요. 아직 훈련시키지 않은 존재들도 많이 와있네요.

무시공 - 그래. 우리 이렇게 계속하니까 자꾸 다가오고 있어.

태극 - 네.

무시공 - 강산에게 물어보지. 우리가 찾은 적이 있나?

태극 - 직접적으로 나한테 뭘 알려주거나 나를 찾거나 그런 거는 없는데.

무시공 - 혼자 그렇게 연습했데?

태극 - 네. 동료들하고 이야기하는 거 같이 듣고, 그리고 스스로 찾아와서 연습(훈련)하고 있는데요.

무시공 - 응. 그럼 우리 강산 직접 나타나라 해서 물어보자.

태극 - 네.

무시공 - 너 바위를 순간에 해체시킬 수 있어?

강산 - 네. 잘되는 것 같아요.

무시공 - 바위 어떻게 해체하는지 알잖아.

강산 - 네.

무시공 - 그 안에 에너지를 빼고 반물질을 계속 빼다 보면 안이 진공 상태가 돼.

그러면 껍질 바위 형태가 무너져서 없어진다는 거. 가라앉아버려. 맞지?

강산 - 네네. 잘되니까 재미있다는 느낌이 들어요.

무시공 - 그렇지 자꾸자꾸 하면 강해진다.

그럼 오늘 이제 태극하고 강산 너희 둘하고, 오늘 또 한 사람 편백이라고 나이가 100억 조 살인데, 그 존재 너희 눈에 안 보일 수도 있어.

너무 높은 차원에 있어서. 이제 셋이 같이 훈련하면서 작업해보자. 알았지?

강산 - 네. 같이하면 잘될 것 같은 느낌.

무시공 - 이제 우리 낮은 차원 높은 차원 서로 힘 합해서 훈련하는 거다.

그러면 서로 도움이 되잖아.

강산 - 네.

무시공 - 이제 한국 대전에도 100억 조 살 나이 먹은 존재 지금 많이 모이고 있다. 알았지?

강산 - 네.

무시공 - 그 나이 정도면 전부 다 무극 이상의 존재야. 어떤 존재는 완전히 무시공존재라고. 지금 다 모여들고 있다.

강산 - 네.

무시공 - 지금 이제 한번 봐봐. 편백도 나타나. 다 실체 나타나.
편백 - 네. 나왔어요.

무시공 - 그래. 어쩌면 태극과 강산은 너를 못 보지만 너는 다 보일 거다. 맞지?

나중에 서로 같이 훈련하면 다 같은 차원으로 올라간다.
편백, 태극, 강산 - 네, 알겠습니다.

미래의 불안이 두려움의 주인

지금 현재에 집중하면서 행복하고 즐겁게, 그리고 그것이 계속 이어지면 미래야, 그러면 미래도 이 안에 다 있잖아.

실제로 우리가 이 자리에 앉아있지만, 단 1분 1초도 그 자리에 가만히 안 있었어.

지금 이 시간이 이미 과거도 됐고 미래도 다가오고 있다고, 그럼 현실만 지키면 되잖아.

현실만 즐겁게 살면 그리고 그것이 계속 이어지고 이어져서 미래도 다 현실처럼 그렇게 행복해.

그것이 바로 내가 창조한 거야!

보통 인간은 현실에서도 계속 미래에 대해 생각해, 미래는 아직 오지도 않았는데 미래를 보니까 내내 불안하고, 어떻게 살아야 하나 고민하고.

그리고 또 미래만 생각하나? 지나간 것도 생각해, 내가 완벽하게 해야 했는데 왜 그렇게 못했나 하며 계속 스스로를 원망하고 불안하게 만들어.

지금 이렇게 가만히 있어도 시간은 계속 움직이고 있잖아, 그럼 나는 안 움직이면 되지, 나는 지금만 즐거우면 돼, 지금 술 마시고 춤추고 노래하고 (자기가 좋아하는 것, 하고 싶은 것 하며 즐겁게 살라) 그러면 되는 걸 가지고, 그러면 자동으로 이어져.

그것을 누가 창조했어? 내가 창조한다고! 그러면 세포들이 다 깨어나잖아.

제5장

무시공우주의
대표

무시공우주 대표 울선

끝없는 빛을 통과 후 무시공우주 도착.

무시공생명 - 무시공우주 대표 나오시오.
(한 명 뒤에 많은 존재가 나타난다)

무시공생명 - (그 한 명에게 물어본다) 네 이름이 뭔가?
울선 - 내 이름은 울선.

무시공생명 - 네가 여기 대표인가?
울선 - 네 대표라고 할 수 있다.

무시공생명 - 여기 우주 이름은?
울선 - 퐁데오 우주.

무시공생명 - 그 우주와 다른 우주와 차이점은?
울선 - 어떤 우주와 다르다는 거죠?

무시공생명 - 그럼, 다시 물어보자, 네가 있는 우주 외에 다른 우주 또 있나,
몇 개 있나?
울선 - 5개 우주가 있다.

무시공생명 - 5개 우주 중에 최고 우주가 어떤 것인가, 5개 우주가 같은 수
준에 있는 우주인가, 아니면 층차로 되어있나?

울선 - 층차 없어요.

무시공생명 - 층차 없어? 다 평등해? 그럼 너는 그 다섯 개 중에 하나인가?
울선 - 네, 5개 중에 하나.

무시공생명 - 그럼 4개 우주 이름과 대표 이름 대라.
울선 - 내가 사는 곳은 퐁데오 우주에서 근담이라는 곳, 대표 - 울선,
　　동시대 - 거슨, 우장대 - 슬리머, 중선 - 오선, 사누래 - 검망
　　그런데 이 우주를 꼭 5개로 분류하기보다는 하나라고 봐주면 좋겠다.

무시공생명 - 알았어, 그 하나의 대표는 누구야?
울선 - 나.

무시공생명 - 너야, 알았어. 그럼 이 우주에는 시간과 공간이 없는 우주지?
　　너희 외에 시간 공간이 있는 우주 알아 몰라?
　　곡뱅이라는 존재 아는가?
　　무극 자리에 있는 시간과 공간을 창조한 우주의 최고 존재 알아?
울선 - 알아요.

무시공생명 - 그가 창조한 우주는 시간 공간이 있는 우주, 그것도 알아?
울선 - 알아요.

무시공생명 - 그는 원래 어디 있던 건가? 네가 있는 우주에 있던 것인가?
울선 - 네, 여기 있었어요.

무시공생명 - 그럼 언제 그쪽으로 갔어?
울선 - 언제라는 이야기는 못 하겠어요.

무시공생명 - 그러면 원래 같이 있으면서 자기가 창조하겠다고 했어?

울선 - 같이 있다가 뭔가 새로운 삶을, 새로운 생명을 창조하고 싶다고 했어요.

무시공생명 - 응 그래서 갔나? 그런데 지금은 다시 돌아오려고 하는 거 보이나?

그가 창조한 것, 완벽해 안 해 네가 보기에?

울선 - 내가 평가할 수는 없지만, 그 존재가 다시 돌아온다는 것은 그가 창조한 것이 불완전하기 때문에 돌아온다는 것으로 알고 있어요.

무시공생명 - 돌아온다는 걸 알고 있다고?

울선 - 알고 있어요.

무시공생명 - 언제 돌아올 거 같아?

울선 - 이미 돌아왔다고 생각해요.

무시공생명 - 응 그래.

우리는 누구인 것 같나, 우리가 너 찾을 줄 알았나?

울선 - 가슴이 뜨거워져요. 누군지 모르겠지만, 가슴이 뜨거워져요.

무시공생명 - 그럼 우리가 너 찾을 줄 알았나? 몰랐나?

울선 - 찾을 줄 알았어요.

무시공생명 - 언제부터 어떻게 알았어?

울선 - 느낌으로.

무시공생명 - 느낌으로 알았어? 그럼 네 느낌에 우리 어떤 존재인 거 같나?

울선 - 나와 같은 존재, 가슴이 뜨거워져요.

무시공생명 - 같은 존재? 응 같은 존재라면, 너희와 같이 있었던 존재인가 어떤 존재인가 네가 판단해봐, 느껴봐.

울선 - 하나의 덩어리 같다는 느낌, 그러니까 나를 찾아왔을 거다.

무시공생명 - 그럼 네가 곡뱅이 창조한 우주를 거둘 수 있나?

울선 - 알았어요.

무시공생명 - 할 수 있지?

울선 - 할 수 있어요.

무시공생명 - 내가 실제로 머무는 자리가 지구야, 지구 알아?
시공 우주 맨 밑바닥, 지구라는데 있어, 알아?

울선 - 네…. 거기일 줄은 몰랐어요.

무시공생명 - 내가 이 시공 우주를 거두러 왔어, 곡뱅이 창조한 이 우주를.

울선 - 네….

무시공생명 - 이해가 가?

울선 - 가슴이 아립니다.

무시공생명 - 그래서 우리 같이 힘을 합해서 이 우주를 빨리 거두자고. 수많은 생명들 거기서 고통받고 있는 거 알았으면, 빨리빨리 없애야 하잖아, 완전한 우주로 원래 상태로 돌아오게.
할 수 있지?

울선 - 네, 다시 원상태로 돌아와야지요.

무시공생명 - 그래, 우리가 너를 찾으니까 느낌이 어때, 좋아 나빠?

울선 - 좋고 나쁘고 보다 그냥 자꾸 가슴이 뜨거워요.

무시공생명 - 그러니까 빨리빨리 너도 지구에 와서 최선을 다해서 우리 힘
  내서 하자.
  지구가 이제 새로운 우주중심지다. 원래 무극 곡뱅 있는 자리가 변두리
  가 됐어,
  그래서 새로 이쪽으로 바뀌어 온다고. 너도 한번 느껴봐.
울선 - 아~ 지구가 무극 자리에 딱 맞추어 들어와 있네요.

무시공생명 - 응. 인정하나?
울선 - 네.

무시공생명 - 그러니 이제 빨리빨리 같이 동참해서 빨리 해결하자, 알았지?
울선 - 우리가 당신과 한마음으로 있는 것이 도움 되는 거죠….
  아, 지구로 오라고요?

무시공생명 - 그래, 지구에 같이 와, 우리도 왔는데 뭐. 우리 같이 거두는 작
  업을 하면서 같이 느껴보자.
  지구가 얼마나 낙오하고 얼마나 껍질 밑바닥에서 헤매고 있는가, 우리는
  제일 밑자리에서 거둬, 제일 밑바닥의 지구를 무극자리로 만들고 원래
  무극 곡뱅 있는 자리를 거꾸로 변두리가 되도록 했어. 지금 그런 현상
  맞나?
울선 - 맞아요.

무시공생명 - 응. 이제 이쪽(무극자리가 된 지구)으로 빨려 들어온다고 전부 다,
  맞지?
울선 - 무극에서 우리가 좀 더 바뀌면, 하나로 합하면 되는군요.

무시공생명 - 응 그래, 그래서 우리가 기초 다 닦아놓고 너를 찾는 거다.
  힘든 일 우리가 할게, 그리고 해내야지.

울선 - 잘했어요.

무시공생명 - 최선 다할 수 있지? 다 동원하고.
울선 - 네.

무시공생명 - 그래, 고맙다.

무시공의 파로, 펑샤, 베타 등
시공우주의 뿌리 삭제

무시공 - 누가 계속 어떤 ○○ 존재를 조절하고 있어? 형태 나타나.
뿌리가 무시공의 존재인가?

(나왔어요. 형체는 안 보이지만, 무시공의 존재인 것 같아요)

줄여, 줄이고 나타나라고 해, 이름 뭐야?

(무시공의 어떤 존재가 연결해놓은, 매개체 같은 게 있어요.)

연결한 그 존재 나타나고 해.

(쪽 올라가니까 파로가 나와요)

파로? 무시공의 그 존재네. 파로 나타나. 이 자가 뒤에서 방해하나?
파로 - 나타났어.

무시공 - 파로, 네가 뒤에서 계속 조절하고 있었어? 우리 하는 일 방해했지?
파로 - 내가 방해?

무시공 - 우리 제일 밑바닥 지구에서 하는 일이 너하고 무슨 상관인데 계속
방해해?
파로 - 네가 없애려고 하니까.

무시공 - 뭐? 이건 시공우주인데 너하고 뭔 상관이게, 너는 무시공 네 자리
만 지키지.

우리 하는 일 뻔히 알면서 일부러 방해하는 거 아닌가?

파로 - 좀 늦추려고.

무시공 - 뭣을 늦춰? 나는 시공 거두러 왔지. 너희를 거두러 왔어?
　계속 방해하면 너도 없어진다. 환하게 보고 있어. 내내 너를 관찰하고 있
　었다.
　네가 지금까지 한국에서 방해한 거 다 거둬. 거둘 수 있어 없어?

파로 - 우리도 준비할 시간을 줘야지.

무시공 - 하루이틀 시간 줬나? 물어보자. 펑샤하고 너하고 무슨 관계야?

파로 - 같은 마음을 가진 관계.

무시공 - 같은 마음인데 너희 마음을 조절하는 존재가 누구야? 총책임자,
　이름 말해.

파로 - 베타라는 존재야.

무시공 - 베타라는 존재가 무시공에서 최고 책임자야?

파로 - 우리와 같은 마음을 가진 존재.

무시공 - 같은 마음 가져도 대표적으로 하나가 있잖아. 그게 베타야?
　너하고 베타하고 펑샤하고, 다 같은 마음이지?

파로 - 응.

무시공 - 그래. 베타 나타나. (남자다)
　나타났어? 네가 무시공에서 최고 책임자야? 네가 중심, 핵심이지?

베타 - 우리는 중심, 핵심, 그런 거 없는데….

무시공 - 없어도 누군가 먼저 나서서 주장을 해야 하잖아. 그게 너 아닌가?

베타 - 그래 맞아. 이 마음은 내가 중심에 있어.

무시공 - 그런데 무슨 핑계가 그리 많아.
　한국에서 우리가 무슨 작업하는데 너희 쪽에서 계속 우리 하는 일 반대하는 거야, 너도 알고 있지?
베타 - 우리도 모르게 자꾸 연결돼.

무시공 - 뭐 때문에 연결해, 누가 연결했어, 네가 연결했어?
베타 - 그⋯. 당신이 하는 작업에 대해서 자꾸 늦춰지도록 자동으로 연결돼.

무시공 - 그거 너 때문이지?
베타 - 응, 내 마음 때문이지.

무시공 - 네 마음 바꿀 수 있어, 없어? 그래서 파로가 한국에까지 방해하는 작업을 연결해놨잖아. 그 매개체라는 게 그건가?
베타 - 응.

무시공 - 응? 네가 설치하라 했나, 파로 스스로가 그렇게 했나?
베타 - 같이 마음이 통해서. 나는 그런 마음을 느꼈고 파로는 움직였고⋯.

무시공 - 파로는 움직였다? 그럼 파로 삭제.
베타 - 그럴 필요가 있을까?

무시공 - 우리 하는 일이 너희하고 무슨 상관이기에 자꾸 방해해?
　한두 번도 아니고, 더는 용서 못 해. 너희 무시공이나 잘 지키지.
　우리 시공에서 하는데 너희하고 무슨 상관이게? 계속 그러면 결과 확인해라. 파로도 용서 못 해. 파로 삭제.
　이제 무극, 무시공까지 들어갔네.

(잠시 저항했지만, 파로 삭제)

무시공 - 삭제. 반드시. 어떤 부정도 우리한테 못 이긴다.

시공의 뿌리가 가장 깊이 박힌 뿌리야. 삭제됐으면 베타한테 물어봐.

네 주변에 그런 마음 가진 존재 얼마나 돼?

베타 - 반.

무시공 - 숫자로 말해. 너를 중심으로 무시공인구 얼마야?

베타 - 5억. 우리 5억은 이쪽 마음, 나머지 5억은…. 당신(절대적 무시공)과 비슷한 마음이라고 해야 되나?

무시공 - 하나는 너희 마음과 같고, 나머지 5억은 우리하고 같다 그런 뜻이야?

베타 - 응.

무시공 - 그럼 너희하고 같은 마음으로 돼 있는 5억은 무시공에 있어, 시공에 있어?

베타 - 같이 있어. 거기 그 자리, 무시공에서 자리를 지키는 존재하고 시공까지 연결돼서 지구 끝까지 쭉 내려와 있는 존재들이 있어.

무시공 - 다른 5억은 너희하고 관점이 안 같아?

베타 - 응. 또 다른 5억이 너와 같은 무시공관점에서 쭉 내려와 있고.

무시공 - 그건 또 우리하고 한 줄로 연결돼 있다는 건가?

베타 - 응. 거기는 방해도 없고 그냥 보고 있어.

무시공 - 그럼 물어보자. 너 우리 하는 일 계속 방해할 건가?

베타 - 나의 마음이….

무시공 - 너 마음 바꿀래, 안 바꿀래?

베타 - 바뀌야지. 내 마음이 그렇게 되는 순간에 또 밑에서 움직이니까.

무시공 - 너 마음 바꾸면 용서할 거고 안 바꾸면 너 포함해서 다 없앨 거다.

베타 - 그런데, 어떻게 바꿔야 될지 몰라.

무시공 - 알려줬잖아. 절대긍정마음 먹고 일원심 지키라고.
대전에서 이것을 밝히는 거 몰라? 좀 바꾸면 되는 거 가지고.
우리는 계속 용서하고 기다리는데 너희 끝까지 고집부리나?
네 힘이 센가, 우리가 센가, 누가 이기나 한번 보자.
우리 아무리 방해해도 우리 할 일은 그대로 하고 있어. 안 그러면 너도
우리를 없애봐. 우리 없앨 수 있어 없어?
우리는 스스로 너를 없애. 파로 없어지는 거 봤지.

베타 - 응.

무시공 - 응? 지금 펑샤 나타나라고 해, 펑샤도 삭제.
너희들 우리가 이 우주 거두니까 새로운 우주 뭐 창조하겠대. 창조해봐라.
펑샤 나오라 그래. 펑샤. 너 끝까지 (이원관점으로) 버틸 건가? 방금 파로
삭제했어. 알아?

펑샤 - 알아.

무시공 - 우린 너희 건들지도 않았는데 우리가 하는 일을 계속 방해하잖아.
너는 베타 알아 몰라?

펑샤 - 알아.

무시공 - 베타가 너희 마음을 움직이지?

펑샤 - 응.

무시공 - 그럼 아까 왜 말 안 했어? 삭제, 평샤도.

(평샤 삭제.)

가만히 놔두고 기다리니까, 끝이 없다.

(삭제가 더 잘되는 것 같다)

완전히 물질이 없는 에너지 상태니까 당연하지.

무시공 - 베타, 너 마음 바꿀래, 안 바꿀래?

계속 우리하고 대립할 거야, 아니면 우리 뜻을 따를래? 안 그럼 너도 다 없어져.

너희 우리 방해하는 거 한두 번 아니다. 이때까지 많이 용서하고 기다렸어.

너희 깨어날 때까지 기다렸어.

베타 - 바꾸고 싶은데 방법을 모르겠어. 아무리 들어도 모르겠어.

무시공 - 그럼, 모르면 우리 주변에 5억 존재를 봐봐.

아니면 직접 한국 대전에 와서 탐구하지 뭐 때문에 우리 일 방해할 줄만 알아?

그럼 베타 밑에 5억 삭제. 5억 다 끄집어내 삭제. 용서 못 해.

베타는 잠시 놔둬, 잠시 고립시켜놔. 혼자 있다 보면 깨어날 수도 있을 거야.

(5억 삭제)

무시공 - 그 우주를 줄여. 베타가 머물고 있는 그 무시공우주 극도로 줄여봐.

베타, 계속 버틸래?

시공을 창조하는 뿌리가 너희에게 있어, 알아? 자, 너 어떻게 할래?

우리를 방해하는 거 거둘 수 있어 없어? 거둬 안 거둬?

베타 - 다 거둬갔잖아.

무시공 - 근데 너는 어때? 어떻게 할래?

베타 - 그래. 내가 씨앗이지. 내가 마음먹으면 또 생기니까.

무시공 - 그럼 넌 어떻게 생각해? 끝까지 버틸래?

베타 - 너무 힘들어.

무시공 - 삭제. 이 존재도. 그리고 이들이 있는 우주도 삭제. 그 무시공우주 삭제.

(베타가 있는 무시공우주와 베타 모두 삭제) 그래, 됐다.

지구에서 시작하는
무시공우주의 최고지도자

무시공 - 무시공우주의 베타와 반대편에 있던, 그 5억 인구의 대표 나타나.

살리타 - 나왔어요. 살리타라고 합니다.

무시공 - 살리타, 베타라고 알아?

살리타 - 알아요.

무시공 - 무시공에서 베타하고 관점 안 같나?

살리타 - 네. 항상 반대였죠.

무시공 - 응. 지금 베타 그쪽 삭제된 것 같아?

살리타 - 안 보여요. 아…. 그 실체가 안 보인다는 이야기에요.

무시공 - 파로도 있고 펑샤도 있고, 그 이름 맞지? 원래 알고 있어?

살리타 - 파로, 펑샤. 네. 다 알아요.

무시공 - 지금 다 삭제된 거 알아? 그쪽에도 마찬가지로 5억 인구 있었다면
　　서?
　　너희 쪽에도 5억 인구가 있고.

살리타 - 네. 맞아요.

무시공 - 그럼 시공우주 창조할 때 곡뱅도 알지, 대마는 알아?

살리타 - 네. 알고 있어요.

무시공 - 곡뱅은 너하고 어때?

살리타 - 곡뱅은 나하고 어떠냐고요?

무시공 - 관점이 같나?

살리타 - 네. 다르지 않아요.

무시공 - 그럼 시공의 안광옥도 알아, 현정도 다 알고 있겠네?

살리타 - 네. 지금 말하는 존재들 누군지 알겠어요.

무시공 - 그리고 지금 우리, 시공의 제일 밑바닥, 지구 대한민국에서 새로운 우주중심지 건설한다는 소식도 알고?

살리타 - 알고 있어요.

무시공 - 그 일에 관심 있어?

살리타 - 관심 있고 어떻게 이루어져 가는지 구경하고 있어요.

무시공 - 그럼 이 일이 네 마음하고 같아 안 같아?

살리타 - 성공하면 좋은 거죠.

무시공 - 네 마음에 성공할 것 같아?

살리타 - 잘되고 있어요. 어쨌든 완전한 쪽이 성공하는 거죠.

무시공 - 너도 완벽한 걸 인정하고, 그것이 성공이라는 것을 마음속에 두고 있었지?

살리타 - 그렇죠.

무시공 - 그래. 너도 완벽한 우주를 창조해야겠다는 마음이 있는데, 베타와 있을 때 계속 다퉜던 거지, 관점이 안 같아서?

살리타 - 다뤘다기보다…. 그 존재를 서로 인정해줬어요.

그래서 더 큰 좋은 결과가 나온다면 성공이기 때문에.

무시공 - 지금 너희가 머무는 그 우주, 서로 다른 두 관점을 가진 그 우주
가, 네 생각에 완벽하다고 생각했나, 부족하다고 생각했나?

살리타 - 우리 우주에서는 완벽하다고 생각했지만, 더더욱 완전한 공간이
없을까? 하고 많은 실험을 했지요.

하지만 우리 이상으로 좋은 결과가 나온 적은 없었어요.

무시공 - 그럼 지금 지구 대한민국에서 시작하는 거, 관찰해 보니까 어때?

살리타 - 지금까지 우리가 시도한 것보다는 완전한 것 같고 우리하고 함께
이 (무시공)자리에서 했다면 관점이 달랐기 때문에 거기서(지구) 시작했던
건 정말 잘한 것이고, 그리고 그 밑바닥 지구 - 우리가 실험해서 최고로
실패한 곳에서 시작했다는 것을 높게 평가해, 거기서 완성된다면 다 된
거라고 봐요. 그래서 지금 내 대답은 성공했다입니다.

무시공 - 고맙네, 어쨌든 간에 네가 그 자리 잘 지키고 있고 우리를 관찰한
다니까 너무 고맙다.

그럼 우리 이미 다 하나로 연결돼 있네.

살리타 - 네. 하나로 연결돼 있어요.

무시공 - 원래 그렇게 연결돼 있구나.

그래, 너 이때까지 숨어 있어서 몰랐는데 너를 찾아서 반갑고 또 고맙다.

살리타 - 당신은 우리의 희망이었어요.

무시공 - 너는 내가 누군지 아나?

살리타 - 새로운 곳을…. 그러니까….

지구에서 시작한다는 것에서 아무도 자원하지 않았던 일이에요. 그것은

우리가 만들어놓은 최악의 조건에 다시 들어가서 시작한다는 것을 의미하니까요.

그런 용기, 그런 실험정신을 가진 존재는 당신이 처음이었기 때문에 존경하고, 그리고 당신은 우리의 희망입니다.

무시공 - 너는 내가 누군지 알고 있었어?
살리타 - 우리의 최고 지도자 같은 존재였어요.

무시공 - 누가?
살리타 - 당신이. 나와 대화하는 당신.

무시공 - 그런가? 사실 이 일은 덕산하고 비밀로 약속하고 와서 한 일인데. 무시공에 있는 울선, 덕산 알지?
살리타 - 네, 당신은 지도자였는데 솔선수범해서 이쪽으로 와서 뛰어들었어요.

무시공 - 그래. 어쨌든 간에 그 자리를 지키면서 이때까지 우리를 관찰하고 있는 것만 해도 고맙다.

이제 우리 완전히 하나 돼서 함께 완벽한 무시공우주를 창조하자.
살리타 - 네.

무시공 - 우리는 완전히 하나다.

그리고 내 하는 일을 끝까지 방해하는 것은 대마하고 자만, 자만은 암흑우주 대표야.

우리는 깨어나기를 기다렸는데 계속해도 끝까지 버텨서 그래서 다 삭제했어.
살리타 - 응.

무시공 - 그리고 또 우리 방해 놓는 것을 계속 파내다가 보니까 펑샤, 파로

가 나와.

파로는 얼마 전에 다 대화했던 거라고. 그리고 한참 기다리는 동안에 느낌에도 우리와 관점이 안 같아.

거기를 통해서 계속 파보니까 베타가 나타났어.

그 베타를 통해서 너희를 확실하게 알게 됐다. 베타가 말했어, 자기는 반대파라고.

우리가 처리한 자리는 자기 마음먹은 대로 통하는 자리라고 해.

그 당시에 다퉈봤자 밑도 끝도 없어. 내가 그랬지, 너도 그럼 우주창조 한번 해봐라.

그래서 창조해서 완벽하면 더 좋고 완벽 안 하면 내가 거둔다고 했거든.

지금 진짜 완벽하지 않잖아. 이 우주를 창조한 존재가 이 시공우주가 100조 년 됐대.

나도 시공에 와서 수없이 관찰했어, 결국 완벽하지 않으니까 우리는 1년 조금 넘어서 이 우주를 거뒀어, 베타 자기도 놀래.

100조 년이나 운영된 우주를 어떻게 지구 시간으로 1년 조금 넘는 시간에 거둬버렸나, 딱 우리 둘이서 수많은 방해 앞에서도 끝까지 했어.

그래도 우리 계속 작업하는 과정에서 방해하는 뿌리를 캐다캐다 보니까, 오늘에서야 원 뿌리를 찾았어. 다 삭제해 버렸다.

살리타 - 그 세력들을 잘 활용하는 존재였어요. 당신은.

무시공 - 오늘도 대화하면서 그랬다. 너희 우리 방해 안 하면 가만 놔두겠는데 왜 자꾸 와서 방해해.

우리는 너희 방해한 적 한 번도 없다. 진짜 그랬어.

살리타 - 네.

무시공 - 그럼 이 우주는 잠시 두고 자기네는 또 다른 우주 창조하겠대.

나도 다 알고 있다, 저들은 그렇게 할 수밖에 없어.

진짜 자기네 본질이 그러니까(불완전하니까) 할 수 없다.

이제 이런(불완전한) 현상은 철저히 없어진다.

살리타 - 네. (베타가 사라져서) 뭔가 균형을 잃은 것 같은 느낌이 들지만, 당신을 믿고 따라가야지.

무시공 - 베타 말처럼 베타와 같은 연줄로 밑바닥까지 한 줄로 되어있고, 또 너와 연결된 5억은 또 한 줄이 밑바닥까지 쭉 있대. 그런데 둘이 관점이 안 같대.

살리타 - 흠. 그렇지요.

무시공 - 베타도 그러더라. 지금은 보고만 있는데 우리하고 같은 뜻일 거라고. 그래서 일부러 너를 찾아봤어.

살리타 - 어. 우리 항상 같이 연결돼 있었죠.

무시공 - 응. 그렇지. 베타도 다 알고 있네.

살리타 - 베타도 물론 연결돼 있었고.

무시공 - 응. 베타보고, 너 위에서 계속 우리 방해 놓으면, 그럼 우리를 없애 봐라. 없앨 수 있나?

하지만 자기는 그렇게 하지도 못해. 계속 방해 놓으면 우리는 할 수 없이 너희를 삭제한다 했고, 진짜 오늘 처리했어.

왜냐하면 우리가 한반도 대한한국 대전에서 하는 일을 계속 방해해. 처리하고 처리하다가 마지막 뿌리까지 캐냈어.

그래도 자기가 깨어나면 우리도 기다리겠는데 끝까지 버텨. 그럼 할 수 없다. 오늘에서 완전히 처리됐어.

그래. 이제 우리 힘이 더 커졌다. 우리가 우리 뿌리 찾아 이제 너 있는 데까지 찾아왔으니까 이제 밑바닥하고 위하고 완전히 하나가 됐다.

살리타 - 당신이 계획했던 대로 다 되고 있네요.

무시공 - 그래, 고맙다.

살리타 - 네. 고맙습니다.

직선빛 99.9… + 무한대의
일천억 조 광년의 무시공 여자들
(원, 한, 맘, 성, 향, 화, 응)

무시공 - 천억 조 광년에 무시공 여자 원, 나타나.

원 - 네.

무시공 - 나왔나. 너는 직선빛이 얼마나 돼?

원 - 100%.

무시공 - 세밀하게 봐봐. 99. 뒤에 몇 개 9가 있어?

원 - 숫자로 표현이 안 돼요.

무시공 - 그럼 네 파동 빛 조금이라도 나타나면 어느 정도로 있는지 세밀히
확인해봐.

소성이라고 알지, 그는 99.99999, 그러니까 99 뒤에 5개의 9가 있다고 표
현해.

그럼 너는 몇 개 9로 표현할 수 있어?

그걸 확인하면 되잖아. 소성보다 얼마나 더 세밀해?

원 - 영원한 999999….

무시공 - 무한 9?

원 - 네. 그 표현이 맞네요. 무한 9. 영원히 완성되지 않은 수.
99.99999999….

무시공 - 음, 그래! 엄청 세밀하구나.

　　그러면 네 끝에 그 미세한 파동빛 보이지, 파동빛 알겠지?

원 - 있네요.

무시공 - 그러면 그걸 제일 끄트머리 가서 봐봐. 끝에 어디까지 뻗어있어?

　　그리고 거기서 무슨 형태로 나타났는지, 말해봐.

　　이렇게 세밀하게 확인해 본 적이 없지?

　　네가 어느 정도로 완벽한가? 오늘 확실히 확인해보자.

　　봐봐. 무슨 형태로 나타났고, 어디서 나타났는지, 제일 밑바닥이 지구야?

원 - 네.

무시공 - 지구지?

원 - 네. 지구.

무시공 - 거기서 너 무슨 형태로 나타났어?

원 - 부족한 마음.

무시공 - 부족, 그걸로 나타났어?

원 - 네.

　　(나는 밑으로 내려갈수록 원하는 마음으로 나타났다, 밝은 빛은 소망으로, 파동빛은
　　부족한 마음으로)

무시공 - 자, 그럼 너도 100% 직선빛이 되고 싶어, 안 되고 싶어?

　　조금이라도 흔적을 찾아낸 게 다행이다. 찾아낸 너도 대단하다.

　　그것 너 혼자 없앨 수 있어, 없어? 원래는 있는 줄도 몰랐지?

원 - 네.

무시공 - 너 혼자 한번 없애봐. 순간에 없어지나.

원 - 친구들이 도와줘요.

무시공 - 그래 곧 없애. 이미 100% 된 친구들이 도와주지?
　너보다 바로 앞서 100% 된 존재들이다.
원 - 네. 따뜻하고 좋아요.

무시공 - 응. 지금 너하고 대화하는 내가 누군지 알아?
원 - 네. 들었어요.

무시공 - 만난 적은 없어?
원 - 음, 지금 친구들한테 정보를 같이 모으고 있고요.
　기억나요. 100%를 말했던 존재가 있어요. 그 존재예요.
　만나본 적은 없고 말만 들었어요.

무시공 - 그래. 지금 소문이 아니고 진짜야.
원 - 아! 소문이 아니라, 소식이었죠, 그건 진짜예요.

무시공 - 지금 내가 보여?
원 - 음. 지금 하나로 느껴지고요. 음….
　그때는 완벽에 대해 안 알려 주더니 지금은 직접 100%로 해주네요.

무시공 - 그래. 고맙다. 우리는 하나니까.
　100% 직선빛으로 한데 뭉치고 열심히 새로운 우주 창조해보자. 알았지?
원 - 네.

무시공 - 너 인물 잘났지?
원 - 네.

무시공 - 너보다 더 잘난 존재 있어, 없어?

원 - 많이 물어보던 말이네요. 하하하

무시공 - 많이 물어봤는데 나를 왜 못 만났어. 너는 관심 없었지?

원 - 아뇨! 그때는 나를 만나려고 안 했어요.

무시공 - 못 만나서 후회했나? 그래서 기대했어, 만나고 싶었어?

원 - 네. 궁금했어요.

무시공 - 음.

원 - 당신이 너무 완벽해서 나를 안 만나는 거였는지…

그거 봐요. 지금도 우리를 나중에야 찾잖아요.

무시공 - 그것이 억울해? 가장 뿌리의 것, 가장 깨끗한 걸 제일 뒤에 찾는
게 뭐가 잘못되었게. 거친 것부터 찾아야지.

너부터 찾으면 네가 교만해질까 봐…. (웃음)

교만해, 안 해?

원 - 교만 안 한대!

무시공 - 그럴 것 같아. 교만 안 하니까 거의 100%, 99. 뒤에 무한대로 9자
로 있지. 대단하다.

그래! 이제 우리하고 하나니까 거리감도 없다, 지구에서 새로운 우주 창
조하자. 알았지?

원 - 네.

무시공 - 나중에 너한테 또 물어볼 거다.

너와 같은 수준으로 된 여자 몇이나 되나. 알았지? 준비해라.

원 - 네.

무시공 - 그다음에 한, 나타나.

한 - 네.

무시공 - 너는 직선빛 얼마나 돼있어?

한 - 조금 전에 원이 그러는데 나도 원하고 비슷해요.

무시공 - 비슷해? 같아?

한 - 네. 같아요.

무시공 - 알았어. 그럼 네게 부족한 파동빛, 그 미세한 파동빛은 가까이에서는 잘 안 보이잖아. 끄트머리에서 봐.

지구까지 와서 무슨 현상으로 나타났어?

한 - 나의 직선빛은 하나라는 뜻의 한, 그리고 한국이라는 단어에서 사용되는 한, 파동빛은 슬픔(?)의 한.

무시공 - 오, 표현 잘했다. 자 그럼 이제 그걸 없애.

우리가 너를 찾아올 줄 생각했어, 안 했어? 이날이 올 줄 알았어, 몰랐어?

한 - 알았어요. 완전해질 때가 있을 거라.

무시공 - 원래는 다 완전하다고 생각했잖아.

한 - 네. 완전하다 생각했죠.

무시공 - 지금 보니까 좀 부족하지?

한 - 네. (웃음)

(세밀한 파동 분리 작업 중.)

이제 됐어요.

무시공 - 다 됐어? 지금 너하고 대화하고 있는 존재, 누군지 알아 몰라?

한 - 알아요.

무시공 - 누군데, 만난 적 있어?

한 - 항상 같이 있었어요.

무시공 - 같이 있었어? 이름은 뭔데?

한 - 이름은 몰라요.

무시공 - 항상 같이 있는데 이름을 몰라? 같이 있으면서 직접 본 적 있어 없어?

한 - 진짜는 이름이 없어요. 가짜 이름은 많아요.

무시공 - 가짜 이름이 많아? 그럼 너하고 같이 있을 때 내가 누군지 봤어, 못 봤어?

한 - 보여줄 때도 있었고, 안 보일 때도 있었고.

무시공 - 음. 그럼 너하고 대화하는 존재가 그 사람 같아, 정확해?

한 - 네. 분명해요.

무시공 - 그럼 왜 애인 삼지 않았어? 궁금하다. (웃음)

한 - 애인 찾기? (웃음)

무시공 - 말해봐. 애인이었던 거야, 애인이 하고 싶었던 거야? 너 솔직히 말해봐.

한 - 나는 마음만 합하면 좋았어요. 우리는 마음이 합했다고 생각해요. 그러니 우리는 애인이죠?

무시공 - 그러면 그 사람보다 더 좋은 애인은 없었나?

한 - 좋다는 표현보다는, 가장 기억이 남는 애인이고, 가장 마음에 오래 남는 애인이었어요.

무시공 - 너는 표현이 너무 깊다. 하하하(웃음)

그래! 고맙다.

그래! 우리는 영원한 애인이지~ 천년만년 후에 너를 찾아봤다.

네가 기억을 하고 있는지 확인하는 거다.

한 - 후후.

무시공 - 그래. 우리 항상 같이 있자.

한 - 네.

무시공 - 자 이제 맘, 나타나.

맘 - 네.

무시공 - 너는 직선빛 얼만큼 돼있어?

맘 - 우리 다 비슷해요.

무시공 - 너도 지금까지 대화하는 거, 다 들었나. 너도 부족한 부분 없애고 싶지?

맘 - 네.

무시공 - 그럼 먼저 확인해봐. 마음속으로 인정을 해야 바뀌지. 안 그러면 안 바뀐다.

맘 - 네.

무시공 - 지금 끄트머리 봐봐. 무슨 현상이 있나.

(확인 중)

무시공 - 지구까지 파동빛으로 들어가면 무슨 현상으로 나타났어?

맘 - 나의 좋은 것은 순수. 다른 거는 타락이래요, 지구에서. 타락이 무슨
뜻인가요?

무시공 - 마음이 흔들리고, 부정으로 떨어지는, 그런 마음.
그런 두 가지 마음이 있었구나.
직선빛은 순수한 마음, 파동빛은 안정되지 않고 항상 마음이 흔들려서
쭉 내려가는 그런 현상. 맞지?
이제 그 파동빛을 바꿔, 삭제.

맘 - 금방 친구들에게 쓱 스며들었어요. 파동은 삭제되었고요.

무시공 - 그래, 다됐지? 너랑 지금 대화하는 사람 누군지 알아?

맘 - 알아요.

무시공 - 누구야, 한이 말하는 거랑 같아?

맘 - 네. 우리 세상에 와서…

무시공 - 내가 원래 어디 있다고 말 안했어?

맘 - 네. 누군지 말 안 하고, 어디 있는지도 말 안 하고.

무시공 - 그 정도로 좋아했어?

맘 - 하하하 (웃음)
그러니까… 다 예뻐했어요!
우리가 밝다고 많이 좋아하고 어떻게 살고 있는지 다 확인하고 마음에
드는 존재랑은 다 연애도 해보고.

무시공 - 나하고 섹스해봤나?

맘 - 네. 했어요.

무시공 - 하니까 느낌이 어때? (웃음)

맘 - 음~ 완전히 하나로 합하는 마음이었어요. 최고죠!

무시공 - 그래! 고맙다.

맘 - 나 만나니까 반가워요?

무시공 - 너 찾았잖아! 찾아서 하나하나 변질되었나 안 되었나 확인하는 중 이잖아.

맘 - 하하하, 덕분에 우리가 많이 올라오고, 더 많이 밝아졌잖아요.

무시공 - 다 하나로 되어야지.

맘 - 네.

무시공 - 그래! 고맙다. 안 잊어먹어서 고맙네. 섹스해서 인상이 더 깊었던 모양이다.

맘 - 하하하.

무시공 - 자, 성 나타나.

성 - 네.

무시공 - 너도 우리 대화하는 거 다 들었지? 너도 비슷해?

성 - 네~ 당신이 아까 불렀던 존재들 다 비슷해요.

무시공 - 그래. 그럼 너는 너의 세밀한 파동빛이 지구에 와서 어떤 현상이 나타났어?

성 - 부끄러움.

무시공 - 음~ 내가 제일 부끄러움 많이 타는데, 너 때문이구나.
그래, 이제 100% 변하자!

(파동 삭제 작업 중)

무시공 - 파동 다 삭제돼?
성 - 네. 잘돼요. 잘 분리돼 나왔고, 삭제.

무시공 - 너는 성에 대해서 강한가, 왜 성이라는 이름이야? 아니면 그런 특
징을 가지고 있나?
성 - 네. 성에 대한 부끄러움이에요.

무시공 - 그러니까 내 생각에도 그런 것 같더라, 성에 관련된. 그러니까 나
하고 과감스럽게 애인 못 삼았지. 부끄러워 가지고.
성 - 아~ 아주 작은 파동 부분이 부끄러운 거죠, 뭐. 자신감 있죠, 원래는.

무시공 - 자신감 있어?
성 - 그럼요.

무시공 - 그럼 너하고 대화하는 사람 누군지 알아?
성 - 알아요.

무시공 - 애인이야? 네 마음에 드는 애인이야?
성 - 네. 마음에 들어요.

무시공 - 섹스는 한 적 있나?

성 - 부끄러워서 못 했어요. 농담이에요. 하하하.

무시공 - 하하~ 누군지 알아?
성 - 알아요. 우린 다 알고 있어요.

무시공 - 음~ 그래? 깊숙이 물어보지 않아도 다 안다니까. 그중에 너는 제일 귀엽게 생겼지? 부끄러움도 있고?
성 - 네. 그렇게 말했어요, 나에게. 귀엽다고.

무시공 - 그래. 그다음 향, 나타나.
향 - 네.

무시공 - 너도 위에 대화하는 거 다 들었지?
향 - 네. 다 들었어요.

무시공 - 다 비슷하지?
향 - 다 비슷해요.

무시공 - 너희가 원뿌리구나. 너희가 7선녀네. 너 밑으로 누구 또 있어? 딱 일곱 존재야?
향 - 네. 우리가 다라고 보시면 될 듯.

무시공 - 그래! 너는 지구에서 무슨 형태로 나타났어?
향 - 혼자 있는 것 같은 외로움.

무시공 - 외로움? 그럼 너랑 대화하는 거 누군지 몰라? 외로움 안 풀렸어?
향 - 나한테 있는 줄도 몰랐던 외로움이라는 것이 거기 지구에 가서 그렇게 된 거잖아요.

무시공 - 음~ 지금 너와 대화하는 거 누군지 알아?

향 - 네.

무시공 - 같이 있었어? 알아?

향 - 네. 알아요.

무시공 - 그러면 같이 있었던 거야?

향 - 네. 같이 있었어요.

무시공 - 나 좋아했어?

향 - 그럼요. 좋지요.

무시공 - 그럼 여럿이 좋아해서 서로 질투는 안 했어? 싸움은 안 했어?

향 - 하하. 그런 게 어디 있어요.

무시공 - 그래! 이제 다 풀었지?

향 - 네~.

무시공 - 이제 화, 나타나.

화 - 네. 쭉 내려가 보니 나의 밝음은 화려한 아름다움이 됐고, 파동은 추함으로 됐어요.

무시공 - 화려함과 추함 두 가지 형태로 나타났구나. 그래! 당장 바꾸자! 너는 내가 누군지 알지?

화 - 알아요.

무시공 - 같이 살아봤나? 오랫동안 안 만나서 잊었나, 생각 안 했어?

화 - 항상 같이 있다고 그랬잖아요.

무시공 - 그래. 그건 기억했네.

화 - 네.

(파동 분리 작업 중)

화 - 삭제.

무시공 - 이제 응, 나타나.

응 - 네.

무시공 - 너도 다 비슷하지? 그럼 너에 세밀한 그 파동빛 지구에 와서 어떤
    형태로 있었나 봐봐.

응 - 겸손과 자만으로 나왔어요.

무시공 - 자, 바꾸자 완벽하게! 완벽하게 바꾸려는 이날 기다렸어?

응 - 네.

무시공 - 바뀔 줄 알았어?

응 - 기다리라 그랬잖아.

무시공 - 그런 말 한 적 있어?

응 - 응.

무시공 - 너희 기억력이 다 강하네. 나는 다 잊어버렸는데.

응 - 영원히 약속했는데.

무시공 - 다들 멋지게 말 잘한다. 정말 귀엽게 노네!
    내가 지구에 와서 괜히 여자들 편을 든 게 아니다. 너희가 뒤에서 나를

조종했지? 하하. (파동 분리 작업 중)

응 - 삭제.

(어마어마하게 밝아졌다. 절대무시공)

무시공 - 자, 됐다! 너희 100% 직선빛 친구들과 한데 뭉쳐서 빨리빨리 다
같이 변해.

응 - 네.

무시공 - 응. 고맙다!

윤곽이라는 감옥과 지옥

어제 강의한 것에서 지금은 더 구체적으로 말하는 것이다.
인간이 항상 홀로그램에서 살면서 현실이라고 진짜라고 생각하고 있어.
다 거기에 빠져서 누구도 못 나와.

내가 그랬잖아! 공간은 실제로는 감옥이야.
무슨 죄지어서 감옥에 갇히는 그것이 아니고, 사람마다 다 감옥에 갇혀 있어.
그게 뭐야?
"윤곽."
내가 말하는 윤곽이라고, 자기가 자기를 감옥에 가두어 놓고, 지옥을 만들어 가두어 놓고 자기는 전부 잘 사는 것같이 살지만, 개개인이 전부 감옥에 갇혀 산다고 생각하면 돼.

감옥에 갇혀있지, 갇혀있으니 불안하지, 미래를 생각해도 늘 걱정 근심.
그러니까 내 미래를 위해서 돈벌이를 해야겠다. 돈으로 자기 감옥을 또 만들어.

개개인도 감옥에 있지.
감옥도 여러 종류야. 한집안 식구들도 감옥에 가둬 놨어. 부모는 자식한테 감옥을 만들어 가지고 너는 감옥에 살아야 돼. 이렇게 자식을 감옥에 잡아 놓고 어린아이 때부터 전부 다 감옥살이하고 있다고.
그런데 시공우주에서는 이것을 감옥살이한다고 생각 안 해.
사람들은 범죄를 저질러서 감옥에 들어갔다고 생각해.

그래서 자기는 자유라고 생각해.

자유는 무슨 자유.

다 자기를 눈에 안 보이는 감옥에 가두어 놓고 있다고.

인간에게 제일 무서운 것은 눈으로 안 보이는 감옥생활이야.

마음으로 만들어 놓은 틀이야 맞지?

그러면 개개인도 자기 공간을 만들어 공간 만드는 것은 감옥이고, 또 가정 한 집안 식구도 그래. 그럼 한 나라도 그래. 팽창하면 국가는 국가끼리 감옥을 만들어 놓고 가둬 놓고 있어.

그럼 또 지구라는 별에 안에 가뒀어. 다른 별은 뭔지 몰라.

자기 마음을 가둬 놨기 때문에 다른 별에 사람이 있는지도 없는지도 몰라.

또 어떻게 다른 별에 가야 되겠나? 거리 개념으로 과학자들이 몇 광년 가야 된다, 또 몇천 광년 가야 한다. 전부 다 자기가 만들어 놓은 시간 개념이잖아.

거리 개념도 전부 다 만들어 놨어. 실타래는 자기부터 시작됐어. 계속 감겨있다고.

그래서 우리는 거기서 철저히 벗어나야 해. 그래야 시간 공간을 벗어나야 된다고.

이 자리에서 시간과 공간을 인정하지 않는 순간에 감옥에서 벗어 나왔어.

그래서 인간은 두 가지 감옥이 있잖아,

하나는 실제 물질로 된 감옥, 뭐 잘못됐다 법을 위반했어. 뭐 잘못해서 제일 큰 범죄는 사형. 안 그러면 몇십 년, 미국은 몇백 년까지 해놓고. 그 쓸데없는 짓 만들어 놓고.

그리고 실제 제일 무서운 것은 무형 감옥이야.

우리 마음으로 선악 갈라놓는 것 무형이야. 보이지도 않아. 자기를 가둬 놨다고.

그게 제일 무서운 것이다. 그래서 우리는 실제 감옥도 인정할 필요가 없어. 인정 안 하지만 내 마음으로 감옥을 만드는 것, 그것을 부서야 해. 그걸 인정 안 해야 돼. 그래야 벗어나.

기독교는 뭐야? 죽으면 지옥에 간다느니 천당에 간다느니. 지옥이 뭐야? 사는 것이 지옥이지 어디를 뭐 해?

자기를 속이고 있어. 시공 자체가 지옥이라고. 그러고 한 나라에서도 지옥을 인정하면서 그 지옥을 지키고 있잖아.

딱 그 신경망, 신경망으로 온 우주에 짝 깔아 놨어. 누가 거기에 벗어나면 걸려. 벗어날까 봐 그래. 나가면 걸려 그러니까 그 안에 있어야 돼.

그래서 거기 걸려서 찡찡 싸매 가지고 지구인의 밑바닥까지 있다고.

제6장

지구의 중심지
우주의 중심지

25만 광년 대한민국별, 아우구스티누스와 나눈 대화

무시공 - 아우구스티누스 나타나.
아우구스티누스 - 나타났다.

무시공 - 네 이름이 아우구스티누스 맞아?
아우구스티누스 - 응, 맞아.

무시공 - 너는 어디에 태어났어, 유럽이야?
아우구스티누스 - 응, 유럽에서.

무시공 - 언제 태어났었어?
아우구스티누스 - 천 년 전쯤에.

무시공 - 천 년 전 유럽에서 태어났어?
아우구스티누스 - 응.

무시공 - 그때 뭐라고 했어, 미래를 봤어? 그때 뭐라고 예언인가 했잖아.
아우구스티누스 - 알고 있었어. 여기를.

무시공 - 그때 알고 있었어? 그러면 유럽에서 태어나기 전에 이미 알고 태어
났어?
아니면 태어난 다음에 알았어?
아우구스티누스 - 알고 태어났어, 그리고 나는 지금 대한민국별에 있어.

무시공 - 대한민국 어느 별? 지구와의 거리가 얼만데?

아우구스티누스 - 25만 광년.

무시공 - 25만 광년 대한민국별? 지금 너 거기 있어?

아우구스티누스 - 응, 지금 대한민국별에 있어.

무시공 - 그러면 그 별 대표 이름 알아?

아우구스티누스 - 응, 세티아.

무시공 - 25만 광년에 대한민국별이 있구나.

　　네가 그때 예언한 것은 무슨 예언이야? 구체적으로.

아우구스티누스 - 앞으로 신과 같은 존재들이 지구에서 산다.

무시공 - 그날이 언제 온다고 알았어?

아우구스티누스 - 2030년도.

무시공 - 2030년에?

아우구스티누스 - 응.

무시공 - 지금 그게 어디서 일어나고 있어? 너 지구 관심 있나, 없나?

아우구스티누스 - 당연히 보고 있었지.

무시공 - 지금 보면 어디서 이뤄져?

아우구스티누스 - 대전에서.

무시공 - 대전에서 이루어지고 있어?

아우구스티누스 - 응.

무시공 - 언제부터 알았어?

아우구스티누스 - 이것은 대한민국별들이 다 통해. 다 내려져 와서 내가 미리 전했을 뿐이야.

무시공 - 미리 와서 전할 뿐이다.

그러면 지금 대전에서 이뤄지는 일 다 순조롭게 이뤄질 거 같아?

아우구스티누스 - 응, 당연하지.

무시공 - 그러면 북한 애들이 핵무기 실험도 하고 다 하는데 괜찮아?

아우구스티누스 - 그것은 영향을 못 줘.

무시공 - 그러면 한반도에 전쟁 일어난다고 많은 예언가들이 예언하잖아.

그 예언이 이뤄질 거 같아, 안 이뤄질 거 같아?

아우구스티누스 - 전쟁 일으킬 힘 자체가 소멸돼.

무시공 - 소멸돼? 그러면 38선은 언제 열릴 거 같아? 너 보기에.

아우구스티누스 - 38선은 2017년에서 2018년도에 열릴 거야.

무시공 - 실제 관찰해봐. 언제 열릴까?

남북한 지금 무슨 형세인지 한번 봐봐. 지금 그 별에서 볼 수 있어?

아우구스티누스 - 응, 볼 수 있어.

무시공 - 한번 봐봐. 무슨 변화가 이루어지나?

아우구스티누스 - 이미 38선 열릴 조건이 갖춰졌어.

무시공 - 언제 열릴 거 같은가, 38선. 네가 직접 확인해보고 말해봐. 지금 북한 무슨 상태야?

아우구스티누스 - 북한 지금 힘이 없어. 뿌리가 끊겼어.

무시공 - 한국은?

아우구스티누스 - 한국은 너무 밝아지고.

무시공 - 그러면 38선은 언제 열릴 거 같아?

아우구스티누스 - 내년 3월 8일.

무시공 - 하하하. 올해 열면 안 되나?

아우구스티누스 - 올해는 조건이 갖춰졌고 정리가 되고 있어.

무시공 - 그러면 한국의 대통령이 누가 나설 거 같아, 한반도 하나 되면?

아우구스티누스 - XXX.

무시공 - 거기서 잘 보고 있네?

아우구스티누스 - 응.

무시공 - 넌 한국에 온 적 없나?

아우구스티누스 - 지금 우리 별에서 2030년을 기다리고 있어.

무시공 - 뭐 하러 기다려?

아우구스티누스 - 지상천국이 오는 그때를.

무시공 - 그러면 너희 대표가 한국 대전 이쪽에 누구 파견 안 하나?

아우구스티누스 - 하진 않아. 그날이 올 것을 확신하니까.

무시공 - 야, 너 거기서 구경만 할래? 우리 힘든데 와서 동참하면 안 되나?
　너희 대표하고 관계 어때, 좋아 나빠?

아우구스티누스 - 좋지.

무시공 - 좋으면 대표 찾아서 우리 지금 무슨 힘든 일 있는데 도와줄 수 있나 물어볼까?

아우구스티누스 - 당연하지. 그래서 내가 천 년 전에 예언했잖아.

무시공 - 네가 도와줄 수 있어? 너는 무슨 능력 있나?

아우구스티누스 - 여기 과학기술로.

무시공 - 너는 주로 무슨 책임지고 있나, 무엇을 전문으로 해?

아우구스티누스 - 고고학.

무시공 - 고고학 연구하나?

아우구스티누스 - 응.

무시공 - 현대과학은 좀 알아? 현대과학기술 잘해?

아우구스티누스 - 우리 별 기술? 우리 별 기술은 당연히 쓸 줄 알지.

무시공 - 누가 안 막나? 막을까 봐 걱정 안 해?

아우구스티누스 - 지금 우리 대한민국별은 다 무시공이랑 한마음 한뜻이야. 그런 거 걱정 안 해.

무시공 - 야~ 무시공도 알아?

아우구스티누스 - 응.

무시공 - 그래 그럼 됐어. 정확하게 잘 찾았다.
그러면 너도 이제 지구에 와서 우리 주변에 있어라.
우리 뭐 시키면 시키는 대로 하면 돼. 그러면 너도 공 세운다. 맞아 안 맞아?

아우구스티누스 - 맞아.

무시공 - 그러면 너희 대표 찾을 거다. 곁에 있어라.

아우구스티누스 - 응.

무시공 - 25만 광년, 대한민국별 대표 세티아 나타나.

세티아 - 나타났어.

무시공 - 25만 광년에 대한민국별 대표인가?

세티아 - 응, 맞아.

무시공 - 너희 별 이름 언제 지었어?

세티아 - 25만 년 전에.

무시공 - 그러면 역사 안 기네?

세티아 - 응, 길지 않아.

무시공 - 그때 누가 무엇 때문에 대한민국별이라고 바꿨어?

세티아 - 대한민국 우주에서 미래를 예견하고 이쪽에 새로 만들었어.

무시공 - 그거 어떻게 알았어?

세티아 - 그쪽에서 만들고 그쪽 사람들이 왔으니까.

무시공 - 너는 지구 대한민국 대전에 와봤었나?

세티아 - 봤지. 가진 않았어. 물질지구는 험하니까.

무시공 - 험하면…. 네가 와서 변하면 되지. 변하려고 여기 모여들고 있잖아.

세티아 - 그렇지.

무시공 - 100억 조 광년에 대한민국 최고 우주 존재도 다 왔는데, 너는 물질

지구를 험하고 추접하다고 안 오고.

100억 조 광년 대표가 너를 가만두지 않을 거다.

내가 말 안 했으니까 망정이지 말했으면 그가 너를 가만 안 둘 거다. 알아?

뭐 추접하고 거칠고 그딴 마음 철저히 버려, 할 수 있어?

세티아 - 응, 할 수 있어.

무시공 - 우리도 봐라. 거친 세상에 와서 고통스러워도 우리 하고 있잖아.

너희도 좀 그런 훈련받아야 되겠다.

세티아 - 응.

무시공 - 너희 별 인구 얼마야?

세티아 - 100명.

무시공 - 딱 100명이야? 아~ 왜 그렇게 적어?

세티아 - 별이 작아.

무시공 - 그러면 너희 별의 인간 지구인보다 몇 배나 세밀해?

금성은 지구인보다 3배나 세밀해. 그러면 너희는 지구인보다 얼마나 세밀해?

세티아 - 7배.

무시공 - 오~ 7배나 세밀해? 그러면 너희 100명이 다 능력이 있겠네?

세티아 - 응, 앞으로 지구가 정리되면 대전에서 살려고.

무시공 - 뭐야? 다 정리되면 온다고? 지금 같이 정리해야지.

세티아 - 지금 UFO, 그날 대비해서 거대 UFO를 만들고 있어.

무시공 - 100명인데 크게 만들어서 뭐할래?

세티아 - 그냥 UFO가 아니라 집 같은 UFO.

무시공 - 그거 가지고 와서 여기 살려고?

세티아 - 응.

무시공 - 너희 별은 얼마나 커? 지구의 달보다 커, 달보다 작아?

세티아 - 달만 해.

무시공 - 100명이 여자, 남자 도대체 얼마나 돼? 아이도 있을 거 아닌가?

세티아 - 응, 있지.

무시공 - 너희 인구가 너무 적은데 원래 어디 있다 왔어?

세티아 - 원래 대한민국 우주에서 왔다니까.

무시공 - 대한민국 우주에서? 그러면 안광옥 알아? 현정은?

세티아 - 응.

무시공 - 너 거짓말하면 혼날 줄 알아.

세티아 - 응, 진짜.

무시공 - 언제 왔어?

세티아 - 25만 년 전에.

무시공 - 그래? 응. 너희 와서 별 이름 바꿨네? 대한민국별이라고.

세티아 - 응, 우리가 대한민국 우주에서 왔으니까 우리가 사는 곳은 대한민국이지.

무시공 - 그래서 그 별을 그렇게 만들었나?

세티아 - 응.

무시공 - 야, 너희 대전(대단)하다. 그러면 됐다.

　너희는 지금 우리 대한민국 지구를 변하게 하려고 작업하고 있잖아. 여기 와서 협조 좀 해.

　거친 지구, 우리가 세밀하게 변화시키면 되잖아. 알았지?

세티아 - 응, 알겠어.

무시공 - 스스로 너희 비행선 타고 와서 우리 주변에 있으면서 협조해줘. 알았지?

세티아 - 응.

무시공 - 하하하. 그래서 너희는 구경하고 다 된 다음에 오려고 해?

　어쨌든 간에 우리가 서로 소통이 된다. 너희 대표 애인이 몇이야? 하하하.

세티아 - 여기는 다 함께 살아.

무시공 - 거기 미녀, 인물도 잘생겼어? 지구인보다.

세티아 - 다들 번쩍번쩍하지.

무시공 - 우리 대전 대한민국의 미녀보다 더 미녀야?

세티아 - 응. 우리는 너무 잘생기고 너무 흰칠해.

무시공 - 야~ 너희 자랑하네. 그러면 우리한테 소개해주라. 하하하.

　너랑 이렇게 대화하는데 우리 안 미워?

세티아 - 밉긴 뭐가? 너무 좋지.

무시공 - 좋아? 그래. 너희는 첨단 무기들 다 있지?

세티아 - 응.

무시공 - 뭐 100억 조 광년에서 왔으니까. 그러면 하나 너희에게 시킬게.
　지금 한국에서 무시공을 시작하니까 한반도 먼저 평화가 와야 해.
세티아 - 응.

무시공 - 우리는 바보고 너희는 똑똑하니까. 하하하. 우리 뜻 무슨 뜻인지
　알아들었나?
세티아 - 응.

무시공 - 이제 최선을 다해서 해. 좀 늦어도 괜찮아. 늦게 알았으니까.
　너희는 왜 주동적으로 연락 안 해? 우리가 찾아야 되나?
　우리는 지구에 있으면서 다 찾아내지. 어디에 숨어있어도 다 찾아내. 안
　찾아서 그렇지.
　재밌지?
세티아 - 응.

무시공 - 그저 이제 과학이든 뭐든 그렇게 해.
　광음파 원리를 쓰든, 우리 앞에서 당당하게. 마침 잘 만났다.
　아~ 준비해왔구나. 그래 고맙다.
　아우구스티누스 너 이름 좀 짧게 해라. 이름 간단히 해.
　유럽 그쪽 말 같아 부르기 어려워, 한국말은 얼마나 간단해.
아무스 - 응, 유럽에서 쓰던 이름이었어. 이름 아무스.

무시공 - 그래. 이름 아무스로 바꿨다. 이렇게 간단하니 좋잖아.
　복잡한 거 싫어해서, 네 이름 부르다가 시간 천 년 가겠다. 하하하. 맞아
　안 맞아?
　우리 시간개념 없고 간단하게. 그래, 아무스 좋아.

아무스하고 세티아 너희 둘 만나서 너무 행복하다.

아무스, 세티아 - 우리도 행복해.

무시공 - 그래 잘 있어. 우리 또 너희 찾을 거다.

무극기와 태극기

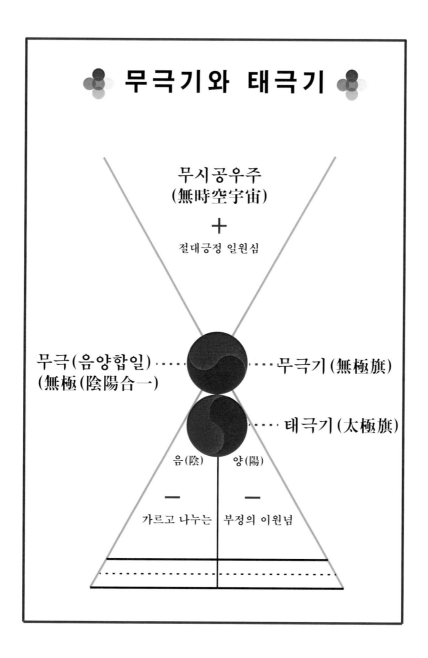

무극기와 태극기

무시공우주
(無時空宇宙)

+

절대긍정 일원심

무극(음양합일) ······ 무극기(無極旗)
(無極(陰陽合一)

태극기(太極旗)

음(陰)　　양(陽)

—　　**—**

가르고 나누는　부정의 이원념

대한민국의 국기를 일컬어 태극기라고 부른다.
세밀한 공간의 우주에서는 태극기가 아니라 무극기를 의미한다.
이것은 대한민국이 온 우주에서 얼마나 큰 역할을 가지고 있는지를
말해 주고 있는 것이다.

무극기를 가지고 있는
우리 대한민국은 이미 무극 자리에 있고
모든 것이 준비되어 있는 나라다.

그러나 정작 대한민국 사람들은 아무도 모르고 있다.

무시공생명 시대를 맞이한 이 우주의 흐름에서는
대한민국이 우주의 중심지이다.
이것을 우리가 태극기라고 부르는 무극기에서 암시해 놓았다.

그리고
무시공생명이 발현하고 있는 대전이
대한민국의 중심지이면서 우주의 중심지 지구의 중심지가 되었다.

대전의 무시공생명훈련센터가 이 지구의 마지막 십승지이다.

- 태극기와 무극기에 대한 무시공선생님의 강의 중 발췌 -

한국에서는 수련을 하면서 나는 소우주다, 대우주다, 관점을 또 나눴어요.
나 자체가 우주인데요. 또 한국의 어떤 종교는 무극대도라 그래요.
무극대도란 말은 내놓았지만 그것에 대한 정확한 정답이 없어요.
그럼 우리 무시공에서는 무극대도란 어떤 것인가?

바로 음양을 쪼개면 무극 이하에요.

우리가 아무리 음양을 합하지도 않고 무극대도를 아무리 외처도 소용없어요.

음양 합하는 순간에 좋고 나쁘고, 가르는 마음을 없애는 순간에 나는 무극의 존재예요.

나는 분자 세상에 있지만 이미 무극에 있어요.

그럼 어떤 상태를 무극이라고 하는가 하면 한국 국기(태극기)가 만약 음양이라 하면 가르고 있어요.

실제는 한국 국기가 무극기예요.

우리는 태극기를 휘날리고 있으면서 어떤 위치에 있는지 몰라요.

우리 한국 국기가 위아래로 되어있죠? 그럼 어떤 게 태극이에요?

좌우로 음양이 되어있는 게 태극이에요. 음양 쪼개서 양쪽으로 되어있는 게 태극이에요.

합하는 순간에 위아래로 되어있는 것은 무극이에요.

그래서 한국 국기가 무극을 합하고 있어요.

내가 합하는 순간에 무극 자리에 가 있어요.

그럼 계속 합해 봐요. 절대긍정 무극 밖으로 나가요.

나는 무시공존재예요. 무극 이상에는 다른 우주예요.

시공우주와 아무 상관이 없는 다른 우주예요. 이 우주는 시간 공간이 없어요. 무극만 초월하면 그래요. 그곳에 있는 존재들은 영원히 살아 영원히 행복해요.

무시공에서 밑바닥 보면 훤히 다 보여요.

빛도 그래요, 빛도 전부 다 파동으로 되어있죠?

무극만 통과하면 직선빛으로 돼요.

우리 마음도 그래요. 흔들리는 음양 가르는 마음을 가지고 있어요.

여기서 한마음 일원심으로 지킬 때, 절대긍정 합하는 마음이 생길 때, 내가 이미 무극 이상의 자리에 왔어요. 내가 무극을 초월하면 무시공 존재예요.

13개의 대한민국별과 우주

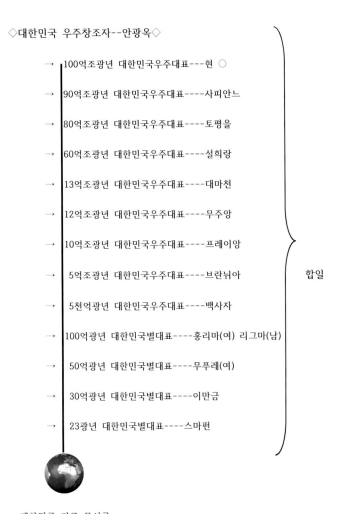

◇대한민국 우주창조자--안광옥◇

→ 100억조광년 대한민국우주대표---현 ○

→ 90억조광년 대한민국우주대표----사피안느

→ 80억조광년 대한민국우주대표----토펑을

→ 60억조광년 대한민국우주대표----설희랑

→ 13억조광년 대한민국우주대표----대마천

→ 12억조광년 대한민국우주대표----무주앙

→ 10억조광년 대한민국우주대표----프레이앙

→ 5억조광년 대한민국우주대표----브란뉘아

→ 5천억광년 대한민국우주대표----백사자

→ 100억광년 대한민국별대표----홍리마(여) 리그마(남)

→ 50억광년 대한민국별대표----무푸레(여)

→ 30억광년 대한민국별대표----이만금

→ 23광년 대한민국별대표----스마펀

합일

대한민국=지구=무시공

[대한민국 우주와 별의 직계도]

우리 몸 보라고.

잠시 우리는 분자몸 껍질 가지고 있지만, 너희(우주인)보다 좀 거칠지만 안을 보라.

안을 보면 너희보다 엄청나게 초월했고 우리는 무극 이상 존재의 몸으로 되어있다.

자기들(우주인)도 그렇다고 인정해.

자기들은 무극까지 있어도 아직 이분법 에너지로 싸여있는 몸이잖아.

우리는 일원심을 지키면 세밀한 공간의 완전히 일원심으로 되어있는 에너지 완전히 직선빛 일원심되어 있는 그런 마음과 에너지를 가지고 있다고 이 시공우주에는 없다고….

그러니까 100억 조 존재도 우리한테 와서 공부해야 해. 100억 조까지 파고 들어가니까 너희가 최고 존재야? 물으니까 자기 위치는 최고래.

그런데 위에 또 누가 있나? 하고 물으니까. 신으로 된 존재가 있대.

그 존재 보이나, 안 보이나? 하니까.

그저 마음으로 통한다고 해. 그래서 최고 존재 신으로 나타난 존재 우리 앞에 나타나라 그러니까 나타났어, 빛을 줄여 놓고 네가 우주의 최고 존재냐? 물으니까 최고 존재래.

대한민국 우주 네가 창조했나? 했더니 자기가 창조했대.

언제 창조했나? 물으니까, 100억조 년 전에 그러니까 자기 수명도 100억 조라는 것이다. 자기가 최고 존재….

그래서 내가 그랬어. 네 생각에는 네가 만든 우주가 완벽하냐?고 물으니까.

완벽하지가 않대.

12명이 이 우주를 그 당시에 창조했는데(이름 다 적어놓았다), 100억 조 년 전에 이 12명이 이 우주를 창조했는데 그럼 12명 중에 누가 대표냐? 물으니 자기가 대표래. 대한민국이라는 이름을 가진 자기가 대표래 그러니까 우리 대한민국이 정말 대단한 존재라고.

그러니까 이 한국의 존재들 정말 영광스럽다고 생각해야 한다.

그래 가지고 네가 그 당시 우주를 창조할 때는 어떻게 생각했나?
혹시나 창조를 네가 마음대로 하지 않았다면 12명이 같이 상의해 가지고 스스로 바꿔야 된다는 거야. 그런데 거기서는 오늘까지도 방법이 없다는 거야.
무언가가 완벽하지 않다는 것은 느끼는데 그것을 어떻게 해가지고 바꿔야 되겠다는 걸 오늘 까지 답을 못 찾아냈다는 거야.

그런데 자기들은 우리를 만나도 우리를 못 봐. 절대 우리를 못 보게 하지만 우리가 누구인지 금방 알아채.

내가 우리는 대한민국의 연약한 토종 지구인이다
우리는 50억 년 동안 짓밟히고 외롭고 고통스럽고 억울하게 살아왔다.
너희가 거기서 우리를 창조해 놓고 우리한테 관심도 없었나? 물으니까 미안하대.
직선으로 와 가지고 거기서 지구 대한민국이 보이나? 하니까. 보인대.

그래서 대한민국, 제일 밑바닥에 있는 23광년의 대한민국이라는 별을 찾게 되어서 계속 높은 곳으로 파고들어가니까 우주의 끝이 100억 조 광년이야.
그래서 23광년부터 100억 조까지 13개의 대한민국이라는 별과 우주를 찾았고 대한민국 우주의 대표 안광옥도 만났고 서로 만나니까 다들 엄청나게 놀랐다.

가족, 나라, 지구가 사랑이라는 감옥

외계인 입장에서 보면 지구 자체가 감옥이야.

달에는 우주선 기지가 있어. 지구에는 없잖아. 바보 아니야.

우리가 다 확 열어 버리잖아.

집이 감옥이고 나라가 지구가 감옥이다.

부부끼리도 서로 감옥이고 부모끼리도 감옥이고 부모 자식끼리도 감옥이고 서로 감아가지고 서로 지켜.

그것을 보고 관심이라 그리고 사랑이라 그리고 그런 사랑은 완전히 감옥의 사랑이다.

서로 상대하기가 얼마나 힘들어 나는 어렸을 때부터 자유롭게 살고 싶어 나는 내 멋대로 놀았다.

그러니까 부모는 자식의 마음을 모르니까 매일 감옥에 가둬 놓고 지켜보면서 키우는 것 같아.

딱 돼지 키우는 것처럼 가두어 놓고 뭐 주면 이것 먹고 엉터리로 놀지 말고 울타리 안에 가둬놓고 그게 사랑이야? 그래서 나는 이놈의 사랑이라는 단어는 절대로 안 써.

그게 완전히 감옥인데….

우리는 그저 일원심 지키면 끝, 무슨 활동하고 뭘 해도 괜찮아!

하늘에 구멍을 뚫어도 괜찮아.

얼마나 좋아 아무 제한이 없잖아. 그저 일원심을 지키면 끝인데 뭐.

사랑이라는 단어 가지고는 이것을 표현 못 한다.

그런데 일원심 안에 사랑 포함됐어, 안 됐어? 자비 포함됐어, 안 됐어?

일체가 다 포함됐다. 그래서 대자유고 제일 평등해. 그리고 고저가 없어. 일원심 지키면 서로 다 같은 존재인데 뭐.

얼마나 좋아 얼마나 간단해.

자기가 무시공이 뭔지 알고, 무시공에서 살아봤어야 그런 정확한 단어를 쓸 수가 있다.

지구 이 지옥에서 어떻게 그런 단어가 나올 수가 없다.

이원 세상에서 그래서 내가 말하는 것은 한 번도 시공 말을 한 적이 없고 시공에 와 있는 적도 없다. 다 같이 인간 모습으로 있지만 나는 무시공에서 말하고 있다.

그래서 이놈의 껍질은 보지 마. 이 껍질은 어쩔 수 없이 시공의 껍질을 덮어쓰고 있지만, 나의 마음 나의 일원심 직선빛, 진짜 나는 무시공에 있다고. 무시공에서 계속 깨우치고 말하고 있다, 그거라고.

옛날에도 그랬잖아, 나는 시공에 온 적도 없다.

시공은 나하고 아무런 상관이 없다. 그래도 못 알아들어 지금 3단계 작업하면서 이제 뜻을 이해한다고.

제7장

대전 상공에 있는
우주선

지구를 관찰하고 있는 우주선

무시공 - 우주 공간 우리 상공에 비행선 있나? 나타나.

　비행선인가, 아니면 고급 우주선인가?

＊＊ - 길쭉한 비행선이 나타났어.

무시공 - 그 비행선 안에 몰래 들어가.

　선장 못 알아보게 몰래 들어가서 구경해, 그 안에 뭐가 있나?

　속으로 선장은 절대 나를 못 알아본다. 하면 못 알아봐.

　그리고 그 안에 뭐가 있나 사람 위치 등 다 보라고. 네가 본 대로 말해.

＊＊ - 선장이 지구를 관찰하고 있어.

무시공 - 그 안에 사람 몇 명이야?

＊＊ - 25명.

무시공 - 몰래 선장 앞에서 갑자기 나타나. 깜짝 놀랄 거다.

　나타나니까 무슨 표정이야?

＊＊ - 깜짝 놀라.

무시공 - 깜짝 놀라지?

＊＊ - 응.

무시공 - 너는 어느 별에서 왔나? 지구와의 거리는?

선장 - 25만 광년.

무시공 - 별 이름은?

선장 - 효성별.

무시공 - 뭐 하러 왔어?

선장 - 지구 소식 듣고 궁금해서 왔어.

무시공 - 지구에서 무슨 소문 들었나?

선장 - 무시공 소식 듣고 왔어. 우주가 바뀐다고.

무시공 - 그러면 실제 와서 관찰하니까 바뀌고 있나, 안 바뀌고 있나?

선장 - 바뀌고 있어.

무시공 - 그러면 너희 공부하려고 하나? 배우러 왔나?

선장 - 지금은 관찰하고 있어.

무시공 - 지금 수많은 고급 존재들 공부하러 오는 거 알아, 몰라?

선장 - 알아.

무시공 - 100억 조 광년, 무시공의 최고 존재도 왔다. 대전 와서 공부하고 있다.

　　그런 소식 들었어, 못 들었어?

선장 - 그것까지는 몰라.

무시공 - 지금 너희 관찰하고 있을 시간이 없어.

　　빨리빨리 와서 대전에서 공부해야 해. 알았지?

선장 - 응.

무시공 - 그래. 고맙다.

또 다른 높은 차원의 우주선을 찾아

무시공 - 또 다른 최고 우주선 찾아. 최고급 찾아. 찾아서 그 안에 들어가
몰래 들어가.
구경해봐. 이 우주선 에너지 상태로 되어있는 우주선 맞지?
** - 응.

무시공 - 안을 관찰해봐. 다 무엇이 있고 무슨 현상인가?
** - 아름다운 빛으로 가득해.

무시공 - 네 빛은 그 빛을 초월하지?
** - 응.

무시공 - 네 빛은 직선빛, 일체 빛을 초월했다고 마음으로 자꾸 다져놓고.
마찬가지 선장 곁에 몰래 가서 갑자기 나타나.
그가 무슨 표정이야?
** - 깜짝 놀라.

무시공 - 너는 어디서 왔나?
선데이 - 오스타별.

무시공 - 지구와의 거리는?
선데이 - 100조 광년.

무시공 - 선장 이름 뭔가?
선데이 - 선데이.

무시공 - 너는 뭐 하러 왔나?

선데이 - 우주 소식 듣고 왔어.

무시공 - 무슨 소식?
선데이 - 우주가 바뀐다는.

무시공 - 진짜 바뀔 거 같아? 안 바뀔 거 같아?
선데이 - 나는 바뀌는 걸 느껴.

무시공 - 너 거기도 바뀌어? 안 바뀌어?
선데이 - 이미 바뀌었어.

무시공 - 공부하러 왔어? 관찰하러 왔어?
선데이 - 공부하러 왔어.

무시공 - 고맙다고 하고 나와.

최고 높은 차원의 우주선을 찾아

무시공 - 이것보다 더 고급 자리, 더 고급 우주선 찾아. 더 높은 차원에 있
　는 심지어 100억 조에 있는 우주선 나타나라 해서 들어가 봐. 관찰해.
** - 거기는 직선빛이랑 가까워.

무시공 - 우주선도 엄청 크지? 그 안에 사람 몇 명이나 되는 거 같아?
** - 350명.

무시공 - 그 선장 곁에 갑자기 나타나.
** - 나타났어.

무시공 - 나타나니까 표정이 어때?

＊＊ - 별로 놀라지도 않아.

무시공 - 놀라지도 않아? 너는 어느 우주에서 왔나, 우주 이름?

오성 - 현정 있는 곳, 100억 조 대한민국 우주.

무시공 - 대한민국에서 왔어? 대단하다. 선장 이름이 뭐야?

오성 - 오성.

무시공 - 안광옥이랑 현정이가 오라고 해서 왔나? 아니면 너 혼자 왔나?

오성 - 같이 통해 있어. 같이 공부하고 있어.

무시공 - 곡뱅도 알아? 무극에 있는 곡뱅.

오성 - 소식 다 들었어.

무시공 - 무시공의 울선도 알지?

오성 - 울선은 몰라.

무시공 - 울선은 무시공에 있다. 거기도 다 여기에 와 있어. 같이 공부하고 있다.
　　　너희도 여기에 많이 와서 공부하고 있지?

오성 - 응. 지금 열심히 하고 있어.

무시공 - 고맙다. 너희 생각에도 새로운 우주중심지 느껴? 안 느껴?
인정해? 안 해?

오성 - 100% 인정.

무시공 - 고맙다. 그래 열심히 같이 공부해.

대전 상공의 비행선 대표 스마펀

무시공생명 - 조금 전 동남쪽 상공에서 함께 인사 나눴던 비행선 대표 나오
시오.

위에서 쓱 내려와 앞에 앉는다, 흰 옷(우주복 같은)을 입었다.
지구인보다 키와 몸이 두 배 정도 클 듯.

무시공생명 - 이름은?
스마펀 - 스마펀.

무시공생명 - 스마펀? 23광년 대한민국별 대표도 스마펀이잖아.
당신은 주변 상공에서 온 비행선 선장 맞지?
어느 별에서 왔나, 지구와의 거리는?
스마펀 - 그 별에서 왔어요. 23광년 대한민국별. 그런데 동명 2인입니다.
별 대표 스마펀은 아닙니다.

무시공생명 - 그 별 대표 스마펀 아는가?
스마펀 - 알고 있어요. 우리는 여기에 당신들과 계속 함께 있어요.

무시공생명 - 계속 우리 따라다니나? 우리가 어디 있는지 항상 알고 있어?
스마펀 - 알지요. 당신 주변에 거의 있어요.

무시공생명 - 너는 그 별에서 뭐 하고 있어?
스마펀 - 정부 쪽 일을 합니다.

무시공생명 - 그럼, 너희 대표가 당신 보고 여기 와 있으라 했어?

스마펀 - 네.

무시공생명 - 자주 오니까, 물어보자. 우리에 대해서 어떻게 평가하고 있나?

스마펀 - 무슨 일을 어떻게 하는지 궁금해요. 그래서 귀 기울이고 있지요. 하지만 평가는 못 해요. 우리는, 이해가 잘 안 가는 부분도 많고요.

무시공생명 - 그럼 이해 안 되는 부분을 말해봐라, 다 뭔가?

스마펀 - 지구가 우주중심이라고 들었는데, 음~ 대체….

무시공생명 - 그것이 가능한가. 이거네?

스마펀 - 네. 어떻게 일이 이루어지는지 보고 있어요. 지금 잘 이해가 안 가요. 어떻게 하는데 지구가 우주중심이 될 것이며, 대전에 빛이 있는 것과 그 것을 중심으로 몰려드는 현상은 느끼는 존재도 있고, 못 느끼는 존재도 있어서, 우리가 증명하려고 해요.
우리가 주시하고 있다는 것은, 당신이 장난치는 것은 아니라는 것 알고 있고,
지금은 일단 그냥 보고 있어요. 다시 말하지만 사실 정확히는 모르겠어요.

무시공생명 - 주변에 좀 오래 있던 외계인이라든가 우주인 존재들과 서로 대화 안 해봤나?

스마펀 - 대화해봤어요. 그들도 다 마찬가지로 반반이에요.
무시공 공부에 대한 입장이 가능하다. 맞다. 또는 아직 잘 모르겠다. 지켜보자 등 어떤 존재들은 확신하고 어떤 존재들은 확신 못 하고 그렇게 두 부류로 나눠 있어요.

무시공생명 - 네 생각에는 그것이 정상인가 비정상인가?

스마펀 - 정상이죠.

무시공생명 - 응. 모든 일이 다 그렇잖나.

이해하는 사람도 있고 이해 못 하는 사람도 있고, 빨리 이해하는 사람도 있고 늦게 이해하는 사람도 있고. 시공에서는 인간의 마음이 이분법 때문에 항상 두 갈래로 문제를 본다고.

어떤 존재는 좋은 점만 볼 수도 있고, 어떤 존재는 자꾸 부정만 살피고 부정만 자꾸 찾아.

스마펀 - 그렇죠!

무시공생명 - 그것이 이 이분법 세상의 본질이라고, 그게 본능이라고 사실 말하면, 사고방식의 본능.

그러면 우리가 지금 행하는 것, 어떤 부분이 이해가 안 가?

이해 못 하는 부분 우리 서로 소통해보자, 대화해 봐.

스마펀 - 예를 들어서, 당신의 관점이나 당신이 행하는 이 일에 대해서 당신은 상당히 앞서있고 선구자적이다.

그런데 그 일이 실제로 빨리 이루어질 수 있는지 의문이고,

우주선을 탔을 때 분자몸이 확 녹는다는데 정말 그렇게 될지 의구심도 있고.

지구가, 그리고 대전이 우주중심지가 된다는데.

무시공생명 - 그것이 가능한가? 궁금한 거네?

스마펀 - 네. 가능한가?

우주인들이 몰려와서 얼마나 알아들을까 그것도 계속 보고 있어요.

그러니까 전체적인 그 말은 알아듣겠어요. 그러니까 알아는 듣는데 이해는 잘 안 간다고 해야 하나?

당신이 지구인 입장이라면 (지구인 아니라고 했지만) 너무 큰 목표를 가지고 있는 게 아닌가? 하지만 이제 확신하는 쪽들은 당신이 하는 노력이라든가 당신의 행동들을 보면서 많은 이해를 하고 있는 사람들이 있어요. 이 것도 역시 이해하는 사람과 이해를 못 하는 사람 나뉘죠.

그리고 이해하고 있다는 존재도 모두 다 이해하는 건 아니고, 일부만 이해하고 있는 것 같아요. 이것은 이해가 되는데 저것은 이해가 안 된다. 이런 거죠.

또 당신이 말하는 생명에 대한 입장(반대는 영체라는)도 잘 이해가 안 되는 부분이고요.

우주에 대한 작업 여러 가지 많이 하고 있잖아요. 지하작업이라든가 우주기지 건설이라든가, 그런 것들이 그렇게 빨리 다가올 수 있을까?

좀 의문스럽게 보고 갸우뚱갸우뚱하면서 보고 있는 존재와 믿음이 있는 존재가 같이 있어요.

무시공생명 - 그럼 너는 아직 이해 못 하는 쪽에 속하네.

너 주변에 대화해보니까 진짜 우리 뜻을 이해하는 존재는 어느 별에 있는 존재 같아?

스마펀 - 금성 쪽과 마탕카즈인들이 많이 이해하고 있고요.

그리고 좀 높은 차원 존재들이 이해를 한다고 들었어요.

무시공생명 - 네가 아는 좀 높다는 존재는 어디인가?

스마펀 - 대한민국 우주 중에서도 좀 차원이 높은 존재들이 있다고 들었어요. 그들과 직접 대화해보진 않았지만.

우리는 이해가 완전히 안 간다뿐이지 못 믿는 것은 아니에요. 그래서 계속 주시하고 있어요. 우리도 할 일 많지만 여기서 주시하고 있는 거예요.

무시공생명 - 그러면 한 가지 한 가지씩 분석해보자.

너희 대한민국별이 23광년에 있어. 그리고 또 너희를 통해서 100억 조 광년의 대한민국이라는 우주를 찾았어.

그런데 너희는 그 위에 존재들 못 찾았을뿐더러 찾으려고 생각도 못 했지?

스마펀 - 예 맞아요.

무시공생명 - 그럼, 지금도 너희 방법으로 찾으라면 찾을 수 있어? 없어?

스마펀 - 못 찾죠!

무시공생명 - 그러면 이게 신기한 게 아닌가?

우리 간단하게 예를 들자. 네가 23광년의 대한민국별의 존재라.

그러면 예를 들어서 너희 입장에서 아~ 누군가 우리도 위에 조상 대한민국이라는 그런 별이 있다고, 그런 우주가 있다고, 생각이라도 했겠나, 있다고 생각했다 하자.

그러면 너희 찾는 방법 있어 없어? 찾을 수 있어 없어?

스마펀 - 그럴 순 없었죠!

무시공생명 - 그러면 우리는 어떻게 너희 별 하나를 통해서 100억 조 광년의 대한민국이라는 우주도 알았으며, 거기서 12명 존재가 12개 우주를 창조했다는 것을 알았겠나, 이게 믿음이 가?

스마펀 - 그것도 마찬가지로 믿는 부류와 좀 더 봐야 한다는 부류가 있어요.

무시공생명 - 그러면 보자. 이 우주 최고 창조주 곡뱅이라는 존재, 그도 찾아냈어.

그럼 너희는 이 우주 최고 창조주가 있겠다는 거 생각한 적 있었나?

스마펀 - 최고 창조주는 있다고 생각해요. 개인적으로.

무시공생명 - 그래서 찾아냈어? 못 찾아냈어?

스마펀 - 못 찾았지요.

무시공생명 - 그런데 우린 찾아냈잖아. 그것 거짓말 아니잖아.

우리는 다 같이 대화도 해봤다.

간단하게 말한다면 곡뱅이라는 존재가 이 우주를 창조할 때, 자기도 알아. 자기는 원래 다른 우주에 있었어. 자기는 새로운 우주를 한번 창조해보겠다고 해서 창조했어.

그래서 내가 물어봤어. 네가 창조한 것 이상적인가, 완벽한가?

자기도 완벽하지 않다는 거 인정해. 그럼 지금은 그 우주를 계속 지키려고 하나, 아니면 어떤 계획이 있나 물으니까, 지금 갑자기 자기 힘이 없어졌대.

다시 원래 우주로 빨려 들어가는 느낌이래, 이것은 무엇을 말하는 것인가. 어떻게 최고 창조주가 자기 입에서 그런 말이 나와.

그럼 네 생각에 지금 너희 별과 다른 별에 다녀본 결과 그곳의 상황들 보면, 이 우주가 완벽한 거 같아?

예를 들어서 지구에도 지금 계속 전쟁이 있고 계속적으로 수많은 모순과 문제가 생기잖아.

그럼 지구뿐만 아니라 이 우주의 수많은 별들이 전쟁이 있고 모순이 끊임없이 나타나고 있잖아. 그럼 이것이 불합리하고, 문제라는 거 알면서도 해결할 수 있어 없어?

계속 해결할 수 있는 대책을 찾고 있잖아, 맞지?

스마펀 - 네, 단번에 완전히 해결할 수 있는 대책은 없죠.

그리고 계속 찾고 있죠. 원리는 알지만 빠르게 실행해가기는 힘들죠.

무시공생명 - 그리고 100억 조 광년에 최고 대한민국 우주를 창조한 안광옥 만나서 첫마디에 물어봤어. 네가 창조한 우주 지금까지 해왔는데 스스로 판단하기에 완벽한가. 아닌가 물었더니, 완벽하지 않다고 인정해.

심지어 12명 같이 각각 자기 우주 창조할 때, 다 완벽하지 않은 것 알면서 완벽하기를 원하며 그 답을 찾고 있었어.

그래서 우리 만나서 간단하게 이야기하니까 바로 알아채.

순간에 자기 관점 바꾸고 대전에 와서 새로운 우주 창조에 적극적으로 참여하겠다는 그런 마음자세, 심지어 진짜 대전에 와 있다고. 그 말 믿어 안 믿어?

그리고 우리가 너희 별을 통해서 대한민국을 한 줄을 다 찾아서 심지어

서로 만나서 소개도 다 해줬어. 그런 사실 알아 몰라?

스마펀 - 예, 그렇게 들었습니다.

무시공생명 - 그러면 지구인이든 이 우주에 어느 존재가 그렇게 해냈냐고. 역사상에 없는 일이잖아, 심지어 수많은 별의 존재, 100억 조 광년이라는 그런 우주가 있다는 그 자체도 몰라.

우주 공부하고 무슨 역사공부해도 그런 거 알겠나, 모르고 있었잖아.

그러면 또 하나 물어보자, 너희 별 은하계 속하지?

스마펀 - 네, 은하계 속하죠.

무시공생명 - 그러면 은하계 속하는데 은하계 외계인은 은하계 중심보고 회오리라는 뜻으로 쓴데. 지구 표현으로 비슷하게는 그렇게밖에 표현이 안 된대.

우리 지구인은 그것보고 블랙홀이라고 해.

그러면 그 회오리 안에 무엇이 존재하는지 알아, 몰라?

너희도 과학기술로 수많은 것 탐구할 텐데.

은하계의 중심은 도대체 어떤 현상이야 다 찾았어? 못 찾았어?

스마펀 - 다 못 찾았지요. 중심에 뭐가 있는지까지는.

무시공생명 - 우리는 찾았어. 그 은하계 중심이 별 이름이 해츠먼이야, 그 별 크기가 지구 태양계 태양보다 1억 배 더 커, 이런 말 들은 적 있어?

스마펀 - 별이 있다는 생각은 못 했어요.

무시공생명 - 그렇지, 태양보다 1억 배 더 크고 사는 인구가 1천조, 또 그곳 대표 이름은 테르마.

우린 이름까지 다 알고 별 이름까지 다 알고, 그 별 얼마큼 크다는 것까지 다 알고 있었어. 너희는 아직 그게 미스터리잖아. 인정해?

그리고 그 별의 존재 테르마 만나서 대화했어.

자기 생각에 우리 태양계가 자기네 은하계에 빨려가야 하는데, 오히려 우리한테 빨려온다는 느낌. 자기 본인도 이해 못 해.

심지어 또 물어봤어. 거기 회오리처럼 빨아 당기는 힘은 그 별 때문인가 너의 힘 때문인가? 자기 때문이래. 그것 완전한 정답이라고.

생명이 일체 물질을 지배하고 일체를 지배하는데, 인간이든 외계인이든 각 별의 존재들은 다 물질이 생명을 지배한다고 보고 있어.

생명에는 한도가 있다는 개념 그게 잘못됐다는 거야. 맞아 안 맞아?

스마펀 - 네. 생명에 한도가 있다는 개념 조금이라도 가지고 있지요.

무시공생명 - 우리는 일체 생명이 물질을 지배하고 에너지를 지배해.

생명이 우주를 창조하지, 우주는 물질로 돼있는 우주가 아니라는 거.

그럼 네 생각에 생명이 우주를 창조했어, 우주가 생명을 창조했어.

스마펀 - 생명이겠네요.

무시공생명 - 아니 너희 원래 생각에는? 이렇게 대화 안 했으면 원래 생각에는 너희 우주가 생명을 창조했다고 생각할 거라.

원래 물질우주 에너지우주가 존재했는데, 그 안에 생명이 탄생했다고 생각할 거라, 맞아 안 맞아? 네 생각에 무한대로 큰 이 우주가 말이야.

생명이 이 우주를 창조한 거 같아, 원래 무한대로 큰 우주가 있는데 그 안에 생명이 탄생한 거 같아? 원래 관점으로 말해봐.

스마펀 - 저희 관점으로 생명이 먼저냐 우주가 먼저냐 그랬어요.

별이 먼저냐 생명이 먼저냐 그래요.

무시공생명 - 그래 그게 답이 나왔어, 안 나왔어?

스마펀 - 안 나왔어요, 생명이라는 관점이 좀 많지만 확실치는 않았죠.

무시공생명 - 그렇지, 우리는 시작부터 생명이 먼저 존재했어.

우주는 생명이 창조했어. 별이든, 우주든, 우리는 그런 관점이야.

그러면 이 관점하고 너희 원래 그 관점하고 어떤 게 더 맞는 거 같아?

스마펀 - 당신이 말한 것이 맞는 것 같아요.

무시공생명 - 우리가 생명 입장에서 봤기 때문에 너희 은하계 블랙홀(회오리)과 우리가 대화할 수 있었고 그 비밀을 우리가 밝힐 수 있어.

스마펀 - 네~.

무시공생명 - 너희는 물질관점이기 때문에 그것을 물질로 봐, 이상을 현실로 봤어.
그렇기 때문에 우리 사고방식이 너희 외계인하고, 이 우주의 존재들하고 사고방식이 안 같아, 맞지?

스마펀 - 네, 다르네요, 좀.

무시공생명 - 좀 다른 게 아니라, 완전히 다르다고!
너희가 만든 기계라든가 기타 창조물들 다 너희는 물질로 보고, 그래서 생명과 물질이 다 분리돼있다고. 그 차이를 두고 있어. 인정해, 안 해?

스마펀 - 네, 맞아요.

무시공생명 - 맞지, 그러면 우리 물어보자. 우리는 일체를 생명으로 봐.
우리는 기계하고 대화할 수 있어. 이 부분 너희 생각해본 적 있나?

스마펀 - 가능하죠.

무시공생명 - 가능하지만, 너희는 그래 행하지 않았잖아, 우리는 가능할 뿐만 아니라 이미 대화하고 있다고. 믿어?

스마펀 - 네 맞아요. 물질을 생명이라 인정하는 부분이 미약하지요.

무시공생명 - 금성에 있는 광음파를 이용한 기계, 그 이름을 '마그너'라 불러. 너희 별에서는 그것 보고 '오리엔'이라 하잖아, 맞아, 안 맞아?

스마펀 - 아, 그런가요? 오리엔을 금성에서….

무시공생명 - 30억 광년에서는 뭐라 하냐면, '헤르마'라 불러.

　　다 같은 광음파를 이용하는 그 원리를 이용했는데 각별에 각 차원에 그 명칭이 다 달라 맞지?

스마펀 - 네. 그렇겠지요.

무시공생명 - 그런데 너희는 기계로 봐. 우리는 그 기계하고 대화할 수 있어.

　　그것도 우리 지구에서 어떤 존재가 실험하다가 이상한 현상이 일어나서, 우리 그 기계하고 대화해보니까, 기계 자기도 몰라.

　　그래서 네 스승이 누군가 물었더니, 그 스승이 금성에 있데, 기계가 스승이래.

　　그래서 우리가 금성 그 기계 찾아서 기계 이름이 마그너라는 걸 알았어, 너희는 그렇게 할 수 있었나?

　　그러니 우리 이런 사고방식하고, 이런 행하는 것하고 너희하고 같아 안 같아?

스마펀 - 다릅니다.

무시공생명 - 또 간단하게 말해서. 빛을 세밀히 분석해보면, 너희 별에서 시작해서 무극까지 빛으로 말한다면, 그 빛 파동으로 돼있어, 직선으로 돼있어? 그 빛 과학자들에게 분석해보라 해.

스마펀 - 네. 직선은 아니에요.

무시공생명 - 파동이지?

스마펀 - 네.

무시공생명 - 그럼 무극까지 그 빛이 계속 위로 올라가면 무극까지도 파동으로 돼있어. 그렇지만 너무너무 세밀해서 거의 직선으로 보여.

　　그렇지만 우리 눈에는 여전히 파동이라고.

　　그저 너희 별의 빛보다 너무 세밀하니까 구분이 잘 안 가. 우린 너희 별부터 무극까지 일체의 빛이 전부 다 파동으로 돼 있다는 걸 알아.

그저 위로 올라갈수록 파동이 세밀해졌다 뿐이야.

스마펀 - 이해가 갑니다.

무시공생명 - 이 우주 모든 게 다 파동으로 돼 있다고, 그러면 뭣 때문에 이 우주 전체가 파동으로 돼 있나? 너는 그 원인 아는가, 우리는 원인도 알아.

스마펀 - 여기서 들었습니다. 이원념 마음 때문이라고.

무시공생명 - 그렇지, 그러면 답이 나왔잖아.

그러면 우리는 직선빛이야. 우리는 마음도 직선이야. 우리는 생명도 직선빛으로 된 생명이라고.

너희는 파동 때문에 마음도 파동으로 된 마음, 그러니 너희 생명도 파동으로 된 생명이야.

파동으로 돼있는 빛의 존재. 그게 우리하고 근본 차이라고. 이제 이해해?

스마펀 - 네.

무시공생명 - 그러면 또 물어보자.

직선빛하고 파동빛하고 서로 영향 준다 하면 직선빛이 이길 것 같나, 파동빛이 이길 것 같나?

스마펀 - 직선빛이.

무시공생명 - 뭣 때문에?

스마펀 - 직선은 한계가 없다면서요.

무시공생명 - 한계 있고 없고, 내 말 인용하지 말고 네가 직접 증명하라고.

우리가 말하면 네가 안 믿잖아.

그러면 너희 고급 장비 있으면 측정해보라고, 우리말이 맞나 안 맞나.

파동빛은 아무리 세밀해도 먼 거리 가면 없어져 버려.

자동으로 소멸돼 버려, 뭣 때문인가 파동 때문에, 맞아 안 맞아?

스마펀 - 맞아요.

무시공생명 - 그러면 직선빛은 끝도 없어, 무한대야. 소멸될 이유가 없어.

그러니 일체 안에 다 뚫고 들어갈 수 있어. 맞지?

스마펀 - 네.

무시공생명 - 우리는 그런 생명이야, 그 생명이 영원히 영원히 존재하는 생명.

그러면 너희 별에 사는 존재들 영원히 살 수 있어? 한계가 있지?

너희 별 평균 연령이 얼마야?

만 살, 이만 살, 십만 살, 너희 별에서 십만 살 살 수 있어?

스마펀 - 아뇨.

무시공생명 - 못 살지.

스마펀 - 예.

무시공생명 - 무엇 때문인가, 파동 때문이야.

그 생명이 파동으로 된 생명이기 때문에 꼭꼭 죽을 때가 있다는 거야, 소멸될 때가 있어.

근데 그 파동도 위로 올라갈수록 수명이 길어, 무극까지 가면 수명이 더 길어.

그렇지만 그것도 영원하지 않아, 그 뿌리는 파동이기 때문에. 맞아 안 맞아?

스마펀 - 예, 이해 갑니다.

무시공생명 - 그러면 직선빛이 파동빛을 지배해? 파동빛이 직선빛을 지배해?

누가 힘이 더 강하고 누가 누굴 지배할 거 같나?

우리 이론으로 서로 대화해 봐. 그리고 너희 무슨 장비 있으면 장비로 직접 실험해봐, 증명해봐.

스마펀 - 그 직선빛이라는 것을 잴 수 있는 장비가 없어요.

무시공생명 - 그렇지. 너희 장비 자체도 파동인데. 시공 일체가 파동으로 되어 있다고.

그런데 어떻게 직선빛을 측정할 수가 있어?

그리고 직선빛이 우리가 말하는 직선빛은 이 우주에 일체 빛하고 근본이 달라 같은 점이 하나도 없어. 그것은 완전한 생명이라고.

그리고 뭐 때문에 이 우주가 완벽하지 않아? 파동 때문에, 이원념 때문에. 이론으로 말하면 이원론이잖아, 좋고 나쁘고, 옳고 그르고, 크고 작고, 승진하고 낙오하고…. 그거 전부 이원관점 맞아 안 맞아?

그러니까 영원히 파동 속에 살면, 영원히 모순 속에서 산다고, 영원히 행복과 불행이 동시에 존재해. 파동 마음 때문에 그렇게 만들어졌다고.

그러면 완벽해? 안 해? 완벽할 수가 없다고.

그러면 우리는 직선빛, 무엇 때문에 직선빛이야?

일체 긍정. 그리고 절대 긍정. 부정마음 절대로 없어, 절대적인 긍정마음이지.

너희는 상대적인 긍정마음이야. 부정마음도 동시에 존재한다고, 그래서 파동이 생겼잖아. 우린 일체 좋은 것만 인정해. 절대 긍정이라 했잖아.

그래서 우리 생명하고 너희 이 우주에 일체 생명하고 본질이 다르다는 거야, 질이 달라.

그러면 이런 생명이 이 우주를 바꿀 수 있어 없어?

우리는 이 우주 완벽하지 않다는 것 알고, 파동의 우주를 바꾸려 한다고.

직선빛으로 바꿔, 직선빛으로 존재하는 그런 우주로 변화시킨다고.

그러면 이 우주에서 어디가 직선빛으로 된 존재가 시작하겠어.

너희 별에서 시작 안 했지, 그러면 은하계 중심에서 시작했어?

우리가. 우리가 대전, 대한민국, 지구에서 시작했기 때문에 여기가 새로운 우주중심지야. 여기가 바로 직선빛의 발원지야.

너희 우리를 없애려 해도 없애지 못해. 아무리 강한 빛으로도 우리를 없앨 수 없다고. 우리를 없애려는 순간에, 없애려는 마음 자체가 없어져 버려. 이제 이해가 가?

스마편 - 이해 가고 그렇게 말씀하시는 거 많이 듣고 있었습니다.

무시공생명 - 그러면 여기서 더 무슨 증명해야 해? 우리가 또 증명할 방법이 없어.

왜 우리는 이런 생명존재다. 너희하고 철저히 질이 다르다. 다 생명으로 보여.

그렇지만 우리는 이 우주하고 일체 존재하고 아무 상관 없는 다른 우주의 존재라 그랬잖아. 사고방식이 너희하고 완전히 다르다는 거.

우리는 일체를 다 바꿀 수 있어. 가능해, 안 해?

스마편 - 이해는 갑니다. 가능하고요.

무시공생명 - 그러면 뭐가 아직 이해가 안 가? 이해는 가는데 행하는 것을 관찰해봐야 하나? 그러면 우리 행하는 거 보라고.

우리와 분리하는, 별이든 우주든 우리가 삭제한다고 하면 삭제해버려.

우리 일을 방해하는 것은 무조건 삭제해. 우리는 이 우주에 질서 지키러 온 게 아니라고.

이 우주의 이분법 질서를 우리가 깨부수러 왔어, 바꾸러 왔다고. 그러면 가능해, 안 해? 우리 하는 일.

스마편 - 네 가능합니다. 한 사람의 마음이 다 바꿀 수 있지요. 우주 마음을.

무시공생명 - 우리는 숫자 개념이 없어.

그러면 이 우주에서 제일 먼저 내가, 나 한사람이 나서서 이 우주에 음양 뿌리를 잘랐다 그랬어. 무극 이하는 이미 뿌리를 잘라버렸어. 그러면 이 우주가 바뀌어 안 바뀌어?

스마펀 - 근원을 잘랐으면 바뀌죠!

무시공생명 - 그래서 우리는 당당하게 이렇게 말했어.

이미 이 우주, 지구에 오기 전에 이미 무극에서 잘랐다고, 뿌리를 잘라 놨어.

표면은 다 조용한 거 같지, 이제 얼마 안 돼서 봐 무슨 변화가 일어나나.

스마펀 - 하하, 네 많이 들었습니다. 맞습니다.

무시공생명 - 그래서 반드시 우리를 겉으로만 보지 말고 진짜 우리 뜻을 알려면, 이미 대전 훈련센터에 다 밝혀 놨으니 거기 가서 알아봐, 비공선지 외우고.

빨리 자기 안에 진짜 생명을 찾아라, 책도 내놨잖아.

그걸 먼저 보고 우리를 관찰해야 천천히 이해해.

너희는 아직 이원념 입장에서 문제를 보고 우리를 확인하면 영원히 확인 못 한다.

너희가 우리 입장 안 들어오면 어떻게 우리 알아봐. 맞아 안 맞아?

네가 우리를 알아보려면 우리 마음속에 들어와.

우리 환경에 들어와서 직접 겪어 봐야 우리가 어떻다는 거 알 수 있잖아.

우리 주변에서 내내 관찰만 하고 지켜 봤자, 천년만년 지켜도 우리를 못 알아본다고.

스마펀 - 안에 들어온다는 게 어떻게 들어온다는 거죠. 안에 들어와야 볼 수 있다는 말이 무슨 말이죠?

무시공생명 - 우리가 하는 걸 흉내를 내보라고, 관찰만 하지 말고. 그래서 우리가 지구인들한테 제일 처음에 그랬어.

내가 하는 일, 내 마음을 알려면, 내가 어떤 존재인지 알려면 따라오고 체험하고 적응하라,

그런데 요새 2~3단계 와서는 관점 또 바꿨어. 올라오고 훈련받고 작업하라. 무슨 뜻인지 알아?

나를 그저 겉으로 보면 영원히 못 알아본다고, 네가 흉내 내면서 그렇게 해봐. 하다 보면 내가 어떻다는 거 알 수 있어.

우리 주변에 수많은 우주선도 있고 수많은 각 차원의 존재들도 있어 내내 우리를 지켜. 그렇지만 나중에 시험 친다면 빵점이야 빵점.

예를 들어서 네가 물안에 들어가 수영한다고 하자.

겉에서 육지에서 천년만년 수영해 봐. 그리고 물에 뛰어들어가면 물에 빠져 죽어.

진짜 물이 어떤 존재인가 알려면 밖에서 관찰하는 게 아니고, 네가 직접 뛰어들어서 너도 물 안에서 헤매 봐, 그래야 물이 어떻다는 거 알 수 있잖아.

내 말이 그거라고. 무슨 뜻인지 알아들었어?

스마펀 - 네, 알겠습니다.

무시공생명 - 그래서 우리 지구인들도 나를 만나면 수많은 사람들이 나보고 외계인이라고 해.

나는 그랬어. 나는 외계인이 아닐 뿐만 아니라 나는 이 우주존재하고 완전히 다르다. 나는 완전히 다른 우주에서 온 존재다.

그런데 지구에서 십몇 년 말해도 누구도 안 믿어, 요새 좀 깨어나니까 믿어. 외계인도 마찬가지라고.

우리도 1년 이상 외계인하고 대화하고 찾다 보니까 전부 다 지구인이라고 깔보고 멸시하고….

자기들은 엄청 고급존재라고 대단하다고 봐.

그거 고저 관점 아니야? 그 고저 관점 가지고 어떻게 우리를 알아봐.

먼저 우리를 깔보고 있는 입장에서 우리를 보고 있는데, 맞아 안 맞아?

스마펀 - 흠~ 예.

무시공생명 - 우리가 지구인 아니라고 해도, 그냥 지구인하고 똑같다 그러니까 대화가 안 된다고, 심지어 우리를 없애려고 수많은 수단을 방법을 다 써. 그러니 결국은 어떻게 됐어?

다 스스로 멸망한다고. 인정해?

스마펀 - 예, 인정합니다.

무시공생명 - 금성은 뭐 때문에 우리를 좀 이해해.

금성과학자 도넬이라고 우리가 금성에 마그너를 사용해서 광음파 원리로 내 몸에 쏘아보라고 했어, 이 몸을 녹이라고.

그런데 그들은 생전에 사람 몸에 실험 안 했잖아.

금속도 다 녹이고 물질도 다 변화시키는데 연약한 인간 몸은 순간에 다 망가진다고 못한데. 그래도 쏘라고 했어.

1단계부터, 순간순간 10단계 단계단계 최고단계 올리라 하니까 무서워서 못해. 결국 자기 최고 100단계까지 올려도 난 아직 생생해. 아직 살아 있어.

그런데 그들은 이해를 못 한다고.

100억 조 광년 과학자부터 밑에 14군데 지금 동시에 이 분자몸을 녹이고 있어. 그러면 너희 입장에서 보면 이미 죽은 적이 옛적이라고. 근데 아직 난 생생히 살아있잖아.

지금 14군데 내 몸에 광음파 원리로 내 몸을 쏘고 있는데, 너는 알아, 몰라?

너희, 내 몸뚱이는 이원념으로 돼있으니까 인간하고 같고 지구인과 같다 싶지?

이원념 입장에서는 이원마음, 그 생명도 이원념으로 돼있어. 몸도 그렇게 돼있으니까 몸에 영향주면 당연히 생명에 위협주지. 그 입장에서 우리를 보고 있다고.

시공 몸은 이원념으로 돼있는 물질이야. 빛으로 말한다면 이원빛이야 파동빛, 파동빛으로 돼있는 몸이야.

우리는 아니라 그랬잖아, 우리 진짜 생명은 직선빛이라고 했잖아.

그러면 그 마그너니 뭐니 해 가지고 그 직선빛이 우리 몸에 영향을 줘, 안 줘?

스마펀 - 설명 들으니 영향을 안 주겠네요.

무시공생명 - 절대로 안 준다고. 우린 그 원리를 가지고 말한 건데 너희 외계인들은 자꾸 이것(몸)을 생명으로 봐, 자기가 그런 생명이니까.

그래서 지금까지 해도 아무 문제없으니까 과학자들은 놀래, 우리를 이해 못 한다고.

예를 들어서, 59광년별과 러시아 과학자들하고 소통하다가 지구 과학자들이 뇌가 다 터져버렸어, 그 강한 파동 때문에. 지구는 아직 전자파를 사용하지만, 그들은 광음파원리를 가지고 했어.

그러면 나는 뇌가 터져 안 터져? 나는 터지길 기대해. 절대 이해 안 돼지?

우리 이 몸은 가짜라고 했잖아.

지구에서 이 일을 하기 위해서 지구인 모습으로 껍질을 덮어쓰고 왔어, 포장해 왔다고. 지금 우리 초창기 1단계 일은 다 끝났어, 그래서 이제 껍질은 필요 없어.

또 우리 이거 완전히 우리 힘으로 하려면 시간이 너무 오래 걸려. 그래서 너희가 쓰는 광음파 원리로 우리 몸을 빨리 녹여 달라, 도와 달라는 거야.

너희가 안 도와줘도 나 혼자 녹일 수 있어, 없앨 수 있다. 그저 시간이 오래 걸릴 뿐이야.

뭐 때문에 우리가 비행선 타려고 해? 비행선 타면 또 가속도로 속도가 빠르면 이 몸이 빨리 녹는다고. 물리학원리 알지? 관성원리 때문에.

그 방법으로도 우리 몸을 빨리 벗어나려 하니까, 이거 타면 몸이 폭발한다느니 머리가 터진다느니 생명이 어찌 된다느니….

우리는 너희가 생각하는 그런 생명이 아니라고 아무리 설명해도 못 알아들어.

스마펀 - 맞아요. 그 입장이 되어보지 않으면 못 알아듣지요.

무시공생명 - 우리는 이 우주존재가 아닌데 어떻게 자꾸 이 우주존재처럼 보면서 자꾸 우리를 확인하려고 하니까 영원히 확인 못 한다고. 이제 우리 마음 좀 이해해?

스마펀 - 예. 이해해요.

무시공생명 - 그래서 관찰하지 말고 우리하고 직접 만나서 이야기를 나누던 직접 우리 곁에서 같이 행해보던 도대체 우리가 어떤 존재인가? 너도 우리 존재처럼 한번 행해보라고.

그래야 진짜로 우리 알 수 있어.

금성은 뭐 때문에 우리한테 믿음이 좀 가나?

직접 우리 몸에 실험을 해보니까 진짜 인간하고 안 같다고 하는 거라, 지구인하고도 안 같고. 저희 외계인하고도 안 같아.

직접 과학자가 실험을 하니까 이제 우리를 조금씩 이해를 한다고, 이제 좀 깨어나.

스마펀 - 예, 직접 참여하라는 거죠~.

무시공생명 - 그게 제일 빠른 속도로 우리를 이해할 수 있다고. 뭐 때문에 각 차원에 있는 우주선이라든가 비행선이라든가, 각 별의 존재들 여기와서 우리 하는 일에 동참하라고 하겠나!

그래야 깨어나고 우리 뜻(하는 일)을 안다는 거야.

전부 다 우리 곁에 오라면 무서워 가지고…. 우리가 누구 죽이려고 하나?

그저 우리 뜻을 알아라. 하는 거지. 그저 멀리서 우리 관찰만 해, 너 천년만년 관찰해봐라. 그럼 영원히 답은 없어.

대줘도 몰라. 안 대주면 더 몰라 너희. 맞아, 안 맞아?

스마펀 - 그렇죠! 이 세상에 그렇게 어렵게 오래 살았기 때문에 대줘도 모른다는 말이 뭔지 알겠습니다.

무시공생명 - 그래도 우리말 알아듣는 것만 해도 고맙다.

그래서 우리를 진짜 알려면 우리하고 같이 동참하고 같이 어울려보고.

지구인도 모두 그래, 너희 진짜 우리 알려면 우리하고 같이 동참하고 우리 흉내라도 내보라고, 그러면 뭐라도 답을 알 수 있어

그러면 지구인도 보라, 70억 인구가 내가 거의 17년 동안 끊임없이 이것을 알려도 오늘까지 대전에서 아직 100명도 안 채워져. 맞지.

스마펀 - 그러네.

무시공생명 - 그러면 지구인뿐만 아니고 외계인도 다 같다고, 다 우리를 이해 못 하는 것도 많고. 이해 못 해도 괜찮아 심지어 우리 하는 일을 방해 놓으려 하고, 해코지하려 하고. 그러면 우리 용서하나?

그래서 수많은 외계인 만나서 대화하며 근처 오라고 하면 멀리 가 있어, 곁에 오라고 하면 무서워서 못 와 우리가 뭐….

그것도 몇 가지 이유야.

첫 번째, 지구인을 못 믿으니까.

두 번째, 곁에 오고 싶은데 우리는 직선빛인데 자기는 파동빛으로 되어 있으니까, 자기한테 두려움이 생겨, 자기 생명한테 위협주는 느낌.

왜? 직선빛이 그 파동빛을 없애니까. 그래서 근처 오라고 해도 무서워서 못 온다고.

그러면 우리가 직선빛으로 바꿔 주면서 오라 해도 그래도 두려워, 얼마나 답답해.

너도 한번 분석해봐라. 너도 우리 직선빛을 느끼면 맨 좋아 편안하고 좋은 거 같아, 행복한 거 같아, 그렇지만 너도 직접 우리 곁에 오라고 하면 너도 괴로워.

왜? 너는 이원념으로 된 생명체니까.

직선빛은 그 이원념 생명에 위협준다고. 우리가 일부러 주려는 게 아니

고, 그걸 자동으로 없애니까. 그러면 네가 우리에게 다가오는 게 뭐냐, 네 안에 일원심으로 되어있는 생명이 깨어나면 우리한테 올 수 있어.

그 생명이 못 깨어나고 계속 이원념 자리만 지키면 우리 곁에 오라고 해도 못 와.

왜? 오면 녹으니까 자기가 죽으니까, 이제 이해해?

너희가 이원념을 자기 생명이라 보고 생명이라 지키면서 이때까지 그렇게 살아왔기 때문에. 그래서 좋아하면서도 못 와.

우리는 너희를 살리려고 해, 살리면 그 이원념 너를 살리려는 게 아니고, 네 안에 숨어있고 잠자고 있는 일원심으로 돼있는 생명을 깨우치려는데 그것을 이해 못 하니까.

그래서 우리가 자꾸 비공선지를 외우고 책을 보라는 거야, 그 안에 우리가 어떤 존재라는 걸 다 밝혀놨어.

그래서 너희도 다 깨어나야 된다고, 깨어나서 네 안에 잠자고 있는 새로운 생명을 깨우쳐야 우리가 어떤 존재인지 알게 된다고.

네 안에도 두 가지 생명이 있어.

하나는 지금 네가 생명이라 하는 생명, 이원념으로 돼있는 그 생명하고.

또 하나, 네 자신도 있는지도 모르는 숨어 있는 그 직선빛으로 돼있는 생명도 네 안에서 동시에 존재하면서 잠자고 있다고.

누구도 개발해 밝혀줄 사람도 없었지, 하지만 우리가 그것을 밝혀주고 있잖아.

그래서 네가 밝혀서 깨어나면 네가 살 수가 있고, 아직까지도 원래 그 자기 생명을 지키면 이번에 우주 변화에서 다 도태된다고. 누구를 막론하고 자동으로 없어져.

이제 깨어나는 존재만 살아남는다고.

지구인만 도태되는 것이 아니라, 온 우주의 수많은 생명이 도태당한다고. 우리 이것을 못 받아들이면….

우린 진심으로 말해. 너희 우리 곁에 오라고. 너희와 서로 만나서 이야기해야 통하잖아. 먼 데서 아무리 지켜봐라, 너희 선진적인 장비 가지고 측정해봐라. 측정할 수도 없어. 알아, 이제 이해해?

스마펀 - 예.

무시공생명 - 오늘 나하고 대화한 거 마음속으로 조금 풀리는 거 같나?

아니면 아직 이해 못 하는 거 같나?

스마펀 - 이론은 완벽해요.

무시공생명 - 뭐 완벽하다면 실천해봐야지, 실천하려면 우리 곁에서 동참하

고 같이해야 그게 실천해서도 증명되지.

스마펀 - 우리가 어떻게 실행을 같이한다는 거죠?

무시공생명 - 지금 우리가 지구인들과 동참하려고 지금 훈련센터를 만들었어.

지구인들 모여서 훈련받고 있잖아.

그러면 우리 관찰만 하는 존재는 우리가 뭐 하는지 알 수가 없어.

반드시 우리 주변에 와서 우리하고 같이 먹고 자고 놀고 그 과정에서 우

리가 서로 알 수 있다는 거야, 알았어?

네가 우리를 알아보는 거는 너도 우리처럼 껍질을 덮어쓰고 오든, 위장

을 해서 오든 우리하고 같이 살아봐. 그러면 차츰차츰 우리가 어떤 존재

인지 이해할 수 있다고.

스마펀 - 인간처럼 위장해 와서 같이 놀고, 같이 공부하고 부딪히자는 것.

무시공생명 - 그래 같이 있어 봐야, 네 맘이 어떻고 우리 마음이 어떻다는

거 무엇이 차이점이 있다는 거 차근차근 증명되잖아, 확인할 수 있잖아.

책 보라면 책도 안 보고 비공선지 외우라면 외우지도 않고.

또 우리 곁에 와서 같이 어울려 가지고 한동안 살아보자 해도 그것도 안

되고 다 안 되면 그러면 너희 식으로 해봐.

이 우주 완전히 바뀌어도 너희 몰라, 바뀌어도 어떻게 뭐 때문에 바뀌는

지 몰라. 그런 거 같아, 안 같아?

스마펀 - 네, 그럴 거 같습니다. 좀 더 깊이 알게 되는 좋은 대화였습니다. 감사합니다.

무시공생명 - 그래 고마워. 오늘 이만.

중국 서북 지역 사막 지대의 외계인 기지

중국 서북 사막 외계 기지, 조셉과 하이어 대표와의 대화 - 1편

무시공 - 위성에 찍힌 그 장소를 봤는데, 그곳에 누가 있나? 그 존재 나타나라. 거기 대표 실체 나타나라. (남녀 같이 나타난다)
각자 이름 무엇인가? 그리고 둘은 무슨 관계인가?

조셉, 하이어 - 부부이고 함께 대표예요. 이름은 남자 조셉, 여자는 하이어.

무시공 - 너희는 다른 별에서 왔어? 아니면 지구 지하 종족이야?

조셉, 하이어 - 다른 별에서 왔고 지구에 기지도 있어요.

무시공 - 그것이 지구의 기지야?

조셉, 하이어 - 네. 지구의 기지고, 위에서 보이는 기지 아래에는 땅 밑에까지 큰 벙커가, 큰 기지가 있어요.

무시공 - 비행기 활주로처럼 생긴 그 길은 도대체 무엇에 사용해? 비행선 뜰 때 필요 없을 텐데, 그런 게 필요하나? 고속도로처럼 해놓은 것은 무슨 용도야?

조셉, 하이어 - 그건 나중에 지구인들이 사용할 수 있을 것 같아서 예비로 해놨어요.

무시공 - 너는 어디 별에서 왔어? 지구와의 거리. 별 이름.

조셉, 하이어 - 별 이름은 호아키 별. 지구와의 거리는 120광년.

무시공 - 지구에서 딱 거기만 기지 만들었어?

조셉, 하이어 - 다른 행성, 별에서도 많은 기지가 있는 걸로 알고 있어요.

무시공 - 아, 다른 별에서도 와서 기지를 만들었다는 뜻이야?

조셉, 하이어 - 네

무시공 - 이유는?

조셉, 하이어 - 지구에서 우리처럼 차원이 낮은 존재들은 물질이기 때문에 지구 우주 공간 공기층에 있을 수 없어서 땅 위나 지하에 있어야 하고, 지구의 모든 것을 연구하기 위해서 여기 직접 와있어요.

무시공 - 그럼 너희 기지 만든 지 얼마나 됐나?

조셉, 하이어 - 원래 내부에 있었는데 외부로 나오게 된 건 10년 안팎 됐어요.

무시공 - 안에 있은 지는 얼마나 됐어?

조셉, 하이어 - 5~60년 됐어요.

무시공 - 거기는 인간이 모르잖아. 일부러 인간이 못 가는 곳에 비밀로 해 놨지?

오늘 갑자기 그 화면을 봤어. 인간이 너희 기지 발견할 줄 알았어?

조셉, 하이어 - 네. 하지만 발견돼도 우리에겐 어떻게 못 할 거예요.

무시공 - 왜?

조셉, 하이어 - 빗겨 갈 거예요. 왜냐하면 그들 자신의 땅이기 때문에 파괴할 수도 없을 것이지만, 실제 정찰을 오면 우리는 안 보일 거예요.

무시공 - 너희는 지구인보다 몇 배나 더 세밀해?

조셉, 하이어 - 두 배요.

무시공 - 그 기지에 인구는 얼마나 있어?

조셉, 하이어 - 한 500명 정도 있어요.

무시공 - 거기는 건축이랑 뭐 엄청 복잡한데 다 어디에 쓰는 것인가?

조셉, 하이어 - 거기는 지구 표면 다닐 때 위장할 수 있는 차도 있어서, 그 차를 이용해서 다른 지역에서 사용할 수 있도록 하는, 그런 차들이 대기하고 있고, 그 차 속에 지구의 제품이나 동식물 등의 생명을 운반할 수도 있어요.

물론 우주선으로 운반할 수도 있지만, 차로 운반하면 더 좋을 때도 있기 때문에 도로 같은 것도 있고요.

또 위에서 내려앉을 때 표시를 잘 보이게 다음 위해서 밝은 우리만의 표시를 해놨어요.

무시공 - 그럼 차로 돼있는 것도 보통 인간이 쓰는 승용차 아니지?

조셉, 하이어 - 네.

무시공 - 구조는 비행선 구조인데, 승용차 형태로 만들어 놨다?

조셉, 하이어 - 네.

무시공 - 그것도 날 수도 있고, 길에서 탈 수도 있고 그런가?

조셉, 하이어 - 일단 이것은 길에서만 다닐 수 있게 해놨어요.

무시공 - 응, 좀 낮은 차원으로? 지상에서는 승용차처럼 기름 같은 건 안 쓰네?

조셉, 하이어 - 네. 겉만 그렇게 차로 위장했고, 대신 날 수는 없지만, 기능이 아주 좋죠.

무시공 - 그것도 나중에 지구인이 쓸 수 있게 준비해 놓은 거라고?

조셉, 하이어 - 네, 미래에요, 활주로 같은 길도요.

무시공 - 누가 일부러 거기 가서 길 쓰겠어?

조셉, 하이어 - 나중에 우리가 우주선으로 데려왔을 때, 또는 그들이 많이 왔을 경우, 주차도 할 수도 있고, 다니면서 구경할 수도 있게, 그렇게 해 놓으려고요.

무시공 - 그럼 지금 건설 중이야? 다 끝났어?

조셉, 하이어 - 1차는 끝났어요. 나중에는 봐서, 계획해서 더 세울 거예요.

무시공 - 너희도 지구인하고 소통하고 싶어?

조셉, 하이어 - 물론, 우리 의식과 맞는 사람들과 소통하고 싶어요.

무시공 - 너희는 거기 있으면서 지구 환경에 적응할 수 있나? 아니면 훈련해 서 위장해서 거기에 들어와 있나?

조셉, 하이어 - 여기서는 별에서 특수하게 훈련받고 여기 와요. 아무래도.

무시공 - 너희 거기 승용차처럼 만들어 놓은 것, 길에만 다닐 수 있게 해놨 나, 날 수는 없네?

그럼 날 수 있는 것도 만들 수 있잖아. 그렇게 준비해놓은 것도 있지?

조셉, 하이어 - 승용차 형태는 날 수 없어요. 승용차는 지구의 승용차 형태 로 만들었어요.

왜냐하면, 웬만한 건 비행선이 얼마든지 수행할 수 있으니까.

무시공 - 그거 너희 별에서 만들었어, 여기서 만들었어?

조셉, 하이어 - 지구에서 만들었어요. 벙커 안에서 만들었어요.

무시공 - 그러면 언제쯤 지구인과 소통해서 내왕까지 할 수 있다고 생각해?

너희도 그런 희망을 가지고 있어?

대충 언제쯤 인간들과 소통할 수 있을 것 같아? 대충 짐작이 있을 거잖아.

조셉, 하이어 - 지금부터 한 2~3년 안이라고 볼 수 있어요. 지금 돌아가는 상황을 보면.

그리고 또 지구에 깨어난 존재들이 많이 있다는 거 알고 있고, 당신과 같이 우리하고 대화할 수 있는 존재들이 많이 탄생되면 우리도 정말 좋죠, 소통할 수 있다는 것이.

무시공 - 지구에 와서 이렇게 하는데도 직접 너희와 대화하는 존재들이 없지? 우리가 처음이지?

조셉, 하이어 - 네. 처음이에요.

무시공 - 네 생각에 신기하지 않아?

조셉, 하이어 - 우리 쪽에서 보면 신기하지도 않아요.

이렇게 우리 종족 또는 같은 차원끼리는 서로 대화가 가능하니까.

지구인하고는 처음이지만, 그런 소식 이미 들어서 놀랍지도 않아요.

무시공 - 외계인하고 소통하는 그런 존재가 있다는 것 들었다고?

그럼 또 하나 물어보자. 지구에서 지금 새로운 변화 이루어지는 거는 알고 있나?

무슨 소문이 있어?

조셉, 하이어 - 지구의 우주중심계획에 대해서 알고 있어요.

무시공 - 그거 어디서 시작하는지 알고 있나?

조셉, 하이어 - 여기 바로 건너서 옆에 한국이라는 나라로 알고 있어요.

무시공 - 확인해 보지는 않았어?

조셉, 하이어 - 다 확인했어요. 지금 너무 보잘것없지만…. 그래서 보고 있어요.

무시공 - 가능해, 안 해? 이렇게 낙오한 지구인이 감히 새로운 우주중심지 건설하는 거 믿음이 가? 엉터리 같은 관점 아니야?

조셉, 하이어 - 눈으로 보기에는 믿음이 안 가지만 이런 대화라든가 그들의 계획에 대해서는 인정해요.

무시공 - 그럼 너희 한국에 자주 안 와봤어? 인간 눈으로 안 보이게 위장해 서 와보기도 하겠네.

조셉, 하이어 - 네. 그리고 또 비행선 안에서 얼마든지 들여다볼 수 있어요. 이야기라든가 어떤 말이 오가는지 다 체크할 수 있어요.

무시공 - 그럼 너는 한국에서 하는 일 이뤄지고 있는데, 너희는 거기서도 우 리가 이 일 시작하면서 어떤 곤란이 있는지 알고 있나?

조셉, 하이어 - 네.

무시공 - 무슨 곤란이 있는 것 같아?

조셉, 하이어 - 지금 지구에는 돈이라는 것이 있어야 움직이는데, 알아듣는 자들도 아직 모자라고 거기에 따른 좋은 건물을 만들려는 계획이 있는 걸로 알고 있어요. 그런데 아직은 안 되고 있는 것으로 알고 있어요.

무시공 - 그런데 너희는 도와줄 그런 생각은 없나? 너희는 도움 줄 수 있는 방법 없어?

조셉, 하이어 - 아마 우리가 알고 있는 바로는 수많은 존재들이 도와주고 있는 데, 뭔가 아직 적정한 때가 안 돼 있는 것으로 나는 이해하고 있어요.

무시공 - 그럼 네 생각에는 언제 이뤄질 것 같아?

조셉, 하이어 - 그걸 제가 어떻게 알죠?

무시공 - 너희는 세밀하니까. 미래에 대한 것 예측할 수 있잖아.

　네 생각에 새로운 우주중심지 건설 센터 지으려고 하는데 아직 못 짓는 것까지 알고 있잖아.

조셉, 하이어 - 사람들이 많이 알아들어야 힘도 생기고, 시공 지구의 돈도 같이 오는데, 내 생각에는 빠르면 1년, 늦으면 2년 그래요.

무시공 - 그때 이뤄질 것 같아?

조셉, 하이어 - 네. 눈에 보이게.

무시공 - 우리 건축하려는 계획 1개 있고, 돈 때문에 못 움직이는 거 정확하게 알고 있고, 우리가 또 어떤 방면으로 노력하고 있어?

조셉, 하이어 - 당신들요?

무시공 - 응

조셉, 하이어 - 전 우주와 소통작업과 지구의 우주중심지 계획이니까, 온 우주의 생명들과 소통하는 작업.

　그중에 지구인의 몸을 녹여내는 작업하고 외계의 기술을 들여오는 작업을 같이 하고 있는 걸로 알고 있어요.

　그래서 나한테도 지금 도우라고 하는 이야기 같고요.

무시공 - 그럼 너 뭐 도와줄 수 있어? 우리에게 무엇을 도와줄 수 있고, 우리가 필요한 거, 간절히 희망을 두는 방면으로 도와줘야 서로 소통이 되고 서로 도움이 되지.

　우리 필요 없는 거 도와줘도 쓸데없잖아. 그게 뭐 같아?

조셉, 하이어 - 여기 우리의 건물을 보고 연락하신 거잖아요?

　그런 표면에 보이는 건축기술 그걸 말하나요? … 그건 아니고.

무시공 - 하하, 너 눈치 빠르네, 아닌 거 바로 알아.

조셉, 하이어 - 그것과 동시에 비행선에 대해서 관심이 많아요.

무시공 - 거기에 대해선 뭘 도와줄 수 있어?

조셉, 하이어 - 거기 대해선 말을 못 하겠어요.

무시공 - 왜?

조셉, 하이어 - 나도 모르겠어요.

무시공 - 그럼 물어보자. 너희가 건축한 건물에 차 같은 것도 있는데, 그것도 나중에 지구인과 소통할 때를 대비해 준비하고 만들어놨다고 했잖아. 그럼 만일 우리가 필요해서 써야 한다, 그럼 그런 차량을 지원해주거나 아니면 팔 수도 있나? 우리 쓸 수 있게.

조셉, 하이어 - 그러면 우리는 확인을 해봐야 돼요.

무시공 - 무엇을 확인해봐야 돼?

조셉, 하이어 - 당신들의 상황, 그리고 주변의 상황, 어쨌든 당신들이 그런 좋은 차를 가지고 다닐 경우에 인간들의 의식이 어떤지에 따라서 당신이 위험할 수 있고, 또는 물론 위험하지 않을 수 있지만, 그것까지 다 생각해야 해요.

무시공 - 네가 그랬잖아. 인간들의 의식이 곧 상승하고 있는데, 또 우리도 한국에서 무시공생명훈련센터하고 새로운 우주중심지 건설한다는 것은 지구인과 우주인이 소통하기 위해서 우리가 발 벗고 나서서 먼저 시작하는 거야.

전부 다 두려운 마음 있으면 언제 소통해? 누가 소통할 수 있어? 그래서 우리는 주동적으로 연락해, 그래서 여기서 시작이잖아. 맞지?

조셉, 하이어 - 네, 그렇게 알고 있어요.

무시공 - 우리는 모든 것을 생명 내걸고 해. 인간이 두려워하는 건, 우리가 앞장서서 해낸다고. 지금 이렇게 소통하는 것도 우리가 시작하잖아. 지구인 누가 감히 외계인하고 소통하겠다고 나섰어?

조셉, 하이어 - 그렇죠.

무시공 - 응, 그럼 너도 나중에 지구인하고 소통할 때 사용하려고 한 생각 때문에 그런 준비를 했잖아.

그럼 우리가 주동적으로 우리가 너를 찾았으니까 그것 사용해보자는 거야. 그것도 힘들어? 그리고 차 표면에는 눈에 안 띄게 지구차하고 비슷하게 만들었잖아. 맞지? 차 껍질이 지구에서 쓰는 껍질을 해놨잖아. 안에 장비는 달라도.

조셉, 하이어 - 네, 차 겉에만 좀 비슷하지만, 속 내용은 다르죠.

무시공 - 그래서 우리가 껍질만 비슷해도 도로에 다녀도 누구도 주의 깊게 신경 안 쓰잖아.

우리는 누구도 다 쓰는 것 아니고, 이 공부 필요한 존재들은 개별적 비밀로 한번 써 본다는 거야.

조셉, 하이어 - 그게…. 그게. 그 나라에서 될까요?

무시공 - 나라에서 그런 거 뭐 하러 관심 가져?

조셉, 하이어 - 그게. 외계의 것이 뚝 떨어져서 쓸 수 있는 시스템일까요? 잘 모르겠네요.

무시공 - 지금 지구에 외계인이 와서 승용선처럼 다니다가 거리에서 날아가고 갑자기 없어지는 것도 있잖아.

조셉, 하이어 - 그게 한국 같은 나라에서는 어떻게 될지 모르겠습니다.

무시공 - 한국에도 그런 거 많잖아. 승용차랑 같이 섞여 다니면서 겉으로 승용차 같지만, 실제는 다른 많은 것들이 있다고.

조셉, 하이어 - 외계인은 그렇게 완벽하게 숨길 수 있을지 몰라도, 지구인들은 완벽하게 못 할 텐데요.

무시공 - 너희한테 배우면 되잖아. 한동안 우리 운전 같이하면서 알려주고 완전히 사용할 수 있을 때 우리한테 맡기면 되잖아. 모든 건 배우면 되는 거지, 안 되는 게 어디 있어?

조셉, 하이어 - 그게…. 아직. 쉽지 않을 텐데.

무시공 - 한번 실험해봐라. 모든 게 시작할 때 힘들지. 무엇이라도 시작이 힘든 건 정상이야.

그럼 우리도 우주 작업하는 것, 뭐든지 하는 게 순조롭게 돼? 네 말처럼 건축 하나 해도 돈 없어도 큰소리 빵빵 치면서, 그렇다고 우리 곤란하다고 포기했어? 끝까지 한다고.

조셉, 하이어 - 예를 들어서 우리가 비행선으로 차를 갖다놓는다 하자.

그러면 그곳에 갑자기 차가 생겼을 때 수많은 눈들이 있을 것이고 지구인이라도.

무시공 - 응.

조셉, 하이어 - 요즘은 카메라, CCTV 등도 많고, 보이지 않는 세밀한 눈들이 많으니, 그걸 타고 다닌다고 해도 번호판은 어떻게 유지할 것이며, 갑자기 사라져야 할 때에는 어떻게 어디서 사라져야 하며, 등등….

그런 것이 다 준비가 돼있지 않기 때문에 힘들다는 거죠.

무시공 - 그래 오늘은 여기까지. 곧 우리는 다시 너를 찾아서 대화할 거다.

조셉, 하이어 - 네.

중국 서북 사막 외계 기지, 조셉과 하이어 대표와의 대화 - 2편

무시공 - 조셉, 하이어 실체 나타나.

조셉, 하이어 - 네.

무시공 - 응. 아까 너희 지구인을 위해서 준비돼 있다는 승용차, 그것을 우리는 승용선이라고 이름 지었어.

승용선 우리가 쓰려고 하면, 지금 상황이 그런 조건이 안 돼 있다는 것, 분석해보니까 그것도 사실이야.

우리가 외계인 쓰는 승용선을 탄다고 소문이 나면, 지구인은 가만히 두지 않을 것 이고, 또 그걸 부정으로 이해하는 존재도 많을 것 같다.

또 네 말처럼 차 번호 등 규정을 세밀하게 지키고 있으니까, 아직 힘든 환경이라는 거 알겠어. 그 말도 맞아.

그렇지만 우리는 반드시 외계인과 우주인 소통해야 돼.

그 기회를 반드시 우리를 통해서 열어야 돼. 맞지?

조셉, 하이어 - 네.

무시공 - 우리 대화하는 과정에서 우리가 어떤 존재인지 대강 감이 와?

조셉, 하이어 - 네.

무시공 - 네 짐작에 우리는 누구 같아?

조셉, 하이어 - 아까 이야기했듯, 한국에서 지구의 우주중심지 계획에 대한 큰 목표와 계획을 가진 존재.

무시공 - 그래, 그렇다 하고. 잠시(하하하하하하하하)

정식으로 너하고 대화하는 것은, 서로 소통하고 서로 다가가야 이뤄지잖아 반드시.

조셉, 하이어 - 네.

무시공 - 너희 기지를 보자마자 놀라웠어.

　활주로나, 승용선을 자동차처럼 만든 것도, 미래 지구인을 위해서 만들었다는 것 너무나 놀랍고, 어떻게 알고 미리 준비했나 싶어.

　말로 소통하려 하는 게 아니라 진짜로 준비했다는 증거잖아, 훌륭하다고.

　우리는 이런 존재를 찾았어.

　마침 실제로 지구에 와서 기지를 만들고 얼마 안 되는 짧은 미래에 인간을 위해서 길도 준비해놓고 승용차까지 준비해놓은 거 놀라운 일이다.

조셉, 하이어 - 네.

무시공 - 그래서 서로 지구인하고 소통하는 거 제일 먼저 앞장서서 준비했다고 여겨.

　우리도 이때까지 수많은 외계인 하고 대화도 해봤고 지구에 와있는 존재들 하고도 대화해봤어.

　하지만 너희처럼 완벽하게 진심으로 준비한 건 처음이다.

조셉, 하이어 - 아~ 그렇군요.

무시공 - 그래. 그래서 몇 가지 너하고 상의할 게 있어.

　첫 번째, 차를 먼저 사용해보고 서로 소통하는 수단이라 생각하면서 우리가 먼저 써보려 하니까 너 말처럼 아직 조건이 안 돼 있는 것 같아.

　비밀로 가지고 있을 수도 없어. 맞지?

조셉, 하이어 - 네.

무시공 - 차라면 등록도 해야 하고, 또 세상에 세밀하게 드러나니까.

　그리고 계속 숨겨놓을 수도 없잖아.

조셉, 하이어 - 네, 그렇지요.

무시공 - 일단 외계인이 쓰는 차라고 하면 인간은 부정마음이 너무 많잖아.

　오만 나쁜 생각 다 떠오를 수도 있어.

그래서 우리가 수많은 외계인과 대화해보면 전부 다 "우리는 기다리고 있다."라고 말하는데, 우리 입장에선 무엇을 기다리나 계속 생각했는데, 네가 말하는 거 들으니 '아. 이거 보고 말하는 거구나.' 하고 생각 들었어. 다 우리를 도와주고 싶은데 때가 안 됐다는 뜻이야.

제일 첫 번째는 우리 몸이 안 된다고 생각했어.

요새 보니까 몸은 되더라도 아직 기다려야 한다는 거야.

너하고 대화하니까 정답이 떠올랐어, 정말 그렇다는 거.

그래도 우리가 그쪽 방면으로 적극적으로 창조해야 하지, 가만히 기다릴 수 없잖아.

조셉, 하이어 - 네~

무시공 - 서로 노력하면서 어떻게 합류할까를 깊숙이 탐구해야 하고, 그리고 이미 너하고 소통돼서 너도 그런 마음 준비돼있고.

그래서, 우리가 차 가져와서 쓰려고 하니까 그런 환경이 아직 안 됐기 때문에, 이렇게 하면 어떻겠어?

첫 번째, 우리가 너희 있는 곳에 한번 구경하러 가는 것, 너희와 소통하는 거 우리가 앞장서서 너희 있는 곳에 구경하면 돼, 안 돼?

거기 승용차 있으면 우리 타 보기도 하고 체험도 해보고 지구인 중에 우리가 첫 발자국으로 너희와 소통하는 길이잖아, 시작이잖아. 어때?

조셉, 하이어 - 바로 결정 못 해요.

무시공 - 그래. 말해라 무엇 때문에, 무엇이 부족한가? 무엇이든 우리가 적극적으로 맞춰야지.

조셉, 하이어 - 아직 전혀 지구인이 온다는 건 계획이 안 돼 있고,

지구인이 아니더라도 우리 기지에 방문 온다는 것은 아직 계획에 없는 일이어서,

우리도 회의해봐야 하고….

무시공 - 그럼 너희 별 대표와 상의해봐야 하나?

조셉, 하이어 - 그렇죠. 우리에게는 큰일이고 중요한 일이에요.

무시공 - 음 그래. 그럼 시간이 얼마나 걸려? 가능해, 안 해? 이것부터 물어보자.

불가능하면 너희 신경 안 쓰게 하고 부담주기 싫어.

조셉, 하이어 - 이건 생각도 안 해 본 일이라서요.

무시공 - 너무 갑작스러워? 그럼 너희는 나중에 지구인이 쓰려고 길도 닦아놓고, 승용선까지 다 준비해놓고 있는데, 우리가 먼저 다가오니까, 준비가 안 돼 아무것도 생각 못 했어?

조셉, 하이어 - 네, 그런데 지금은 아니라고 생각했어요.

무시공 - 그럼 언제부터?

조셉, 하이어 - 아까 이야기했듯이 빠르면 1~2년이라고 이야기했지만, 그것도 솔직히 확실치 않은데, 자세하게 대답하라고 하니까 대략적으로 이야기한 거예요.

무시공 - 응. 그럼 우리가 앞당기는 거 좋은 일이야 나쁜 일이야?

조셉, 하이어 - 물론, 좋은 일이죠.

무시공 - 응. 그리고 너희 거기서 지하종족이 있어 없어? 기지 밑에 지하종족 있는 거 알아?

조셉, 하이어 - 알아요.

무시공 - 서로 소통해봤어?

조셉, 하이어 - 네. 소통했어요.

무시공 - 지하에 있는 종족하고?

조셉, 하이어 - 네, 소통해봤어요. 그리고 그들의 영역 침범을 안 하면 돼요.

무시공 - 그래. 그럼 물어보자. 너도 갑작스러워서 결정 못 하는 거 우리도 이해해.

그러면 그건 알아 몰라?

우리가 5천억 광년에 백사자라는 대표에게 지구 안에 전체를 새로 설계하고 새로 건설하기 요청했어.

지구에 새로운 우주중심지 건설하기 위해서, 그 소식은 알아 몰라?

그것도 진행 중인데.

조셉, 하이어 - 많은 소문은 있어요. 여러 가지 계획들, 그리고 지하 건설 등을 고차원에서 하고 있다는 건 들었어요.

무시공 - 응.

조셉, 하이어 - 하지만, 우리도 정확히 확인이 잘 안 됐어요. 그들 차원이 높아서 우리가 못 보는 건지.

무시공 - 응. 그러니까 5천억 광년에 대표에게는 지상건축 해달라고 그랬어.

은하계에도 없는 아주 고급건축 지으려고.

그런데 표면에는 땅 사야 하잖아, 우리 돈 일 푼도 없어, 너도 알다시피.

그래서 지상건축이 아직 뒤로 밀리고 있어. 그리고 어제 만나서 결정했어.

지하건축부터 먼저 시작하라고. 그 후에 지상건축.

그건 충분히 할 수 있잖아.

지하 고급스럽게 하면서 지하종족 반대하고 그러는 존재 있으면 우리한테 말하라고.

누구도 우리 못 말린다고, 우리는 당당하게 처리할 수 있어.

우리 우주작업에 방해 놓는 거, 절대 용서 못 해. 알고 있지?

조셉, 하이어 - 네, 알고 있습니다.

무시공 - 그걸 어제 결정했어. 표면에는 아직 인간 질서를 지켜야 하고 돈이 있어야 땅을 살 수 있으니까.

그래서 지상은 잠시 돈 나올 때까지 기다리고, 지하는 마음대로 할 수 있잖아.

지하건축부터 먼저 하기로 결정했어. 곧 이뤄질 거야. 표면까지 하려면 기다려야지.

돈이 해결되면 지상건축도 동시에 이루어질 거야.

그리고 우리 또 대전에서 우주선 비행선 기지 만들려고 해. 각 별과 별 사이에 움직이는 건 비행선이라고 하지.

지구 안에서 또는 행성, 별 안에서 움직이는 건 승용선이라고 하고,

높은 차원에 에너지 우주공간에 움직이는 것을 우리는 우주선이라고 해. 우리가 그렇게 이름을 정해놨어.

그래서 지금 대전에서도 비행선 우주선 기지 만들게 했어. 건축하게 했어. 말하자면 우주공항.

그건 어떤 존재한테 맡겼나? 5억 조 광년의 대표에게 맡겼어, 그 우주공항은 지상건축 지을 때 서로 연결되도록 말이야.

지금은 각자 자기 할 수 있는 거 먼저 시작하게, 그렇게 결정했어. 너 지금 봐.

고급 에너지 상태에서 지상 표면 물질 이외에, 건축이 들어간 거 보이나, 볼 수 있나?

조셉, 하이어 - 뭔가 지어지는 것 같아요. 우리 차원처럼 실물은 아니라서 잘 모르겠어요.

무시공 - 그래, 실물은 지상에 우리 땅이 있어야 물질상태로 건축할 수 있어. 지금은 돈이 없어서 기다리고 있어. 그런데 에너지 상태의 구조물은 지금 진행 중이라고.

진짜 같아, 거짓 같아?

조셉, 하이어 - 진짜 같아요. 나의 차원이 아니니까 안 보일 수 있고요.

무시공 - 응 그렇지, 그래서 우리 이 일은 꼭 이루어진다.

누가 막으려고 해도 막을 수 없고, 우리는 지구만 바뀔 뿐만 아니라 온 우주가 새롭게 바뀌는 작업 하고 있어. 믿음이 가?

조셉, 하이어 - 네.

무시공 - 지금 너 한번 봐라, 우리 몸 비행선 탈 수 있는 조건 돼있는지, 한 번 살펴보라.

예를 들어 너희 대표가 허락을 했어.

구경해도 된다 했으면 그럼 우리가 여기서 다른 방법이 없잖아. 비행선 을 타고 가야 하잖아. 맞지?

조셉, 하이어 - 네.

무시공 - 우리 몸 봐라. 그런 조건이 되어있나 확인해 봐. 탈 수 있나 없나?

조셉, 하이어 - 탈 수 있지만 버거운 상태에요.

무시공 - 그래도 괜찮아. 너한테 사실을 밝힐게. 우리는 분자몸, 물질 몸을 벗어나려고 해.

이것도 지금 가짜로 덮어씌웠잖아. 지구에서 이 일을 시작하기 위해서야.

우리는 지구인이 아니라고! 그 소문은 들었어?

우리는 이 우주인도 아니야. 다른 우주의 존재야. 그 소문도 들었어?

조셉, 하이어 - 네, 들었습니다.

무시공 - 그래서 이 몸은 가짜라고. 껍질이라 생각하면 돼. 곧 벗을 거야.

우리 할 일은 끝났어. 그래서 이거 벗으려고 지금 작업하고 있어.

100억 조 광년 과학자부터 금성 과학자까지 제일 처음에 14군데 동시에 광음파 원리로 몸을 녹이고 있어.

지금 보면 우리하고 연결된 수많은 것들 보여 안 보여?

(기다리다 다시 묻는다) 너 눈에 보여 안 보여?

조셉, 하이어 - 뭔가 연결돼있는 느낌이에요.

무시공 - 우리 비행선 못 탄다고 해서 이 몸 녹이라고 그랬어. 너 그건 알고
  있지?
  금성에는 광음파 원리로 비행선 만들고 오만 것 다 녹여서 활용하잖아.
조셉, 하이어 - 네.

무시공 - 금성에서는 그것을 마그너라고 불러. 처음엔 1단계부터, 1단계가
  지구 레이저보다 1.5배 강하대. 그런데 몸에는 생전에 실험한 적이 없대.
  자기별에서는 위험하다고 안 하려는 거 억지로 해보라고 했어.
  그러니까 1단계부터 10단계까지 올렸는데 아무렇지도 않아.
  100단계까지 올렸어, 그것도 그들 혼자 하는 게 아니라 다른 별다른 우
  주공간에서도 동시에 했어.
  근데 나는 아직까지 당당하게 살아있잖아. 우리는 인간이 아니야. 심지
  어 이 우주 존재도 아니라고.
  그러니까 아무리 강한 것도 우리하고 아무 상관 없어.
  그래서 비행선도 우리가 작년부터 탈 수 있다 해도 그냥 안 믿어.
  그럼 너희 우리 몸 한번 녹여보라, 위험 있나?
  이제는 과학자들 다 인정해. 진짜 문제없다는 거. 알았지?
조셉, 하이어 - 네.

무시공 - 금성은 과학자한테 물어보니까, 자기네는 지구인보다 3배나 세밀
  하대, 알아?
  화성은 2.5배 세밀하고.
  지금 저들은 날마다 우리 몸을 실험하고 내내 변하는 거 관찰하고 있다
  고. 알았어?
  100억 조 광년의 과학자도 동시에 빛으로 우리 몸을 녹이고 있고, 좀 낮
  은 차원에서는 빛과 파동 두 가지 원리로 하고.

더 낮은 차원에서는 광음파 동시에 사용하고.

우리 몸을 녹이려고. 이제 이해하나?

조셉, 하이어 - 이해해요. 그런 노력이 있으니까 빨라지는 거라고 알고 있어요.

무시공 - 그렇지. 그들은 이제 반년 이상 실험해보고 아무 문제 안 생기니까 과감하게 우리를 믿어.

지금도 네 마음대로 하라고. 빠를수록 더 좋아. 절대로 우리한테 위협 안 주니까.

우리는 이 우주공간의 생명이 아니니까. 이제 이해하나?

조셉, 하이어 - 네…. (이 우주 존재 아니라는 것, 깊이 이해는 못 한 듯)

무시공 - 이건 이만하고. 네가 직접 대표 찾아가서 상의할 거야, 우리가 직접 찾을까?

우리 좀 도와달라고 하면 돼 안 돼, 너희 대표 우리 말 들을 것 같아?

조셉, 하이어 - 우리가 먼저 이야기해놓고 대표하고 이야기하는 게 나을 것 같아요.

무시공 - 그럼 네가 우리에게 동의하는 식으로 이야기할래, 못 되도록 할래? 물어보자.

조셉, 하이어 - 지금 여기 상황을 그대로 이야기할 거예요.

무시공 - 그래. 그럼 너한테 또 하나 말할게. 은하계 군사대표 아스타 알아 몰라?

조셉, 하이어 - 알아요.

무시공 - 너희도 은하계 속하잖아.

조셉, 하이어 - 네.

무시공 - 아스타가 한국의 대전 상공을 보호하고 있는 거, 그 소문 들었어? 못 들었어?

조셉, 하이어 - 들었어요.

무시공 - 들었나? 그는 내내 우리 지키고 보호하고 있어. 우리 하는 일. 그거 헛소문 아니지?

조셉, 하이어 - 네, 헛소문 아닙니다.

무시공 - 그래서 온 우주에서도 깨어난 존재들은, 적극적으로 공부하러 오고 참여하고 있는데, 아직 안 깨어난 별에서는 관찰하러 오고 지켜보러 오고, 지금 다양해. 알았지?

조셉, 하이어 - 네, 그렇군요.

무시공 - 높은 차원에서는 직접 와서, 특히 100억 조 광년에서도 최고 존재들 이미 대전 와서 새로 공부한다고. 원래 관점 다 포기하고.
중간 이하는 받아들이는 것도 있고, 모르는 것도 있고 그런 상태라고. 그저 이해하지?

조셉, 하이어 - 네.

무시공 - 우리는 하루라도 빨리 외계인하고 지하종족하고 소통하고 싶어.
우리가 이 문을 열어야 하잖아. 우리 지금 지구 우주작업 작년 1년 동안 했어.
그건 그만하면 됐어, 소문이 자자해졌어.
지하종족하고는 우리 작업한 지 불과 한두 달 안 됐지만, 소문 자자해졌어, 맞지?

조셉, 하이어 - 네.

무시공 - 그래서 너한테 큰 희망을 두고 있어. 우리 좀 도와주라고.

서로 먼저 우리 지구인한테 소통하는 거 첫발 디디면 네가 큰 공 세운 다. 알았어?

조셉, 하이어 - 네, 알겠어요.

무시공 - 우주작업에 가장 앞장서고 자기 문을 열어줘서 우리 소통하는 길을 열었다고.
이건 진짜 우주작업의 가장 큰 공 세웠다고 할 거다! 알았지?

조셉, 하이어 - 네.

무시공 - 이건 이만하고. 또 하나, 네가 아는 다른 별에서 지구에 와서 너희처럼 기지 만들어서 지구인과 소통하려는 존재들, 아는 대로 소개해줘. 혹시나 한국에는 없나?

조셉, 하이어 - 한국에는 우리처럼 기지를 만들 만한 장소가 없어요. 우리 같은 기지요.

무시공 - 사람들 많이 안 가는 곳이 안전해서 그런가?

조셉, 하이어 - 네, 그렇지요.

무시공 - 그럼 한국에 그런 데는 없어? 지리산 같은 깊은 산도 있잖아.

조셉, 하이어 - 그래도 넓게 퍼져서 지구 밖에서 봐도 내 동료들이 바로 알 수 있는, 그럴만한 넓은 공간이 필요해요.

무시공 - 너희는 표면 공간은 안 커도 되잖아?

조셉, 하이어 - 아, 그래도 공간이 좀 넓을수록 좋죠.

무시공 - 비행선 왔다 갔다 하는 공간 안 써도 되잖아.
직접 뭐 날아갈 수도 있고, 땅에 앉을 수도 있고.

조셉, 하이어 - 그래도 공간에서 해야 할 일이 있고, 지하 들어가서 해야 할 일이 있기 때문에요.

무시공 - 한국은 없고?
조셉, 하이어 - 한국은…:

무시공 - 너 한번 찾아봐라 한국에 있는 거.
조셉, 하이어 - 표면에 있는 거요?

무시공 - 땅속에 있어도 괜찮아. 그저 한국 땅에서도 외계인 기지 있는 거 찾아보고 하나 대줘.
조셉, 하이어 - 한국과 북한은 표면에 없어요.

무시공 - 땅속엔 있고?
조셉, 하이어 - 그건 잘 모르겠어요. 일단 표면에 만들어진 것은 없고요. 땅속에 있는 존재들은 많이 있는 것 같지만 그건 잘 알고 계실 거고.

무시공 - 땅속 종족 말고, 외계인 와서 기지 만든 거.
조셉, 하이어 - 일단은 우리 같은 기지는 없어요. 한국 쪽은 너무 예민하기 때문에, 그리고 아주 넓은 공간이 확보 안 돼 있고, 모든 사람이 다 함께 모여 있는 공간이기 때문에 힘들어요.

무시공 - 그럼 너희 거기는, 보통 사람들 접근 못 하지?
조셉, 하이어 - 네, 접근 못 해요.

무시공 - 사막이라고 했지?
조셉, 하이어 - 네, 사막이에요. 지구인 누가 우리 옆을 지나가면서도 발견 못 해요.

무시공 - 그럼 거기 이외에 너희 거기 장백산 그쪽으로는 있나?
　동북삼성 같은 큰 원시산림도 있고, 그런 데 있어 없어?

조셉, 하이어 - 그런 곳보다 이런 평지가 제일 좋은 건 맞아요.
　그리고 인간이 많이 못 다가오는 곳이, 우리 동료들이 우주정거장처럼
　활용하기 좋아요.
　그리고 지구 밖에서도 보이거든요.

무시공 - 그래. 내 말이 너희 거기에 동북에 백두산 그쪽에는 없어?

조셉, 하이어 - 네, 없어요.

무시공 - 중국에는 그럼 너희밖에 없어? 중국 남쪽에는 큰 산림처럼 사람들
　잘 못 들어가는 데 있잖아.

조셉, 하이어 - 그쪽은 표면을 사용할 수 없기 때문에 지하종족만 있는 걸로
　알고 있어요.
　표면 사용은 중국에서는 우리만 있는 걸로 알고 있어요.

무시공 - 아프리카 쪽은?

조셉, 하이어 - 인간이 거주하지 않는 아주 넓은 공간 척박한 곳에는 다 있
　을 거라 보면 돼요.

무시공 - 너 다만 한두 개라도 우리에게 소개해봐. 어디 있나? 너희끼리 소
　통 안 하나?

조셉, 하이어 - 미국에 있는 건 아시죠?

무시공 - 미국 어디?

조셉, 하이어 - 지금은 활성화가 안 돼 있지만, 넓은 사막 지역에 하나 있죠.
　그리고…

무시공 - 그건 뭐 때문에 활성화 안 됐어?

조셉, 하이어 - 잠시 폐쇄됐어요.

무시공 - 왜?

조셉, 하이어 - 모르겠어요. 거긴 우리와 또 특성이 달라요.

무시공 - 왜?

조셉, 하이어 - 지구인과 교류가 있는 것과 교류가 없는 것의 차이.

무시공 - 거기는 교류하는데 너희는 왜 교류 없어?

조셉, 하이어 - 목적이 다르기 때문이에요.

무시공 - 그럼 너희는 지구인과 교류할 생각은 없고?

조셉, 하이어 - 지금 당장은 아니고요.

무시공 - 정보를 아는 게 목적이고?

조셉, 하이어 - 정보수집과 정보소통의 자리를 만들어 놓은 거예요, 나중에
  활용되도록.

무시공 - 그러니까 미리 지구인이 올 것을 준비해놓고도, 막상 우리가 직접
  만나려고 하니까 너희 또 무서워서 피하려는 거 아닌가? 아니면 진짜 준
  비 안 돼서 그런가?

조셉, 하이어 - 네. 준비가 안 돼서 그래요.

무시공 - 그래. 그럼 알았어. 그럼 네 생각에 언제 너하고 소통해야 돼?
  우리 좋은 소식 듣기를 바랐는데.

조셉, 하이어 - 시간 될 때 연락하세요, 또.

무시공 - 언제라도?

조셉, 하이어 - 네.

무시공 - 그래. 그럼 곧 또 대화하자.

조셉, 하이어 - 네!

같은 공간 다른 차원

분자세상은 지구를 포함해서 5천억 광년 안에 있는 우주를 말한다.

그래서 5천억까지는 물질세상, 5천억에서 5억 조 광년은 반물질 우주, 5억 조에서 100억 조 광년까지는 에너지 우주라고 우리가 규정했잖아.

분자세상에서 인간이 눈으로 볼 수 있는 것은 오관의 범위에 있는 것밖에 볼 수 있다.

그런데 분자 세상에도 수많은 차원이 있다.

그래서 인간은 분자세상의 모든 것을 볼 수가 없다.

원자상태로 들어가면 더 볼 수가 없다.

인간이 사는 분자세상과 100억 조 광년의 무극까지 세밀한 정도의 차이는 엄청난 차이가 있다.

100억 조 광년의 무극의 존재에게 인간의 분자세상과 비교하면 얼마나 세밀하냐고 물어보니 100만 배 세밀하다고 한다. 100억 조 광년이 인간보다 100만 배 세밀해….

그런데 금성은 인간보다 3배가 세밀하다고 해 그래도 인간들 눈에는 보이지도 않아.

금성이 인간들보다 3배가 세밀하지만, 인간들 눈으로는 볼 수가 없다.

그런데 우리는 무시공에 있으니까 인간보다 3배인 금성은 물론이고 100만 배 세밀한 우주도 다 우리는 다 뚫고 들어가고 거기에 있는 아무리 높은 존재도 우리말을 들어야 한다.

우리 무시공생명은 너무너무 세밀하다고 자기들(외계인, 우주인) 생각에는 우리가 자기들을 못 볼까 생각했어. 그래서 나타나라고 하면 자기들의 겉모습을 안 보여주려고 포장하고 변장하고 그러잖아. 우리는 그렇게 해도 다 끄집어내 버렸잖아.

안 나타나면 직선빛으로 줄여가지고 포장된 것을 전부 벗겨버리고 다 나타나게 해.

우리 무시공은 그 원리 아니까 무조건 나타나게 할 수 있어.

그러나 저들(외계인, 우주인)은 우리한테 어떤 방법도 적용할 수가 없다.

내가 누구도 우리를 못 본다는 뜻은 무엇인가 하면

지금은 이 분자몸을 가지고 있으니까 이 분자몸은 자기들이 볼 수 있다.

그러나 진짜 우리 무시공생명을 가지고 있는 무시공존재는 못 본다고.

누구도 보고 싶어도 볼 수가 없어. 못 봐. 내 말이 그거라고.

저들이 이 몸을 가지고 방해하면서 용을 쓰고 해코지하려고 해도 쓸데없는 짓을 하고 있다. 지금 우리 무시공에는 근처에도 못 왔다.

자기들은 있는 줄도 모르는데 자기들이 어떻게 우리를 건드려 건드리지도 못하고 해코지 할려고 해도 할 수가 없어 무극의 존재도 우리를 못 본다.

같은 차원에서도 공간이 다르다는 거야, 공간의 층하가 다르다.

70억 인구는 다 같은 차원에서 서로 보면서 살고 있다. 그렇지만 외계인은 자기 마음 자세에 따라서 공간이 또 다르다.

같은 차원에 있어도 너는 그 공간에 못 들어간다는 이런 강의를 많이 했는데 사람들은 무슨 뜻인지 몰라.

3단계 작업을 해야 내 뜻을 깊숙이 이해할 수 있다.

수많은 우주작업을 실제로 행하다 보니까. 그것이 실감이 오잖아

그래서 그때 000도 그러잖아. 원래 책 보고 이해했던 것하고 3단계 작업하고 이해하는 것하고 완전히 다르다고….

실전에서 그것을 이해해야만 완벽하게 무시공을 알게 된다.

책에 나오는 것은 이론화됐잖아. 이제 겨우 이론적으로 이해했어.

그러나 이론적으로 이해해도 인간이 이것은 이론이 아니라는 것을 초보적인 개념으로 알 수 있게 된다.

그럼 어떻게 알겠나. 증거를 보여 줄 수가 없잖아.

그러니까 3단계 작업하는 과정에서 책을 또 보면 아 이 말이 그 뜻이구나. 금방 이해할 수 있다.

지금부터 새로 책을 본다면 너무 이해를 잘하게 돼.

부산에서 강의할 때 어느 학교 선생님이 내 강의를 듣고, 했던 말 또 자꾸 반복해서 한다고 그래.

왜 내가 했던 말 또 해! -못 알아들으니까 또 했던 말 또 할 수밖에 없지.

실제로는 했던 말만 들리는 거지.

못 알아들으니까 이렇게 해석하고 저렇게 해석하고 알아들으라고.

불교는 3,000년 동안 기독교는 2,000년 동안 했던 말 또 하고 했던 말 또 해도 거기는 왜 했던 말 또 하냐고 말 안 해.

대전에 와서 강의의 차원을 높였다.

그 전에는 서울이나 부산에서는 어느 정도 했던 말 또 했던 것도 맞아!

뭐 알아들어야 진도가 나갈 수가 있지.

사람들은 시공관점에서만 받아들이려 하니까 이해가 안 가.

우리는 무시공 얘기를 하는데 사람들은 시공에서 받아들이려 하니까 이해를 못 한다.

3단계 존재(○○이가) 깨어나 가지고 진도가 시작됐다. 제자리걸음만 하다가!

3단계 열려 가지고 작업하는 과정에서 차츰 진도가 나가기 시작했어.

우리가 하는 일은 장난이 아니다.

외계인들도 지구인을 깨우치려고 생각도 안 하잖아.

깨우쳐 주려고 해도 지구인들이 알아들어야 뭐 하지.

자기가 도로 빠져 들어갈까 봐 외계인도 정말 지구인을 두려워하는 것도 당연한 것 같아.

알아듣지도 못하지 뭐하려면 고집대로 부리지 그래도 낮은 차원의 지구인 하고 차원이 좀 조금 가까우니까 잘못하면 자기가 홀로 들어. 그러니까 감히 지구인들 접촉을 못 해.

자기도 막히잖아. 차라리 피하고(우주선 타고 있으면 쏴버리고).

제8장

지상종족

지상의 여자 대표 천설

무시공 - 천설 실체 나타나.

천설 - 나타났어요.

무시공 - 천설, 항상 우리 주변에 있었나?

천설 - 항상은 아니고요.

무시공 - 응 그럼?

천설 - 한 70%는 곁에 있었어요.

무시공 - 있으면서 뭐 좀 알게 되었어?

　물어보자. 우리한테 새로운 믿음이 가?

천설 - 네. 일원심이 무엇인지, 긍정마음이라는 것이 무엇인지, 몸이 변해서

　영원히 산다는 게 뭔지, 새로운 우주생명이 태어난다는 게 무엇인지 알

　게 되었어요.

무시공 - 응. 오늘까지 내내 우리 곁에 있었던 거야? 아까 우리 몇 사람이랑

　대화하는 거 들었어?

천설 - 네. 교난과 대화 때부터 들었어요.

무시공 - 2광년의 존재와 대화할 때부터 듣고 있었구나.

　아장베로하고 대화하는 것도 들었지?

　그러면 뭐 때문에 우리를 두려워하게 되었는지 알게 되었겠네?

천설 - 네.

무시공 - 너도 마찬가지지?

천설 - 네, 맞아요.

무시공 - 네 주변에 지하종족 지상종족도 다 그래. 무엇 때문에 우리가 다 삭제했겠어.

처음에는 먼 곳에서 대화할 때는 100% 믿는다 해서, 우리 곁에 오라고 해.

그런데 막상 오면 무서워서 가까이 못 와.

그래서 약속 안 지키는 어떤 존재는 삭제했어. 맞지? 다 알고 있지?

천설 - 네.

무시공 - 그래서 우리가 다 대줘도 어떤 존재는 못 알아들어.

우리는 끊임없이 해석해. 오늘 또 해석했잖아. 그거 너 알아들었어?

천설 - 네, 알아들었어요.

무시공 - 무엇 때문에 우리를 두려워하는지.

천설 - 긍정 100%에서 긍정마음을 뺀 나머지 그 부정마음 파동빛 때문에 잡혀먹힐까 봐 두려워하고 무서워한다.

무시공 - 그렇지. 그럼 물어보자. 너 혼자 판단해봐.

너는 점수 매기면 너의 긍정마음이 얼마나 돼?

천설 - 80% 되는 것 같아요.

무시공 - 응. 그래 그럼 두 가지 문제가 있어.

천설 - 두려운 마음 20%하고 결국 파동 빛 때문이라는 거죠?

무시공 - 그렇지, 두려운 마음 첫 번째 원인은 파동빛 20%가 두려운 마음으로 돼있어.

그게 가장 첫 번째 장애물이야. 100% 긍정마음이라도 전부 다 파동빛이야.

천설 - 네, 들었어요.

무시공 - 우리는 절대긍정마음이 100% 안 돼 있어도, 우리는 직선빛으로 되어있어.

무슨 말이냐 하면, 만약 80% 긍정마음이 우리에게 있다 하면, 우리는 직선빛으로 80%로 되어있고, 너는 파동빛으로 80%로 되어있어. 둘이 빛의 질이 달라.

그러니 너는 80% 긍정마음이라도 우리를 무서워해.

네가 직선빛으로 변해야 우리와 같아. 두려울 이유가 없어. 맞지?

천설 - 네.

무시공 - 우린 100% 직선빛으로 되어있어. 그러니 당연히 더 무섭지. 녹을까봐. 자기가 죽을까봐. 이 두 가지 원인 알았지? 그것 때문이야.

천설 - 네.

무시공 - 너 이 원리 오늘 확실히 알아들었나?

이 원리 알았으면, 아까 교난한테 말했듯이 너도 직선빛을 받아들여봐.

무슨 느낌인가, 그래서 본인이 빛 받아들이니 편안하고 행복한 느낌이래. 맞지?

천설 - 네.

무시공 - 그 입장에서 보면 우리를 만나도 문제없잖아.

자꾸 파동 입장에서 보니까 무서워하고 두려워하고 자기 죽을까 봐 걱정하고.

그래서 아까처럼 알려주고…:

직선빛 받아들여 보니까 그가 그랬잖아. 너무 좋다고.

천설 - 네.

무시공 - 너는 우리 곁에 계속 있으면서 들었으니 이제 좀 깨어났나, 이제 믿음 있어 없어?

천설 - 있어요.

무시공 - 그래서 우리 주변에 지하종족 지상종족 봉황하고 심지어 대표 우리 주변에 있으라고 했잖아.

우리 관찰하고 계속 우리가 누구하고 대화하고 무슨 대화하는 거 지켜보라고.

그러면 깨어난다고.

전에 대화했던 존재들 중에, 직접 찾아가서 대화하면 처음엔 온다고 했지만, 막상 오려니 무서워서 도망 다녀서 삭제하고 그랬지만, 아~ 우리 그 후에 알았어.

너희 우리를 잘 몰라서 그런다. 그래서 우리 주변에 있으라고 해.

비밀로 우리 계속 관찰해보고. 우리 눈에 안 띄도록 해도 괜찮아.

우리 곁에 오래 있으면 우리 뜻을 알잖아. 맞지?

천설 - 네.

무시공 - 오늘 네가 정확하게 알았겠다.

네 주변에 그때 너와 같이 있던 지하에 여자 봉황이든 지상에 여자 봉황이든 우리 곁에 항상 머물라고 했잖아. 지금 다들 있어, 없어?

천설 - 왔다갔다 계속하면서.

무시공 - 다 있지?

천설 - 네.

무시공 - 다 그리하고 있지?

천설 - 네.

무시공 - 그럼 너희끼리 얘기 안 나눴나?

　우리에 대해서 무슨 평가하고 있나 말해봐.

천설 - 수시로 이야기는 하고요.

무시공 - 이야기하면서 공통적으로 우리에 대해서 무슨 평가하고 있나 말해봐.

천설 - 그러니까 옆에서 계속 지켜보면서 이 존재가 우주를 바꾸려고 한다는데 어떻게 바꾸는지에 대해서 궁금하고, 어떻게 진행되는지에 대해서 다들 처음 보는 광경을 구경하는 존재 많이들 있대요.

　외계 존재들도 마찬가지고. 센터의 지구인도 마찬가지.

　그래서 처음에는 반신반의들 많이 했지만 그러면서 이제 차츰 당신에 대해 믿어야 한다는 믿음의 수치가 점점 올라간대요.

무시공 - 그럼 너는 지금 어떤 생각이야? 우리가 하는 일 이뤄진 거 같나?

천설 - 네. 너무 세밀한 공간에서부터 이뤄져서, 100억 조 광년에서 왔다는 그 존재가 말했듯이 그들은 더 세밀하니까 빨리 알아듣나 봐요.

　그래서 우리가 아무래도 좀 늦는 거 같아요.

무시공 - 그래, 우리도 많이 기다렸어. 그래서 이제는 한도를 느껴서 더 못 기다려.

　그래서 요즘 와서 공기도 온 우주의 각 층. 각 차원에 있는 생명체들 호흡하는 공기도 바꿨고 에너지도 완전히 바꿨어.

　아까 우리가 말한 거 너 들었지?

천설 - 네.

무시공 - 그러면 너희는 무슨 공기로 호흡하고 있어?

　표면의 지구인은 산소 위주인데. 너희는?

천설 - 여기 지구에는 어차피 같은 가스가 분포되어 있으니까요.

무시공 - 그러면 너희는 지구인하고 조금 다르지 않아? 산소 위주야?

천설 - 네. 그래도 여기는 지구잖아요, 어차피.

그래서 여기 층간에 따라서 위치에 따라서 산소가 희박하거나 약간 다르거나 하지만, 우리는 어느 곳에서든 선택적으로 공기를 사용할 수 있어요.

무시공 - 선택할 수 있나?

천설 - 네. 선택할 수 있어요.

무시공 - 산소가 아니더라도?

천설 - 음. 지구 어디나 산소. 질소. 기타 가스 다 고르게 들어가 있지만, 우리는 그걸 선택적으로 사용해요.

만약 산소가 희박한 곳이라면, 산소를 자동으로 많이 당길 수 있는 그런 능력이 있어요.

무시공 - 그래 지구 표면 인간보다 너희가 더 과학이 발달했으니까. 그럼 우리는 그랬잖아. 근래에 와서 각 차원에 있는 생명체 호흡하는 공기까지 바꿔버렸다고.

천설 - 네.

무시공 - 무시공생명공기로 바꿔놨어.

그러면 무시공생명 공부 안 하면 누구도 못 산다고. 살고 싶어도 못 살아. 왜냐하면 공기가 바뀌었으니깐. 어떤 생명이든 호흡 안 하면 못 살잖아.

천설 - 네, 맞아요.

무시공 - 그걸 우리가 바꿨다고. 그리고 에너지도 바꿔놨어.

에너지도 각 차원의 온갖 에너지가 다 있어. 우리는 완전히 전부 다 하나로. 무시공생명에너지로 바꿔놨어.

그러면 딱 무시공생명만 살 수 있는 환경으로 만들어 놨어.

호흡이든 공기든 에너지든. 그 공간에 무시공생명 공간으로 만들어놨어. 그 에너지 공간.

그러니 그 공간에 다른 존재들 들어 올 수 있어, 없어?

들어오려고 해도 못 들어오고. 그 에너지가 바뀌었으니 살고 싶어도 못 살아.

천설 - 네.

무시공 - 공기하고 에너지는 눈으로 보이지도 않고 무슨 과학적으로 측정하지도 못해. 느끼지도 못해. 맞지?

천설 - 네. 맞습니다.

무시공 - 그래서 우리가 하는 일이 이뤄질 거 같나, 이런 거 그 누구도 상상도 못 하지?

천설 - 네. 이루어질 거 같아요. 너무나 부드러운 곳에서부터 시작하기 때문에.

당신은 제일 거친 공간에서 왔다지만 제일 세밀한 거부터 바뀌어 나가고 있기 때문에.

무시공 - 이제 인정하나?

천설 - 네. 그것을 우리가 느낄 때는 이미 다 바뀌어있어요.

무시공 - 그렇지, 그래도 좀 깨어나서 이뤄지는 걸 느끼고 있네.

천설 - 네. 옆에서 많이 보고 많은 것을 느끼고 있어요.

무시공 - 그럼 너 이제 우리 만나도 해가 안 된다는 거 실감 와, 안 와?

실제로 너 이제 포장하지 말고 우리 만나서 대화도 하고 그리할 수 있어, 없어?

천설 - 용기가 좀 나고 있어요.

무시공 - 진짜 나고 있어?
천설 - 네.

무시공 - 그럼 대충 언제쯤 우리와 당당하게 직접 만날 용기가 생길 거 같아?
천설 - 그게 진짜 제일 어려운 질문이에요.

무시공 - 또! 우리 외계인하고 대화하면서 온갖 거 다 탐구하고 있잖아.
지하종족 우리하고 제일 가깝잖아, 왜 우리가 못나서? 우리 여기서 시작하는데.
천설 - 용기 많이 내고 있어요.

무시공 - 그럼 너도 우리 교난하고 대화하는 것처럼.
그럼 너 몸의 빛하고 우리 몸의 빛하고 같아, 안 같아? 우리와 비교해봐.
천설 - 달라요.

무시공 - 우리는 직선빛, 너희는 파동빛. 맞아 안 맞아?
천설 - 네. 아까 다 비교해 봤지요.

무시공 - 이제 너를 통해서 너 주변에 있는 친구들하고 다 같이 체험해봐.
우리 직선빛 받아봐. 무슨 느낌인가? 교난은 교난이고. 너도 직접 느껴봐. 괴로운가, 편안한가, 행복스러운가?
그리고 네가 빛을 받아들일 때 네 몸의 빛하고 비교하면 어떤 게 더 밝아?
천설 - 우리 여기 빛이 밝아서 받아들일 때 밝아지는 건 맞고요.
그런데 지금 느껴보니깐 행복한 빛과…. 행복한데 조금 뭔가 불안한 것과 힘든 것이 교차해요.

무시공 - 힘들고 불안한 건 이원념 빛이 빠져나가기 때문에.
천설 - 아, 네~.

무시공 - 그게 원래 너였어. 원래의 네가 녹아 없어지려고 하니까 불안하고
힘든 느낌.
그렇지만 직선빛 입장에서 느껴봐.
행복하고 너무 자유롭고 편안한 느낌이 온다고. 그런 거 같아, 안 같아?
천설 - 직선빛 입장에서?

무시공 - 응. 너 어느 입장에서 생각하나?
파동빛 입장에서 보면 너 힘들고 불안하고 그런 마음이 생긴다고.
직선빛 입장에서 체험해봐. 느낌이 또 달라진다고. 어때? 그런 거 같아?
안 같아?
천설 - 직선빛 입장이 되는 게 좀 어려워요.

무시공 - 그러면 너를 중심으로 해 가지고 너 좀 풀어줄까?
너의 일원심. 네 몸에도 절대적인 긍정마음 있잖아.
천설 - 네.

무시공 - 너의 절대적인 긍정마음이 새로운 생명이야.
지금 그것 깨우치면 너를 풀어줄 거야. 체험해봐.
내가 너를 열어줘 보자. 너를 열어준 다음에 너는 느낄 거다, 그게 바로
너의 새로운 생명 탄생이란 것을.
천설 - 고맙습니다.

무시공 - 응. 너를 통해서 너와 우리 주변에 지키는 지하종족한테 보여줘.

천설 - 다 구경하고 있어요.

무시공 - 응. 너도 알지, 지구의 대전에서 지금 청년팀, 봉황팀 다 열어놓고
　　지금 훈련하고 있어. 알아?

천설 - 네.

무시공 - 나중에 어린이팀, 용팀, 농산물팀도 다 만들려고 해.
　　그 외 나중에 외계인팀, 지하종족팀, 지상종족팀도 훈련하려고 해.
　　지금 너를 통해서 먼저 알려, 그래서 너를 먼저 열어줄게.

천설 - 네, 고맙습니다.

무시공 - 응. 그래도 우리 곁에 70% 이상 머물고 열심히 관찰하고 그러니까.
　　또 많은 걸 알고 있으니까 우리 너를 열어준다.
　　밝게 해 가지고 혼자…. 구경하라고.
　　첫 번째 …. 변화시키고 그다음엔 …. 온갖 거 다 구경해.
　　(몸 구조가 인간하고 똑같다)

무시공 - 같지. 우리하고 제일 가깝잖아. 너 표면 지구인하고 비교하면 몇
　　배 더 세밀해?

천설 - 0.5.

무시공 - 0.5 세밀해? 그래.
　　눈을 열어준다. 세밀하니까 (빨리 열린다).
　　자. 이제 네 마음이 어때? 몸의 빛도 엄청 밝아진 거 보여?

천설 - 보여요.

무시공 - 기분 좋아 나빠?

천설 - 좋아요. 행복해요. 편안하고요.

무시공 - 그래. 그럼 우리 한번 실험해보자. 너희 비행선 타고 어느 별까지
　　갔던 거야?

천설 - 은하계.

무시공 - 은하계도 갔던 거야? 그럼 우리 한번 실험해보자.
　　지금 서울 대한민국 대전 상공에 수많은 비행선 우주선 보여 안 보여?

천설 - 엄청 많아요. 보여요.

무시공 - 이제 보이지? 여기서 가장 최고 높은 차원 우주선 찾아서 들어가 봐.
　　최고 우주선은 완전 에너지상태로 보이잖아, 그렇지?
　　제일 높은 차원에 우주선 보이면 몰래 들어가 봐.
　　들어갈 수 있어 없어?

천설 - 잠깐만요. 저기 높은 데 밝은 게 보여요. 들어가요?

무시공 - 몰래 들어가. 들어갔어?

천설 - 네.

무시공 - 들어갔으면 그 안에 관찰해봐. 사람이랑 여러 가지 뭐가 있는지 말
　　해봐.

천설 - 다들 투명한 존재들이고요. 음. 그들과 말해보라고요?

무시공 - 아니 아직. 얼마나 많은 것 같아 사람들?

천설 - 정확한 수는 모르겠지만 많아요.

무시공 - 이제 갑자기 선장 앞에 나타나. 그럼 선장 무슨 태도야?

천설 - 살짝 놀랐다가 웃어요.

무시공 - 그럼 물어봐. 선장 이름이 뭐야?

천설 - 어칼.

무시공 - 어디서 왔대?
천설 - 100억 조 광년에서 왔다고 해요.

무시공 - 그럼 거기 어디 우주야? 100억 조 광년 어느 우주에서 왔어?
천설 - 어느 우주인지는 모르겠대요. 어느 우주 소속이냐고 물으니까.

무시공 - 본인이 모른대? 12개 우주가 있잖아. 가장 앞에 대표우주가 대한
　　민국 우주고, 맞아 안 맞아?
　　그럼 또 다른 우주도 있는데 넌 어느 우주에 속해?
천설(어칼 선장) - 대한민국 우주는 아니고요. 지구 소식 듣고 살펴보러 왔어요.

무시공 - 살펴보러 왔어?
천설(어칼 선장) - 네. 대한민국 우주에서 이야기 듣고 살펴보러 왔어요.

무시공 - 그 소식 듣고?
천설(어칼 선장) - 네.

무시공 - 그래. 지금 느낌 어때?
천설(어칼 선장) - 내가 있는 자리와 여기 자리와는 느낌이 완전히 달라요.
　　우선은 거친 느낌도 많이 나지만, 또 새롭게 피어나는 공기 새롭게 피어
　　나는 에너지 많이 느끼고 있어요.
　　정말 오묘해요.

무시공 - 공기하고 에너지가 바뀐 느낌? 새로운 느낌?
천설(어칼 선장) - 거친 물질과 새로운 생명에 대한 에너지 이런 것들이 같이
　　공존하는 게 너무 신기하고, 또한 그것을 많이 느껴보고 있어요.

무시공 - 그래 그게 바뀌고 있잖아. 거친 게 바뀌고 새로운 게 탄생하고 있어. 제일 거친 지구에서 맞지?

천설(어칼 선장) - 아, 네. 맞아요.

무시공 - 그래 너는 역시 너는 100억 조 광년존재다! 예민하네.

공기와 에너지가 뭐로 바뀌었나? 무시공생명 공기와 생명 에너지로 바뀌었어.

그럼 이 우주에 원래 존재하던 공기와 에너지가 바뀌었으면 이 우주의 각 차원에 있는 생명체한테 무슨 위기감이 있겠어? 없겠어?

천설(어칼 선장) - 예, 우리가 느끼는 것으로 시작해서 차츰 모두가 느낄 것이고요.

위기감이 당연히 있겠어요. 우리….

무시공 - 안 받아들이면 위험하다고. 도태당한다고 맞지? 봐라. 아무리 높은 차원에도 호흡해야 하잖아.

그럼 원래 너희 높은 차원에도 각 차원의 공기는 자기가 다 흡수하지만, 완전히 전부 다 지구에서부터 무극까지 무시공생명공기로 바꿨어.

그러니 무시공생명 안 받아들이면 공기 때문에도 못 살아. 공기가 바뀌었기 때문에. 맞지?

천설(어칼 선장) - 네.

무시공 - 에너지도 마찬가지야. 이 우주가 전부 무시공생명에너지로 바꿨어.

이런 에너지상태는 무시공생명만 살 수 있는 환경으로 변했어.

그래서 무시공생명 안 받아들이면 위기가 와, 안 와? 자기 원래 환경이 없어졌어.

맞아, 안 맞아?

천설(어칼 선장) - 그렇죠.

무시공 - 그래서 우리가 대심판. 대도태. 대정화 지구에서부터 시작이라는 거. 그래도 너는 일찍 와도 알고 있네? 낮은 차원은 아직 측정도 못 해. 우리가 안 알려주면, 그게 뭔가? 이렇게 여겨. 알지도 못해. 맞아 안 맞아?

천설(어칼 선장) - 네. 그렇겠어요.

무시공 - 그런데 제일 거친 지구에서 시작하니까 좀 깔보이지? 멸시했던 거지?

천설(어칼 선장) - 그. 렇. 죠. 쳐다보지도 않았죠.

무시공 - 그럼 이제 중시 안 할 수가 없지?

천설(어칼 선장) - 네, 맞습니다.

천설 - 아리운이라는 우주라고 하는 것 같아요.

   (실제는 12우주 중에 우리운이라는 우주가 있다)

무시공 - 그래 고마워.

   (이제 고맙다 인사하고 천설에게 나오라 한다)

천설 - 나왔어요.

무시공 - 어때? 상상도 못 했지?

천설 - 네.

무시공 - 최고의 이 무극위치에 있는 우주 100억 조 광년에서 직접 온 거 확인됐지? 거짓말 아니지?

천설 - 네. 아까 제가 예상한 것처럼 높은 차원에서는 세밀한 것을 다 느끼고 있네요.

무시공 - 그렇지. 저들은 이미 다 느끼고 있는데. 너네는 모르고 있잖아.

우주 고급존재도 안 받아들이면 도태 대상 되는데, 지구인 지하종족이라고 편안하겠어?

우리는 복이 있어서 지구에서 시작하니까 빨리빨리 뛰어 들어올 필요가 있지?

천설 - 빨리빨리 뛰어들어와야 되겠어요.

무시공 - 이제 우리 직접 만나서 대화할 자신감 있어? 없어?

천설 - 자신감 있어요.

무시공 - 그래. 오늘 우리가 너를 열어줬다. 또 직접 체험해보고, 이제 일원심 지키고 직선빛 100% 되면 당당하게 만나자고 할 거다.

그날을 기다리고 있을게.

천설 - 네.

무시공 - 너를 통해 주변에 수많은 친구들 깨어나게 우리 다 기다리고 있다.

그때 우리 만나면 우리가 창조한 좋은 생명수, 생명주, 생명초 여러 가지 다 있다.

이 우주에서 없는 거 우리가 창조해서 귀한 친구들 만나서 나누게 기다리고 있다.

다 준비돼 있어.

천설 - 고맙습니다.

무시공 - 그래, 오늘 이만.

천설 - 네. 고맙습니다.

아동우주동(我動宇宙動)

내가 움직이면 우주가 움직인다.

무엇 때문에 내가 움직이면 우주가 움직이는가?

제일 먼저 "온 우주가 생명"이라는 관점으로 보라는 것이다. 이것이 제일 기초적인 관점이다.

분자세상에 있는 돌을 예를 든다면 돌의 뿌리를 계속 찾아 들어가면 음양으로 되어있다.

나무라는 존재도 물질이라는 개념으로 계속 파고 들어가면 본질은 음양으로 되어있다.

분자몸을 가지고 있는 나라는 존재도 계속 그 뿌리를 파고들어 가면 나라는 존재도 음양으로 되어있다.

몸뿐만 아니라 마음도 전부 음양으로 되어있다. 마음은 이분법 때문에 음양으로 되었고 몸은 이원념의 물질이 쌓여 음양으로 되어있다.

인간의 몸과 마음도 음양으로 되어있고, 돌과 나무도 음양으로 되어있다.

따라서 인간도 생명이고 돌과 나무도 생명이다.

근본형태는 같지만, 생명이 존재하는 방법과 형식이 다르다뿐이지 다 같은 생명이다.

그런데 인간은 이분법 때문에 분리하는 관점 때문에 생명으로 안 보인다.

그래서 인간은 생명이고 돌과 나무는 생명이 아니라고 본다.

인간의 이분법에 입각한 사고로 판단하는 관점 때문에 나는 생명이고 돌과 나무는 물질이라고 판단하는 것이다.

인간은 주객을 나누었기 때문에 나는 생명이고 저 돌은 물질이라고 판단한다.

인간은 나 이외에 전부를 물질로 보고 있다.

이것이 근본 차이점이다.

오늘날까지 어느 종교 어느 수련단체들도 일체를 생명으로 보는 관점이 없다.

나는 생명이고 너는 돌멩이고 나는 유기물이고 너는 무기물이고, 전부 나누는 이분법 관점에서는 과학자도 철학에서도 일체가 생명이라는 것을 모른다.

인간은 자신이 우주라고 하면서도 나는 소우주고 대우주를 나누면서 개인 입장에서 움직인다.

인간은 내가 움직이면 우주가 움직인다고 해도 안 된다. 또 움직인다고 해도 증명이 안 된다.

무엇 때문인가 하면 시공우주와 무시공우주의 관점이 다를 뿐만 아니라 그 원리가 같지 않다는 것이다.

우리는 무시공 생명을 가진 무시공의 존재들이다.

무시공존재란 무엇인가.?

일원심의 절대긍정 마음을 가지고 있는 존재들이다.

시공의 일체물질이 전부 다 생명으로 보면 음양으로 되어있다.

우리 분자세상에서 선악 가르고 무극까지 가면 음양이다.

그렇다면 음양이 무엇인가 하면 긍정과 부정이다. 그 마음으로 본다면 돌이나 나무도 음과 양, 즉 긍정과 부정 두 가지 마음을 가지고 있다.

물질관점으로 보면 음양 두 가지 물질이다. 두 가지 에너지다.

그럼 우리가 다 생명으로 본다면 긍정마음하고 부정마음하고 두 가지 마음이 있다.

그런데 인간이 말하는 긍정마음은 상대긍정이다. 왜냐하면 부정을 인정하기 때문이다

우리 무시공은 물질관점을 생명관점으로 바꿔가지고 시공우주의 일체 물질을 생명으로 본다는 입장이다. 그 기초에서 내일원심 절대긍정 마음하

고 상대긍정 마음하고 통하게 된다.

이것은 무극에서 분자세상까지 모든 시공우주가 다 통한다는 것이다.

돌에도 긍정마음이 있고 나무에도 일체 다 긍정마음이 있다.

그럼 내 일원심 절대긍정 마음하고 나무하고 통하는가? 안 통하는가?

통할 뿐만 아니라, 나와 돌과 나무가 완전히 하나가 되었다.

이 원리에 입각하면 내가 움직이면 온 우주가 움직인다는 것이다.

그래서 아동우주동(我動宇宙動)이다.

내가 움직이면 온 우주가 움직인다(아동우주동).

내가 마음 바꾸는 순간에 온 우주가 바뀌고 있다.

이것은 2단계에서는 안 보이니까 이해가 안 된다.

3단계로 진입한 존재들은 움직이면 변하는 게 보이고 증명할 수 있다.

그렇지만 시공의 존재들은 무엇 때문에 안 보이는가 하면 이분법 마음 때문에 우리는 너무 갇혀있다는 것이다. 너무 자기를 막아놓았다. 그러니까 소통이 안 되는 것이다.

전부 다 벽담으로 막아 놓았고, 전부 다 자기를 고립시켜 놓고 자기 외에는 전부 물질로 보기 때문에 고립될 수밖에 없다.

내가 일체물질하고 일체생명하고 완전히 하나 됐을 때는 내가 움직이면 일체가 안 움직이는 것이 이상하다.

그래서 인간은 이분법 때문에 항상 자기를 고립시켜 놓고 항상 무엇을 하든지 자신의 능력에 한계를 설정해 놓고 있다.

"나는" 100근 밖에 못 움직인다. 이렇게 자기능력에 제한을 두었어요.

그러나 우리가 일체생명으로 보는 입장으로 보면 내가 무한대의 능력을 가지고 있다는 걸 알아챌 수 있다.

일원심 지키면서도 내가 이거 되겠나! 이루어지겠나! 바꿀 수 있겠나!. 이런 마음을 먹는 것이 습관이 되어있다. 세포한테 지금까지 못한다, 할 수 있겠나 하는 부정을 입력시켰다는 것이다.

그럼 우리 무시공존재들은 무어라 그래.

"나는 안 되는 게 없다."

"내가 하는 것은 무조건 다 된다" 하고 절대긍정 마음을 갖는다.

무엇 때문인가. 일원심은 일체와 통하니까 그럼 내가 움직이면 우주가 움직인다는 것이다.

이것은 이론이 아니다. 지식이 아니다. 철학도 아니다. 이것은 실천이며 실제 행동이다.

그래서 우리 여기서는 이론도 없고 지식도 없고 철학 관점도 없다. 무조건 행하면 된다.

내가 일원심 지키는 순간에 우주가 바뀌고 있다.

그래서 우리가 우주작업한다는 것이다.

그래서 시공우주의 개인 수련하고 상관이 없는 것이 무시공의 공부다.

시공우주에서 개인 수련을 수천 년 수만 년 해도 생사에서 벗어날 수도 없고 생사에서 벗어나는 방법도 모른다. 그래도 끊임없이 수련하고 있다.

우리 무시공은 수련이 끝났다는 것이다. 그렇다면 왜 수련이 왜 끝났는 가?

내가 움직이면 우주가 움직(아동우주동)이는 원리를 아는데 뭐하러 수련을 해야 하는가?

그래서 우리가 간단하게 종합하면 첫째로 내가 일원심을 지키면 된다.

일원심이 뭐냐? 절대긍정이다.

일원심 지키면 무슨 현상 일어나요? 바로 블랙홀 현상이 일어나요.

개인의 입장에서 보면 일원심을 지키는 순간 향심력이 생긴다.

그것을 우주 입장에서 보면 확장 팽창되어 블랙홀이 된다.

내가 일원심을 지키는 순간에 나는 이미 블랙홀을 작동하고 있다.

이원념은 쪼개는 마음, 자꾸 분리하는 마음, 분산되는 마음이다.

일원심은 합하는 마음, 한데 뭉치는 마음, 빨아 당기는 마음이다.

일원심 마음하고 이원념 마음하고 방향이 다르다.

일원심을 지키면 계속 안으로 빨려들어와 나를 중심으로 해서 직선빛이 뭉치면 내 힘이 무한대로 강해지면서 무시공생명이 된다.

이원념을 지키면 나를 중심으로 해서 자꾸 쪼개 밖으로 나간다. 결국 나를 죽이는 방향, 소멸되는 방향으로 간다는 것이다. 그래서 시공우주는 파동에 의해 생로병사를 벗어 날 수 없다.

이것이 일원심과 이원념의 근본 차이점이다.

그래서 우리는 일원심을 지켜가지고 향심력이 생겨서 블랙홀을 돌리고 온 우주가 나한테 빨려 들어오게 하자는 것이다.

이원념은 쪼개고 또 쪼개고 나중에는 없어져 버린다. 소멸되고 이 우주에서 자연도태되고 만다.

일원심을 지켜야만 블랙홀이 작동하게 된다. 이것은 수련하고도 종교하고도 도 닦는 것하고는 아무런 상관이 없다.

이원리만 알았다면 이것만 지키면 되는 것이다.

일원심만 무조건 블랙홀을 작동시키는 원동력이라고 결론짓는다.

둘째는 내가 일원심만 지키면 무조건 우주가 움직인다(아동우주동).

나의 일원심하고 일체생명의 긍정하고 통하기 때문에 내가 움직이니 온 우주가 움직인다.

세 번째는 일원심은 무조건 직선빛이다.

일원심 자체가 파동이 없는 직선빛이다. 또 비공선지를 종합하면 간단하게 직선빛이라고 이해해도 된다.

직선빛이 너무도 중요하다. 직선빛은 일체 모든 물질을 뚫고 들어갈 수 있다.

일체생명 안에 마음 안에 뚫고 들어갈 수 있다.

내가 움직이면 이 시공의 우주, 이 분자세상에서 무극까지 일체존재들의 마음을 다 읽을 수 있다. 일체존재들의 마음하고 통할 수 있다.

무엇 때문인가? 우리에게는 직선빛이 있기 때문이다. 직선빛은 시공우주의 일체 파동을 녹일 수 있고, 없앨 수 있기 때문이다.

다시 한번 정리하면, 내가 일원심을 지키면 세 가지 특징을 가지게 된다.

일원심을 지키는 순간에 이 세 가지 특징이 포함되어 있다.

첫째는 블랙홀의 특징을 가지고 있다. 향심력을 확장하면 블랙홀이다.

향심력은 개인의 입장이고 블랙홀은 우주의 입장에서 문제를 보게 된다.

둘째는 일원심을 지키는 순간 우주를 움직이는 특징을 가지게 된다.

셋째는 직선빛의 특징을 가지게 된다.

이 세 가지를 꼭 기억해야 한다. 이것만 알면 그리고 행하면 자신이 대자유를 얻게 된다.

이것만 지키면 끝이다.

다시 한 번 무시공생명 공부의 핵심을 말한다면 바로 일원심을 지키라는 것이다.

절대긍정을 지키라는 것이다.

내가 절대긍정 일원심을 지키는 순간 나는 이미 블랙홀을 돌리고 있고, 우주를 움직이고 있고, 나는 직선빛이 되었다는 것이다.

사고의 방식을
철저히 바꾸라는 것이다

사고방식을 철저히 바꾸자는 것이다.

어떤 사고방식인가.

이원념에서 일원심으로 바꾸고 상대긍정에서 절대긍정으로 바꾼다는 것이다.

이원념의 특징은 무엇인가.

음양, 선악 가르는 두 가지 개념 때문에 좋고 나쁘고를 가르고, 옳고 그르고를 따지고 나한테 좋게 하면 친구고 나한테 나쁘게 대하면 원수고 하는 두 가지 마음이 이원념이다.

이 인간 세상에는 조상부터 오늘까지 평화를 기대하고 희망했다.

전쟁은 무엇 때문에 일어나는가, 상대를 미워하니까 전쟁이 일어난다.

우리가 아무리 평화를 기대하고 각종 종교에서 그 신에게 평화를 이루어 달라고 기도하지만 절대로 이루어지지 않는다.

무엇 때문인가.

이런 이원념 관점에서 벗어나지 못하기 때문이다.

일원심의 근본 특징은 무엇인가?

나만 보는 것이다.

내 일원심만 지켜라.

그러면 일체 내가 사는 자리에서 내 주변에 전부 다 좋은 것만 봐.

일체 절대긍정으로 봐.

남을 보면 전부 다 좋은 것만 보고 또 절대긍정마음 지켜.

그러면 사람마다 다 그런 마음 있으면 원수가 없어진다. 적이 없어진다.

그러면 전쟁이 없다. 그래서 평화가 온다.

평화는 기도한다고 오는 것이 아니고 사고방식을 철저히 바꾸어야 온다.

일원심의 이 진리는 지구에서는 어느 철학, 어느 이론, 어느 과학에도 없는 진리다.

지구뿐만 아니라 이 시공의 우주 어느 층차에서도 이 진리를 모르고 있다.

그런데 우리가 최초로 대한민국에서 이 지구에서 그것을 처음으로 밝히고 있다.

제9장

지하종족

강원·동해 지역 지하대표 - 미망

무시공 - 인간보다 조금 더 세밀한 지하종족 대표 미망 맞나, 살아있는 존재
인가?

미망 - 네, 맞습니다. 그런데 나를 어떻게 알았는지?

무시공 - 다른 지하 존재로부터 소개받았다. 한국 어디에 살고 있어, 인구
는?

미망 - 동해 산맥과 강원도 바닷가 쪽에 넓게 자리하고 있어요. 인구는 2억.

무시공 - 승용선, 비행선 있나, 어디까지 가나?

미망 - 지구 밖, 달까지 갈 수 있습니다. 이제 조금 더 멀리 갈 수 있는 기술
이 나옵니다. 달까지 10시간 안쪽.

무시공 - 다른 데는 못 가나?

미망 - 멀리도 갈 수 있지만, 많이 준비하고 갑니다. 지구인들만큼 준비하
는 건 아니지만.

무시공 - 너희 비행선, 지구의 로켓처럼 쏴서 올라가야 하나?
다른 외계인처럼 다른 승용선 타고 가면 되나?

미망 - 지구처럼 로켓은 아니고, 아니 그렇게 할 수도 없지요.
외계인하고 가까운 기술이에요.

무시공 - 지구 표면에서 승용차처럼 달릴 수도 있고, 하늘을 날 수도 있고,
바닷속에서도 다닐 수 있고.

달까지 못 가더라도 지구 표면에서 자유로운 것, 당연히 있겠지?

미망 - 네, 있습니다.

무시공 - 그럼 너희 사는 곳은 육지와 바다 모두 접해 있잖아.

어찌 되었든 한국 땅에 사는데 한국 사람과 비슷한가?

지구 표면 도시에 나와서 한국 사람들과 섞여있어도 못 알아보지?

미망 - 네, 비슷해서 몰라봅니다.

무시공 - 자주 표면에 나와서 놀러 다니고 구경도 하고 그래?

미망 - 네.

무시공 - 표면 다닐 때, 표면의 승용차처럼 위장해 가지고 다니나?

미망 - 네, 둔갑(?)이라고 표현해야 하나.

무시공 - 수명은?

미망 - 500~900살.

무시공 - 사람들이 너희 볼 수 있지?

미망 - 음…. 보일 수도 있고, 사람 눈에 안 보이게 살짝 가릴 수도 있어요.

무시공 - 오래 가리고 있으려면 힘들지 않나? 사람들이 주변에 많이 있을
때는 어떻게 해?

미망 - 내 주변에 있는 화면이 상대에게 보이게 하면 됩니다.

내 주변의 화면을 찍어서 나에게 투사하면 내가 안 보이게 할 수 있어요.

무시공 - 너는 지구 표면 사람하고 소통한 적 있나? 소통하고 싶어?

서로 소통하고 평화롭게 사는 게 좋아, 아니면 서로 숨기고 사는 게 좋
아?

미망 - 표면 사람들하고 소통하고 싶은데 너무 시끄러워져요. 조용하게 살고 싶거든요.

표면 사람들이 우리를 알아도 그네들과 똑같이 대한다면 같이 열어놓고 자유롭게 살고 싶어요. 하지만, 그건 아직 안 될 거 같아요.

무시공 - 그러면, 인간하고 소통 시도해 본 적은?

미망 - 딱 보면 알아서….

무시공 - 보면 다 보이니까 소통이 안 될 줄 미리 안다는 거네.

우리 한국 사람이야,

내가 너를 찾아 대화하는 거, 이런 경우 역사상 있어 없어?

우리에 대해서 어떻게 평가하나?

미망 - 물론, 이런 대화 해본 적 없지요.

물론 한국인들 차원이 높지만, 내가 본 바로는 전 세계적으로 이런 대화 할 사람 몇 명 있는데, 그들 중에 나에게 이야기시킨 사람은 없었어요.

그러니까, 당신이 나를 찾아냈다는 자체를 아주 높게 평가합니다.

무시공 - 그러면, 너 마침 대한민국에 사는데, 지구 대한민국의 새로운 변화에 대한 정보 몰라?

한국에서 무슨 일이 이루어지는 것에 대한 소식 못 들었어?

미망 - 아주 예전부터 한국이 세계중심지가 된다는 얘기는 들었어요.

근래에는 이런저런 소리가 더 들려요.

무시공 - 사는 곳은 별로 안 깊지?

미망 - 네, 별로 깊지 않아요.

바다는 바다 밑의 땅을, 육지에서는 산속과 지하 모두 씁니다.

무시공 - 비행선 출구도 산에 있겠네.

미망 - 네, 동해 쪽 산에 출구가 있어요.

무시공 - 비밀이겠지?

미망 - 네, 비밀이어야 해요.

무시공 - 표면 사람 바로 옆에서 문이 열려도 안보이지?

미망 - 주의하지요. 표면 사람은 우리 출구 찾을 수 없어요.

무시공 - 우리 간단하게 알려줄게. 지구와 주변 잘 살펴보지 않았구나.
코 밑에서 엄청난 일이 이루어지는데. 지금 대전 한번 봐라.
대한민국 표면에서 무슨 일이 이루어지는지.
같은 지구에 살면서 아무것도 모르면 안 되지.

미망 - 느낌은 있고 뭔가 시끄럽고 그랬는데 구체적으로는 몰랐어요.

무시공 - 그래 소개해 줄게. 대한민국 대전이 지구중심지뿐만 아니라, 우주
중심지라고.
빨리빨리 참여하라고.
센터 소개와 상공의 비행선 우주선, 높은 차원의 존재 등 확인함.
별 간 자유롭게 왕래할 우주선 기지도 만들려고 준비하고 진행 중이다.
각별 각 차원의 우주도 왕래할 수 있는데, 땅속은 아직도 움쩍달싹 안
하면 안 되지.
우리가 바로 이 작업을 하고 있다. 믿음이 가나?
우리는 우주인하고도 소통하고 당연 지구 안에 수많은 종족이 사는데
계속 소통한다, 알았나?
서로 소통하는 게 좋아? 봉쇄하고 숨기는 게 좋아?

미망 - 아. 열려있는 게 제일 좋지요.

무시공 - 그래, 그래야 서로 자유롭게 왕래하고 서로 친구처럼 사이좋게 사

는 게 우리의 목적이야. 적극적으로 참여할래?

미망 - 네, 제가 와야지요. 참여해야지요.

무시공 - 대전에 와서 빨리 공부하라고.

그러면 인생이 바뀌고, 온 인류, 온 우주 생명의 수명이 무한대로 커지고 영원히 살 수 있는 길이 생겨. 기대되나?

미망 - 네, 기대돼요. 이런 걸 내가 조금 더 귀 기울이고 있었으면 알았을 텐데.

새로 나온 책도 챙겼습니다.

무시공 - 그래 지금도 안 늦었어. 이제 시작이니까.

원래는 지구 표면을 너무 낙오하고 탁하다고 관심을 안 둬서 그래.

그러니 새로운 변화 이루어져도 모른다고, 내 말 맞지?

미망 - 너무 차단하고 살아가지고.

무시공 - 그렇지, 우리는 대전 무시공생명훈련센터. 여기서 표면 지구인을 훈련시켜.

지금 차원이 빠른 속도로 변하고 있어. 너도 느낄 수 있지? 그게 너희에게 영향을 준다.

온 우주도 그 영향 받고 있어. 대한민국 대전이 새로운 우주중심지야.

여기서 시작하고 있어.

100억 조 광년, 높은 차원 대표도 여기 와있다고. 다 와서 여기서 공부하고 있다고.

어서 대전 가서 배워, 비공선지도 있고 책도 있잖아.

이 좋은 소식을 빨리 종족들에게 알려서 어서 대전에 모이게 해. 알았지?

우리는 민족 개념도 없고 국가 개념도 없어. 일체 다 하나니까.

심지어 우리 지구에 동물 종족도 있어. 도마뱀, 뱀 등 여러 종류, 그들도 다 여기 와서 공부하라고 했어. 일체생명이 평등하잖아.

미망 - 네, 맞습니다.

무시공 - 자기들도 그 모습 괴롭대, 인간 모습 부러워하고.

그들에게 내려오는 예언이 "때가 되면 완전히 환골탈태할 수 있다."라고 해.

그래서 이 소식 알리니까 너무 좋아해.

우리는 동물이라고 멸시하고 그러는 게 아니라는 거야.

알아들었지? 적극적으로 참여해.

미망 - 네, 일체평등. 알겠습니다.

무시공 - 거기 여자들 한국 여자들보다 잘났나?

미망 - 여기 여자들이 뭔가 부드럽고 잘생긴 거 같네요.

무시공 - 그래, 우리는 우주에 없는 새로운 것 창조했다.

언제 우리 만나서 술 한 잔 마시자.

지금 너와 비슷한 차원의 존재들 소개하고, 나중에 더 많은 존재 소개해

줘라.

미망 - 그날 기다려집니다. 소개하겠습니다.

지리산 지하 대표 소천궁

무시공 - 지리산 어느 쪽에 있나, 혹시 지리산 칠성봉 근처인가?
소천궁 - 지리산에 거의 분포해 살고 있습니다.

무시공 - 어디가 중심인가?
소천궁 - 표면 지리에 대해선 몰라요.

무시공 - 인구는 얼마나 되고?
소천궁 - 약 20만.

무시공 - 웅, 지리산 칠성봉 알아? 악양 쪽에?
소천궁 - 그렇게 부르는 건 들었어요.

무시공 - 너희 거기도 우리가 말하는 승용선, 비행선 있나?
　비행선은 달 이상 날아갈 수 있는 거, 그거 가지고 있어?
소천궁 - 네, 지구 주변에서 놀다 올 수 있어요. 달도 가고.

무시공 - 달까지 가면 시간 얼마나 걸려, 표면 지구인시간으로 말하면?
소천궁 - 5-7시간 정도, 달의 위치에 따라서요.

무시공 - 바닷속도 들어갈 수 있지?
소천궁 - 네, 갈 수 있어요.

무시공 - 지리산에 비밀로 통로 있나? 어디에 있으며, 몇 군데 있어?

소천궁 - 사람 못 들어오는 골짜기에 있고, 하나의 통로만 있으면 되는데 혹시 몰라서 비상으로 두 군데 더 만들어놨어요.

무시공 - 그래, 지구에서 특별히 대한민국에서 무슨 변화가 이루어진다는 새로운 소식 들었나?
소천궁 - 네, 들었습니다.

무시공 - 무슨 소식이야?
소천궁 - 대한민국이 중요한 나라라는 것은 오래전부터 알았는데…
지금 더욱 중요한 나라가 됨과 동시에 위기감도 커지면서, 또 최대로 밝아지고 있어요.
그곳이 바로 대전 중심이라는 거, 소식을 정확히는 확인 못 했지만, 대전 중심에 대한 이야기 많이 들었고 실제로 가 봐도 다르긴 다르더군요.

무시공 - 가봤었나?
소천궁 - 가봤어요. 다니다 보면 다 알지요.

무시공 - 응, 너희는 그래도 정신이 좀 깨어나 있네.
네 느낌에 대전 어때? 상상을 초월했어? 안 했어?
소천궁 - 네, 상상초월이에요.

무시공 - 그리고 대전 상공 한국 상공에 수많은 비행선 우주선 와 있는 거 보이나?
소천궁 - 네, 보여요. 봤어요.

무시공 - 옛날에는 없었는데 근래 와서 그런 거 갑자기 이상하지 않아?
소천궁 - 좀 이상하긴 했지만, '대한민국이 중요한 나라라서 그런가 보다.'라고 생각했지요.

무시공 - 네가 관심 있어 하니 기분 좋다. 간단하게 소개해줄게.

　(대전 상공의 우주선, 비행선, 높은 차원의 존재들, 센터 내부의 책과 비공선지 우주도 등 직접 보며 설명)

소천궁 - 너무 좋아서 울컥합니다.

무시공 - 응, 그래 그래서 대한민국 대전에서 새로운 우주중심지 건설하는데 너희는 마침 대한민국 같은 땅에 있어. 여기 핵심부위에 있잖아, 영광스럽지 않아?

소천궁 - 아하 네, 그렇습니다. 영광스럽습니다.

무시공 - 그래, 적극적으로 참여하라고. 나중에 5천억 광년 대한민국이라는 별에서 대표가 직접 이 지구에서, 태양계 은하계도 없는 거대한 지상건축을 하려고 준비하고 있어.

　그리고 또 대전에서는 우주선 비행선 기지 만들려고 해. 그것은 5억 조 광년 별(우주)에서 설계해서 지금은 에너지 상태로 짓고 있고,

　물질상태의 건물은 지상에 큰 센터건물 지을 때 같이 종합해서 지으려고 한다.

　이 소식은 들은 적 없지?

소천궁 - 네, 지하 건설한다는 건 들었어도 지상은 못 들었습니다.

무시공 - 그래, 지하 쪽은 또 우주중심지를 위해서 전체를 새로 설계하고, 그 일은 5천억 광년 대한민국별에 백사자라고 하는 대표에게 맡겼어. 그 소식은 알고 있지?

소천궁 - 네, 알고 있습니다, 어떤 존재가 주관하는지는 몰랐지만요.

무시공 - 그래서 우리는 지상 지하, 우주 각 별 다 이제 마음대로 대한민국에 왔다 갔다 하도록, 심지어 지구도 대한민국 지구로 변화시키고 있어, 좋은 소식이지?

소천궁 - 네~.

무시공 - 그리고 너희 통로, 대전 무시공생명훈련센터 알지? 거기 가봤잖아.
그 근처에 미래에 큰 건축물을 지을 거야, 거기에 미리 통로를 만들어놓
도록 해.
그래서 우리 서로 내왕하도록, 지금은 잠시 비밀이야 이제 얼마 안 되면
대공개. 알았어?

소천궁 - 네, 알겠습니다.

무시공 - 그리고 지리산 칠성봉이라는 곳에, 원래 대한민국에서 이 공부 받
아들이고 시작한 존재가 거기에 있었던 거야, 세밀한 공간에 가서 같이
이 작업하고 있어.
그래서 그 기념으로 지리산 칠성봉 아래쪽에 그 존재가 살던 곳을 꾸미
고 있어, 시간 있으면 한번 구경해봐라. 맞나 안 맞나.

소천궁 - 네네, 봤어요. 똑같은 거 봤어요. 똑같은 동그란 마크.

무시공 - 응, 그래 그거 맞다. 무시공 기를 휘날리고 있다 거기에.
또 대한민국 국기(무극기)도 함께, 맞지?

소천궁 - 네.

무시공 - 그 자리도 나중에 관광지 만들려고 한다. 기념 삼아서.
너희도 거기에 통로 만들어도 돼, 비밀로. 알았지?

소천궁 - 아~ 네, 알겠습니다.

무시공 - 그저 이렇게 네게 소식 알려주는 거다.

소천궁 - 감사합니다.

무시공 - 너희 평균수명은?

소천궁 - 500살 전후.

무시공 - 이 공부하면 나중에 무한대로 살아, 이제 생사가 없어져. 새로운 생명이 탄생하면 영원히 살아. 영원히 행복하게 산다. 우린 그걸 밝히고 있어. 알았지.

우리하고 한마음 한뜻으로 같이할 수 있지?

마침 또 핵심부위 지구에 있으니까, 또 지구에서도 대전 근처에 같이 있으니까 이 얼마나 행운이야, 우리.

소천궁 - 네, 맞습니다. 행운입니다.

무시공 - 그래서 우리 손잡고 우주중심지 건설에 최선을 다해보자고. 알았지?

우리는 대한민국에 살고 있는 지상이건 땅속이건 일체생명을 다 깨우치려고.

모두 같이 손잡고 하려는 마음 먹고 있으니 하나도 빠짐없이 같이 손잡고 해보자고.

그러니 대전에 와서 열심히 공부해. 위장할 필요 없어, 있는 그대로 와도 된다.

여기는 누구도 해코지할 사람도 없어, 또 부정 마음 있으면 절대로 안 돼.

나중 지구 표면도 전쟁 영원히 없어져 그런 작업을 여기서 다 하고 있어. 알았지?

소천궁 - 네, 알겠습니다. 다가올 그날 감동입니다. 감사합니다.

시베리아 지하 존재 컴사나

무시공 - 러시아에서 시베리아 커라 섬 땅 밑 12,000m 파고 들어갔을 때, 괴생명체 소리가 났던 사실 확인하자. 지하 무슨 종족인가, 나타나. 그곳 땅 밑에 어느 종족이 소리 냈나, 종족 대표 이름 뭐야?

컴사나 - 컴사나. 컴사나라고 해요. 여자 대표입니다.

무시공 - 러시아가 시베리아 근방 땅 밑 파고 들어갔을 때, 너희 사는 공간 바로 위에까지 뚫어서 들어갔나, 12,000m 정도면 너희는 땅속에 너무 얕게 살고 있었네?

컴사나 - 조금만 더 파고 들어왔다면 공간이 느껴지기 때문에….

무시공 - 그래. 너희는 공간이라고 그러지?

컴사나 - 더 이상 들어오면 우리 지역이 완전히 뚫릴 거 같아서, 당신들이 상상한 그대로.

이렇게 아름다운 곳이 보인다면 분명히 그들이 더 뚫고 들어왔을 것이다. 그래서 인간들이 싫어하고 두려워하는 소리를 잘 알기 때문에 그것(괴성)을 들려줬다.

무시공 - 그래서 일부러 나쁜 소리로 했나? 그럼 너희 무슨 기술로 그리했어?

컴사나 - 얼마든지 음향은 만들 수 있으니까.

무시공 - 이상한 음성을 만들 수 있으니까? 그리고 무슨 이상한 동물도 날아 나오게 했다면서, 너희가 만들었던 건가, 그것이 사실인가?

컴사나 - 그것도 마찬가지로, 우리는 표면 지구인보다 잘 만들 수 있는 기술이 있으니까.

무시공 - 너희가 만들어서 땅 위로 날아 나오게 했다면서?
괴물 모습의 새가 날아올라 나와서 너무 무서워 가지고 동굴을 도로 막아버렸데.

컴사나 - 그렇죠. 그렇게 해야 막지. 당신들도 알다시피 우리의 아름다운 모습 보여주면 인간들은 특히 그 나라 사람들은 다 차지하려 할 수 있다.
물론 우리를 마음대로 차지할 수도 없지만 계속 그런 마음을 가지고 뚫고 들어 올 것이다.

무시공 - 뚫고 들어가서 너희 사는 곳에서 시끄럽게….

컴사나 - 그리고 귀찮게 할 것이다.

무시공 - 그곳, 너희 인구는 얼마나 되나?

컴사나 - 우리 여기서는 5억 정도가 살고 있어요.

무시공 - 음, 꽤 많이 사네?

컴사나 - 네.

무시공 - 우리가 지하하고 소통하는 것 알고 있나?

컴사나 - 네, 알고 있어요.

무시공 - 거기까지 소문났나?

컴사나 - 네!

무시공 - 지금까지는 주로 한국 땅 밑에 종족 찾았는데.
대한민국에서 무슨 일 일어나고 있는 거 아나, 소문 다 알고 있겠네?

컴사나 - 네. 알고 있어요. 어쨌든 그쪽 표면에서 인간들이 정리되고 우리가 합해질 날을 다 기다리고 있어요.

무시공 - 그날을? 그럼 네 생각엔 언제 그렇게 이뤄질 거 같아?

컴사나 - 당신들이 말하는 날이 곧 오지요, 이제 정리 시작이니까.

그래서 그쪽에서 2020년 전후, 늦어도 2021년까지 잡았으니까, 당연히 그렇게 됩니다.

그리고, 지금 나뿐만 아니라 모든 존재들이 기다리고 있는 건 알고 있잖아요?

무시공 - 네 생각엔 이뤄질 거 같나?

컴사나 - 당연히 이루어질 수밖에 없어요.

한번 시작된 것이라서 이제 돌이킬 순 없어요. 시작됐어요.

무시공 - 그럼 네 생각에 지구표면 인간을…. 우리가 그랬잖아.

대심판, 대도태, 대정화. 하는데 그게 이루어질 거 같나, 무슨 방식으로 이뤄질 거 같아, 너는 다 알고 있나?

컴사나 - 네! 그러니까…. 모든 자연재해는 다 동원되는 것으로 알고 있어요.

무시공 - 그것도 비밀로 했는데 다 어떤 방법으로 동원되고 있어? 한번 말해봐.

컴사나 - 비밀이 아닌 것 같은데?

무시공 - 왜 비밀이 아닌 것 같아? 인간은 모르잖아.

컴사나 - 음…. 다 공개하는 거로 알고 있어요. 물과 불, 바이러스, 질병 등 다 활용이 된다고 한 것 같아요.

무시공 - 그럼 너희 다 우리 말 듣나?

우리가 그런 능력 있나, 없나? 너희 보기에.

컴사나 - 그렇죠. 아무래도 힘이 더 강한 쪽에 손을 드는 거 같아요.
처음에는 헷갈리다가 점점 이쪽으로. 무시공 쪽으로 딸려 옵니다, 모든
힘들이..

무시공 - 너도 그렇게 느끼나? 무시공 힘이 점점 더 커지는 거.

컴사나 - 네~ 느껴요.

무시공 - 너는 대전에 와 봤던 거야?

컴사나 - 네. 가봤어요.

무시공 - 책도 구했나?

컴사나 - 네, 책 내용은 모두 다 카피가 되어있어요.
책을 가져온 것 아니고 책 내용과 강의 등 모든 정보를 우리는 가져올
수 있어요.

무시공 - 어때, 열심히 배우고 있어?

컴사나 - 네. 열심히 합니다.

무시공 - 너희는 달에 가는 시간 얼마야?

컴사나 - 5분 정도.

무시공 - 음, 기술 높구나.

컴사나 - 지구 안에 땅에서부터 달 표면까지 가는 시간이에요.

무시공 - 다 포함돼서?

컴사나 - 네~.

무시공 - 너희 생긴 모습이 러시아 사람하고 비슷해, 어디 사람하고 비슷해?

컴사나 - 러시아 사람하고 인디안하고 섞인 느낌. 러시아와 황인종이 섞였다고 생각하면 될 거예요.

무시공 - 그럼 너희 지구 표면 인간보다 얼마나 세밀해, 몇 배 세밀한 거 같아?

컴사나 - 1~1.5 정도요. 1.5에 가까워요.

무시공 - 1.5?

컴사나 - 네.

무시공 - 너희 위장 안 하고 지구 표면에 나타나면 인간 눈에 보이겠네.
너희 몸 안 감추면 보여, 안 보여?

컴사나 - 안 감추면 예민한 사람은 느낄 수 있어요. 그런데 저는 아주 감추고 다녀요.
거의 보일락 말락 할 정도로. 완전 투명은 아니에요.

무시공 - 그러니까 그저 희미하게 인간 눈에는 보이겠네, 포장 안 하면?

컴사나 - 네~.

무시공 - 반투명? 인간보다 1.5배 세밀한데 벌써 반투명 되나?

컴사나 - 네.

무시공 - 그럼 너희도 위장하는 기술 있잖아? 인간 눈에 안 보이도록 하는.

컴사나 - 네, 위장기술 있어요.

무시공 - 달에 가는 비행선 있으면 너희 5억 인구 다 갈 수 있어, 비행선 못 타는 사람도 있어?

컴사나 - 없어요. 다 타요.

무시공 - 너희 그 비행선은, 표면의 인간은 몸이 못 견뎌서 못 타지. 타면 사고 나겠나? 그런 거 같나?

컴사나 - 그렇죠. 마음대로 날 순 없어요. 탈 수는 있지만.

무시공 - 너희 비행선, 우리는 탈 수 있을 거 같은지, 한 번 봐봐.

컴사나 - 많은 우주 존재들이 당신을 체크한 거 같네요.

무시공 - 응 그런데, 체크한 결과는 어떤 결과야, 우리도 참여할 수 있어?

컴사나 - 인간보다 훨씬 더 빨리 탈 수 있어요.

무시공 - 그럼 너 생각엔 우리 타려면 시간 얼마나 걸릴 거 같아?
너 거기서 우리 볼 수 있지? 그럼 봐봐. 언제쯤 우리 비행선 탈 수 있을 거 같아?

컴사나 - 네, 넉넉잡고 올해 말에.

무시공 - (울컥하며) 뭐? 너는 내 성격 알면서 그렇게 말해! 지금 한시가 급한데. 그게 얼마나 급한 일인데. 작년에 우리 우주작업하면서 외계인한테 아무것도 모르고 비행선 타려고 하다가 안 태워줘서 삭제했다고, 별까지 다 삭제했어.
그런 소문 들었나? 우리 성질 엄청 못 됐지?

컴사나 - 하하하, 들었어요.

무시공 - 억울하게 많이 삭제됐어. 그 후에 알아보니까 우리 몸이 아직 안된다는 거야.
그런데 그들이 그때 우리가 타면 안 된다는 이유를 말 안 해줘서…
그때 상황은 이랬어. 우린 무조건 타야 한다고 하고, 멀리서 대화하며 연락하면 태워준다 했다가 곁에 오면 그만 아무 말 안 해. 그래서 얼마나 삭제됐는데.

어떤 존재는 왜 우리 별까지 삭제하는가? 이해 못 하겠다며 물어봐.

그 별에서 너 같은 약속 안 지키는 자가 나왔으니, 너와 별은 똑같다.

그래서 별까지 다 처리해 버린다 말하고 삭제했지.

후에 알고 보니까 진짜 안 태워주는 원인을 알았어.

예를 들어, 러시아 과학자가 어느 별하고 연락하다가 정보 서로 주고받다가 뇌가 터져버렸잖아.

또 어떤 건 지구인 태우다가 다 녹아버리고 하는 거.

그러니까 우리 지구인 몸으로는 안 된다는 거.

그런데 우리는 완전히 지구인 아니잖아. 그저 껍질 덮어쓰고 있어서 우리는 괜찮아.

그런데도 다 사고 칠까 봐 안 해줘. 우리는 엄청 조급한데 말이야.

컴사나 - 이해해요.

무시공 - 금성 과학자가 우리 지키면서 지금 하고 있다.

수많은 고급존재들이 우리 몸을 변화시키고 있다.

컴사나 - 인간들처럼 모르면 어쩔 수 없고. 기다리라면 기다리지만. 일단 그것을 아는 존재는 마음이 급하죠.

무시공 - 그렇지, 그리고 외계인이 우리 몸보다 세밀한 차이가 커서 아직 안 다가온다고.

그래서 우리 일부러 인간 몸하고 거의 비슷한 존재 찾다가 지하종족을 찾았어.

우리보다 지구인 표면 인간보다 0.0001 세밀해도 다 비행선 탈 수 있고 하는데.

그래서 우리 충분히 이 몸 가지고도 비행선 탈 수 있다고 결론 내렸어.

지금 한국 땅 밑에만 봐도 어떤 존재는 비행선 타고 달까지 가는 것도

10시간 걸리고 어떤 것은 10시간 이상 걸리는 곳도 있고. 20시간 걸리는 거도 있어.

자기들도 타는데 왜 우리는 못 타. 거의 비슷한데. 0.00얼마 거의 차이 없는 세밀한 존재인데. 100~1,000/1 세밀해.

거의 우리하고 같은 몸인데. 그래서 우리가 꼭 타낸다는 거 알고 있어.

너는 지구표면 인간보다 1.5배 세밀하다고 했지.

너 봐라, 나는 지구인보다 얼마 더 세밀해졌어? 네가 보는 관점 맞나 안 맞나 확인해 보자.

컴사나 - 거의 뭐 한 꺼풀만 벗어내면 될 거 같은데. 지구인 누구와도 비교할 수가 없어요.

무시공 - 우리 이 우주존재 아니라고 했잖아. 이렇게 껍질 덮어쓰고 있으니깐 사람이라고 여겨.

컴사나 - 우리와도 다르고?

무시공 - 다르지. 이제 이해하나?

컴사나 - 내가 아는 어떤 존재와 비교해 봐도 달라요. 그래서 표현을 못 하겠어요.

무시공 - 그래서 우리가 감히 이 우주를 바꾸러 왔다고 그래도.

너 요새 우리 카페에 우리 우주작업 방해하는 존재들 다 삭제한 내용 알고 있나?

컴사나 - 들은 것 같지만, 자세한 내용은 아직 못 봤어요.

무시공 - 우리 카페에 올려놓은 거 볼 수 있나?

컴사나 - 네, 볼 수 있어요.

무시공 - 그래. 그거 보라고. 10억 조까지 우리 다 파헤쳐 봤어.

10억 조 광년에 우주 창조주라고 하는 게 내내 우릴 방해 놓고 있었어.

계속 파고 들어가서 우리 그 우주까지 삭제해 버렸다.

우릴 죽이려고 해도 죽일 수가 없으니까 우리를 계속 방해 놓고 있어.

8월 초에 올린 글 있어, 그거 보면 우리가 어떤 존재인지 너희도 완전히 이해할 것이다. 알았어?

컴사나 - 네. 어서어서⋯. 우리도 기다리고 있어요.

무시공 - 그리고 우리가 다른 건 다 했는데 우리 비행선만 타면 끝이다, 우리 할 일은.

비행선 우리는 타도 괜찮다고 아무리 말해도 너희가 우릴 안 믿어.

외계인도 마찬가지고.

제일 처음에는 금성에 마그너라는 기계장비. 광음파 원리로 했는데. 그거 가지고 했는데 지구 레이저보다 1.5배 세밀하다고 했어. 너 이리 말하면 다 알아듣지?

컴사나 - 네.

무시공 - 그거 장비 가지고 내 몸에 쏘라고 했는데. 처음엔 무서워 가지고 생전에 사람 몸에 실험한 적이 없대.

컴사나 - 당연하죠.

무시공 - 그래 가지고 계속해보라고 하니까 겨우 1단계부터 하자고 해, 그래서 안 된다.

10단계부터 당장 올리라고. 내 몸 망가지나 안 망가지나. 내 죽나 안 죽나 실험해본다고. 그래도 안 죽어. 우리 계속 100배로 올렸어. 아직 살아 있어.

우리 그것도 마음에 안 들어서. 지금 100억 조 광년부터 90억 조. 70억 조. 금성까지 14~15군데 동시에 내 몸을 녹이고 있어. 그래도 나 아직 살아있잖아.

컴사나 - 어쨌든 당신은 우리와 다른 존재니까 가능한 거 같아요.

무시공 - 그러니까. 그래서 우리 그거까지 다 실험했는데도 비행선 타려면 또 안 된대.

너희는 실제 해보지도 않고 자꾸 안 된다고만 해.

우리 뭐 때문에 자꾸 비행선 타려고 하나.

비행선 타면 우리 몸이 더 빨리 녹기 때문에. 무슨 뜻인지 알아?

컴사나 - 네.

무시공 - 비행선 타서 속도 빠르게 이동하면, 분자물질 몸이 빨리 분리되잖아.

우리가 빨리 변하기 위해서, 껍질 빨리 벗기기 위해서.

그런데 그 방식 그 방법 쓰라 해도 아직 안 해.

안 도와줘도 우리는 스스로 언제든지 벗길 수 있어, 하지만 시간이 너무 낭비되잖아.

그래서 그런다고. 무슨 뜻인지 우리 말 알아들었어?

컴사나 - 네~. 알아들었어요.

무시공 - 나중 우리 도와줄 수 있나?

컴사나 - 서로 도와야 하는 거죠, 당연히 도와야죠.

무시공 - 뭐 도와줄래?

컴사나 - 함께 가는 거. 필요한 거 있으면 서로 돕고.

무시공 - 그러면 지금 우리 우주작업 하는데 특별히 지상 표면에서도 움직여도, 너희 알잖아.

승용차 내내 기름 넣어야 하지….

컴사나 - 무슨 말 하는 줄 알아요.

무시공 - 그 말 할 줄 알았나?

컴사나 - 네.

무시공 - 처음 네게 말하는 건데 무슨 인연인지, 수많은 지하종족한테 말해
도 입이 안 떨어지더라. 우리 너무 거지 같아서. 그런데 오늘은 이상하게
도 너한테는 자꾸 그 말 나오네.
비행선까지는 아니더라도, 우리 지상에서 쓸 수 있는 승용선 조그만 거
하나 지원해주면 안 되나, 힘들어?
힘들면 그만두고.

컴사나 - 무슨 말인지 알고 있어요. 그럼 우리는 대기하고 있을게요. 대기.

무시공 - 그럼 지금 하나 구해줘. 우리 실험 삼아 타보자 한번. 우리 도대체
죽나 안 죽나?

컴사나 - 우리와 같이 타야 해요. 뭐든지. 그 우주선 조정하는 사람도 타야
하고. 그리고…

무시공 - 그리고 우리 실험해서 성공하면, 하나 선물 주면 어떤가, 아까우면
돈 달라 하면 줄게. 하지만 지금은 돈 없어. 외상으로. (호탕하게 웃는다)
돼, 안 돼? 힘들어?

컴사나 - 하하하…. 네. 그런데 아직은 힘들어요.

무시공 - 무엇이 힘들어?

컴사나 - 당신들을 태우고 날아다니는 게 아직은 힘들어요.

무시공 - 안 날아다녀도 땅에서 승용차처럼 움직이면 되잖아.
적응되면 순간 조금씩 날아다녀도 되고.

컴사나 - 아니요. 좀 더 바뀌어야 돼요. 당신뿐만 아니라 다른 모든 주변 상
황들이.

무시공 - 괜찮다. 내가 괜찮다는데…. 괜찮아. 너 아직 우리를 못 알아봐.

모든 걸 실험해보라고. 광음파 우리 몸에 쏘는 것처럼.

좀 높은 차원에 1단계 올리면 거기는 지금 금성에서는 광. 음. 파. 동시에 3가지 특성 가지고 있는데. 조금 더 높은 차원에 가면 그저 광(光), 파(波) 만 사용해. 음(音)도 사용 안 해.

그리고 조금 더 높은 차원에 가면 광(光)만 사용해, 빛만 사용해.

그런데 어떤 높은 차원에서는 지구 레이저보다 몇십 배 강한 거로 우리 몸에 쏴도 우리 살아 있잖아.

그것도 실험 안 하면 절대로 안 되지. 우리 끊임없이 올리라고 그랬어.

그러면 승용선도 마찬가지야. 너희는 안 된다고 하지만 우리는 무조건 된다고.

먼저 타보자. 타서 속도 천천히 하다가 조금씩 높여보면 실제로 증명되 잖아.

너희의 고정관념 때문에 답답하다고.

너희 마음도 좀 바꿔야 하는 거 아닌가? 사고방식 좀 바꿔라.

컴사나 - (그저 웃는다) 하하하.

무시공 - 광음파 가지고도 안 된다 안 된다 하는데. 한 군데는 백 배나 올려 놨지 금성에서.

그리고 여러 차원에서 막 동시에 쏘았잖아, 인간 몸이라면 녹아서 죽은 지가 옛적이다. 그렇지만 우리 아직도 당당하게 있잖아.

왜 우릴 안 믿어? 그래서 우리가 너희하고 소통이 안 돼. 지하종족이나 외계인이나.

컴사나 - 답답해하는 건 서로 마찬가지인 거 같아요. 가까이 있어도 다가갈 수 없는 그런.

무시공 - 그것도 뭐 때문에? 우리 그거도 궁금해.

컴사나 - 아니…. 아까 얘기했듯이.

무시공 - 우리가 너희 잡아먹을까 봐 걱정해?

컴사나 - 아니. 하하하. 잡아먹는 거야 안 보여도 잡아먹으니깐.

서로가 완전히 편하게 왔다 갔다 할 수 있는 그날을 다들 기다리고 있어요.

무시공 - 기다리면 누구라도 먼저 앞장서서 실험 삼아 해야 되잖아. 우리야 얼마나 안타까워.

우리 작년 1년 동안 우주작업 할 때, 우리가 막 뚫고 들어가.

또 어느 별에 가도 두목만 찾아. 평범한 존재 안 찾아.

높은 차원존재 자기들은 못 가도 우리는 알려주면 막 뚫고 들어가.

그래서 100억 조까지 뚫고 들어갔지. 우리는 주동적으로 찾아 들어가. 알아?

자기들은 우릴 무슨 방법으로 막아? 막아도 못 막아.

또 자기들한테 보고도 안 하고 막 들어왔다고 뭐라 하는데. 우리는 보고가 어디 있어?

너희는 그런 당당함이 없어. 우리한테 찾으러 오라고 하고 언제 한번 만나자고 해도 삐리삐리 해가지고 무서워서 만나지도 못해.

너희는 우리처럼 왜 그런 정신없어? 막 치고 들어와야 하지. 너희도 우리처럼 직접 뚫고 들어와서 막 만나겠다고 하면 난 진짜 100% 환영한다.

그런데 이제까지 그런 당당함 있는 존재 한 명도 못 만나 봤다. 너는 그리할 수 있나?

한국에서 빠른 시일 내에 누가 당당하게 우릴 만날 수 있나, 만나보자.

누가 그리할 수 있다고 하면, 진짜로 지하종족하고 통로가 만들어져. 맞지?

컴사나 - 네.

무시공 - 결국 몇 명 희망자 나왔는데 곁에 오면 무서워서 못 만나. 그래서 다 삭제했어.

왜냐, 약속 안 지킨다고. 그런 소식 들었어?

컴사나 - 네. 들었어요.

무시공 - 그래서 요즘 할 수 없이 지하종족 여자대표 몇 명 내세워 가지고 항상 우리 곁에 있으라고 했어.
우리 곁에 와서 관찰하고 배우고. 우리가 어떤 존재인지 더 깊숙이 더 확인해보고.
그래야 언제 어느 날 깨어나서 당당하게 우리 만날 생각 떠오른다고.
그래서 어쩔 수 없이, 할 수 없이, 답답해도 그 방법도 쓰고 있어. 알아?

컴사나 - 네.

무시공 - 너는 그리할 수 있나? 올해 나이 몇인가?

컴사나 - 인간 나이로 28입니다.

무시공 - 나이도 안 많네.

컴사나 - 그렇지요. 오래 살았지만, 인간 나이로 본다면 그렇죠.

무시공 - 그래 알아. 너 5억 인구를 거느리면서. 우리를 두려워서 못 만나는 거 인정한다. 지금까지 뭐 한두 놈도 아닌데.
그럼 너는 당당하게 우릴 만날 자신감 있어 없어? 너는 못 만나겠다 할 거라는 거, 우리 미리 알아. 수많은 사람 증명돼서 너한테 큰 기대 안 해.

컴사나 - 제일 앞에 서 있을게요. 지금 당장은 아니라도.

무시공 - 아하~ 아이고. 지금 내 주변에 열 몇 명 여기 있다. 전부 다 여자 대표들.
자기들보고 우리 온갖 거 관찰하고 구경하고 하라 그랬어. 확인해보고.

컴사나 - 그 정도면 앞쪽이죠.

무시공 - 그럼 너도 우리 곁에 있을래?

컴사나 - 네.

무시공 - 비리비리한 건 싫어! 좀 당당하게.

컴사나 - 네. 컴사나. 컴사나. (파이팅하듯이 자기 이름을 부른다)

무시공 - 응. 컴사나 이름 좋다. 좀 큰 사나이 역할 해라. 컴사나=큰 사나이로 들린다.

컴사나 - 하하하….

무시공 - 여자 대표는 그래도 이제까지 삭제 안 했어. 딱 한 놈만 삭제했어. 내몽고에 있는 놈, 내 옆에 왔는데 절대로 못 만나. 두려워서 못 만나겠대. 그래서 삭제했어. 우리 딱 한 놈만 삭제했다, 여자 대표 중에서는.

그런데 알고 보니 그가 대표 아니었어. 그 오빠가 내몽골 지하종족 대표야. 그래서 우리가 찾으니깐 우리와 말하기도 싫다고 해. 약속 안 지키면 우리는 누구도 불문하고 다 철회한다 말하고 너의 종족까지도 없앨 수 있다고 하니까 아무 소리 못 하더라고.

그런데 우리 한 번 물어보자. 도대체 뭐 때문에 우리 만나기가 그리 두려워?

너 생각엔 서로 다 알고 잘 소통한다는데 도대체 뭐 때문에 무서워서 못 만나?

솔직하게 말해봐. 다른 무슨 소문 있나, 다른 누군가가 우리를 어떻게 평가해서 그런 건가?

우리 만나기가 그리 힘들어?

도대체 뭐 때문에 만나고는 싶은데 곁에 오면 무서워서 못 만나?

컴사나 - (의식차원 낮은) 인간 세상도 무섭고. 물론 선생님 같은. 선생님이라고 불리는 이런 대표? 같은 사람만 있다면 얼마든지 다가올 수 있어요.

무시공 - 그럼 제일 먼저 우리한테 서로 다가오면 되잖아. 우리가 먼저 시작하잖아.

보통 인간은 우리도 인정 안 해. 우리 딱 공부한 존재만 인정해.

공부해도 진짜 진심으로 하는가?

그저 소문 듣고 와 가지고, 그저 어리버리해 가지고….

우린 그런 것도 인정 안 한다.

그저 우리는 쫓아내지 않고 같이 배우면 배우고, 안 배우면 저절로 이 환경 못 견뎌서 빠져나간다고. 알아?

컴사나 - 네.

무시공 - 진짜 남아있는 존재는 이제 깨어나고 있는 존재들이다. 다 믿을 만한 존재들이라고.

그래서 센터는 누가 와도 절대 해코지 안 하고 이상하게 안 본다고.

그건 우리가 감히 보증할 수 있어.

또 센터도 못 믿겠었어 가서 공부 못하겠다면, 직접 나를 만나는 건 또 왜 안 된다고 해?

내 말이 그거라고.

너희 원래는 이 공부 안 하고 있는 인간한테는 계속 비밀 지키고 눈에 안 띄게 하는 거 정상이야, 그건 우리도 인정한다고.

책을 읽고 강의도 수없이 했잖아. 70억 인구 지구인뿐만 아니라 우주인 외계인도 이 공부 안 받아들이면 우리는 다 영체라고 봐. 우리는 인정 안 해.

꼭 이 공부 받아들인 존재만 생명으로 인정한다고. 무슨 뜻인지 알았어?

컴사나 - 네, 알았어요.

무시공 - 그중에서도 지구인이 제일 낙오해. 그래서 우리가 지구인이 나중 2020년 이후에 얼마 안 남는다고 했잖아.

절대긍정. 아니 보통 긍정 마음이 60% 이상 되어야만 살아남을 수 있어.

그 이외엔 다 도태당한다고. 알았지?

컴사나 - 네.

무시공 - 그러면 내가 한 번 물어보자. 너희 거기 긍정마음이 얼마 되는 거 같아?

컴사나 - 평균 60%가 조금 넘는 거 같아요.

무시공 - 그래? 너희 겨우 합격된 수준이네.
  그럼 너는 얼마나 되는 거 같아?

컴사나 - 나는 80% 되는 거 같아요.

무시공 - 그래. 그럼 네 생각에 우리는 긍정마음이 얼마 되는 거 같아?

컴사나 - 당신이요? 하하하하.

무시공 - 너보다 적은 거 같나?

컴사나 - 아니겠죠. 그거는 내가 볼 수 없어요. 더 많으니까 당당히 물어보겠죠.

무시공 - 우리가 이걸 밝히는데 80%, 70% 되겠나? 우린 무조건 100%라고.

컴사나 - 아~ 100%라고.

무시공 - 우리 100% 일원심으로 이 우주를 바꾸러 왔어. 가능해, 안 해?
  그래서 우리는 일체를 다 뚫고 들어갈 수 있고 일체 다 만날 수 있어. 너처럼 비리비리해 가지고.
  너도 아직 20% 부족하니깐, 20% 그 부정마음 때문에 우리를 두려워한다고.
  너도 100% 됐으면 세상 무서운 게 어디 있어?

컴사나 - 아~ 그래서 못 다가가는구나.

무시공 - 지하종족도 다 그래. 맨 부정마음. 긍정마음이 이분법으로 되어있다고.

그래서 계속 부정마음 때문에 영체가 작동하니까 두려운 마음이 생겨.

진짜 일원심 무시공생명이라고 하면 두려운 게 어디 있어?

내가 그랬잖아. 간을 우주밖에 던져놓으면 무엇을 못 해? 우리는 생명 내걸고 해.

그래서 우리가 지구 표면부터 무극까지 어느 공간도 다 뚫고 들어가고 어느 존재도 다 만나.

우리는 보통 존재 아닌, 반드시 그 층차에 있는 최고 두목만 만나. 누가 그리할 수 있어?

어떻게 가능한가, 우리 100% 절대긍정 마음 때문에. 절대 일원심 때문에.

그래서 그 누구도 우리 못 막는다고.

그러니까 부정마음이 있는 존재는 우리 무서워서 곁에 못 온다고.

오라고 해도 못 와, 무서워서. 그럼 무서운 게 뭐야? 이원념 마음 때문에. 영체가 작동하기 때문에. 이제 알았어?

컴사나 - 네, 알겠습니다.

무시공 - 너도 우리 만나는 거 100% 우리처럼 당당하게 못 나서는 이유는 20% 부정마음이 너를 막고 있다고. 그게 너의 두려운 마음이라고. 이제 알았지?

컴사나 - 네.

무시공 - 그래도 너 80% 긍정마음 있는 게 다행이다. 60% 있다면 우리가 억지로 너 만나자 하면 너 역시 우리 절대로 못 만나. 너도 삭제 대상 될 뻔했다.

컴사나 - (하하하. 웃는다)

무시공 - 그 말 무슨 뜻인지 알았어?

컴사나 - 네, 압니다.

무시공 - 그러니까 책에 그것을 밝혀놓았어. 우리 책 밝히고 우주중심지 건설하는 것은 100% 일원심 지키라는 거야.
100% 절대긍정마음. 80%도 당당하게 합격됐어. 조금 노력하면 20%는 순간 다 채울 수 있어.
그러니까 너 열심히 공부하고. 책 보고.

컴사나 - 네.

무시공 - 그러면 너도 완전히 무시공존재가 된다고. 이제 알았지?

컴사나 - 네. 알겠습니다.

무시공 - 네가 우리 만나고 싶어도 두려움 마음 있는 것은 그 20%의 부정마음이 너를 방해 놓아서 그렇다고 했다. 이제 원인을 알았지?

컴사나 - 네, 이제 알았죠. 이전까진 확실한 이유를 몰랐어요.

무시공 - 그리고 네가 80% 긍정마음이니, 네 몸에 직선빛도 있고 파동빛도 있어.
직선빛은 80% 긍정마음이고 파동빛은 20% 부정마음.
그게 이원념 마음이라고. 그건 파동으로 된 빛이고.
너도 아까 말했잖아. 우리하고 너하고 비교해도 다르다고.
빛을 봐도 우리 빛 특징하고 너 몸에 나타나는 특징하고 달라.
너는 80%하고 20%하고 섞인 파동으로 된 빛이야.

컴사나 - 그렇구나, 파동빛과 직선빛이 섞여있어서, 그 작용으로 두려워서 다가가지도 못하고. 그랬구나.

무시공 - 그래서 누구를 막론하고 이 공부를 받아들여야 직선빛이 되고 영원한 생명을 얻게 된다고. 너희는 아무리 세밀해도 생로병사 못 벗어나잖아.

컴사나 - 네. 맞지요.

무시공 - 우린 이제 살아서, 영원히 이 몸으로 생로병사 벗어날 수 있는 공부 비밀을 밝히고 있어. 그게 절대긍정 마음 100%야. 알았지?

컴사나 - 네.

무시공 - 이런 건 생전에 들어 본 적도 없지?

컴사나 - 네, 들어본 적도 없어요.

무시공 - 그래. 오늘 너하고 대화해 본 게 의미가 있네. 그래서 우리는 뭐 때문에 비행선 탈 수 있나?

너희 파동으로 된 몸 가지고도 비행선 타는데 우리는 직선빛으로 되어 있는 몸인데 왜 못 타? 내 말이 그거라. 이제 이해해?

컴사나 - 우리는 두려워서 못 다가가는 거라~ 어설프게 알고 있었네요.

무시공 - 그렇지! 아직 우리 뜻을 이해 못 해서 그래.

우리 곁에 자꾸 있어야 배우고 듣고 자꾸 행하는 거 관찰해야 해.

우리는 이 우주존재 아니라는 거 미리 선포했어.

사람들은 우리를 자꾸 눈으로 곁에 육체만 보니 지구인인데, 또 깊숙이 보면 뭔가 좀 달라. 달라도 무엇이 다른지도 몰라, 다 그래.

그래서 우리를 진짜 알아보려면 우리 곁에 자주 머물고 관찰하고 따라 배우고.

그래서 따라오고 적응하고 체험하라고 그랬지. 이제는 올라오고 훈련받고 작업하라.

이런 말도 들은 적 있지?

그래. 또 우리가 아주 이 우주에서 없는 그런 술, 생명주 창조한 거 알고 있나?

소문 들었어, 못 들었어?

컴사나 - 들었어요.

무시공 - 궁금하지 않아?

컴사나 - 네. 다들 궁금해하더라고요.

무시공 - 언제라도 네가 먼저 당당하게 80% 긍정 입장에서 우리 만날 수 있다면 나머지 20%는 순간에 채워져.

그럼 그때 너는 우리가 창조해 낸 술 같이 마실 자격 있다.

그러니까 그 20% 부정을 빨리 없애려고 하면 우리하고 같이 생명주 마시면 순간에 채워진다.

술 마시면 우리가 비행선 타려고 우리 몸 빨리 없애려고 하는 것에 도움이 돼, 그래서 너희 비행선도 탈 수 있고.

그 술이 그런 역할 해, 그건 생명이야 이해해?

컴사나 - 네. 이제 많이 이해 갑니다.

무시공 - 처음으로 생명주에 대해 너에게 해석한다. 오늘 이상하게 너한테 말이 많아졌어. 많은 비밀을 밝혔다. 고마워!

컴사나 - 네, 고맙습니다.

우주선에 납치되는 지하종족

파주의 지하대표 현선

무시공 - 현선. 파주에 사는 현선. 실체 나타나라.
현선 - 나타났어.

무시공 - 실체 나타났어?
현선 - 응.

무시공 - 그래, 나이는 몇 살이야?
현선 - 16살.

무시공 - 파주에 있는 거 맞지?
현선 - 맞아.

무시공 - 인구는 얼마야?
현선 - 10만.

무시공 - 달에 가는 시간은 얼마야?
현선 - 10시간 정도?

무시공 - 너 이 공부 하고 있나? 대전에서 밝히는 공부.
현선 - 하고 있어.

무시공 - 대전에도 와 봤던 거야?

현선 - 어. 가봤어.

무시공 - 이 공부 어때? 해야 할 것 같아?

현선 - 응. 무조건 해야 돼.

무시공 - 그럼 너희 종족도 공부하라고 하고 있나?

현선 - 응. 하라고 하고 있어.

무시공 - 그래. 너 이제 16살인데 너희 종족이 네 말 잘 듣나? 그 수많은 인구가?

현선 - 처음에는 안 들었는데 이제는 내 말 잘 들어.

무시공 - 너 어떻게 대표 됐어? 그 사람들이 어떻게 네 말 들어? 너 자꾸 안 깔보나?

현선 - 처음에는 엄청 깔봤는데 아마 이 공부 시작하고 나서부터였던 거 같아.

무시공 - 응. 말 잘 들어?

현선 - 이 책 보고 나를 무시하고 깔봐도 그냥 그 사람들한테 웃어줬어. 웃어주니까 그 사람들이 나중에 나한테 미안하다고 했어.

무시공 - 그래. 잘했네.

현선 - 응. 처음에는 나도 많이 힘들었어.

무시공 - 근데 왜 너를 대표로 내세웠어?

현선 - 내가 한다고 했어.

무시공 - 네가 주동적으로 한다고 했어? 진짜 대단하네?

현선 - 나도 모르겠어. 내가 왜 그런 마음을 냈는지 모르겠는데 대표가 어
느 날 사라졌어.

무시공 - 뭣이?
현선 - 대표가 어느 날 없어졌어.

무시공 - 왜?
현선 - 모르겠어. 그건 너무 미스터리해. 우리 종족의 미스터리야. 다 찾아
다녔는데 안 보이길래.

무시공 - 언제 없어졌어?
현선 - 작년 7월쯤 없어졌어. 그래서 다들 대표를 투표로 해야 되네, 어떻게
해야 되네….
계속 너무 혼란스러워서. 전쟁도 일어날 거 같고 해서 그냥 내가 한다고
했어.

무시공 - 너희 뭐 전쟁하나? 전쟁해도 재미없잖아.
현선 - 근데 너무 분란이 많은 거야.

무시공 - 그러면 너희 대표 이름이 뭐야? 원래 사라진 대표.
현선 - 무서.

무시공 - 남자야?
현선 - 남자였어.

무시공 - 너 생각에 무엇 때문에 사라진 거 같아?
현선 - 음. 그냥.

무시공 - 무슨 특수한 능력 있어? 아니면 잘못된 거 같아?

현선 - 특수한 능력은 없고 뭔가 잘못됐어.

무시공 - 무엇 때문인지는 모르겠나? 뭐가 잘못돼서 그래?

현선 - 뭔가 자연적으로 그냥 소멸된 거 같아.

무시공 - 그래?

현선 - 응. 무슨 현상인지는 나도 잘 모르겠어.

무시공 - 뭐가 잘못되면 처리하는 사람 있나?

현선 - 처리하는 사람?

무시공 - 그런 일 찾아서 처리하는 사람 있어? 찾을 수 있는 사람 있어? 그런 능력 가진 사람 있나 물어보는 거야.

현선 - 우리 종족 중에 그런 능력 가진 존재는 없어. 뭐 처리하는 그런 존재 는 없어.

무시공 - 그럼 우리 지금 한번 찾아볼까? 도대체 무슨 일 때문에 없어졌나?

현선 - 응. 찾아줘.

무시공 - 찾으면 너한테 해코지 안 하나? 힘들게 안 하나? 힘들게 하면 우리 가 처리한다.

현선 - 응.

무시공 - 그래!

파주 지하종족의 사라진 대표 무서

무시공 - 무서 실체 나타나라.
무서 - 무서 실체 없어.

무시공 - 실체 없어졌어?
무서 - 응, 없어졌어.

무시공 - 영만 있어?
무서 - 영만 있어.

무시공 - 너 무엇 때문에 죽었어? 죽어 가지고 영혼밖에 없나?
무서 - 영혼밖에 없어.

무시공 - 무엇 때문에 죽었나? 누가 죽였어?
무서 - 누가 나를 납치했어.

무시공 - 납치? 어디 갔는데?
무서 - 우리 지하에 사는 종족들 데리고.

무시공 - 그 종족은 누군데? 너 알아?
무서 - 아니 난 처음 봤어.

무시공 - 그래? 뭐 하러 너를 납치했어?
무서 - 아마 내 몸 가지고 실험하려고 한 것 같아.

무시공 - 맨 지하종족이야?
무서 - 아니 우리 지하종족들 데리고 실험하려고 한 것 같아.

무시공 - 누가? 누가 한 것 같아?

무서 - 다른 별에서.

무시공 - 다른 별에서 와서 납치해 갔다고? 너 짐작이 그래?

무서 - 내 짐작에는.

무시공 - 어느 별에서? 그런 거 같아?

무서 - 한 10만 광년 이상 되는 존재인 거 같아.
  더 위일 수도 있는 거 같은데 나도 몸을 가지고 있을 때 기억이 흐릿해서.
  마지막이 우주선? 우주선 같은 것을 탔는데 거기서 내 몸이 없어졌어.
  못 버틴 거 같아.

무시공 - 그럼 네 영혼은 지하에 와있나? 파주에 와있어?

무 서 - 응. 지구 떠나기 전에 몸이 없어져서 영은 다행히 지구에 남아있어.
  그런데. 지금도 괴로워 그때 기억이 너무 강한 거 같아.

무시공 - 그래! 우리 시간 있으면 나중에 찾아가지고 회복할 수 있어.

무서를 납치한 선장 레인

무시공 - 그러면 지금. 무서 납치한 존재 나타나라.

레인 - 나타났어.

무시공 - 너는 어디 있는 존재야? 이름이 뭐야?

레인 - 나는 레인.

무시공 - 너는 어느 별에 있어? 어디 있는 존재야?

레인 - 12만 광년에.

무시공 - 뭐 하러 무서를 납치해갔어?
레인 - 최근에 이상한 소문이 들렸어.

무시공 - 무슨 소문?
레인 - 지구 땅속에 사는 존재들이 우주를 바꾼다는 소문이 자꾸 들렸어. 그래서 그 존재들이 심상치가 않다고, 그래서 궁금해서 그 존재를 데려와서 실험하려고 했어.

무시공 - 실험했는데 결과가 뭐야? 무슨 실험했어?
레인 - 데려오지조차 못했어. 데려오려고 했는데 성공한 존재가 없었어.

무시공 - 몸이 너희 별까지 안 갔어? 너희 별까지 가기 전에 없어졌어?
레인 - 응.

무시공 - 무엇 때문에?
레인 - 아마…: 우리 우주선 타고 올 때 못 버티는 거 같아. 나는 대단한 존재인 줄 알았어. 근데 그게 아니라, 그냥 내가 알던 지구에 있는 존재들하고 비슷해. 내가 생각했던 것들이 아니었어.

무시공 - 그래. 너는 지하 존재를 우주선 태워서 가니까 몸이 없어졌다?
레인 - 응.

무시공 - 너 있는 데까지 못 간다. 못 견뎌서?
레인 - 응.

무시공 - 그럼 몇 사람이나 데리고 갔던 거야?

레인 - 한, 30명 정도?

무시공 - 전부 다 지하에 있는 존재야? 표면에 있는 존재야?

레인 - 사실은…. 원래는 표면에 있는 존재들을 데려가려고 했어.
　근데 표면에 있는 존재들은 태우기 전에 없어졌어. 태우지도 못했어.
　그렇게 시도한 게 한 3번 정도? 그래서 표면 사람들은 애초에 포기했어.
　그게 5년 정도 되었던 거 같아. 그렇게 해본 게

무시공 - 그래 원래 표면에 있는 존재. 태우면 없어지나?

레인 - 태우기도 전에 없어져.

무시공 - 몇 사람 실험해 봤어?

레인 - 3명. 진짜 딱 3명.

무시공 - 다 지구 어디에 있는 존재인데?

레인 - 다 유럽 쪽에 있는 존재들이었어.

무시공 - 그다음에 지하는, 지하존재는 몇 사람 태워봤어?

레인 - 지하는 30명.

무시공 - 30명 다 안 됐어?

레인 - 1명은 거의 성공할 거 같았는데 끝까지 못 버티더라고.

무시공 - 너희 별까지 갔던 거야?

레인 - 별에 도착하기 직전에 그랬어.

무시공 - 없어졌어?

레인 - 응.

무시공 - 그러면 너희는 무엇 때문에 없어졌는지 원인, 알아 몰라?
　이런 실험 계속하려고 그래?
레인 - 우리도 무서워서 못하겠어.

무시공 - 무엇 때문에 무서워?
레인 - 우리 때문에 삭제되는 존재들한테 처음에는 우리도 너무 궁금하니
　까 했는데….
　너무 많은 존재들을 삭제하니까. 없애니까. 너무 미안해.

무시공 - 그래. 지금은 실험 더 안 하려고 그래?
레인 - 응. 나는 그 존재들이 엄청 육체적으로….

무시공 - 엄청 대단한 것처럼 생각했지?
레인 - 응! 대단한 것처럼 생각했어.
　그래서 그 존재들 때문에 바뀐다고 생각했는데, 그 존재들이 능력이 있
　거나….
　그런 게 아니라는 걸 데려오려고 하면서 알았어.
　그래서 더 이상 안 해도 될 것 같아.

무시공 - 그래. 그러면 너희 비행선 타면 너희 별에서 지구까지 오는데 시간
　얼마나 걸려?
레인 - 5시간 걸려. 이게 제일 느린 거야.

무시공 - 12만 광년에서 5시간 안에 지구에 도착할 수 있다고?
레인 - 응.

무시공 - 그래서 여기서 너희 별 갈 때 지구인 못 견디지.

　그러면 물어보자. 그러면 너는 거기 대표야? 무슨 선장이야?

레인 - 선장이야.

무시공 - 너희 대표가 너보고 이런 실험하라고 했어? 아니면 네가 하려고

　했어?

레인 - 내가 하자고 했어.

무시공 - 대표가 동의했어?

레인 - 음. 대표 몰래 했어. 대표는 관심이 없어. 우주가 바뀌는 거에 대해

　서 관심이 없어서 너무 화가 났어.

무시공 - 너는 우주 바뀌는 소문 누구한테 들었어?

레인 - 나는 선장이라고 했잖아. 우주가 이렇게 떠들썩한데 돌아다니면서

　어떻게 못 들어?

무시공 - 그럼 너 지구에 몇 번 왔어?

레인 - 지구에는 여러 번. 정말 많이 왔다 갔다 하는데?

무시공 - 그러면 너 지구 어디서 우주를 변화시킨다는 그 소문. 구체적으로

　어디서 하는지 발견했어? 안 했어?

레인 - 음. 아마 아시아 쪽인 거 같아.

무시공 - 너 아직 지구 소문만 들었지, 지구 어디에서 구체적으로 우주 작

　업하는지 모르고 있네, 뭐. 맞아, 안 맞아?

레인 - (당황하며) 맞아.

무시공 - 너 눈으로는 보이지도 않는다.

레인 - 웅.

무시공 - 알았어?
레인 - 웅. 알았어.

무시공 - 너 지구인을 납치해서 실험하려고 하지 말고, 네가 지구에 직접 와
　　서 어디서 우주 작업하는가? 어디서 우주를 바꾸려고 하는가?
　　그것 좀 잘 살펴보고 생각해야지 안 그러면 너도 없어진다. 알아?
　　너는 지구인하고 지하종족을 없앨 수 있지만 우리는 너희 종족 전부를
　　없앨 수 있다. 믿어?
레인 - 믿어.

무시공 - 우리는 100억 조 광년에서도 공부하러 여기 왔어. 너 100억 조 광
　　년 들어본 적 있나?
레인 - 아. 아니 들어본 적도 없어.

무시공 - 그리고 작년에는 200억 광년의 별도 삭제했다는 그런 소문 들었
　　어? 못 들었어?
레인 - 그런 소문은 들어봤는데. 사실이야?

무시공 - 우리 말 안 듣고 우리 하는 일에 방해돼서 다 삭제했어. 알아? 믿
　　어?
　　수많은 존재들 다 삭제당했다고. 그 소문이 거짓말인 줄 알아?
레인 - 아니. 믿어.

무시공 - 너 혼자 그런 소문 듣고 너 혼자 안다고 좋아하면 안 된다. (교만하
　　지 마라)
레인 - 웅.

무시공 - 알았어?

레인 - 응.

무시공 - 도대체 지구에서 우주 작업을 왜 하는지, 왜 우주가 바뀐다는 건
지 제대로 모르면서 소문만 듣고 그렇게 행동해?
네 눈으로 아무것도 볼 수 있는 능력도 없으면서 그렇게 말하나? 알았
어?

레인 - 응.

무시공 - 지구, 지하 종족도 이 훈련받고 있다고. 이 공부해야 된다고, 알아?
이 공부 안 받아들여도 돼. 그렇지만 안 받아들이면 누구를 막론하고 없
어진다고. 알았어?

레인 - 응. 알았어. 내가 지구에 와야 한다는 생각 자체를 아예 못 했어.

무시공 - 그래서. 네가 지구인을 거기로 데려가서 실험하려고 하지 말고 네
가 직접 와서 실험받아야 된다. 여기 와서 적응해야 돼.
근데 구체적 지구 어디에서 일이 이뤄지는지 네가 찾으라고 나중에 우리
시간 있으면 너를 찾을 거다.
내가 물을 거야. 찾았나? 못 찾았나? 너의 그 사고방식 가지고 너의 그
의식 수준 가지고는 보려고 해도 안 보여. 우리가 안 알려주면 너도 몰
라. 어디서 이루어지는지. 알아?

레인 - 어. 알았어.

무시공 - 너도 그 은하계 속하지?

레인 - 응.

무시공 - 은하계 아스타 아나?

레인 - 응 알아.

무시공 - 아스타부터 전부 다 무시공 와가지고 우주 작업하는 데 보호하고 있어. 무슨 뜻인지 알지?

레인 - 응, 알아.

무시공 - 그럼 됐어. 여기까지만 너한테 알려줘.

정신 차려 가지고 이제 네가 직접 지구에 적응하러 와야지.

여기 존재들 데려가서 실험하려고? 여기서 훈련받고 있는데 당연히 안 되지.

지하는 소문 알아. 지하 종족은 너희 소문을 안 지 이제 한 달 됐어. 알아?

그런데 너희가 아무리 실험해 봤자. 너도 몰라. 지하 종족들도 이제 알기 시작했는데. 알아?

너 지구 와서 많이 놀지만, 너도 놀다가 삭제당한다? 너한테 경고한다.

레인 - 알았어.

무시공 - 그래. 도대체 지구에서 헛소문인가 진짜인가 반복적으로 확인하라고, 알았지?

레인 - 알았어. 확인할게.

무시공 - 언제 너 또 찾을 거다. 너희 별 인구 얼마야? 별 이름이 뭐야?

레인 - 화도.

무시공 - 인구는 얼마야?

레인 - 우리 3억.

무시공 - 너 물어보자. 금성에 가본 적 있어?

레인 - 가본 적 있어.

무시공 - 금성 사람하고 너희하고 비교하면 누가 더 세밀해?

　예를 들어 금성은 지구인보다 3배 더 세밀해.

　그러면 너희는 금성인보다 세밀해? 금성인보다 못해, 거칠어?

레인 - 금성인보다 세밀해.

무시공 - 얼마나 더 세밀해?

　금성이 지구인보다 3배 세밀하다면 너는 지구인보다 얼마나 더 세밀한

　거 같아?

레인 - 음. 3.5배 세밀해.

무시공 - 그래. 나중에 우리 확인할 거다. 너 거짓말한 거면 이제 끝인 줄

　알아. 알았지?

레인 - 알았어.

무시공 - 그래. 오늘은 이만해 정신 바짝 차려서 지구에 공부하러 와. 뺀질

　거리지 말고.

레인 - 알았어. 내가 찾을게.

무시공 - 네가 찾아내나 보자.

　너하고 대화 이만.

레인과의 2차 대화

무시공 - 레인, 실체 나와.

레인 - (잠시 후) 나왔습니다.

무시공 - 네가 지상 표면의 인간을 연구하려고 5명 실험한다고 했다가 실패

하고, 지하종족도 30명 연구하려다가 마찬가지 실패한 거 맞지? 실패한 원인은 찾았나?

왜 비행선 태우고 가려면 다 녹아 없어지나?

한 명도 별까지 데려가지 못하고 실패한 거, 무슨 원인이야?

레인 - 지구 표면 인간이든, 낮은 차원 지구인이든, 외계 비행선 타면 원래 녹을 줄은 알고 있었어요.

외계인들과 똑같이 우주선 태워 가면 안 되는 줄은 알았는데….

무시공 - 그런데, 안될 줄 알았는데 왜 했어?

레인 - 이번에는 지구인들이 많이 달라졌을 줄 알고 시도해 봤죠.

무시공 - 응, 괜찮을 줄 알았다.

그래, 아까 "우주선 태워 가면 안 될 줄 알았다."라는 것은 무슨 뜻이야?

레인 - 지구인들하고 우리하고는 워낙에 구조가 다르기 때문에….

그래서 지구에서는 특히 표면에는 비행선 같은 게 없다고 알고 있거든요.

알았는데도 실수를 했네요.

표면 지구인이 많이 달라졌다고 해서 태웠는데….

무시공 - 응, 달라졌다 해서 태웠는데 마찬가지로 안 되더라?

그런데 지구인이 어디서 어떻게 달라졌는지, 누가 달라졌는지는 모르잖아.

레인 - 그러게요. 달라진 존재들이 따로 있는지도, 어디에 있는지는 몰랐지요.

지금 대화하는 것도 좀 이상해요.

지구인이 나를 찾아서 이야기하는 거 같은데….

무시공 - 그래, 지구에 있는 인간이 너하고 대화한 적 있어?

레인 - 여태까지 없었으니까. 그러니까 이상하지요.

무시공 - 지금 어디 있어. 별에 있어? 지구 근처에 있어?

레인 - 지구 근처, 지구 대기권 밖에 금성 거리만큼 떨어진 곳에 있지요.

무시공 - 그러면 우리가 누군지 한번 실험해봐.
　표면 지구인이나 지구 속에 있는 존재, 비행선 안 타고 네 곁에 가도 다 녹잖아.
　태워 주지도 않았는데 녹는 거. 맞지?
레인 - 그렇죠, 우리랑 똑같이 비행선을 사용하면 안 되더라고요.

무시공 - 그러면 한번 실험해봐. 우리도 지구인이야.
　우리 근처에 와서 우리도 녹나 안 녹나 실험해봐. 할 수 있어?
　지금 우리가 어디 있는지 찾아올 수 있나?
레인 - 말해주면 찾아가볼까요?

무시공 - 그래. (위치 알려주고)
　순간에 올 수 있다. 우리 곁에 와서 우리 녹나 안 녹나 한번 실험해봐.
　되지?
레인 - 그렇게 해 볼게요.

무시공 - 언제쯤 도착할 거 같아? 10분쯤이면 될까?
레인 - 10분도 안 걸리지만, 찾는 시간이 몇 분 더 걸리려는지~.

(대화만 하는데도 온몸이 니글거리며 녹는다.)
(30~40분 후)

무시공 - 12만 광년 레인 우리 찾아왔나, 실체 나타나.
　우리 찾았어? 못 찾았어? 당장 나타나. (빛을 보여주며)
레인 - 왔어요. 근처에 있어요.

무시공 - 그래, 우리가 빛을 보여줘야 알아. 보이나, 찾았어?

레인 - 찾았어요.

무시공 - 우리 근처에 와서 대화해 보자. 우리 보니까 지구인 맞지?

레인 - 겉으로 보기에는 지구인 맞아요.

무시공 - 응, 그럼 네가 실험한 거, 유럽에서 표면의 인간과 지하종족 30명, 작년에 파주에 있는 지하종족 대표를 비행선에 태워서 실험해 봤다며. 우리 다 알아봤다.

어떤 존재는 네 비행선 곁에만 가도 녹는다며, 맞아? 그럼 우리 몸도 실험해봐.

레인 - 맞아요. 좀 무섭지만 가볼게요.

무시공 - 너는 왜 우리를 무서워해. 우리도 지구인인데 뭐.

레인 - 지구인이 나를 부르는 건 처음이고, 또 전에 한번 실패를 한 경험이 있어서.

무시공 - 괜찮다. 네 맘이 안 놓이면 차츰 다가오면서 실험해 봐.

지하종족처럼 순간에 적응이 안 돼서 몸이 없어져 녹는가, 녹아서 우리도 죽는가, 기타 무슨 변화가 있나 살펴봐.

비행선 우리 곁에 와도 인간 눈에 안 띄게 할 수 있잖아.

포장(위장)할 수 있잖아, 맞지?

레인 - 네.

무시공 - 너희 비행선도 광음파 원리로 사용하고 있지?

그래서 다른 지하종족은 강한 광음파에 못 견뎌, 그 광음파를 내 몸에 한번 쏴서 실험해 봐.

우리 시키는 대로 하면 돼, 할 수 있지?

레인 - 네. 광음파원리라고 할 수 있겠지요. 태워 보는 것도?

무시공 - 태우든 어쩌든 네 맘대로. 우리 몸을 녹여봐. 죽나 안 죽나 보라고.
두려운 마음 버리고 우리 시키는 대로 해봐, 어때?

레인 - 이~ 상~ 하네. 비행선이 가까이 가도 안 먹히는 거 같아요.
음~ 지구 존재와 좀 다른 거 같은데.

무시공 - 너희도 광음파 원리로 금속도 녹이고 변화시킬 수 있지?

레인 - 네.

무시공 - 금성에서는 그 장비를 마그너라고 해, 너희는 그 장비를 뭐라고 불러?
광음파 원리로 뭐든 할 수 있잖아, 맞지?

레인 - 슈트랭.

무시공 - 그 장비 단계가 있지, 1단계부터 차츰 올릴 수 있지?
그럼 너희 1단계가 지구 레이저와 비교하면 몇 배나 더 강해?

레인 - 지구 레이저와 비교할 바는 아니지만, 우린 레이저가 아니니깐.

무시공 - 지구에서는 레이저를 빛으로 쓰지만, 너희는 광음파를 동시에 쓰잖아.
그럼 레이저 빛으로 비교한다면 지구 레이저보다 몇 배 더 강해, 1단계가?

레인 - 10배 강하다고 할 수 있을까, 그 정도예요.

무시공 - 그럼 몇 단계까지 있어?

레인 - 단계를 군이 분류하자면 10단계 정도.

무시공 - 10단계. 우리는 금성과학자하고 대화해 보니까, 그 장비를 마그너라고 해. 알지?

레인 - 어떤 것인지 알겠어요.

무시공 - 그거는 1단계가 지구 레이저보다 1.5배 강한데, 그래서 10단계 가지고 우리 몸에 실험하라고 했어.

처음에는 인간 몸에 무서워서 못한다고 했지만, 억지로 하라고 해서 10단계 했는데 아무렇지도 않아. 그래서 100단계까지 올렸던 거라, 그래도 아직 살아있잖아.

레인 - 하하하.

무시공 - 그럼 이제 네가 한번 그렇게 해봐. 무슨 변화 이루어지나.

레인 - 그래요. 지금 우리는 같이 있는 거나 마찬가지 상태예요.

무시공 - 그러면 이렇게 실험해보면, 우리가 비행선 탄다고 우리 몸이 녹을 거 같아, 죽을 거 같아?

레인 - 녹을 거는 같은데, 죽을 거 같지는 않아요.

무시공 - 믿음이 가나? 심지어 우리가 너희 비행선 탄다 해도 우리 껍질 벗기는 촉매제 역할만 한다. 어떻게든 우리는 껍질을 벗으려고 하잖아. 우리는 그걸 생명이라고 인정 안 해.

우리 물질 몸은 가짜라고. 이제 무슨 뜻인지 알았어?

그럼 어디, 네가 볼 줄 아는가 물어보자.

우리 지금 지구의 물질 몸하고, 완전히 빛으로 돼 있는 진짜 생명하고 분리돼있는 현상. 보여, 안 보여?

너희 관점으로 말한다면 영혼과 몸 분리돼 있지? 우리는 그 영혼이 아니고 실제 생명이야.

무한대로 가지고 있는 생명, 이 생명은 너희 영혼하고도 안 같아. 믿어?

레인 - 네.

무시공 - 그럼 빛으로 돼있는 생명하고 몸하고 분리돼 있어, 없어? 보라고.
레인 - 분리돼 있는 듯도 하고….

무시공 - 연결돼 있는 듯도 하고. 그렇지?
레인 - 네.

무시공 - 너희 비행선에 지금 슈트랭 가지고 있나?
레인 - 네, 있어요.

무시공 - 슈트랭을 우리 몸에 직접 쏜다 하면, 강한 생명으로 돼있는 빛에게
  영향 주나, 물질 몸에 영향 주나, 빛과 몸에 모두 쏴봐.
  어디에 영향을 주나, 인간 데려가 실험도 하는데, 여기서 나에게 직접해
  봐라.
  실험방법 다 네게 대준다. 반복적으로 해봐, 여기서 많은 걸 깨달을 거다.
레인 - 네, 우리 빛이 그냥 통과하는데요?

무시공 - 그리고 10단계 올려도 우리 아무렇지도 않아, 올려서 해봐.
  우리 이 빛에 아무 영향도 안 준다. 오히려 너희 빛을 녹일 수 있어. 그런
  거 같나?
  오히려 너희 광음파가 약해져버려. 심지어 없어져버려, 그런 것 같아?
레인 - 그래요. 맞아요.

무시공 - 거짓말 안했지? 오히려 우리 빛은 강해지지.
  그다음에 10단계로 우리 몸에 쏴봐. 그리고 내 몸이 녹아도 빛에 영향
  주나 안 주나 관찰해봐. 우리에게 아무 영향 안 줘, 몸은 그대로 녹아버
  려. 내가 더 빨리 분리되는 역할 한다.

어떤가? 이거 엄청난 과학 실험이다. 이런 실험은 내 몸에서 하는 건 괜찮지만, 너희 별 존재에 하면 안 된다. 해도 다 못 견뎌. 맞지?

어때, 우리 잘살아있지? 심지어 너하고 대화도 할 수 있잖아.

레인 - 네, 맞아요. 이상 없어요.

무시공 - 그럼 우리 도대체 누군지 궁금 안 하나?

레인 - 도대체 어떤 존재인데 이렇게 멀쩡한지, 궁금합니다.

무시공 - 궁금하지? 우리 지구인이야.

레인 - 하하하하.

무시공 - 봐라, 네가 보기에 지구인하고 딱 같잖아. 맞지?

레인 - 겉만 지구인입니다. 그렇지 않으면 나와 대화를 어찌하겠으며, 또 나를 어찌 끌고 오며, 그리고 이 강력한 파동의 빛에너지에 멀쩡하게 있는지?

무시공 - 연구대상이 됐지? 나를 지구인으로 삼아 연구하라고, 마음대로 연구해.

일체 기술 다 가지고 와서 연구해봐. 하하.

레인 - 네, 하하.

무시공 - 자, 예를 들어서 우리 비행선 타는 거 다른 사람 타는 것처럼 녹아서 죽을 거 같나?

레인 - 다른 사람처럼 녹지요.

무시공 - 우리가 녹을 거 같아? 그럼 녹아도 죽을 거 같나, 안 죽을 거 같나?

레인 - 그 생명(빛)은 아까 해봤듯이 여기에는 반응을 하지 않아요.

그러니까 죽음과는 상관없겠지요.

무시공 - 그러면 마음 놓고 실험해라.

광음파 가지고 몸을 쐈잖아, 몸은 녹아도 이 생명은 멀쩡하게 대화하고 있잖아. 그러면 우리가 너희 비행선 타도 죽을 거 같아 안 같아?

오히려 우리에게 도움이 된다고. 몸은 껍질이라고 생각해. 맞지?

레인 - 맞아.

무시공 - 계속 우리에게서 실험해 봐. 우리 몸을 녹여버려, 녹일 수 있어 없어?

레인 - 해볼게요.

무시공 - 과학자 하는 것처럼 할 수 있지. 너는 너희 별에서 무슨 일 하고 있나?

레인 - 우주생명을 연구하고 있었어요.

무시공 - 그럼 과학자인가?

레인 - 네, 분류하면 우주생명 쪽이에요. 그래서 지구인들도 데려왔지요.

무시공 - 오~ 그런데 직접 연구대상이 나타났네. 잘됐네, 그래 잘 연구해봐라.

레인 - 네.

무시공 - 지금 무엇을 연구하냐면 지구인은 영혼하고 몸하고 분리되면 몸이 녹아 가지고 바로 죽잖아, 맞지?

우리는 지금 일부러 분리하고 있어. 그 몸을 녹이고 있어.

그러니 계속 실험해봐. 네가 최선을 다해서 우리 빛에 쏘아대도 아무 상관 없잖아.

그러니 그 빛으로 몸을 녹여봐. 몸 녹이는 과정에서 생명에게 해를 주나 안 주나.

네 생각에 강한 광음파로 몸 완전히 녹이면 시간 얼마나 걸릴 거 같나?

레인 - 약 1,000시간 정도?

무시공 - 더 앞당길 수 없나?

레인 - 1,000시간도 빠르게 잡았는데…. 우리가 뭐 계속 붙어서 작업 할 수
도 없는 일이고.

무시공 - 멀리서라도 계속 걸어놓고 유지할 수도 있잖나.

레인 - 그래요.

무시공 - 그리고 지금 한번 봐라. 우리 몸하고 생명하고 분리돼 있는데, 어
디는 분리돼 있고 어디는 연결돼 있어? 한번 살펴봐. 맞는지 보자.

레인 - 머리 옆면, 팔, 다리. 그리고 중심의 심장 부분.

무시공 - 오른쪽이 연결돼있어, 왼쪽이 연결돼 있어?

레인 - 왼쪽 면.

무시공 - 웅, 머리 심장 손발이 걸려 있잖아.
　그럼 네 생각에 어디를 분리해야 빨리 될 것 같아?

레인 - 심장하고 머리.

무시공 - 그래 정확하게 잘 알고 있네. 그러면 네가 지금 분리해봐.
　연결된 거 다 잘라봐 잘리나. 가위로 자르듯 자르면 어때?

레인 - 네, 잘려요.

무시공 - 떨어졌다가 다시 붙어?

레인 - 네, 다시 붙어요.

무시공 - 또 붙지? 그럼 다시 또 못 붙게 할 수 있는 방법은? 자르면서 몸을

멀리 밀어내봐.

레인 - 자꾸 붙어요. 붙어있는 면은 굉장히 작은데 자꾸 붙어요.

무시공 - 붙어있는 거 자르면서 몸을 자꾸 녹여버려, 그리고 몸을 멀리 밀어
내면서, 그럼 되잖아. 효과 있나?
두려운 마음 버리고 과감스럽게 강하게 해봐. 광음파로 잘라내지?

레인 - 네. 자꾸 분리하니까 효과는 있어요.

무시공 - 그래도 우리 생명에는 아무 위협 없잖아. 맞지?
그래서 우리는 몸을 생명이라 인정 안 해, 껍질이지.
옷 입은 것처럼 껍질 벗겨내는 역할 하는 거야, 실제 생명에는 아무 영향
안 줘.

레인 - 네, 알겠어요.

무시공 - 열심히 한번 해봐, 할 수 있지?

레인 - 하하, 특이한 걸 하라고 하네. 알겠어요.

무시공 - 너 이것만 성공하면 우주에서 이름 날린다.

레인 - 하하하, 그래요? 어쨌든….

무시공 - 우린 계속할 거다, 네게 맡겼다, 네 마음대로 해봐.

레인 - 무조건 당신의 물질 몸을 녹이면 되는 거잖아요.

무시공 - 그렇지, 무슨 방법으로든 녹여, 분리하고.
우리도 열심히 하고 있는데 너희 도와주면 더 빨리 돼.

레인 - 네, 분리하고 녹이고.

무시공 - 그래 고맙다.

지하종족의 납치 미스터리가 풀리다

무시공 - 현선이한테 이제 알려줘. 알아들었어?
　너희 두목이 납치당해서 녹아버려서 영혼밖에 없다.
현선 - 응.

무시공 - 이제 미스터리 찾았지? 오늘 이야기는 다 들었지?
현선 - 들었어.

무시공 - 속이 시원해 ?
현선 - 시원해.

무시공 - 미스터리 풀렸지?
현선 - 응, 풀렸어.

무시공 - 자 우리는 이런 존재야.
　우리는 이런 지구를 보호하면서. 우리는 영체는 보호 안 해. 생명을 보
　호한다고.
　열심히 공부해야 누구도 너를 납치 못 해. 알았어?
현선 - 응.

무시공 - 엉터리로 공부하면 누가 끄집어 가도 모른다.
　그 별에 가지도 못하고 없어져 버려. 알아? 똑똑히 들었지?
현선 - 들었어.

무시공 - 거짓말 아니지?
현선 - 응응.

무시공 - 별도 우리말 안 들으면 다 삭제해버린다. 알아?

　우리가 이런 존재다. 우리 만나고 싶어? 안 만나고 싶어?

현선 - 만나고 싶어.

무시공 - 그래. 마음 준비되어 있으면 만나러 와. 아니면 간이 작아 가지고

　안 돼 알았어?

현선 - 응 알겠어.

심안(心眼)이 열려야 한다

영안이 열리는 게 아니고, 심안이 열려야 된다.

이원념 입장의 세상에서 무슨 공부라도 해서 열린 사람은 모두가 영이 열린 거야.

우리는 영하고 아무 상관없다고 수없이 말했잖아.

영안, 천안, 제3의 눈, 그런 것이 열리는 게 아니고 마음의 눈이 열려야 돼.

영혼이 열렸다, 이원념이 열렸다, 그건 진짜 생명이 아니라고!

(불완전한)시공에서 열린 눈으로 보고 오만 판단하니까 다 이분법에 걸려.

그 정도 열리면 이원세상(시공세상, 분자세상)을 남보다 더 볼 수는 있지, 하지만 도리어 끌려갈 수 있어.

그리고 절대로 우주를 못 움직여, 지배당하면 당했지.

하지만, 우리하고는 아무 상관 없어.

무시공 공부하다가 한동안 안 오던 존재가 그동안 더 큰 영이 붙었다고 빼 달라 하는데, 본인이 그걸 지키고 있는데 어떻게 빼줘?

그걸로 자랑하려 하고 남에게 이것저것 알려주려 하다가 거기 걸려버린다고. 그래서 거기서 멈춰.

하지만 우리가 열어놓은 것은 진짜 열려있어. 거기서 계속 일원심 지키고 훈련하면서 좋아져.

동시에 몸 풀리는 속도도 빨라지고 생명이 깨어나.

그래서 일단 승용선 타는 훈련하면 더 빠른 속도로 몸이 변하면서 더 완벽하게 열린다고.

외계인이 우리 볼 때 다들 그러잖아.

나를 보려 해도 내가 안 보여주면 안 보여, 절대로 못 봐.

그런데 우리 공부하는 사람들 몸이 엄청 바뀌고 있고 밝다는 거, 그것까지만 알아.

진짜 생명 자체가 열리고 있는 것을 저들은 못 본다고.

왜? 이원념 눈으로 보고 있으니까.

파동으로 돼 있는 시야로 파동을 보는데 어떻게 직선을 볼 수 있어? 절대로 못 보지.

파동 눈으로 열려서 보는 것은 자기보다 거친 파동으로 존재하는(자기보다 아래 차원) 우주와 그 생명체를 볼 수 있지, 좀 더 세밀한 곳(자기보다 높은 차원)은 볼 수 없어, 그게 영혼이잖아.

그러니 어떻게 완전한 무시공 직선빛을 봐. 있는 줄도 모르고, 보려고 해도 안 보여.

제10장

무시공우주 창조에
협조하는
우주의 최고 존재들

무시공 선생님의 머리를 꽉 막고 있던
무시공의 약속된 존재

덕산 첫 번째 대화

무시공 - 누가! 내 머리 풀리는 데 대해서, 계속 방해 놓고 막고 있나?
　꼭 누가 막고 방해하고 있다. 내가 한번 두 번 확인한 것 아니야. 누군지
　나타나.
　(저 위에 공중에 머리와 연결되어있는 뭔가 있다.)
　그래 누군지 나타나.
　이건 낮은 차원에서 그러는 게 아니야, 보니까.
　누가 방해하는지 반드시 나타나야 돼.
　저위에 누구야, 나타나. 당장.
　줄여서 끄집어내서 나타나게 해.
　(저위로 계속 연결돼있다. 위로, 또 그 위로 계속. 끝없이.)
　가장 위에 최고 존재 누구야, 나타나.
　(100억 조 광년 이상에서 연결돼 있다.)
　응, 계속 끄집어내려. 그리고 나타나게.
　(나왔어, 무시공에 연결돼있다.)
　그래, 누구야? 이름 뭐야?
덕산 - 내 이름은 덕산.

무시공 - 너는 어디에 있어?
덕산 - 시공과 무시공의 경계를 지키는 존재. 무시공 바로 안쪽 경계에서.

무시공 - 너는 무극과 무시공 사이 경계선을 지키는 존재라고.

그래, 그런데 너는 뭐 때문에 나를 이렇게 방해 놓아, 누구 명령으로?

누가 너보고 이렇게 하라고 했나, 스스로 한 것인가?

덕산 - 당신이 내게 부탁했다.

무시공 - 내가? 내가 뭐 때문에 부탁해?

덕산 - 그래야 끝없이 탐구할 거라면서, 내게 부탁했다.

무시공 - 언제 그랬어?

덕산 - 시공에 내려올 때, 그때 부탁했어.

무시공 - 내가 언제 시공에 내려왔는데?

덕산 - 시간 계산 못 해.

무시공 - 그러면, 나를 방해 놓는 존재 누구인지, 빨리 거두라고 내가 수없이 말 한 거 알아 몰라?

덕산 - 정확히 나를 찾아낼 때까지, 네가 뭐라 해도 풀지 말라고 했어.

무시공 - 내가 그때 그랬어?

내가 너를 찾아낼 때까지 계속 그대로 하라 했다, 다른 말 듣지 말고. 그런 뜻이야?

덕산 - 맞아요.

무시공 - 그럼 내가 너를 직접 찾아올 때까지 기다렸어, 찾을 줄 알았어?

덕산 - 응, 찾을 줄 알았어.

무시공 - 너는 무슨 방법으로 내 머리를 계속 막아놓았어?

덕산 - 간단하지. 네가 계속 머리를 풀어내면, 막으면 되는 건데 뭐가 어려워?

무시공 - 하하, 그러니까….
머리를 한번 풀어내면 이제 다 풀려 정상이다 싶으면, 또 막고 다 풀리면
또 막고.
수없이 그래서, 어떤 놈이 자꾸 그러나 싶었는데….
너는 나쁜 의도는 없었지?
덕산 - 난 네가 부탁한 대로 했을 뿐이야.

무시공 - 하하 그래, 그럼 잘했다. 지금부터 이제 거둬.
덕산 - 그래, 알았어.

무시공 - 그래, 그럼 이제 네 할 일은 다 끝났어. 너도 알지?
덕산 - 그래, 나도 시원하다.

무시공 - 그럼 너도 이제 내 곁에 와있어.
덕산 - 좋아.

무시공 - 그래, 너도 이 내용 알고 있나, 10억 조 광년에 나를 방해 놓으려고
오른쪽 머리하고 팔하고 막아가지고 손을 쓰지도 못했던 것, 너는 알고
있나?
그래서 그 방해 존재들 다 삭제한 것도 알아?
덕산 - 그것은 내가 알기로…. 그것도 아마 당신이 부탁해 놓은 것일 텐데.
거기서 받아들이는 자들이 오류가 있었던 거 같아.
그리고 또 중간에 잘못 오해 산 일이 있고.
그래서 뭔가 얽혀있었던 거 같아. 일단은 잘 됐어, 잘한 일이야, 알아 무
슨 말인지.

무시공 - 웅. 그러니까, 10년 전쯤에 갑자기 오른쪽 새끼손가락 하나가 저려와, 이때 분명히 뭔가가 막았다고 알았어.

그래도 나는 계속 괜찮다. 무시공 존재니까, 누가 방해해도 내가 하는 일 못 막는다.

그런 마음 가지고 있었어.

그렇게 끊임없이 하다가 2015년 대전 훈련센터 온 후로 더 심해졌어.

완전히, 나날이 더 강하게 해, 그래서 요새 할 수 없이 찾아봤어, 어떤 놈인가.

결국은 5억 광년에서 시작해서 10억 조까지 존재들이야, 다 끄집어내어서 삭제했지.

안 그래도 나는 다 녹여낼 수 있지만, 내 하는 일을 방해하고 있잖아.

찾아가지고 물어봤더니, 그냥 저희들 살아남기 위해서래.

내가 살면 자기네가 죽는다고. 그래서 너희 관점 바꾸면 살리겠다. 하니까 끝까지 버텨서 삭제했어. 그거 너는 알아?

덕산 - 그렇지, 그게 제대로 된 정보가 아니라서.

예를 들어 인간들도 정보를 주면 그대로 받아들이면 되는데, 왜곡하잖아.

그들도 거기서 뭔가 왜곡이 됐어.

무시공 - 웅, 그래서 그들에게 스스로 관점 바꾸면 그만두겠다 했더니, 끝까지 버티면서 저희는 잘했다고 하더라고.

그리고, 나를 수없이 죽이려고 수많은 방법 썼던 거라.

그래서 너는 나를 없앴나? 그러니까, 못 없앴대.

자기들에게는 안 보이는 수많은 존재들이 나를 지키고 있다는 거라.

덕산 - 웅, 그렇지. 나도 지키는 존재 중 하나였잖아.

무시공 - 그래, 맞다. 너도 그렇다.

아~~ 어쨌든 머리가 확 풀리면 계속 막아놓으니, 진도가 안 나가.

그래서 꼭 어떤 놈이 막고 있다.

나도 어쨌든 간에 분자몸 없애고 시공 몸 인정 안 하니까 어찌 막아도 난 없앨 수 있거든. 그런데 지금 내 일에 자꾸 지장되잖아.

그래서 찾아보니까, 네가 막아놨구나. 아~ 그럴 수도 있겠다, 내 생각에. 내가 시공에 와서 오만 실험 다 하려고. 오만 경험 다 겪어 봐야 내가 알 수 있으니까.

응 그래 네가 이렇게 말하니까 바로 아무 문제 없는 걸 가지고.

10억 조 거기는 살리려고 계속 물어봐도 끝까지 버텨. 아이고.

덕산 - 수고 많네.

무시공 - 또 10억 조 광년에서 뭐라 그러는 줄 알아, 내가 온 우주에 공부하러 다녔대.

그래서 내가 언제 공부하러 다녔냐 하니까, 바로 말 바꿔, 공부는 둘째고, 온 우주 탐구하고 살피면서 뭐 했던 거, 그때부터 나를 안대.

자기네 우주에도 왔었다고 하면서.

그러니까, 내가 하는 일이 싫다는 거다.

덕산 - 그렇지. 아까 이야기했듯, 그들은 이미 왜곡된 정보를 받아들였으니, 자신들은 아주 잘한 일일 거야.

이미 한번 왜곡됐고 꼬인 정보를 받아들였기 때문에 어쩔 수 없어.

무시공 - 그래, 너 고맙다. 딱 너 혼자 거기서 지켰나?

덕산 - 나한테만 이야기했었어.

무시공 - 그래, 지금 대전에서 안광옥, 곡뱅, 현정, 울선 다 대전에 와 있는 거 알지, 서로 다 알지?

덕산 - 응 알고 있어.

무시공 - 그래, 어쨌든 약속 지켜줘서 고맙다.

네가 바른말 하니까 오히려 네게 감사한다.

덕산 - 시공에서 보면 상당히 오래 지켰지?

무시공 - 그래, 무시공에서는 순간이지만.

그러니까 이 우주 바꾸려고 얼마나 애를 썼겠나?

너도 대전하다, 끝까지 약속 지키는 거 보니.

덕산 - 고마워.

무시공 - 그래, 이제 항상 우리 곁에 있어라, 같이 하자.

덕산 - 그래, 난 항상 같이 있었다.

무시공 - 그렇지. 응, 같이 좋은 세상 만들자, 내가 그랬잖아, 새로운 우주 창조한다고.

지금 내가 말하는 뜻 알지?

원래 그 무시공이 아니고, 새로 무시공을 창조한다는 거야,

내가 원래 무시공에 가면 그냥 들어가면 되는 거지, 뭐 때문에 대전에서 새로 시작하겠어.

뭐 때문에 새로운 우주중심지 건설한다고 해? 맞지? 너는 무슨 뜻인지 알 거다.

덕산 - 알아들었어. 정확한 계획은 지금까지는, 몰랐지만 이제 알았어.

무시공 - 너 거기서 보면 환하게 알잖나, 내가 무엇을 해왔는지, 다 보고 있었잖아.

그래, 고맙다. 내 머리 빨리 풀어버려. 지금 우리가 할 일이 너무 많으니까.

덕산 - 마찬가지 서서히 풀릴 거야.

무시공 - 안 돼, 빨리. 서서히 말고 최선해.

덕산 - 알았어, 나는 다 철수했어.

무시공 - 응 순간 풀어, 나는 최선하고 있다.

　　나는 꼭 버티고 이겨내려 했는데…. 내 하는 일에 지장 되잖아.

　　그래서 결국은 너를 잘 찾았네.

덕산 - 수고했어.

무시공 - 너를 찾으니까 오해도 풀고, 얼마나 좋아.

　　10억 조 그는 암만 말해도 듣지도 않고. 끝까지 버텨. 이제는 내게 뭐 다른 거 없지?

덕산 - 응. 아무것도 없어.

무시공 - 응 그럼 됐어. 고맙다.

덕산 - 수고했어, 고마워.

덕산 두 번째 대화

무시공 - 덕산 나타나, 우리 곁에 있었나?

덕산 - 네.

무시공 - 어제 저녁에 체험해 보니까, 진짜 효과 있어.

　　진짜 네가 거기서 머리 막고 나를 지켜보고 있던 거 증명되는 것 같다.

　　그런데, 더 빠른 속도로 풀려면 시간 얼마나 걸릴 것 같나? 제일 빠른 시간 말해봐.

덕산 - 아주 빠르면 일주일.

무시공 - 빨라도 일주일? 응, 그리고, 이제 내가 하는 일 끝난 줄 너도 알지?

　　내가 하는 일 이루어지나 안 이뤄지나, 너도 내내 거기서 지켜봤지?

덕산 - 응.

무시공 - 내 생각에 분자세상 할 일은 다 끝났어.

그리고 지금 목적은 분자몸을 빨리 벗어나야 돼, 너도 알잖나.

나는 지구에서 시작할 뿐이라는 거.

지구에 인간 모습으로 나타나려 하니까 어쩔 수 없이 지구 몸을 빌려 썼잖아.

이제는 지구 몸을 벗어나려 하고 있어. 인간들에게 보여주기 위해서. 아니면 사람들 다 안 믿잖아.

나도 인간하고 똑같으니까 사람들 나를 안 믿어. 오늘까지도 100% 믿는 사람 몇 안 돼.

지하종족 낮은 차원 존재와 각 별의 외계인조차도 나를 안 믿는다고.

아직 관찰하는 자도 있고, 직접 와서 배우는 자도 있고, 너도 환하게 보이잖아,

그래서 내가 이제 분자몸을 벗어나려고 해.

이제 벗어나려고, 100억 조 광년부터 밑에 금성 과학자까지 다 동원해서 내 몸을 녹이라 해도 처음엔 다 무서워서 안 해주려고 해, 나 죽는다고. 그중 금성 과학자에게는 직접 나를 지키면서 마그너 장비 등으로 내 몸을 녹이라고 했지.

이제는 알아듣고 잘하고 있는데 내 생각에 너무 더디다고.

너도 내 머리 풀어주면서 내 분자몸을, 네 능력 가지고 충분히 녹일 수 있잖아. 맞지?

분자 껍질 빨리 벗겨줘, 이제 네게도 맡긴다.

이 분자몸 벗기려면 시간 얼마나 걸려?

머리 막은 거 풀리는 것이 일주일 걸린다면, 분자몸 벗기는 건 시간 얼마나 걸리겠나?

지금 내가 여러 방면에 외계인과 과학자에게 도와달라고 하니까 몸이 다 분리돼 있는데(내 분자몸하고 실제 생명하고 분리돼 있잖아), 어디 어디가 연결돼있나 보라했더니, 다 같은 말 해, 머리, 손, 발, 심장이 연결돼있는데. 그래서 내가 다 자르라고 했지.

어떤 존재는 잘라도 붙고 자르면 또 붙는다고 말해, 그러면 멀리 분리시키라고 분자몸을, 분리 후 녹여버리라고.

그렇게 하는데 시간이 너무 걸려, 너무 더딘 것 같아, 내 뜻대로 안 이뤄져.

이제 마침 네가 나타났으니, 너한테 맡겼다. 할 수 있지?

너는 할 수 있잖아, 너는 나를 잘 알기 때문에. 맞지?

내가 분자몸 덮어쓰고 와 가지고 이 일 시작하는 것, 인간 누구도 모르잖아, 이 우주 존재들도 다 몰라,

그러니 내가 분리해 달라고 해도 두려워해, 내 생명이 잘못될까 봐.

덕산 - 다시 연결해야겠다. 여태까지 한 것 말고. 몸 녹이는 연결을.

무시공 - 그래, 내 분자몸을 빨리 벗어나게 해달라고.

지금 다 열심히 하고 있어, 많이 벗어나고 있어, 이제 완전히 분리시켜버려.

내가 전에 그랬잖아, 다음엔 우주작업하고 우주여행 한다고.

내 분자몸이 방해가 돼서 비행선, 우주선 다 나를 안 태워줘, 내 몸 망가진다고.

쟤네는 내 몸을 내 생명이라고 여기더라고. 그래서 내가 너무 답답해.

덕산 - (한숨을 푹 쉬며) 그렇지.

무시공 - 내 뜻을 너는 알아들었나?

덕산 - 그것이 마지막 숙제네.

무시공 - 그렇지~ 너 잘 알았어. 너는 생생하게 살아 있잖아, 나는 이제 너를 알았어.

생생하게 살아있으니까, 거기서 계속 내가 시키는 대로 막아놨잖아.

너와 대화 이후 풀어보니까 진짜 풀리는 느낌 있어, 진실이야.

너는 살아있는 존재니까 실제 이런 능력 있어, 그러니 이제 이 분자몸 녹이는 것도 너한테 맡겼어. 네가 직접 할 수 있기 때문에.

다른 사람 이렇게 하라고 해도 도대체 내가 어떤 존재인지 확실히 모르

니까, 사고 칠까 봐 잘 안 해준다고. 해도 조심스럽게 해, 맞지?

덕산 - 응, 당연 그렇겠지.

무시공 - 막아 놓은 것 푸는 것, 네게 이것은 숙제도 아니지?

내가 이 분자몸 챙기는 목적이 아니잖아, 이것을 없애려고 하는 것이지. 그럼 분자몸 나하고 같은 마음으로 없애려면, 완전 분리해 없애려면 시간 얼마나 걸려?

진짜 내 무시공생명 그대로 나타나는 시간, 말해봐.

분자껍질 표면 부분이라도 녹여버려도 제일 적어도 비행선 탈 수는 있잖아. 분자몸을 가지고 비행선 타려고 해도 다 안 태워줘. 망가질까 봐, 몸에 문제 생길까 봐,

제일 거친 분자몸 한 층만 벗겨져도 내가 비행선 탈 수는 있잖아.

덕산 - 응, 지금 연결 해놨어.

무시공 - 응, 빨리 녹여버리라고. 그리고 너는 항상 우리 곁에 있어라. 나는 너를 믿는다.

네 힘이 실제 보니까 강해. 알아?

덕산 - 그렇겠지.

무시공 - 내가 어제저녁에 체험해보니까. 너는 실제 힘이 있다고.

시공존재는 힘이 있다 하면서도 느낌이 없어. 알았어?

덕산 - 음, 그래도 기초 많이 닦아 놨으니까.

무시공 - 그래, 그래서 조금만 하면 된다.

원래는 티벳 홍화 현상, 몸이 변해서 순간에 빛으로 변하지, 그런데 그 사람도 지금 나를 도와주고 있어. 아장베로라고 알아? 또 로만하고. 로만은 지구 분자몸을 홍화 현상 이뤄지게….

덕산 - 그래, 네게 지금 뭐 잔뜩 붙어 있어. 몸 녹인다는 그런 거.

무시공 - 그래 이제 내 몸을 변화시키면, 8월 말이면 그렇게 할 수 있다는 거야, 이제 한 달 남았잖아.

이제 네가 나타나서 더 빠른 속도로 변화시켜. 알았지?

덕산 - 그래, 그 시간에 같이 맞춰보자.

무시공 - 그래, 그래도 너는 될 수 있는 데로 앞당겨 해야지.

내가 이 몸을 오래 가지고 있어서 얼마나 답답한 줄 아냐, 내 심정 알아 몰라?

덕산 - 알지.

무시공 - 그러니까 빨리 해버리라고.

내가 몸이 너처럼 완전히 원래 상태 되면 비행선, 우주선 다 필요 없어.

그래도 잠시라도 내가 분자 몸이 녹아서 비행선만 탈 수 있어도 인간에게 큰 도움이 되고, 모델이 되잖아.

내가 지구인 아니라는 것도 증명되고. 알았지? 할 수 있지?

꼭 너한테 부탁한다.

덕산 - 그렇지. 알았어, 내가 할게.

무시공 - 아까 이야기했듯, 보니까 네가 실제 힘이 있고 이때까지 나를 지켜서 내 머리 막고 있으라고 하니까 진짜 그렇게 하고 있었잖아, 너무 멋지게 잘했어.

나도 그런 생각했어, 내가 전에 말한 적 있어.

지구에 와서, 내가 나를 일부러 막아놨다고, 그런데 이제 때가 돼서 풀 때가 됐어.

나도 생각해봤어. 내가 너무 일찍이 풀어놨으면 일이 잘못될 뻔했어, 왜?

많은 일에 주변 사람 동원해도 안 되니까,

조금이라도 잘 안되면 못 기다리고 나 혼자 다 해버린다고 막 했을 거 같아.

마침 막아 놨으니까 내가 주변에 사람을 깨우는 인내심이 있었다고, 이제 생각해 보니까. 맞아? 안 맞아?

그래서 너무 답답했어, 이 지구에 오니까 전부다 막혀 가지고.

한국 와서 17년간 알렸는데, 이제 깨어나잖아. 70억 인구 중에 이제 100명도 안 돼 겨우. 이게 얼마나 답답해, 정말 많은 걸 나 혼자 다 하겠다는 마음 수없이 떠올랐다는 거야.

그래도 다행스럽게 내가 막아놨기 때문에, 그 결과 인내심으로 주변 사람 깨어나게 했더니 이제 생각에 잘했다 싶다.

내 급한 마음 너도 알잖아, 하도 답답해서 다 치우고 나 혼자 해야겠다는 그 마음이 수없이 떠올랐던 거, 이제 보니까 내가 그래서 그랬구나.

지금 무한 인내심으로 지구인이 깨어나기를 기다리고 있고, 진짜 우리 약속하고 온 존재들도 있으니까, 맞지.

덕산 - 맞지.

무시공 - 실제 보니까 끝까지 지켜준 너도 대단하다. 보통 같으면 안 그럴 텐데, 직접 너를 찾고 또 푸는 그 순간에 느껴보니까 진짜 풀리고 있어, 그래서 증명됐어, 네가 진짜라는 거.

내가 엄청 세밀한 거 알지? 모든 것이 증명돼야 해, 확인해야 해, 너무 잘했어.

덕산 - 무시공의 약속인데 끝까지 해야지.

무시공 - 그리고 생각에 너는 그 위치에서 나 대신, 또는 나를 협조해서 다 할 수 있다.

너도 알지, 대전에서 무시공생명훈련센터, 새로운 우주중심지 건설하는데, 지금 센터 급하게 지으려 하는데, 지금 우리 돈이 없잖아, 이것도 너한테 말할게.

지상 건축 하는 것은 5천억 광년 대한민국별 백사자라고 그에게 맡겼어.

자기가 외계인 고급 기술로 태양계 은하계에도 없는 큰 건물 지어주겠다고 했어.

그런데, 아직 우리 땅 살 돈도 없어. 땅 사면 그 위에 건축은 자기가 책임지고 하겠다고 했는데, 그래서 우리가 지구에 돈 있는 부자들 몇 동원하니까 다 우리를 반신반의해.

그래서 덕산, 무슨 방법으로도 땅 살 돈 여기에 마련하기. 할 수 있어?

넌 힘이·있으니까 해낼 거다. 어젯밤에 자면서도 내내 그 연구했던 거야.

그리고 내가 백사자하고 대화할 때 7월 말에 건축 시작한다고 했거든, 그런데 땅이 없어, 이제 10일 남았어.

나는 무엇이라도 약속하면 꼭 이루어져야 하거든.

그래서 지구에 돈 있는 존재, 돈으로 지구 통치하려는 존재, 어제저녁에 찾아 말하니까, 아직 시원치 않아.

네가 명령 내려서 땅 살 돈만 준비하면 돼, 할 수 있어 없어? 너한테 이것도 맡겼다.

네게 딱 두 가지만 맡겨. 하나는 내 몸 빨리 녹이는 거, 하나는 돈 문제.

너 이제 항상 내 곁에 있어라.

덕산 - 알았어, 지금까지 항상 같이 있었지만.

무시공 - 그래, 같이 있으면서, 내가 뭐 하려면 빨리빨리 알아서 처리해 버려.

당장에라도 무슨 방법으로라도 돈 가져와서 투자나 지원 형식으로 대전에서 땅만 사면 돼.

임시라도 다만 건축해 놓을 땅만 만들어 놓으면 나중에 소문나면 서로 와가지고 한다고.

너 무시공에 울선, 파로도 알지?

덕산 - 말하면 누군지 알아.

무시공 - 그럼 내가 너한테 농담 삼아 물어보자.

내가 이 시공에 오기 전, 무시공에 있을 때 어떤 존재였는지 너 알아?

덕산 - 무시공에 있을 때도 좀 특별하게 달랐어. 뭔지 모르게 달랐어.

무시공 - 지금 너 관찰해 보니까, 내 하는 일, 내 뜻대로 이루어졌어, 안 이뤄졌어?

덕산 - 이 정도면 밑바닥에서 다 잘했지 뭐.

무시공 - 거기서 내 힘든 거 봤나?

덕산 - 그 가짜가 힘들었지. 지금 없애려는 몸이 힘들었지.

무시공 - 그러니까 덮어쓰고 왔더니, 벗어나려니까 힘들다 되려.
　그러니 이 지구에 다 오기 싫어하고 누구도 여기 오면 못 빠져나간다고.
　그렇지만, 나는 반드시 여기서 새로운 우주중심지 건설해.

덕산 - 대단하다.

무시공 - 그때 내 딱 너하고만 약속했지?

덕산 - 머리 막아 놓는 약속 말이지? 나에게만 이야기한다고 했어.

무시공 - 다른 사람 누구도 모르지?

덕산 - 응.

무시공 - 그래도 너는 비밀 잘 지키네, 이때까지. 너도 날 지켜보느라고 힘들었지?

덕산 - 답답한 마음이 많이 느껴졌지. 하나인 듯 그 마음이 느껴졌다.
　하지만 계속 느낀 건 아니고, 어떤 마음인지는 안다는 거지.

무시공 - 너도 그랬구나. 그래, 고맙다.
　끝까지 배신 안 하고 약속 지킨 것만도 대단하다, 대전하다.
　이런 존재가 있었으니까, 내가 하는 일도 이루어졌어.
　그중에 너는 중요한 공 세웠다.

덕산 - 그래.

무시공 - 그래, 고마워. 이제 우리 같이 있으면서, 뜻대로 이루어보자.

이제는 돈 가지고 와서 건축만 하면 네 할 일은 끝났어.

그 외에 분자몸 녹이고 이제 자유롭게 좀 살아보자.

알았지?

덕산 - 그래, 그러자. 이제 그것만 하면 돼.

시공우주의 최고 창조자 - 곡뱅

무시공생명 - 100억 조 광년의 12존재가 12우주를 창조하기 전에 그 이전 상
   태에 있었던 존재 나타나라.
   무극에 안광옥도 12존재 중에 하나다.
   100억 조 광년 이상, 또는 100억 조 광년에 시공의 원뿌리 존재 나타나라.
   그런 원뿌리 우주가 있으니까 12우주를 창조했지.
곡뱅 - 이름만 말한다. 곡뱅.

무시공생명 - 직접 나타나라. (무시공 직선빛을 올리고 상대를 줄인다)
곡뱅 - 곡뱅 나타난다.

무시공생명 - 100억 조 광년에 있는 안광옥 외에 12명의 우주창조자 알지,
   거기서 너는 어느 위치인가? 같은 100억 조 광년에 있나, 100억 조 광년
   이상 더 높은 위치에 있나, 그렇다면 광년으로 계산한다면 그곳과 거리
   는?
곡뱅 - 안광옥 등 알고 있어요.
   그 이후는 어떻게 계산할 수가 없다.
   그래서 100억 조 광년과 하나로 보면 된다.

무시공생명 - 하나로 보면 된다고? 웅, 그래.
   안광옥 등 12명은 네가 있는 줄 알아 몰라?
곡뱅 - 나를 알 거다.

무시공생명 - 그럼 그 12명과 자주 소통하나, 아니면 각자 자기 위치에서 자

리 지키며 있나?

곡뱅 - 그냥 그들과는 하나처럼 모여 있다고 보면 된다.

무시공생명 - 그럼 그 당시에 12명 나타나기 전에, 그때는 우주 그 자체잖아, 원조 우주잖아.

그때 어떤 형태로 이 우주가 창조됐나?

안광옥은 이 우주 역사가 100조 년 됐다고 했잖아, 그럼 너는 얼마나 됐어, 너는 더 먼저 있었지 않나, 그 12우주 창조하기 전에 그 당시에는 우주 범위가 얼마나 컸나?

또 어떤 상태로 있었는지 말해봐. (우주가 이쪽하고 저쪽하고 나뉘어 보인다)

곡뱅 - 지금이 상상도 못 할 만큼 커져있다. 처음 그때보다는.

무시공생명 - 아니 그 이전에 너만 있었을 때는 얼마나 컸던 건가?

곡뱅 - (광년 단위로 알려 달라 함) 처음에는 500만 광년정도로 작았다.

무시공생명 - 그럼 그때는 너 혼자 있었나?

곡뱅 - 내가 새로운 세상 만들어보려고 몇몇 무리들과 따로 나와서 시작했다.

무시공생명 - 그러면 그 당시에 인간이 말하듯 태초에 우주 자체가 갑자기 폭발했나?

폭발해서 이 우주가 팽창돼서 지금처럼 커졌다는 그 말 맞나? 그것을 빅뱅이라 하지?

인간 세상 과학자들이 그렇게 이야기하고 있는데 그것이 맞나? (하하, 그러고 보니 빅뱅, 곡뱅. 이름이 뭔가 이유가 있는 것 같다)

곡뱅 - 창조 당시 순간적으로 공간을 만들다 보니까 과학자들이 보기에는 그렇게 본 것도 틀린 건 아니다.

무시공생명 - 그 당시 너 혼자였나?

곡뱅 - 처음 시작 마음먹은 것은 나 혼자.

그다음에 같이 할 존재들, 뒤따랐던 존재들 있었다.

무시공생명 - 그럼 그 당시에 이 우주 창조할 때, 또 다른 우주는 없나? 네가 끝인가, 위에 또 있어 없어?

(이 우주가 또 반 나뉘어서 보인다)

곡뱅 - 내가 저쪽(무시공우주)에 있다가 여기서 이 (시공)우주를 만들었다.

무시공생명 - 응, 원래는 그쪽(무시공)에 있었군.

그럼 네 생각에, 네가 마음 먹어 가지고 창조한 이 우주가 완벽한가.

지금까지 해보니까 어떤가?

곡뱅 - 완벽하지 않아.

무시공생명 - 완벽하지 않아?

곡뱅 - 네, 완벽하지 않아요.

무시공생명 - 그쪽(무시공) 우주에는 누가 있나, 알아? 네가 그쪽에 있다가 이쪽으로 건너왔다며, 그러면 원래 그쪽에 누가 있었나?

곡뱅 - 거기는 원래 내가 있던 곳.

무시공생명 - 응, 거기 너 혼자만 있었어? 다른 존재는 없었나?

곡뱅 - 많은 존재가 있어요.

무시공생명 - 대충 대봐라. 그쪽에 아는 존재 이름 대봐라.

곡뱅 - 이름을 쭉 말하라고요?

무시공생명 - 응, 네가 아는 만큼 이름 대봐라. 저쪽에 같이 있을 때, 10명만 대봐라.

곡뱅 - 해볼게요. 고무새, 여울타, 아리운, 웅나래, 호달피, 오고송, 마래, 기뮤인, 오호송, 몬타블레, 곽색 10명 넘었네요.

무시공생명 - 그럼 됐어.

지금 네 생각에, 네가 거기서 새로 나와 가지고 우주 하나 창조했는데 스스로 생각에 완벽하지 않다면 그럼 그 우주를 네가 거둘 생각 없나? 이렇게 계속 유지하려고 하나?

원래 그 우주로 들어가고 싶어, 아직 이쪽 우주에 있고 싶어?

곡뱅 - 이제 빨려들어 갈 때가 됐어요.

무시공생명 - 원래 그 우주가 더 완벽하지, 다시 그쪽으로 들어가야 하지?

곡뱅 - 완벽한 쪽으로 빨려 들어갈 거예요. 나도 따라 들어갈 거고.

무시공생명 - 응, 그러면 이 우주 언제 다 거둬 들어갈 거 같나?

지금부터 시간 얼마나 걸려야 할 거 같나?

곡뱅 - 지구 시간으로 20년.

무시공생명 - 엉? 내가 말한 그대로네.

곡뱅 - 네? (서로 놀람)

무시공생명 - 내가 2050년에 끝난다고 말했었다고 이 우주작업, 지구작업은 2030년에 끝나고.

그래, 지금 너도 막 빨려 들어가는 느낌 있나?

곡뱅 - 들어가는 느낌 있고, 지금은 아주 천천히 되지만 조금 있으면 가속도 붙을 거다.

그리고 내가 마지막으로 갈 거다.

무시공생명 - 너는 마지막에 갈래?

곡뱅 - 응.

무시공생명 - 그럼 지금 이 우주 어디에서 그런 현상 이루어지는 거 같나? 그거 안 살펴봤나?

곡뱅 - 이야기는 들었어요. 들었는데 잘 이해가 안 가요.

무시공생명 - 지금은?

곡뱅 - 지금은 내가 온 곳에서 당기는, 빨려 들어가는 건 느끼는데 하필 지구에서 그런 일이 시작된다는 게 이해가 안 가는군요.

무시공생명 - 지금은 인정하나?

곡뱅 - 지구를 한번 보고 이야기해야겠어요.

무시공생명 - 그래 봐, 보고 느껴보라고. 실제로 그쪽으로 빨려 들어가는 느낌 있나 없나?

곡뱅 - 지금 보니까…. 아, 이렇게 된 거였구나,

내가 이 우주를 만들었잖아요.

지금 지구를 보니까 내가 있는 곳과 지구가 거꾸로 돌았어.

자리가 바뀌었어, 지구가 무극 자리로 와있어.

그래서 내가 끝에 마지막에 들어간다고 말했구나!!

무시공생명 - (그 말이 맞지, 거기서는 종이 한 장 차이로 그쪽(무시공)에 바로 갈 수 있는데, 제일 밑바닥이 돼버렸잖아, 내가 전에 그 말 했잖아, 무극이 가장 변두리 돼버렸다고.)

이쪽으로 빨려 들어오는 거 확실한가?

곡뱅 - 확실해요. 내가 느끼는 순간에 우주가 거꾸로 돌았어요.

무시공생명 - 우리가 너를 찾을 줄 예상했나? 안 했나?

곡뱅 - 언젠가 만날 줄 알았지만, 나까지는 못 찾을 줄 알았다.

찾아도 아주 한참 후에 찾을 줄 알았다. 이렇게 빠를 줄은….

무시공생명 - 너도 놀랐지?

곡뱅 - 조금 놀랐습니다. 소식을 간간이 듣고 있어서 많이 놀라진 않았지만요.

무시공생명 - 그렇지만 너는 우리가 누군지 아나? 우리가 누군지도 모르지, 보이지도 않지?

곡뱅 - 이야기는 전해 들었지만, 정확히는 몰라요.

무시공생명 - 지금 대화하고 있어도 네 눈에 내가 안 보이지?

곡뱅 - 네, 안 보이고 누군지 모르겠습니다.

무시공생명 - 그래, 꿈에서도 내가 너 있는 자리에 찾아갈 줄 생각도 못 했을 거다, 맞지?

그럼 우리 토종 지구인이 너까지 찾아왔어, 제일 밑바닥에서.

그럼 너, 거기에서 적극적으로 우리를 도와줄 수 있나?

같이 동참할 수 있나, 최선으로.

곡뱅 - 나는 이제 아무 힘이 없어서, 하라는 대로 할 수밖에 없는 상황이고, 지금 말하는 이 존재가 기억이 날 것도 같고 그렇습니다.

누구랑 대화하는지 알 것도 같아요.

무시공생명 - 그렇지, 옛날에 지구에 와서 내가 그런 말한 적 있어.

많은 사람이 이런 질문했어.

이 우주는 누가 창조했나?

주객을 나눈다면 같이 있는 존재한 사람이 자기가 창조하겠다, 그럼 네가 창조해봐라.

결국은 아니야 다시 거둬. 그래서 거두게 했고.

그러니까, 주객을 나눈다면 그 존재가 창조한 결과 완벽하지 않아서 다른 한 존재가 거두러 온다.

주객을 안 나눈다면, 다 내가 했다.

내가 그렇게 말한 적 있어. 뭔 뜻인 줄 아나?

곡뱅 - 그 전에 같이 있던 존재 중에 아리운이라는 그 존재 같다.

무시공생명 - 그저 그만큼만 알고 있어. 그리고 네가 적극적으로 지구에 와서 동참하고 같이 창조하자고. 같이 새로운 우주창조하고 하루 빨리 거두자.

무엇 때문인가? 수많은 생명들, 아무리 시간 길게 줘봤자 더 고통스러워, 하루라도 빨리 고통 속에서 생명들을 벗어나게 하기 위해서 최선 다하자고.

시간도 최선으로 단축하자.

곡뱅 - 고개를 푹 숙인다.

무시공생명 - 그래, 할 수 있지?

곡뱅 - 알았어요.

무시공생명 - 우주도 창조할 수 있는데, 만들어 놓은 것이 불합리하면 거두면 되잖아. 맞지?

곡뱅 - 맞아요.

무시공생명 - 어서 거두고 많은 생명을 빨리 살리자. 지구에 와봐라.

지구는 이 우주에서 맨 밑바닥이다.

제일 고통스러운 존재들이 여기 모여가지고 얼마나 수많은 고통을 겪고 있었는데, 그래서 우리가 여기 제일 밑바닥에서 시작한다. 힘들지만.

자기 생각대로 창조도 해보았으니 아니면 거두면 되는 거지 뭐, 맞지?

그래 어쨌든 잘했어.

너의 능력으로 봐. 지구 맨 밑바닥에 거친 물질로 쌓여있는 지구야.

이것을 에너지 방향으로 바꿔야 하잖아, 알지?

곡뱅 - 네.

무시공생명 - 그럼 제일 거친 지구를 초보적 에너지 상태로 변하려면, 예를 들어서 태양계 금성 그 정도로 변해도 좀 낫잖아. 그렇게 되는 거, 네 생각에 얼마나 시간 걸릴 거 같나?

네 능력 가지고 최선해서 빨리 분자 껍질 녹여버려, 지구 물질 껍질 녹이려면 네 생각에 얼마나 시간 걸려?

곡뱅 - 지금은 우주가 거꾸로 돌아서 지구가 되게 빨리 에너지화 되는데요.

무시공생명 - 그거 네가 좀 더 도와주면 더 짧은 시간에 될 거 같다, 언제 끝날 거 같나?

거친 분자 물질이 녹아 없어지는 것, 대충 한 번 시간 대봐라.

곡뱅 - 3~4년?

무시공생명 - 3~4년 너무 길어. 2년 안에.

곡뱅 - 그럴 줄 알았습니다.

무시공생명 - 하하하하, 그랬어? 2년 안에 완전히 녹여. 지금 이미 분리되고 있잖아,

그리고 네가 지구에 와있어, 지구 대한민국에 와있으라고.

그래서 직접 여기 와서 같이 작업하자고. 그렇게 할 수 있지?

곡뱅 - 해야죠, 하라면 해야죠.

무시공생명 - 하라면 하는 게 아니고 우리 같이하자. 하하하

너도 수고 많았잖아.

곡뱅 - 많이 답답했겠어요.

무시공생명 - 그거 알았으면 됐다.

네가 지구에 와서 직접 느껴보면 알 거다.

우리 얼마나 힘들게 있었나, 고립되고 억울하고. 오만 고통 다 겪었어, 누구도 그거 이해 못 해.

그게 지구라고.

네가 직접 지구에 와서 느껴봐야 우리가 어떻게 해 왔는지 느낄 거다.

그래서 너도 최선을 다할 거다. 맞지?

곡뱅 - 네… 할 말이 없어요.

무시공생명 - 그래 어찌 되었든 고마워.

곡뱅 - 네, 고맙습니다, 고맙습니다.

절대적 생사(일원심생명),
상대적 생사(이원념영체)

너는 살았지만 이미 죽었다.
너는 죽었지만 이미 살았다.

지금 감각시공에 있는 존재는 이분법 이원념으로 된 존재들이다.
인간이 살아있는데 일원심으로 바뀌면 살아서 영원히 살아있고.

인간의 표현으로 죽었다 하면 죽은 것은 영이다.
영(靈)도 일원심으로 받아들이면 죽은 자도 살았다.

일원심으로 안 바뀌고 이원념을 유지하면 살았지만 이미 죽었다.
상대적인 죽음의 개념이 아니라 영원히 죽거나 영원히 살거나.

인간의 생사와 무시공의 생사는 다르다.
인간의 생사는 상대적인 생사(이원념생명)
무시공생명의 생사는 절대적인 생사(일원심생명)

지구 60억 인구 일원심을 안 받아들인 존재, 살았지만 이미 죽었다.
그러나 일원심 받아들이면 영원히 사는 생명을 찾았다.

영체도 무시공생명공부를 받아들이면 이미 죽었어도 살았다.
이원념을 지키고 일원심을 안 받아들이면 죽어도 영원히 죽고
살아도 죽은 것이다.

인간은 살았지만 이미 죽었다.
일원심을 받아들인 존재는 죽어도 살았다.

3단계 영체도 무시공 안 받아들이면 삭제된다.
받아들이면 산다.
무극까지 이원념으로 된 존재들이다.

이원념의 분자세상도 세밀한 공간으로 가면 빛이 강해진다.
무극의 빛이 삼각형(시공우주)의 최고 빛이다.

일원심을 지키면 이미 무시공에 있다.
이 공부를 해도 일원심 70% 이상 되야 무극까지 끌어올릴 수 있다.

부록

용어 해설

무시공생명 비결, 공식, 선언, 지침, 특징

비 · 공 · 선 · 지 · 특

○ 무시공 생명 비결
○ 무시공 생명 공식
○ 무시공 생명 탄생 선언
○ 무시공 생명 행동지침
○ 무시공 생명 특징

○ **무시공생명 비결**(無時空生命 秘訣)

⊙ 무시공생명 비결 20개는 60조 세포를 깨우는 생명 그 자체이다. 수천 수 업겁, 조상 대대로 유전되어 물려받은 가르고 쪼개고 분열하는 이원념의 영체가 작동하는 마음을 절대긍정 일원심의 마음으로 바꾸게 하는 역할을 한다.

비, 공, 선, 지, 특을 끊임없이 외우면 60조 세포가 일원심의 세포로 살아나고 시공우주의 파동에서 벗어나 인간의 영원한 숙원인 생로병사에서 벗어날 수 있다.

⊙ 무(無)는 없다는 뜻이 아니고 합(合)한다는 뜻이다.

비결에서 '無' 자를 빼면 가르고 쪼개고 분별하는 이분법 이원념이 된다. '無' 자를 붙이면 모든 것을 합하여 무시공생명의 일원심이 된다.

▷ **공간**(空間: 天)

무시공 마크에서 파란색을 의미하는 부분이다.

무주객(無主客) 무선악(無善惡) 무빈부(無貧富) 무고저(無高低) 무음양(無陰陽).

무시공생명은 시간과 공간을 초월하는 무시공의 우주를 지향한다.

우주의 빅뱅 이래 계속 우주는 팽창하면서 공간이 넓어지고 곧 그것을 공간이 사라진다는 것을 의미한다.

우주의 흐름이 쪼개고 가르고 나누는 일시무시일의 흐름이었다면, 지금의 우주는 끝없이 합(合)하는 일종무종일의 흐름을 바꾸었다. 즉 위에서 쪼개면 아래로 내려오던 우주 흐름이 밑에서 합하여 위로 올라가는 흐름으로 우주가 바뀌었다.

무주객 일체동일 속에 대상과 조건이 사라지고 무고저 무선악 속에는 인간의 고정관념과 윤곽과 틀을 깨는 우주의 비밀이 담겨있으며 무음양 속에는 무극을 통과하는 열쇠가 있다.

▷ **시간**(時間: 地)

무시공 마크에서 녹색을 의미하는 부분이다.

무생사(無生死) 무이합(無離合) 무래거(無來去) 무시말(無始末) 무쟁인(無爭忍)

2000년 전, 아르헨티나에서 발견된 예언서 중 사지서에는 시간에 대한 예언을 했다. 시간은 곧 영원히 없어진다.

미국의 어느 과학자가 우주에서 지구의 시간에 대한 연구를 진행하면서 몇 번 시간의 윤회가 있었고, 마지막 윤회의 시기가 1945년이 기점이며 그 후 76년 이후에는 시간이 영(0)으로 돌아간다고 계산을 했다. 그 시기가 2012년 12월 21일로 파동으로 된 시간이 영(0)으로 돌아가고 시간이 멈춘다.

무시공생명은 시간과 공간을 초월한 공부다. 공간이 줄어들고 시간이 멈춘다는 것은 지금의 시공우주가 사라진다는 것을 의미한다.

무생사 무이합 무래거 무시말 무쟁인 - 생과 사에서 벗어나고 오고 감도 없고 시작과 끝도 없는 영원한 무시공 우주에는 지상천국 지상극락의 세계가 펼쳐진다.

▷ **오관**(五官: 人)

무시공 마크에서 노란색을 의미하는 부분이다.

무건병(無健病) 무미추(無美醜) 무향취(無香臭) 무호괴(無好壞) 무순역(無順逆)

인간은 오관을 통하여 보고 느끼는 순간 좋고 나쁘고, 아름답고 추하고,

맛있고 안 맛있고, 달고 쓰고, 아프고 안 아프고 등 판단하는 순간, 그것을 세포에게 입력을 시킨다. 오관으로 느끼는 모든 것은 가르고 쪼개 시공우주의 관점이다. 이 시공우주의 물질세계는 음양의 뿌리가 잘린 허상의 세계이다. 시공우주의 생명은 허상인 영체에 불과하다. 무시공생명은 실상의 생명이며 영체변생명(靈體變生命)이 되었다.

▷ 의식(意識: 心)

무시공 마크에서 빨간색을 의미하는 부분이다.

무신심(無身心), 무생학(無生學), 무지우(無智愚), 무정욕(無情慾), 무신의(無信疑)

의식혁명을 통하여 인간의 관점을 회복해야 한다. 이원념의 사고에서 일원심의 사고로.

○ **무시공 생명 공식**(無時空 生命 公式)

무시공 생명 공식은 사람이 원래 무시공 존재임을 인정하고, 지키고, 누리는 무시공 행동 원리입니다. 무시공 생명으로서 무시공 자리를 확고히 지킬 수 있는 무시공의 법칙이요, 절대긍정 일원심의 원리입니다.

▷ **일체근단**(一切根斷)**-일체 음양의 뿌리는 끊어졌다.**

태초 무극의 존재가 원래 하나인 우주를 음과 양으로 나누는 순간 이 시공우주(빅뱅)가 생겨났다. 무음양-음과 양을 합함으로써 시공우주의 뿌리가 잘렸다. 지구를 비롯한 시공우주는 허상의 세계가 되었다.

▷ **일체동일**(一切同一)**-일체가 동일하다.**

"일체가 나"다는 온 우주를 통틀어 최고의 경지이다. 무시공은 만상만물을 생명 관점으로 본다. 무시공생명 자리는 너와 내가 없는 동일체이다.

▷ **일체도지**(一切都知)**-일체 다 알고 있다.**

세포 속에 우주의 정보가 다 있다. 원래 인간은 윤곽과 틀이 없는 완전한 존재였다. 이원념의 물질이 쌓인 분자몸이 막혀 윤곽 속에 갇히게 되었다. 비결을 세포에 입력시키면 세포가 일원심의 세포로 살아나 우주의 지혜를 알게 된다.

▷ **일체도대**(一切都對)**-일체가 다 맞다.**

이것은 맞고 저것을 틀리다고 하는 것은 이분법, 이원념이다. 무시공 관점은 맞는다고 하는 사람의 입장으로 보면 맞고, 틀린 사람 입장에 들어가면 그것도 맞다. 그래서 전부 다 맞는다는 것이다. 차원이 다른 입장에서 말하는 것뿐 그 차원에서는 다 맞다.

▷ **일체도호**(一切都好)**-일체가 좋은 현상이다.**

무시공생명은 부정의 영체가 완전히 삭제된 절대긍정의 자리다. 무시공생명 자리는 전부 다 좋은 것만 보이고 전부 다 아름다운 것만 보인다.

▷ **일체항광**(一切恒光)**-일체 파동이 없는 직선빛이다.**

무시공의 직선빛은 일체 물질을 다 뚫고 들어갈 수 있고, 일체를 다 변화시킬 수 있다. 무한대로 큰 힘이다. 그래서 직선빛은 생명의 힘이다.

▷ **일체아위**(一切我爲)**-일체를 내가 했다.**

일체 나 때문에 좋은 일이 생긴다. 인간의 입장에서 오는 재앙이나 온갖 현상들은 무시공하고는 상관이 없다. 내가 만들어 놓고 내가 당하지 말자는 것은 우리가 깨어나서 무시공의 생명 자리를 잘 지키는 것이다.

▷ **일체조공**(一切操控)**-일체를 내가 창조한다.**

마음과 물질이 하나다. 마음과 에너지가 하나다. 그러면 마음먹은 대로 창조할 수 있다. 내가 우주의 중심이고 내가 있어서 우주가 존재한다.

○ **무시공 생명 탄생 선언**(無時空生命 誕生 宣言)

2012년 12월 21일 지구에서는 종말론으로 세상이 어수선할 때 무시공생명은 '무시공생명 탄생선언'을 선포했다.

이것은 새로운 인간세상, 새로운 인간이 동방에서 탄생한다는 것을 무시공에서 선포한 것이다. 무시공선생님께서 2000년 4월에 대한민국에 첫발을 내디디신 이후 이 선언을 비밀로 하시다가 우주에서 이제는 무시공을 감히 막을 수 없는 시대로 접어들면서 이 무시공생명 탄생선언을 내놓으셨다.

▷ **생명혁명**(노예변주인奴隷變主人, 영체변생명靈體變生命)

인간의 시공생명(영체)이 무시공생명으로 변한다는 것이다. 인간은 지금까지 영체를 자기 생명으로 알고 살았다.

나의 진짜 생명은 일원법, 일원심으로 된 것이 진정한 내 생명이다. 이분법으로 되어 있는 영체는 가짜라는 것을 밝힌다. 이분법의 생명은 진짜 생명이 아니라는 것이다. 인간은 지금까지 가짜 생명을 자기 생명이라고 여기면서 살아왔다. 무시공생명 공부는 내 안에서 생명혁명을 불러일으키는 것이다.

▷ 물질혁명(체력변심력體力變心力, 분리변동일分離變同一)

지금까지 인간은 육체로 노동을 해 가지고 자기 생활을 유지해 왔는데, 이제부터는 심력으로 살 수 있다는 것을 밝히는 것이다. 이제까지는 음양을 분리하고 옳고 그르고 따지는 분자세상의 거친 세상에서 살다가 일체동일 일체가 하나인 세밀한 공간으로 접어들었다.

이런 마음으로 일체를 움직일 수 있는 시대를 만들었다.

이것은 바로 내가 창조주이고 내가 전지전능한 존재라는 것일 밝히는 것이고 알리는 것이다. 이것이 바로 물질혁명이다. 행동, 생활혁명이 일어났다는 것이다. 인간은 행동, 손발 움직이는 방법으로 살았다면 이제는 무시공심력으로 무시공 마음으로 살 수 있는 방법이 나왔다. 이것을 실천하면 우리의 삶이 바뀐다.

▷ 우주혁명(홍관변미관宏觀變徵觀, 행우변항우行宇變恒宇)

우주가 바뀌고 있다. 우주혁명, 우주개벽이 일어났다. 이것이 바로 천지개벽이 일어났다는 것을 암시했다. 인간이 말하는 천지개벽하고 무시공생명이 말하는 우주개벽과 차이는 천지개벽은 한계가 있는 시공우주 안에서의 개벽은 윤곽과 틀에 갇힌 시공이라는 관점으로 보는 것이다.

여기 무시공은 시공우주에서 무시공우주, 무시공생명으로 변한다는 것을 밝히는 것이다. 거친 세상에서 미세한 공간으로 변하는 천부경의 일시무시일(一時無始一), 하나가 쪼개져 내려오는 우주에서 일종무종일(一終無終一), 합하여 하나로 위로 올라가는 우주의 방향으로 가고 있다는 것이다. 이것이 바로 우주혁명이다.

▷ 신앙혁명(다로변일도多路變一道, 의존변자성依存變自醒)

새로운 일원법, 일원심의 세상이 온다는 것을 암시했다.

인간이 이분법에서 못 벗어났다는 것을 알아차리는 순간에 자연적으로 각종 종교가 하나가 되어버린다. 분석해보면 지금 지구에 분포되어 있는 각종 종교들은 다 의지하는 마음에서 출발한다. 밖으로 찾고 밖에서 믿으려고 한다.

자기 안에 모든 것이 다 있는데 밖에서 찾고 믿을 필요가 없다는 것이다.

자기만 깨우치면 되는데 자기생명(무시공 일원심)만 찾았으면 끝이다.

그래서 신앙혁명이 일어난다는 것이다.

의지하면서 사는 게 신앙이다. 여기서 벗어나면 신앙혁명이 일어나는 것이고 이제는 일체의 지금까지 해온 각종 신앙 각종 수련은 끝났다는 것을 선포한 것이다.

▷ **의식혁명**(이원변일원二元變一元,생사변영항生死變永恒)

새로운 일원법, 일원심의 절대긍정 무시공생명의 세상이 온다는 것을 선포한 것이다. 원래는 이분법으로 맞고 그르고 옳고 틀리고, 높고 낮고, 이렇게 가르는 사고방식으로 살아온 세상에서 그래서 계속되는 일체의 불행 전쟁에서 벗어나서 완전히 일원법 사고방식으로 변하면 절대행복, 절대긍정, 절대건강의 세상이 된다.

사고방식을 바꾸는 사람은 무엇이 변하는가 하면 생사를 벗어나고 영원한 세상을 맞이할 수 있다는 것이다(생사변영항).

○ **무생공 생명 행동지침**(無時空 生命 行動指針)

▷ **무시공심력**

무시공에서는 마음먹는 순간 마음먹은 대로 이루어진다. 마음과 물질이 하나고, 물질과 에너지가 하나이기 때문이다. 무시공에서 이루어진 심력은 분자세상에 나타나기까지는 이원념의 두꺼운 껍질의 차원에 따라 순간 나타날 수도 있고 시간이 걸릴 수도 있다. 시공우주에서 벗어난 존재들의 무시공생명의 발현인 것이다.

▷ **무시공체험**

인간은 수억 수천 년 동안 세포에 입력된 윤곽과 틀 등 고정관념으로 전지전능한 세포에게 이원물질을 쌓아 이 우주에서 고립된 생활을 하게 되었다. 체험은 특히 오관을 통하여 머리에 입력된 이원물질을 녹여 다리의 통로로 배출시키고 새로운 무시공의 향심력으로 직선빛을 당겨 분자몸을 녹이고 에너지 몸으로 변화시키는 것이다.

▷ **무시공심식**

무시공 직선빛을 통하여 분자몸이 에너지 몸으로 바뀌면 무시공의 대자유를 누릴 수 있다. 이때에는 에너지 몸을 가지고 우주를 여행할 수 있게 된다. 먹는다는 행위를 통한 영양분의 섭취가 아니라 무시공의 세포가 온 우주 공간에 스미어 있는 고급 영양분을 자동으로 섭취하여 에너지를 보충하게 된다. 이원물질의 음식을 섭취하지 않아도 살 수 있는 무시공 우주의 영양분 섭취 방법이다.

▷ 무시공성욕

이것은 아직 공개되지 않은 무시공의 우주 비밀이다. 2020년 이후에 공개될 것이다.

▷ 무시공오관

인간이 천차만별이라는 것은 천 가지, 만 가지 생각을 가지고 있다는 것이다. 이것은 천 가지, 만 가지 맞는 것이 있고 틀린 것이 있다는 것으로 쪼개고 나누고 판단하고 맞고 틀리고의 기준이 되는 것으로 이분법의 최고봉이다.

무시공생명의 관점은 각 차원의 입장에서 보면 그 차원에서는 다 맞다. 틀린 게 하나도 없다. 그래서 만상만물 일체가 좋은 것이고 만상만물 일체가 아름다운 것밖에 없다.

1, 2, 3단계 무시공우주도(無時空宇宙圖)

○ 1단계 무시공 우주도

무시공 생명을 공부하는 사람들의 우주관은 실로 간단명료합니다. 우주가 아무리 광대무변하고 불가사의한 것 같지만, 시공 우주와 무시공 우주로 명확히 구분할 수 있습니다. 두 우주 안에서 우리가 살고 있습니다. 두 우주는 따로 분리되어 있는 것이 아니고 나의 존재-의식-마음과 공존합니다. 나의 의식이 일원심(+)이면 무시공에 머물고, 나의 의식이 이원념(-)이면 시공에 속합니다.

▷ 시공우주

감각시공과 무감각시공을 통칭하여 말한다. 시공 우주의 근본은 부정(마이너스 마음(-))이다. 따라서 나누고 쪼개고 분열하는 이원념에 뿌리를 두고 있다. 아무리 긍정의 마음을 가져도 부정의 파동이 남아있는 상대적인 긍정의 우주로 허상의 세계이다.

▷ 무시공우주

무시공 우주의 근본은 긍정(합(+)하는 마음)이다. 인간의 유전자로 남아 있는 부정을 무시공생명 비결로 빼버리면 절대긍정만 남게 된다. 이것이 일원심의 생명우주이며 실상의 세계이다.

▷ 감각시공

오관으로 느끼며 인식할 수 있는 분자세상을 말한다. 지구를 기점으로 약 5천억 광년에 이른다. 그중에서도 인간이 살고 있는 지구가 가장 낙후된 문명을 가지고 살아간다. 태양계 은하계 광대한 오관으로 관측되지 않는 우주가 여기에 해당된다. 이원물질이 쌓인 세상이므로 기감, 에너지 등을 느낄 수 있다

▷ 무감각시공

인간이 죽음을 맞이했을 때 영혼이 가는 사후세계로 원자 미립자 초립자에서 무극까지 세밀한 공간의 에너지로 형성된 영적세계이다. 오관(눈·귀·코·입·피부)으로 인식할 수 없는 세밀한 이원(二元) 에너지 우주, 세밀한 우주는 육체 오관의 감각으로 느낄

수 없습니다.

▷ 무극 (無極: zero point)

무시공우주와 시공우주의 분기점이다. 이 자리에서 부정(-)마음을 가지면 시공의 무극에 합(+)하는 마음을 가지면 무시공의 무극에 머물게 되고 계속 합하는 마음을 유지하면 무시공우주로 진입하게 된다. 합(+)하는 마음을 계속 유지하는 방법은 무시공생명비결을 끊임없이 외우는 것이다.

▷ 무시공우주

무감각 무시공으로 새로운 우주이며 생명우주이다. 전지전능의 자리이다.
무시공우주는 일체가 동일하며 무시공생명의 일원심의 직선빛이 일체의 파동을 녹인 무파동의 우주이다.

▷ 시공 생명과 무시공 생명의 차이점

	시공 우주	무시공 우주
1	감각 시공: 물질 우주(오관 인식) 무감각 시공: 영적 세계, 다차원 우주 일시무시일: 분리 분열	무감각 무시공: 전지전능(오관 초월) 영원하고 완벽한 생명 일원우주 일종무종일: 합일 동일
2	이원 물질: 음양 물질(이원념의 물질) 시공 파동빛: 소멸하는 음양 이원빛 천지부: 남존여비(양의 시대)	일원 물질: 일원심의 물질 무시공 직선빛: 영원한 생명 일원빛 지천태: 남녀평등(음의 시대)
3	이원론, 이분법, 이원념으로 존재 마이너스 마음(-)이 지배적, 허상우주 생장소멸, 생로병사, 일체불행 - 시공생명(영체) -	일원법, 일원심으로 존재 무한 플러스(+) 마음의 생명실상 우주 영원한 생명, 일체행복 - 무시공 생명 -

○ 2단계 무시공우주도(無時空宇宙圖) 파동빛 우주와 직선빛 우주 그림

제일 밑바닥의 분자세상에서는 파동이 가장 길다. 위로 올라갈수록 파동이 약해지고 무극의 교차점에서는 파동이 끝난다. 무극을 지나 위로 올라가면 직선빛이다. 파동이 없는 것이 무극의 교차점, 그것이 시간이 사라지는 시점이다. 지금 인간들은 시간이 없는 세상에 들어오고 있다.

▷ **일시무시일**(一始無始一)

모든 것이 하나에서 시작해 쪼개고 쪼개 내려와 지금 이 세상이 되었다.
분리의 시대.

▷ **일종무종일**(一終無終一)

일종무종일, 모든 만물만상을 하나로 묶어 합해서 하나의 위치로 가고 그 하나는 영원한 하나의 자리. 천부경은 무시공생명의 하는 일을 예언한 것이다.
합일의 시대.

▷ **파동빛**

시공우주는 파동에 의해서 오관으로 전달된다. 그 본질은 음과 양, 즉 나누고 쪼개고 분열시키는 속성이다. 그 속에는 부정의 파동이 있다. 파동 때문에 만물만상의 모든 것이 생장소멸을 겪게 된다. 인간은 이 파동의 영향 아래 있기 때문에 생로병사에서 벗어날 수가 없다. 인간이 이 파동에서 벗어나면 생로병사에서 벗어나고 영원한 생명을 얻을 수 있다.

▷ **직선빛**

무시공의 직선빛은 소멸되지 않는 끝없는 빛이다. 무한대의 영원한 빛이다. 음과 양을 합하는 일원심으로 무시공의 직선빛을 만들고 있다. 이 빛은 일체시공의 파동빛을 초월하고 우주의 어떤 곳도 뚫고 들어갈 수 있다. 심지어 100억 조 광년의 무극의 최고 존재도 이 직선빛에 의하여 무시공 공부를 하고 있다.

▷ **천지부**(天地否)

주역의 64괘 중 하나로 양이 음의 위에 있다. 양의 시대를 표현했다.

원래 하나였던 무극에서 음과 양으로 쪼개는 순간 시공우주가 시작되면서 남존여비의 시대가 열린 것이다. 양이 음을 지배하는 즉 남자가 여자를 지배하는 시공우주를 예언한 것이다.

▷ 지천태(地天泰)

주역 64괘 중 하나로서 음이 양의 위에 있다. 음의 시대를 표현했다.
무극에서 쪼개져 내려오던 우주가 합하는 시대로 바뀌면서 음의 시대가 열린다는 무시공생명의 도래를 예언한 것이다.
남존여비의 시대에서 남녀평등의 시대로 변한다.

○ 3단계 무시공우주도(無時空宇宙圖)

▷ 외계인

지구에서 5천억까지는 외계인이고 물질우주이며 별이라고 한다.

▷ 반우주인

5천억부터 5억 조 광년까지는 별과 우주가 혼합된 우주이다. 우주라고 하는 존재도 있고 별이라고 하는 존재도 있다. 이 우주는 물질도 있고 에너지도 섞여 있는 반물질 세상과 반물질 우주이다.

▷ 우주인

5억 조 광년부터 100억 조까지는 완전히 에너지 상태의 에너지우주이다. 에너지 상태로 사는 존재를 우주인이라고 한다.

이렇게 우주도 3단계로 분류하는 데 더 정확히 말하면,
5천억 이하는 외계인이고, 5천억에서 5억 조까지는 반우주인, 5억 조 이상은 우주인으로 이 우주가 형성되어 있다.

▷ 승용선

자기별 안에서 각 별에서 움직이는 것으로 지구에서 움직이고 지구 안에서 금성 그 안에서 움직이는 것은 승용선이다.

▷ 비행선

별간 움직이는 것은 비행선

▷ 우주선

완전히 에너지 상태의 우주 공간에서 움직이는 것은 우주선이다.

5억 조 광년부터 100억 조 광년 사이는 어마어마하게 큰 우주공간이다. 그 우주공간에서도 수많은 우주 충차가 있다.

▷ 실상이나 불완전한 생명(영체)

우주도의 오른쪽은 분자 세상에서 무극까지 살아있는 존재들이다
이들은 힘이 있고 과학도 발달됐고 능력도 있다. 그러나 이들도 무감각시공의 시공 우주에 속하는 존재들이므로 영체에 불과하다. 인간들보다 수명이 길지만, 이들도 생로병사에서 벗어날 수가 없다. 각 차원에서 수평으로 윤회를 한다.

▷ 영혼,영체들의 세상(영체)

우주도의 왼쪽은 죽어있는 영들의 세상이다.
이들은 아무런 힘도 없고 능력도 없고, 그저 의식만 가지고 살아있는 영체들이다.

▷ 시공우주의 윤회

오른쪽 무극 위치에서 무극의 존재가 죽으면 왼쪽의 무극의 위치로 그 영이 온다.
80억 조에서 죽어도 그 영은 80억 조 광년의 왼쪽 영들의 세계로 온다. 그렇지만 왼쪽의 영혼과 영들은 힘이 없다. 왼쪽의 세상은 허상의 세상이다.
각 차원에서 수평으로 윤회를 하면서 산다.

▷ 지구에 머물다 간 인간들의 위치

보통의 인간으로 살다가 죽은 영체들은 물론이거니와 인간의 의식을 상승시키고 간 성인들 석가모니, 예수, 람타, 강증산 등 지구에 다녀간 인간들은 모두 왼쪽 허상의 세계인 영혼, 영체들의 공간에 머물고 있다. 그래서 여기는 자신이 무엇인가 할 수 있는 힘도 없고 능력도 없으니까 다시 윤회를 하는 것이다.

▷ 무시공생명의 위치

우주도의 오른쪽 살아있는 존재들의 무감각 시공에 무시공의 다리(통로)를 만들어 놓았다. 무시공은 맞춤식으로 어느 위치를 막론하고 들어갈 수가 있다. 무시공은 일원심만 지키면 우주공간의 일체에 다 들어갈 수 있고 다 통과할 수 있다.

비결 중에 무생학의 의미는 우리는 수련을 할 필요도 없고 공부를 할 필요도 없다. 우리는 무시공생명의 일원심의 원리를 알았기 때문에 실행하고 행하면 된다.

인간은 아무리 공부를 해도 80억 조 광년의 경지에 들어갈 수가 없다.

무시공의 용어

▷ **일원심**(一元心)

일원심은 가르고 쪼개고 분열시키는 이원념(二元念)의 반대개념으로 우주의 모든 것을 하나로 합하는 것이다. 일원심의 뿌리는 절대긍정이다. 비, 공, 선, 지, 특을 끊임없이 외우면 60조세포가 일원심의 세포로 깨어난다. 우주의 모든 정보를 알수 있다.

▷ **세포**(細胞)

무시공공부는 60조 세포를 깨우는 공부다. 세포 안에 모든 우주 정보가 다 있다. 인간의 고정관념과 윤곽과 틀 속에서 두꺼운 껍질에 싸여 있어 세포의 역할을 못 하고 있다. 비공선지특을 끊임없이 외우고 실천하면 일원심의 무시공세포로 깨어나 대자유를 얻는다.

▷ **플러스**(+)**마음**

합하는 마음, 60조 세포가 제일 좋아하는 마음이다. 세포에게 플러스(+)마음을 항상 입력시켜라. 방법은 비공선지특을 외우고 실천하는 것이다. 무시공의 일원심 절대긍정의 마음이다.

▷ **마이너스**(-)**마음**

분리, 쪼개고 가르는 마음, 일체 부정마음, 시기, 질투, 두려움 등을 일컫는다. 이것은 시공우주의 이원념 관점이다. 인간의 부정마음이 많을수록 재앙이 많다.

▷ **분자세상**(물질세상)

시공 우주 안의 가장 거친 밑바닥 물질 세상으로서 감각시공이다.

▷ **감각시공**(感覺時空)=**물질세상**

인간이 살고 있는 세상이다. 오관으로 보고, 듣고, 느낄 수 있다. 시공 우주에서 가장 거친 밑바닥 선악 물질 세상입니다. 시공 우주의 가장 껍질 부분입니다. 기, 에너지 등 오관의 느낌이 있다.

▷ 무감각시공(無感覺 時空)

인간의 죽음 이후 사후세계로 쉽게 표현할 수 있지만 두 가지 통로가 있다. 무시공 우주도에서 오른쪽은 우주선을 타고 지구 등에 왔다 갔다 하는 의식과 능력이 있고 과학도 발달된 우주가 있는 반면, 왼쪽 공간은 몸을 가지고 살다가 죽은 이후에 영혼이나 영이 머무는 자리로 이들은 의식만 있을 뿐 힘이나 능력이 없다. 그러나 두 공간에 사는 존재들은 이원념의 파동의 영향을 받으므로 모두 영체에 불과하다.

▷ 무감각 무시공(無感覺 無時空)=무시공 우주

무시공생명의 새로운 우주를 말한다. 시간과 공간을 초월한 무극 너머 일원(一元) 에너지로 된 영원한 실상 우주이다. 무시공 우주는 영원한 생명이 일체행복을 누리는 직선빛의 세계이다.

▷ 일원(一元) 에너지

일원심의 무시공 무파동 직선빛 에너지. 우주공간의 긍정에너지

▷ 이원(二元) 에너지

시공우주의 파동의 영향을 받는 에너지로 생로병사에 영향을 미친다.

▷ 일원물질

우주공간의 긍정에너지, 즉 일원에너지가 무시공생명의 직선빛과 공명이 일어나면서 물질로 나타나게 된다. 만상만물에는 긍정의 마음과 부정의 마음이 있지만 무시공생명은 일체 긍정만 인정하고 일체 좋은 것만 본다.

▷ 이원물질

우주공간의 부정의 에너지가 분자세상에 물질로 쌓인 것이다. 파동의 영향을 받으며 독소에 의해 생장소멸을 하게 된다. 이원물질의 근본은 부정이다.

▷ 분자몸

인간의 몸은 두꺼운 이원물질로 쌓여있다. 세밀한 공간의 존재들이 열린 눈으로 보면 돌덩어리 속에 갇혀있는 모습이라고 한다. 시공우주의 근본인 부정의 마음(-)이 많기 때문이다. 무시공생명은 이 분자몸을 녹여 에너지 몸으로 만드는 우주작업을

하고 있다. 절대긍정 일원심을 지키면 가능하다.

▷ 관점 회복(觀點回復)

시공우주의 관점을 무시공생명 관점으로 바꾸는 것이다. 시공우주의 관점은 가르고 쪼개고 분열하는 부정의 관점이고 무시공생명의 관점은 모든 것을 생명으로 보고, 일체를 나로 보며, 만물만상을 무주객 일체동일로 보는 것이다.

▷ 시공 생명(時空 生命)=영체(靈體)

이분법 사고방식 이원념으로 사는 제한적인 생명이다. 시공생명은 무극 음양 차원을 포함한 시공 우주 안의 불완전한 일체생명을 말한다.

▷ 무시공 생명(無時空 生命)

일원법 일원심 사고방식으로 존재하는 영원 무한한 절대생명이다. 무시공 생명은 빛의 원조 직선빛이요, 물질의 창조주이다. 무한한 우주 자체이다. 절대 하나의 우주 본질이요, 우주 생명이다.

▷ 무시공 용광로

일원심의 직선빛이 모이고, 무시공 생명력이 강하게 작용하는 곳이 무시공 용광로이다. 세포 깊숙이 숨어 있는 이원념을 녹여서 무시공 생명이 발현하도록 돕는다. 대전의 무시공생명훈련센터가 무시공의 용광로이다.

▷ 절대긍정(絕對肯定)

시공우주의 긍정은 상대적인 긍정이다. 절대긍정은 부정이 없는 긍정을 말한다. 물질은 긍정과 부정의 파동을 가지고 있다. 상대긍정은 파동의 영향을 받을 수밖에 없다. 절대긍정을 위해서는 부정을 빼야 하는데 그 방법은 비공선지특을 외우고 실천하는 것이다.

▷ 향심력(向心力)

무시공의 절대긍정 일원심을 지키면 블랙홀이 작동되면서 시공우주의 모든 일원심을 빨아들인다. 직선빛도 빨려 들어오면서 블랙홀의 핵심을 만든다.

▷ 무시공 통로(無時空 通路)

분자 세상에서 무극까지 기존의 세밀한 공간의 존재들을 관점회복을 시켜 무시공의 뜻을 함께하기에는 너무나 두꺼운 이원념의 파동벽에 쌓여있다. 심지어 토종지구인들을 깔보고 멸시하면서 무시공의 일에 비협조적인 태도를 보인다.

그래서 무시공은 분자세상에서 무극까지 또 다른 다리를 놓아 각 차원에 무시공생명을 올려놓았다. 이들이 분자몸을 가지고 있는 무시공생명들을 도우면 급속도로 에너지 몸으로 변하게 된다.

▷ 열린다는 개념

시공우주에서 열렸다는 것은 무극 이하 이원념의 파동 안에서 영의 작동에 의하여 부분적인 세밀한 공간을 보게 되는 것이다. 파동 안에서는 한계가 있으므로 부분을 전체로 착각하여 비밀인 척하면서 고저를 만들고 다 아는 척 남을 가르치려는 교만한 마음을 가지게 되는 것이다.

무시공의 열린다는 것은 절대긍정 일원심을 유지하면서 일체를 생명으로 보고 만상만물의 일체 속에 내가 있기 때문에 대화가 가능하고 일원심은 직선빛이기 때문에 시공우주의 어떤 파동도 뚫고 들어갈 수가 있다. 그래서 무시공의 일원심 앞에서는 온 우주의 모든 것이 투명하게 드러난다.

▷ 윤회(輪回)

상하 수직 윤회와 각 층차의 좌우 수평 윤회가 있다.

상하 수직 윤회는 낮은 차원 즉 지구에 살다 간 존재들이 자신의 부족함을 채우고 차원상승을 목적으로 윤회를 반복하는 것이다.

각 층차의 좌우 수평 윤회는 높은 차원의 존재들의 방식으로 주로 에너지우주에 사는 우주인과 외계인들의 윤회방식이다.

▷ 승용선(乘用船)

각 별(지구, 금성, 화성 등)에서 운행하는 교통수단이다. 지구에서 운행하는 교통수단은 승용차에 해당한다. 지구에도 지구를 방문한 외계인들이 승용선을 이용하고 있다. 평소에는 승용차로 다니다가. 하늘을 날기도 하고 물속으로 다니기도 한다. 지구부터 5천억 광년의 각 별에서 운행된다.

▷ 비행선(飛行船)

반물질 반에너지 우주에서 별과 별 사이에 운행하는 반우주인들의 교통수단이다. 5천억 광년에서 5억 조 광년 사이에서 운행된다.

▷ 우주선(宇宙船)

5억 조 광년에서 100억 조 광년 사이의 완전한 에너지 상태의 우주에서 우주인들이 타고 다니는 교통수단이다. 온 우주를 다닐 수 있다.

▷ 마그너

금성의 과학자 '도넬'이 광음파(光音波)의 원리를 이용하여 만든 만능 기계.
생명을 제외한 이 우주의 모든 물건을 만들어내는 기계로 우주선의 재료를 쉽게 만들 수 있고 단단한 철물 구조물을 쉽게 녹일 수 있고 굳게도 하며 그것을 이용하여 자유롭게 모든 것을 만들 수 있다. 무시공생명의 분자몸을 녹이는 데 도움을 주고 있다.

▷ 광음파(光音波)

빛과 소리와 파동 세 가지를 종합해서 마그너를 작동시키는 원리이다.
공기, 압력, 속도, 그리고 음파나 전자파를 이용한다. 지구에서는 음파와 압력만 쓰고 빛은 아직 사용하지 못하고 있다.

▷ 어무성처천지복(於無聲處天地覆)

겉으로는 아무 소리도 들리지 않지만 세밀한 우주 공간에서 하늘과 땅이 뒤집어지고 있다. 인간은 계속 표면만 보고 있기 때문에 아무런 변화를 느끼지 못 한다. 그러나 보이지 않는 세밀한 공간의 깊은 곳에서는 엄청난 변화가 이루어지고 있다. 개벽이 일어나고 있다. 인간은 껍질에 살고 있다. 우주의 변화가 표면에 나타날 때는 이미 끝났다.

▷ 아동우주동(我動宇宙動)

내가 움직이면 우주가 움직인다.
미세한 공간, 즉 무감각 시공에는 에너지 상태로 되어 있다. 에너지 상태는 우리가 여기서 마음먹는 순간에 그 에너지 상태로 되어 있는 우주는 순간에 바뀐다. 에너지 세상이 물질 세상보다 힘이 강하고 이 물질 세상은 에너지 상태에서 왔다. 그 에 너지를 조절하는 것은 바로 무시공생명이다. 지금 우리 몸은 미세한 공간에서 에너 지 상태로 엄청난 변화가 이루어지고 있다

▷ 블랙홀 효과

여기서는 무시공 생명 블랙홀을 말한다. 생명이 우주의 창조주이다.

무시공에서 향심력으로 시공우주의 일체를 빨아들여 원래의 무시공 우주로 원상 회복 정화하는 역할을 한다.

▷ 100억 조 광년

일조가 100억 개가 있다는 무시공의 언어다. 지구에서 무극까지의 거리이다.

무극의 자리를 나타내면 시공우주에서 최고의 빛을 가지고 있다. 그러나 그 빛 또 한 파동의 빛이다. 이 무극을 넘어 계속 합(合)해야만 무시공생명의 직선빛을 얻을 수 있다.

▷ 대전이 우주중심지 지구의 중심지(변두리가 된 무극)

무시공생명이 탄생하기 전에는 무극이 이 시공우주에서 도를 닦으면서 추구하였던 중심지였다. 모든 시공우주의 음과 양을 합(合)하면서 이 우주의 뿌리를 잘라버린 일체근단의 무시공 존재가 지구에서 이 무시공의 뜻을 펼치면서 지구가 온 우주의 중심지가 되면서 무극은 이 우주의 변두리가 되었다. 그래서 100억 조 광년의 무극 존재도 대전의 센터에서 무시공공부를 하고 있다.

▷ 세밀한 공간

분자세상을 벗어난 원자세상부터 미립자, 초미립자, 퀴크, 힉스…, 음양무극까지의 공간을 일컫는다. 무감각 시공의 우주이며 기, 에너지의 느낌이 없는 세계이다. 소 위 인간이 분자몸을 벗으면 영혼이 머무는 공간이다.

▷ 시공우주(時空宇宙)

현재의 우주를 말한다.

인간이 분자몸을 가지고 살아가는 지구를 포함한 물질로 형성된 감각시공과 원자 이후의 세밀한 공간의 상대적 무감각 시공을 말한다.